본격적으로 상가투자를 했으며 1층보다는 2층 이상의 구분상가와 1기신도시 핫플레이스 상권을 분석하고 투자하여 안정적인 임대소득을 거둠과 동시에 수도권 아파트에 주목하여 적은 가격으로도 살 수 있지만 향후 가격이 회복되었을 때 좋은 가격을 받을 수 있는 우량지역에 투자하여 이후 큰 수익을 거둔다. 최근에는 부동산으로는 서울의 재개발 투자와 앞으로 절대 망하지 않을 2호선 역세권의 셰어하우스 투자 그리고 토지투자인 농지연금 투자를 하고 있으며, 4차 산업혁명 주식과 세계1등 주식 등에도 투자하고 있다.

앞으로 펼쳐질 새로운 시기는 국내경기와 세계경기의 전체적인 움직임을 볼 수 있는 폭 넓은 식견을 가져야 제대로 된 경기방향을 예측할 수 있다. 그는 이런 면에서 국내 부동산의 흐름과 세계경기의 순환을 함께 바라볼 수 있는 몇 안 되는 전문가이다.

저서로는 『실전 임대사업 투자기법』『뭘 해도 돈 버는 부동산 투자습관』『1000만원으로 시작하는 재개발 투자』 2016년 올해의 책 후보에 선정되었으며, 부동산 분야 판매 1위를 기록한 『대한민국 부동산의 미래』를 비롯해 『한국의 1000원짜리 땅부자들』『4차산업혁명시대, 투자의 미래』『앞으로 10년, 대한민국 부동산』 등이 있고, 2020년 코로나 직전 출간되어 공황을 중심으로 다루었던 『내일의 부』(전2권)는 출간되자마자 베스트셀러 최상위권인 종합 2위에 오르며 그의 통찰력에 무릎을 치는 투자자들의 환호를 받았다.

세상에서 가장 빨리 99.9% 부자 되는 법

내일의 부

Riches of Tomorrow

세상에서
가장 빨리
99.9%
부자 되는 법

내일의 부

조던 김장섭 지음

트러스트북스

1부
부동산의 미래
▼
디플레이션 시대에
살아남는 법

2부
투자의 미래

▼

기본편: 가장 빨리
100% 부자 되는 불변의 법칙

3부
투자의 미래

▼

확장편: 가장 빨리 100% 부자 되는 불변의 법칙

4부
미중전쟁의 미래

▼

위기는 무엇이고,
기회는 무엇인가?

RICHES of

1부

부동산의 미래

▼

디플레이션 시대에
살아남는 법

TOMORROW

。1。

다가온 100세 시대,
준비하지 않으면 너무 오래 사는 것이
불행이다

대한민국의 노화가 빠른 속도로 진행되고 있다. 이에 따라 '노후를 어떻게 준비할 것인가?'가 화두로 떠오르고 있다.

> **신입사원 임원 승진까지 22년 걸려…임원 승진 확률은 1000명 중 7명**
>
> 사무직 대졸 신입사원이 임원으로 승진하는 데 평균 22년 걸리는 것으로

나타났다. 신입사원 1000명 가운데 임원으로 승진할 수 있는 인원은 7명 정도로 조사됐다.

_2014년 11월 2일자 조선비즈

급여를 받는 직장인이 임원으로 승진할 확률은 채 1%가 되지 않으며, 그보다 쉽다고 할 수 있는 부장 승진 확률도 1.8%(1000명당 18명)밖에 되지 않는다. 거꾸로 얘기하면 98.2%의 확률로 부장 승진에 실패한다는 얘기가 된다.

부장까지 승진소요연수는 얼마나 될까? 평균 17.3년이다. 예를 들어 27세에 입사해서 17년이 지나면 44세다. 여기에 3년 정도 더하면 47세가 되는데 많이 버티면 이렇다는 것이다. 문제는 44세 정도가 되면 이미 명예퇴직 압박을 받는다.

44세에 동기가 이미 승진을 했다면? 그러나 나는 98.2%의 확률로 부장 승진에 실패할 수 있다. 그리고 또 1년이 지나면 후배가 승진을 할 것이고 다시 또 1년이 지나면 또 후배가 승진을 하게 될 것이다. 오래 버텨야 5년이다. 많이 봐줘야 50세고 50세면 새로운 제2의 인생을 살아야 하는 것이 대부분의 인생이다.

앞으로 우리가 얼마나 살 수 있을지도 계산해 보기로 하자. 한국인의 기대수명은 여자 83.8세, 남자 76.8세로 현재 OECD 6위다. 최빈사망연령은 86세다. 최빈사망연령(사망연령의 최빈치(最頻値)를 말한다), 다시 말해 가장 많이 죽는 연령대를 보자면 2008년에 86세였다.

고려대학교 박유성 교수의 〈100세 도달 가능성〉이라는 연구를 보면 2019년 현재 1945년생은 74세에 해당하는 나이인데 100세까지 1/4의 확률로 살고, 58년생(현재 61세)은 1/2이 100세까지 산다. 그리고 70년생 이후라면 거의 대부분이 100세까지 산다.

꿈같은 일이라고 생각되는가?

구글은 'California Life Company'(http://www.calicolabs.com)를 만들었다. 슈퍼컴퓨터를 돌려서 인간의 DNA 등을 분석하고 있는데 2035년이면 그 분석이 완전히 끝난다. 이들의 목표는 인간을 500세까지 살게 하는 데 있다. 우스개 소리로 재수 없으면 120살까지 산다고 하는데 구글 때문에 500살까지 살게 생겼다.

.2.

우리나라는 왜
노인 빈곤율과 자살률이
세계 1위가 되었나?

우리나라 노인 빈곤율 1위

한국의 노인 빈곤율은 OECD 회원국 가운데 가장 높은 것으로 나타났다.
OECD가 21일(현지시간) 발표한 보고서를 보면 2012년 34개 회원국의 부유
층 상위 10% 평균 소득은 빈곤층 하위 10% 평균 소득의 9.6배에 달했다. 이
는 1980년대 7배, 2000년대 9배에서 꾸준히 격차가 커진 것이다. 65세 이

상 노인층에서는 상대적 빈곤율이 49.6%로 OECD 평균(12.6%)을 훨씬 초과해 회원국 가운데 가장 높았다.

_2015년 5월 22일자 연합뉴스

우리나라는 노인 빈곤율과 노인 자살률 1위라는 불명예를 가진 국가이다. 우리에게 갑자기 이런 일이 일어난 이유는 갑자기 선진국이 되었기 때문이다. 한국은 매우 짧은 시간에 후진국에서 선진국으로 도약하였다. 1953년 한국전쟁이 끝났을 때만 해도 세계에서 가장 못 사는 나라 중 하나였지만 지금은 1인당 국민소득이 3만 달러를 넘는 선진국이다. 2019년 기준 겨우 66년 만에 이뤄낸 성과다.

갑작스러운 선진국으로의 도약과 노인 빈곤율·자살률 1위 간에는 어떤 상관관계가 있는가? 국민 대부분이 농업에 종사하는 후진국이라면 노인이 자살할 이유도 없다. 결혼하여 자식을 많이 낳으면 생산수단이 완성되기 때문이다.

농사를 짓기 위해서는 굳이 고학력을 취득할 필요가 없다. 심지어 글자를 몰라도 된다. 글자를 몰라도 되니 초등학교를 보낼 이유가 없다. 아이를 많이 낳아서 농사일을 시키면 애들의 월급이 나의 소득이 된다. 그래서 농업국가는 아이를 많이 낳는다. 현재 방글라데시와 같은 나라가 그렇다.

산업사회 초기에도 마찬가지다. 자녀들을 키워서 공장에 보내면 된다. 그것이 노후대책이다. 그런데 공장에 자녀를 보내려면 일단 글씨는 읽을 줄 알아야 한다. 최소한 작업 매뉴얼이나 표지판 정도는 읽을 수 있어야 하기 때문이다. 그래서 초등학교를 보내야 하고, 산업사회 초기는 항상 초등학교 의무교육이 들어가게 되는 것이다.

후진국에서는 노인이 되어도 전혀 문제가 되지 않는다. 아이들에게 농사일을 시키거나 공장에 보내면 되니까 말이다. 그러나 선진국이 되면 문제가 생긴다. 선진국이 되면 아이들은 취업이 되지 않는다. 이미 근로자의 임금이 많이 올라 있기 때문이다.

1995년 WTO(세계자유무역기구)가 시작되면서 세계는 자유무역으로 발전하였으며, 덕분에 전세계가 공장이 될 수 있게 되었다. 자본의 이동은 쉽다. 대신 노동의 이동은 어렵다. 자유무역은 본래 1980년대 NAFTA(북미자유무역협정)로부터 시작된 일이었다. 그러던 것이 1991년 소련 붕괴와 함께 사회주의국가가 무너지고 전세계는 자유시장경제가 되었다. 이때 세계의 패권국 미국이 WTO에 가입된 국가는 관세를 낮추고 자유무역을 하자는 취지에서 만들었다.

그 결과 WTO는 글로벌기업의 출현을 낳았고 글로벌기업은 생산시설을 옮기기 시작한다. 글로벌기업은 그곳의 임금이 얼마나 싼가? 시장이 넓은가? 이 두 가지 조건에 따라 생산시설을 옮겼다.

임금이 싸야 생산비를 낮춰 전세계로 수출이 가능하다. 시장이 넓어야 내수시장이 커서 소비를 일으킬 수 있다. 가장 적합한 곳은 바로 2001년에 WTO에 가입한 중국이었다.

중국은 저렴한 인건비와 넓은 소비시장을 바탕으로 빠른 속도로 발전한다. 한국과 중국은 지척이다. 한국기업은 공장을 중국으로 옮기기 시작했고, 그 결과로 한국의 중산층이 무너지게 되었다.

한국의 중산층은 누구인가? 대기업 공장에 다니는 정규직이며 생산직 근로자로 정의할 수 있다. 중산층을 변호사, 의사 혹은 대기업 사무직으로 보기도 하는데 사실은 소비여력이 높고 안정된 직장에 다니는 대기업 공장에 다니는 정규직 노동자로 보는 것이 맞다. 급여수준이 높으며 강력한 노조가 있어서 고용이 안정적이므로 오히려 대기업 사무직이나 전문직보다 소득이 높다. 2016년 기준 현대자동차 생산직 근로자의 평균임금은 9400만 원이었다.

생산공장이 해외로 옮겨가면 이들은 어떻게 되는가? 일자리를 잃을 것이고, 중산층이 몰락하는 계기로 작용한다. 우리뿐만 아니라 다른 선진국들도 같은 일을 겪었다. 공장이 인건비가 싼 나라들로 이전하면서 생산직 근로자는 설자리를 잃고, 서비스업만 남는다. 서비스업은 변호사, 의사와 같은 고소득 전문직과 배달, 서빙, 캐셔 등의 저소득 서비스직으로 극명하게 양분된다.

사람들은 생각한다. 내 자식을 고소득 전문직으로 키울 것인가? 아니면 저소득 서비스직으로 내버려둘 것인가? 부모라면 당연히 자녀에게 밝은 미래를 안겨주고 싶다. 그래서 이 때부터 아이들 교육에 힘을 쏟으며, 농업사회에서는 생산수단이었던 아이들이 이제는 소비재로 바뀐다.

1950년대 부모들은 아이들을 초등학교에 보내지 않기 위해 책가방을 감추기까지 했는데 지금 아이들은 학원을 12시까지 다니느라 코피가 터진다. 대학을 마치는 데까지 2~3억이 든다는 말이 설득력 있게 떠돈다.

아이들은 일 대신 펜을 잡고 죽어라 노력하며 살아왔지만, 막상 졸업을 하고 나면 갈 곳이 없다. 직업이 없으니 결혼을 꺼리고 중년들은 아이들 교육비에 허리가 휜다.

우리나라 노인들의 사정도 살펴보자. 가진 돈은 아이들 교육비에 다 써버렸고, 그럼에도 불구하고 아이들은 취직이 되지 않아 혼자 먹고 살기도 빠듯하다. 무언가를 기대하기가 어려운 수준이다. 그러니 노후준비가 되어 있을 수가 없다.

선진국의 노인들은 어떠한가? 그들은 이미 노후준비가 다 끝났다. 서유럽 등은 선진국이 된 지 한참이라 사회복지나 연금 등이 우리나라에 비해 더 잘 갖춰져 있다. 노인들이 길거리에서 폐지를 줍거나 택시 운전을 하지 않아도 된다.

우리와 기존 선진국들과는 환경이 다르다. 우리는 준비 없이 갑자기 선진국이 되었기 때문이다. 우리는 연금도 적은데다가 후진국처럼 아이만 키우면 노후준비가 끝나는 나라도 아니다. 그러다 보니 혼자 사는 노인이 병고와 생활고로 자살하는 일이 상대적으로 많아지고 말았다.

은퇴 후
월 200만 원씩 버는 4가지 방법

우리나라 상황이 특수하다고 하여 어쩔 수 없이 손 놓고 있어야 하는 것은 아니다. 인생은 길어졌고, 어떠한 상황에서도 행복한 삶을 꿈 꿔야 하기 때문이다. 은퇴 후의 삶을 살아가는 데 얼마나 많은 돈이 들어가는지 보자. 계산을 쉽게 하기 위해 25세에 취직해서 50세에 회사를 떠난다고 가정해 보기로 한다.

노동으로 돈을 벌 수 있는 기간은 25년이다. 100세 시대이니 은퇴 후 나머지 인생은 50년이다. 25년 벌어서 50년 동안 써야 한다. 이루기 매우 어려운 미션이 우리 앞에 다가온다. 은퇴 후 필요한 생활비는 다음 기사에 잘 나와 있다.

"부부 노후 생활비 월 217만원은 있어야"

국민연금, 1만2429명 조사

노후준비 점수는 60점대

한국인이 노후에 필요하다고 생각하는 생활비(부부 기준)가 월평균 217만 8000원이라는 조사 결과가 나왔다.

설문 답변자 대부분은 노후준비를 제대로 마치지 못한 것으로 나타났다. 전체 조사 대상자의 노후준비 점수는 400점 만점에 평균 248.8점에 불과했다. 노후준비 점수는 조사 대상자의 각종 연금 수준과 현재 직업, 소득, 자산 등을 확인한 뒤 요소별 가중치를 적용해 산출한 점수를 더한 수치다. 당장 노년기에 접어든 60대도 243점에 불과했고, 40대는 이보다 조금 높은 256.4점, 50대는 258.7점이었다.

_2016년 10월 10일자 한국경제신문

문제없이 살아가려면 매달 최소 200만 원 정도는 수입이 있어야 한다. 일본은 어떤가?

下流 老人이 몰려온다

일본 경제 주간지 '겐다이 비즈니스'는 최근 "장래 하류 노인이 되기 가장 쉬운 부류는 연 수입 700만엔(약 7100만원) 전후 소득자"라고 보도했다. 어느 정도 경제적 여유가 있는 사람들이 오히려 미래에 대한 준비에 소홀하기 때문이라고 했다. 경제지 프레지던트는 "자녀 교육을 최우선으로 하는 부부일 수록 노후 파산 취약층"이라고 보도했다.

_2017년 4월 12일자 조선일보

이 기사에서 눈여겨볼 문구는 '장래 하류 노인이 될 부류는 연 수입 700만 엔(약 7100만 원) 정도의 소득자'이다. 연간 700만 엔을 버는 부류는 벌만큼 버는 중산층에 속한다. 일본은 한국보다 월급이 짠 편이다. 그래서 일본에서 취업한 한국인 젊은이들이 월급이 적다고 그만두는 경우가 많다. 그러나 일본은 월급이 적은 대신 아직도 평생고용을 원칙으로 삼는 곳이 많다. 따라서 평균근속기간으로 따지면 한국보다 급여가 높다고 할 수 있다.

그런데 위의 기사는 왜 중산층에 속하는 사람들이 하류노인이 될 확률이 높다고 보는가? 줄리앙 사블레스크(Julian Savulescu)의 말에서 그 의미를 찾을 수 있다.

줄리앙 사블레스크는 인간의 진화적인 측면을 얘기하면서 인간의 도덕적 행동은 10만 년 전에 끝났다고 보았다. 인간의 도덕적 행동은 10만 년 전 수렵·채집시절에서 멈추었다. 그래서 인간이 예측 가능한 시간은 하루나 기껏해야 한 해 정도다. 그러나 과학은 지난 수백 년 간 기하급수적 발전해서 인간의 예측 범위를 벗어난다고 한다. 그래서 인간은 행동과 예측의 불일치가 필연적으로 발생했다.

　그는 인간에게 가장 맞지 않는 옷은 민주주의라고 얘기한다. 민주주의는 대중이 지도자를 선택하는데, 대중은 1년만 예측 가능하기 때문에 장기적인 비전을 보는 것이 아닌, 단기적인 처방을 하는 사람 혹은 단기적으로 나에게 이득을 주는 사람만을 뽑는다는 것이다. 예를 들어 트럼프를 대통령으로 뽑는 행위다. 트럼프의 공약은 기후협약 탈퇴와 멕시코와의 국경에 장벽을 세워 일자리를 빼앗는 이민자들을 막고, 해외로 빠져나간 공장을 미국으로 유턴시켜 일자리를 만드는 것이다.

　일단 기후협약은 지구온난화 문제이기 때문에 장기적인 과제다. 그러나 일반 대중은 장기적인 과제에 별로 신경 쓰지 않는다. 대중은 오히려 텍사스 지방과 같은 곳에서 더 많은 석유와 셰일가스를 파내어 일자리를 만드는 것이 더 유리하다고 생각한다. 미국의 장기적인 과제이자 미국의 가치인 이민자들의 나라라는 사실을 망각하고 당장 내 일자리를 빼앗는 이민자들을 막아주는 대통령을 선호하는 것이 대중들의 선택인 것이다. 그래서 사블레스크는 민주주의는 맞지 않는다고 주장한다.

　민주주의뿐만이 아니다. 투자나 일을 분배함에 있어서도 행동과 패턴은 유사하다. 오늘 700만 엔을 받는 사람은 죽을 때까지 직장에 다닐 것이며 평생 700만 엔을 받을 수 있을 것이라 생각한다. 그래서 노후대비보다는 자녀교육을 더 중시하고, 거기에 더 많은 돈을 쓰는 것이다. 사람은 예측이 단기적이기 때문에 민주주의가 맞지 않는 옷이며, 더하여 노후준비에도 소홀할 수밖에 없다. 노후가 가난해지는 가장 큰 원인이다.

다시 현실로 돌아와 계산을 지속해 보자. 200만 원씩 50년을 쓰려면 산술적으로 얼마나 필요한가? 25년 벌어서 50년이라는 2배 기간을 써야 하니 매월 400만 원씩 저축을 해야 한다.

	25세-50세	50세-100세
기간	25년	50년
저축금액	400만 원	200만 원

이자를 계산하지 않았다. 이자가 없지는 않지만 없다고 해도 무방하기 때문이다.

	2000년	2019년
이자율	10%	1.2%
예금	1,000,000,000	1,000,000,000
월 이자액	8,333,333	1,000,000

다음(DAUM)카페 중 '텐인텐'은 '10년 동안 10억 만들기'를 목표로 하여 한때 대한민국에 열풍을 일으켰다. 2000년대 초반 생긴 온라인 카페인데, '텐인텐'을 표방한 이유는 당시만 해도 10억을 벌면 인생이 끝

났기 때문이다.

1997년 우리는 IMF라는 국가부도 사태를 겪었다. 코스피 종합주가 지수는 300포인트까지 떨어졌고 달러원 환율은 2000원이 넘어갔다. 당시 이자율은 20%로 지금은 상상할 수조차 없을 만큼 높았다. 그러다가 2000년대 초반이 되면서 안정을 찾는다.

안정을 찾은 후 이자율이 얼마였는가? 약 10% 정도였다. 은행에 10억을 넣으면 한 달 830만 원 정도의 이자가 붙는다. 따라서 일단 10억을 모으면 돈 걱정과는 이별이다.

그러나 지금은 시대가 바뀌었다. 고금리 시대가 가고 저금리 시대가 왔다. 따라서 고금리 시대의 투자법은 맞지 않는다. 10억을 벌기도 힘들지만 벌었다 하더라도 은행에 넣어봐야 이자는 1.2% 수준(월 100만 원)밖에 되지 않는다. 어쩌면 일본처럼 마이너스 금리로 갈 수도 있다.

우리나라의 이자율이 떨어진 이유를 살펴보려면, WTO로 다시 돌아가야 하는데, WTO가 발족하면서 공장들이 해외로 나가기 시작했다. 자연스럽게 대기업은 글로벌기업으로 변신하게 된다. 글로벌기업이란 본사는 서울에 있으면서 지사나 생산공장은 현지에 흩어져 있는 형태다.

세계화를 진행하는 글로벌기업은 투자는 해외에 하고 해외에서 벌어들인 자금을 국내 은행에 맡기게 된다. 그런데 이때 은행에서 고금리를 준다면 기업은 어떻게 행동하는가. 해외에서 벌어들인 천문학적인 돈을 은행에 최대한 많이 쌓아놓고 투자는 미루거나 하지 않게 된다. 반면 정부와 여당은 기업이 국내투자를 하도록 유도해야 한다. 이

자율이 높으면 가뜩이나 인건비가 높고 규제가 많아 민간기업이 투자를 하지 않고 있는데, 무위험 소득인 이자까지 높다면 기업 입장에서 은행에 돈을 맡기려 하지, 투자는 더더욱 하지 않으려 할 것이다.

그렇다. 그래서 선진국이 될수록 은행의 이자는 떨어지게 되어 있다. 기업에게 투자를 유도하기 위해 이자는 끊임없이 떨어져 1%대로 갔고 유럽이나 일본은 그마저도 투자가 일어나지 않으니 0%의 금리를 넘어 마이너스 금리까지 간 것이다. 따라서 앞으로 이자율이 다시 올라갈 것이라는 기대는 접는 것이 좋다.

현재 이자율로 보면 10억 원을 은행에 맡겨도 겨우 1.2% 정도의 이자만 받을 수 있을 뿐이고, 금액으로 따지면 한 달 100만 원 정도다. 생활비인 200만 원을 매달 받으려면 현금 20억 원이 있어야 한다는 결론에 이른다. 다시 말해 은행이자를 통한 노후준비는 사실상 물 건너갔다고 볼 수 있다.

그렇다면 방법이 없는 것인가? 아니다. 방법이 있기는 하다. 4가지 정도로 압축할 수 있다.

①매월 400만 원씩 저축한다.
②죽을 때까지 근로소득으로 번다.
③물가 싼 해외에서 노후를 보낸다.
④50대에 매월 200만 원씩 생활비가 나오는 구조를 만든다.

돈을 버는 방법은 다양하다. 부동산으로 임대소득을 받는 구조를 만들거나 주식의 배당소득, 연금소득, 채권 이자소득, 은행 이자소득이 될 것이다. 보다 자세히 살펴보면,

매월 400만 원씩 저축한다

25년간 매월 400만 원씩 저축하면 50년간 200만 원씩 쓸 수 있다. 재테크 방법으로는 좋지 않다. 하지만 일본처럼 장기불황으로 간다면 현금을 들고 있는 것도 나쁜 방법은 아니다. 일본의 경우 잃어버린 30년이라고 할 정도로 오랜 디플레이션을 겪었다. 주식은 고점 대비 80%까지 떨어졌고 주거용 부동산도 80%가 떨어졌다. 따라서 이 기간 동안 승자는 현금 보유자였다.

일본은 돈을 은행에 맡겨도 이자가 거의 없으니 현금을 집안에 두는 경우가 많았다. 그래서 독거노인이 사망하면 반드시 방안을 뒤져 본다고 한다. 그러면 현금뭉치가 나온다. 노인이라 돈을 맡기고 찾느라 은행을 오가는 것보다 현금을 집에 두고 필요할 때 쓰는 편이 더 합리적이었다. 어차피 은행에 맡겨봐야 보관 이상의 의미는 없기 때문이다.

그런데 왜 다 쓰지 못한 현금뭉치가 발견될까? 본인도 언제 죽을지 모르기 때문이다. 만약 죽을 날을 알면 그 전에 돈을 다 쓸 텐데, 계산이 잘못되어 미리 돈을 다 써버리면 남은 인생이 비참해질 것이 아닌가? 따라서 고령화 사회로 진행될수록 소비는 더욱 위축되는 경향이 있다.

잃어버린 30년간 일본에서의 재테크 방법은 해외투자였는데, 대표적으로 신흥국 고금리 채권에 투자하는 식이었다. 우리나라도 일본의 전철을 밟는다면 부동산과 주식을 모두 처분하여 현금을 쥐고 있거나 해외에 투자하는 것이 바람직할 것이다.

죽을 때까지 근로소득으로 번다

대기업을 다니던 사람이 회사를 그만두거나 은퇴를 하고 나면 자영업에 뛰어드는 경우가 많다. 왜 자영업인가? 한마디로 위신이 서기 때문이다. 대기업에 다니며 아랫사람을 부리고, 거래처에 목에 힘주고 살았는데, 경비나 노인택배는 하기 싫을 것이다.

번듯하게 사장님 소리 듣고 싶어 자영업을 시작한다. 그러나 자영업은 정말 위험하다. 장사에 대해 한 번도 생각해본 적도 경험해본 적도 없는 사람이 갑자기 자영업을 잘할 수 있다고 생각할 수는 없다.

자영업자에게는 그렇지 않아도 힘든 요즘이지만 마음을 더욱 암울하게 하는 사실이 있다. 향후 자영업도 상가도 더욱 힘들어질 것이라는 예상이다. 원인은 쇼핑의 형태가 바뀌기 때문이다. 쇼핑은 빠른 속도로 온라인 형태로 바뀌고 있다. 미국에서는 아마존이 오프라인 매장을 파산으로 내몰고 있다. 토이저러스가 망했고 시어스 백화점이 문을 닫았다. 이 추세는 앞으로도 계속되어 오프라인 매장은 하나둘 사라져갈 것이다.

상황이 이러한데, 자영업은 온전할 것이라 보는가? 당연히 힘들어진다. 자영업뿐 아니라 오프라인 상가마저도 위험하다. 차라리 명예

퇴직금을 모아 배당이 잘 나오는 주식이나 펀드에 묶어두고 생활비가 모자라는 만큼만 아르바이트를 해서 충족하는 방법이 더 안전하다.

물가 싼 해외에서 노후를 보낸다

해외에서 노후를 보내는 것도 나쁜 방법은 아니다. 선진국들도 다이 방법을 쓰고 있기 때문이다. 대표적인 선진국인 북유럽 국가의 노인들은 어디에서 노후를 보내는가? 동남아와 같은 따뜻한 나라다. 노인은 겨울에 심혈관 질환이나 폐렴 등에 노출되기 쉽고 낙상, 미끄러짐 등으로 큰 부상을 당할 염려가 있다. 그들이 따뜻한 나라를 선호하는 이유다. 또 다른 이유는 물가가 저렴하기 때문이다.

이제 동남아는 관광 대상이 아니라 삶의 터전으로 인식해야 한다. 한국의 겨울과 봄은 미세먼지까지 심하다. 따라서 공기 좋고 따뜻한 곳에서 노후를 보내는 것도 좋은 방법이라 생각한다. 혹시 자산이 충분하다면 호주, 뉴질랜드, 하와이 등도 추천한다. 10월쯤 나갔다가 미세먼지가 걷히고 따뜻해지는 5월쯤 국내로 들어오면 된다.

50대에 매월 200만 원씩 생활비가 나오는 구조를 만든다

재테크를 통해 매월 200만 원씩 생활비가 나오는 구조를 만드는 것이 최상이다. 옵션은 다양하다. 부동산, 주식, 채권, 펀드 등 선택의 문제가 남았다. 그 중에 무엇인지는 하나하나씩 차분히 고민하고 살펴보기로 하자.

.4.

베이비붐 세대의
은퇴 대비법

베이비붐 세대의 은퇴는 비단 한국뿐만이 아니라 전세계적인 현상이다. 이제 본격적으로 시작되었다고 보면 된다. 베이비붐 세대란 1948년 이후 태어난 세대를 말한다. 1948년으로 보는 이유는 제2차 세계대전이 1945년에 끝났기 때문이다. 세계를 휩쓴 참혹한 전쟁으로 인구가 대폭 줄었고, 이후 평화가 찾아오면서 다시 출산이 증가하였다.

한국의 경우는 1953년도에 전쟁이 끝났기 때문에 베이비붐 세대는 1955년부터 시작되었으며, 1955년생부터 1963년생 사이를 베이비붐 세대로 규정한다.

이미 본격화된 베이비붐 세대의 은퇴 시점에 1948년생이 이미 70세를 넘기 시작했으며, 앞으로 10년이 지나면 이들은 80세를 넘는다. 한국도 예외는 아니어서 베이비붐 세대인 1955년생이 60세를 훌쩍 넘어가고 있다. 이들도 곧 70세를 넘을 것이다.

더하여 한국의 노령화는 전세계 어느 국가보다 속도가 빠르고 심각하다. 1971년생이 107만 명으로 가장 많이 태어났기 때문이다. 앞으로 10년 후면 인구문제는 더 충격적으로 다가 올 것이다.

문제는 은퇴준비다. 준비가 되어 있는 경우도 있겠지만 준비되지 않은 예비 은퇴자가 태반이다. 은퇴준비가 잘 되려면 최소 월 200만 원 이상의 현금흐름이 이뤄져야 하는데 공무원, 교사 등 연금이 안정적으로 들어오는 사람을 빼고는 그리 많지 않다.

더욱이 지금은 저금리 시대다. 10억 원이 있어도 고금리 시절에는 10%에 해당하는 월 830만 원을 이자로 받았지만 1% 시대에는 월 83만 원일뿐이다. 그것도 세전이다. 그래서 자산을 가진 사람들은 은행에 맡기는 대신 부동산과 주식 등 재테크에 관심을 돌릴 수밖에 없다.

과연 은퇴준비가 안 된 베이비붐 세대와 그 이후의 세대(X세대, 에코세대)에게 앞으로 어떤 일이 벌어질까? 200만 원을 벌려면 대부분은 힘든 육체노동을 해야 할 것이다. 동시에 이들이 할 수 있는 방법은 무엇일까? 정치권에 압력을 넣는다. 복지라는 이름으로 육체노동 없이 일정액을 수령하고 싶기 때문이다.

그렇다면 국가는 이들의 요구를 묵살할 수 있는가? 그럴 수 없다. 이들은 이익집단이며 대단히 열심히 투표를 한다. 한국만이 아닌 세계적인 현상이다. 이런 상황에서 국가가 할 일은 무엇인가? 방법은 두 가지인데, 증세와 빚내기다.

증세

우선 증세를 보자. 증세는 베이비붐 세대와 저출산 자녀 모두에게 부담이다. 20세기는 급격한 산업화로 인하여 베이비붐 세대는 자녀를 적게 낳았으며, 자녀의 수는 점점 줄어들기만 했다. 20세기 초만 하더라도 농업에 종사하는 인구가 많았다. 농업은 저출산을 유도하지 않는다. 단순 노동에 종사하는 사람들이 많고 그로 인해 아동 노동력이 더 절실하기 때문이다. 그래서 다자녀를 유지한다. 산업혁명 초기나 공업화 초기에는 아동 노동력이 더 저렴하기 때문에 출산율이 저하될 일이 없다. 우리나라의 경우도 공업화 초기 시절 초등학교만 졸업하고 공장에 취직하는 자녀들이 많았다.

그러나 공업화가 고도화 되면 될수록 아동은 가정에서의 위치가 돈을 벌어오는 입장에서 돈을 써야 하는 입장으로 바뀐다. 공업화 고도화로 인건비가 상승했고 웬만한 단순작업은 자동화로 전환되며 고도의 두뇌를 써야 하는 고급노동으로 바뀌기 때문이다. 예를 들어 예전에는 재봉틀을 돌렸는데 지금은 반도체 메모리를 만드는 연구원이 되어야 한다는 것이다.

출산율 저하는 필연적이다. 공업화가 진행될수록 학력 수준은 당연히 높아지며, 학력수준이 높아진다는 것은 바로 교육비와 양육비 상승을 의미한다. 결국 다수의 베이비붐 세대를 소수의 자녀 세대나 손주 세대가 봉양해야 하는 사태가 벌어지는 것이다.

이런 인구구조 속에서 정치권이 증세를 할까? 증세를 결정한 정부는 인기가 떨어지고, 결국 재집권도 힘들어진다. 두터운 표층을 형성하고 있는 세대에 정면으로 도전할 정권이 있겠는가? 정권연장이 지상과제인 정치권에 표값 떨어지는 소리는 끔찍하게 다가갈 것이다.

빚내기

증세가 어렵다면 남은 한 가지 방법은 바로 빚내기다. 국채 발행을 통해 빚을 늘려 베이비붐 세대에게 퍼주는 정책을 할 수밖에 없다. 물론 베이비붐 세대는 이런 정권에 표를 몰아줄 것이다. 정부의 빚내기 정책으로 인해 시장에는 막대한 양의 현금이 풀리고, 경제성장과 관계없이 현금이 풀려 화폐의 가치가 내려가는 현상이 발생할 수밖에 없다. 뒤이어 또 다른 필연인 인플레이션이 덮친다.

또 다른 필연인 인플레이션, 거기에 맞게 대처하려면 베이비붐 세대혹은 그 이후 은퇴세대도 여기에 맞는 필연적인 대처가 필수다. 인플레이션을 헤지(Hedge : 헤지란 환율, 금리 또는 다른 자산에 대한 투자 등을 통해 보유하고 있는 위험자산의 가격변동을 제거하는 행위. 위험 제거라고 한다)하는 방법은 무엇인가? 물가와 연동되는 상품을 구매하는 것이다. 바로 실물자산이다. 대표적으로 부동산과 주식이다.

부동산은 차별화 되어 서울의 일부지역만 오를 것이다. 수도권과 지방은 빈 땅이 많다. 그곳에 주택이 끊임없이 지어진다. 오래된 주택을 가지고 있는 사람은 헤지는 고사하고 쪽박을 찰 수도 있다.

부동산으로 헤지를 하려면 우량한 부동산 물건을 가지고 있어야 한다. 다만 부동산 중 주택은 재건축, 재개발이 되는지 신경 써야 한다. 지은 지 40년이 되었는데 재개발, 재건축이 안 된다면 나이 80에 원금 상환이 들어올 수도 있다.

주식도 차별화 될 것이다. 지수(S&P500, 다우존스, 나스닥 등)는 꾸준히 상승할 것이다. 세계1등 주식도 상승할 것이다. 다만 보통의 주식은 상장폐지가 될 수도 있다.

결론은 하나로 모인다. 향후 일어날 인플레이션을 헤지할 수 있는 방법은 우량한 부동산과 주식에 장기투자하는 것이다.

.5.

누가 무엇이
나의 노후를 책임질 것인가?

토지, 노동, 자본을 생산의 3요소, 즉 생산수단이라 한다. 생산수단에는 특성이 있다.

  ①**불멸성**

  ②**내재적 가치**

  ③**보유성**

이 세 가지다. 하나씩 알아보자.

불멸성

생산수단은 불멸성을 가지고 있어야 한다. 다른 말로는 썩지 않아야 한다. 썩는 것은 생산수단이 아니다. 썩는 것은 무엇이고 썩지 않는 것은 무엇인가?

- 썩지 않는 것 – 주식, 토지, 예금, 이자, 채권 등
- 썩는 것 – 부동산 중 건물(아파트, 상가 등)

왜 썩으면 생산수단이 아닐까? 썩어도 재건축이 된다면 그것은 생산수단이다. 그러나 썩어도 재건축이 안 된다면 생산수단으로 인정할 수 없다.

내재적 가치

생산수단은 내재적 가치를 지니고 있어야 한다. 내재적 가치란 황금 알을 낳는 거위와 같다. 매번 일정 금액을 생산수단을 가진 자에게 주어야 한다. 토지는 수확물을 통해서 생산수단을 가진 자에게 생산물을 준다. 주식은 배당금을 통해서 생산수단을 가진 자에게 생산물을 준다.

그렇다면 생산수단을 가진 자와 생산자가 동일인물일 필요가 있을까? 그럴 필요도 없고 그러지도 않았다. 봉건시대, 신분사회에서는 토

지가 유일한 생산수단이었고 그 생산수단은 토지가 유일했다. 농업사회였기 때문이다. 그러므로 농업사회에서 가장 중요한 생산물은 벼나 밀과 같은 식량이다.

토지는 어떻게 획득해야 했을까? 상속받거나 빼앗거나 둘 중 하나였다. 따라서 당시에는 토지를 빼앗기 위해 정복전쟁이 수시로 일어났고, 대부분의 경우 토지를 획득하는 통로는 상속이었다.

그런데 그 시절에는 상속세가 없었다. 그래서 부의 대물림이 가능했다. 상속세가 없었던 이유는 국가의 모든 토지가 왕의 소유였기 때문이다. 그 시대 봉건영주나 양반은 왕의 토지를 대신 개간하고 일정액의 세금을 바치는 중간자의 역할이었다.

그래서 수조권이라는 것이 있었다. 수조권(收租權)이란 역사에서 주로 사용되는 용어로써, 대상(주로 토지)으로부터 조세(租=곡식. 稅=세금)를 거둘 수 있는 권리를 의미한다. 현대 국가의 경우 대부분 수조권을 국가가 장악하여 징수하고 있으나, 전통시대의 경우 행정적인 능력의 미비로 인하여 관리들에게 관직의 복무로 인한 대가를 일정 지역 농토의 수조권을 주어 관리가 직접 징수하는 형태를 보이고 있다. 주로 역사에서는 소유권(所有權)과 자주 비교되어 사용된다.

조선시대 관리가 되면 국가에서 돈을 받지 않고 일정의 토지를 받아서 그것으로 소작을 주고, 거기서 나온 생산물의 일부는 나라에 바치고 자신이 그 생산물을 취하는 형태였다. 그러니 근대의 소유권 개념과 다르다. 엄밀히 말하자면 소유권은 왕만이 있었고 봉건영주와 양반은 그것을 대신 경작할 수 있는 임대권만 가지고 있었다. 그러니 당연히 상속세가 없을 수밖에 없었다. 양반이 역적으로 몰리면 모든 토지가 국가로 몰수되는 이유도 원래 왕의 토지였기 때문이다. 만약 왕의 소유가 아니었다면, 토지를 경매로 넘겨서 팔아 나온 돈을 국고로 환수하는 절차를 거쳤어야 했는데 그러지 않았다.

조금 더 깊이 들어가 보자. 그 때도 화폐는 존재했었다. 그 때의 돈은 어떤 역할을 했었나? 동산을 사는 역할은 했으나 생산수단인 토지를 사는 역할은 하지 못했다. 그리고 돈을 굉장히 천시했다.

셰익스피어의 베니스 상인에 보면 샤일록이 나온다. 유대인 고리대금업자다. 그는 유대인이라는 천한 출신과 더불어 고리대금업이라는 그 당시 아무도 하지 않으려는 직업을 가지고 있었다. 유대인은 생산하는 일에 참여할 수 없었고 아리스토텔레스 이후 서양사회에서는 가장 천시 받는 고리대금업에만 종사할 수 있었다.

돈을 천시하는 당시 풍토를 보면 신분사회를 설계한 자의 천재성이 보인다. 돈과 토지의 개념을 섞어서 생각해 보자. 생산수단에 대한 개념을 제대로 알고 있는 사람은 드물다. 만약 봉건시대에 돈이 천시되지 않았다면 어떤 일이 일어났을까?

예를 들어 내가 중세시대의 봉건영주다. 그런데 내 자식은 똑똑할까? 아니다. 사람들은 똑똑할까? 아니다 똑똑하지 않다. 그래서 생산수단이 뭔지 모른다. 그런데 그 시절 현재와 같이 돈으로 생산수단인 토지를 사고파는 일이 가능했다면 어떤 일이 벌어졌을까? 아마도 내 자식이 토지를 돈과 바꿀 확률은 99.99%일 것이다. 내 자식이 아니고 그 후대의 자식이라면 100%가 된다.

생산수단을 팔면 무엇이 남는가? 쓰고 나면 사라져버리는 돈뿐이다. 그 때는 유일한 생산수단이 토지라 했다. 그런데 토지를 팔면 그 토지를 판 자손은 바로 소작농으로 전락한다. 그러니 그 후로 생산수단에 대한 의미를 알지 못하면 토지를 판 자식 대에서 영원히 노예의 삶을 살 수밖에 없는 것이다.

그런데 신분사회를 설계한 자는 멍청했을까? 이 내용을 몰랐을까? 당연히 알고 있었다. 그리고 그는 천재였다. 그러니 생산수단을 팔지 못하도록 막는 방법을 강구했을 것이고, 생산수단을 빼앗거나 상속하는 방법 이외에는 어떠한 경우에도 생산수단을 가지지 못하도록 만들었다. 게다가 생산수단과 화폐의 교환을 금지함으로써 그리고 심지어 화폐를 천시함으로써 화폐가 생산수단인 토지를 사지 못하도록 만들었다. 그리고 돈을 가지고 살 수 있는 물건은 생산수단 이외의 물건으로 한정했다. 따라서 멍청한 자식이 나와도 계속해서 대대로 신분이 세습되고 고착화되는 신분사회가 된 것이다.

그런데 언제 이 공식이 깨졌을까? 산업혁명 때다. 중상주의 시대를 지나 산업혁명이 일어나면서 무엇이 생산수단으로 더 중요해졌는가? 그것은 단연코 기업이다. 농업은 생산성 향상이 일어나지 않는다. 생산성 향상은 적은 노력으로 큰 부가가치를 일으키는 것이 핵심이다. 농업이 생산성 향상으로 커다란 부가가치를 일으킬 수 없었던 이유는,

통일벼 등의 품종개량으로 논에서 쌀 한 가마니가 두 가마니로 늘어날 수는 있었지만, 그렇다 하더라도 100가마니는 나오지 않기 때문이다.

그런데 기업은 그것이 가능하다. 마이크로소프트의 윈도우는 처음 만들 때 5000억 원쯤 들었다 하더라도 2번째 CD부터는 아예 돈이 들어가지 않는다. 그러니 처음이 어렵지 무한의 부가가치를 만들어 내는 것은 제조업, 서비스업을 하는 기업이지 농업이 아니다. 그래서 생산수단으로서 중요해진 것은 기업의 주식이 된다. 처음으로 돌아가 기업의 주식은 생산수단이 될 수 있을까?

기업이 생산수단이 되려면 불멸성과 내재적 가치라는 두 가지를 요소를 모두 만족해야 한다. 기업은 썩지 않는다. 물론 망하는 기업은 있지만 100년 200년 가는 기업도 있다. 그리고 앞으로 더 오래갈 기업이 생길 수도 있다. 그리고 내재적 가치의 핵심은 부가가치를 만들어내는 능력인데 부가가치를 만들어내는 기업의 능력은 토지와는 비교가 안 될 정도로 탁월하다. 그 능력은 제조업보다 서비스업이 더 뛰어나다.

산업혁명 이후 생산수단이 토지의 생산물에서 주식의 배당으로 옮겨간 이유가 여기에 있다. 사회주의를 제외한 자본주의에서 말이다.

보유성

불멸성과 내재적 가치를 지니고 있어도 보유하는 데 돈이 너무 많이 들어가면 생산수단으로써의 가치는 현저히 떨어진다. 예를 들어 '빚을 너무 많이 지고 산 부동산'이다. 부동산이 올랐어도 이자를 계산하고 나면 남는 것이 없거나 오히려 마이너스일 때 보유성이 떨어진다고 볼 수 있다.

그렇다면 앞으로 우리는 어떤 일을 해야 하는가? 산업혁명 이전의 유일한 생산수단인 토지를 사 모아야 하는가? 아니다. 토지는 도시화의 결과물일 뿐이다. 즉 토지는 제조업 공장이 많이 들어설 공단을 조성하는 데 필요해 국가에서 수용을 했기 때문에 토지의 상승이 일어났고, 그 주변에 출퇴근 할 수 있는 거리에 공장에 근무할 근로자들의 숙소를 건설하는 과정에서 신도시가 생겼다.

그러나 향후에는 세계화의 영향으로 도시에 산업단지가 생기지도 않고 대규모 신도시가 생기지도 않는다. 그러니 토지의 공시지가는 올라가도 토지의 보상이 대규모로 일어날 가능성은 거의 희박해졌다. 과거 토지가격의 폭등은 우리나라의 특수성, 즉 신흥국에서 선진국으로의 이동이 일어난 세계 유일의 나라이기 때문에 가능했던 일이다.

결국 토지의 상승도 산업혁명의 결과물인 기업이 그 근원인데 기업이 더 이상 국내에 공장을 짓지 않으니 토지의 상승이 일어날 리가 만무하다. 결국 산업혁명 이후의 생산수단인 우량한 기업의 주식을 사 모으는 것만이 자본가가 되는 길이고 노예에서 벗어날 수 있는 길이라 할 수 있겠다.

이제 우리 앞에 놓인 안개가 조금은 걷히기 시작했다. 현대인에게 가장 좋은 생산수단은 우량한 주식이며, 주식은 사고파는 것이 아닌 모으는 것이다. 국내를 벗어나 세계적으로 우량한 주식을 사서 모으는 것만이 유일한 길이며 그 기업들도 생각보다 훨씬 많이 오른다.

　이처럼 안개를 하나씩 걷어내다 보면 밝은 미래가 보일 것이며, 세상에서 가장 빨리, 그리고 가장 안전하게 부자가 되는 방법을 당신도 이해하고 자기 것으로 만들 수 있을 것이다. 인내심과 집중력을 갖고 차근차근 따라와주기 바란다.

.6.

자영업을 하면 왜 망할까?

자영업이란 일신전속권이 있는 사람이 기술로 평생을 벌어먹고 사는 형태를 말한다. 일신전속적 권리는 특정한 주체만이 향유할 수 있는 권리이다. 특정 주체만이 향유할 수 있는 권리는 향유전속권이라고 하며 특정 주체만이 행사할 수 있는 권리는 행사전속권이라고도 한다. 쉽게 말해 기술이나 자격증이라 보면 된다.

자영업자는 과거에도 당연히 있었다. 봉건시대에는 왕, 귀족, 평민, 상민, 노예 등으로 구성되었는데 평민이나 상민이 자영업자였다. 구두쟁이(갓바치-가죽신을 만드는 사람), 육류 도축업자(백정), 미용사, 양복 재단사, 세탁소 등의 기술을 가진 자와 법률로써 보장된 전문적인 직업인 의사, 변호사 등과 농업에 종사하는 농사꾼 그리고 상업에 종사하는 장사꾼 등이 있었다.

그런데 현대에는 이런 직업 중 기술을 가진 자영업자들은 몰락했다. 왜냐하면 이들은 이익단체를 만들지 못했기 때문이다. 이익단체를 만들어 정치권에 압력을 넣어야 하는데 그러기 전에 자본가들에 의해 몰락했다.

그러나 이익단체를 구성한 자들은 살아남았다. 우선 법률로 권리가 보장된 의사, 변호사, 세무사, 변리사 등이다. 법률이 정한 허들을 뛰어넘지 못하면 이들 직업을 가질 수 없기 때문에 장벽이 생겼고, 소수가 많은 이익을 독점할 수 있었다. 여기에 이익단체를 구성한 농민도 살아남았다.

그런데 이들을 모두 몰락시킨 이들은 누구인가? 바로 장사꾼이다. 장사꾼은 산업사회로 오면서 자본가로 변신한다. 자영업자들은 자본가들로 인해 몰락의 길을 걷는다. 자본가들은 생산수단(토지, 노동, 자본)을 이용해 원가를 낮추면서 자영업자들을 몰락시켰다. 그 구체적인 방법은 다음 2가지다.

①2차 산업 공산품(갤럭시 양복, 엘칸토 구두 등)

②3차 산업 서비스(크린토피아, 편의점, 치킨, 피자, 파리바게뜨 등 프랜차이즈)

우선 2차 산업인 제조업을 보자. 2차 산업은 공산품을 대량으로 만들어 자영업자를 몰락시킨다. 자본가는 자본을 투입하여 토지(공장)와 노동(임금노동자)을 사서 물건을 대량으로 생산했다. 사실 자본가들의 눈으로 보면 자영업자처럼 그렇게 비효율적인 사람들이 없다. 자영업자들은 일하고 싶을 때 일하고, 일하고 싶지 않을 때 일하지 않는다. 그리고 먹고 살 정도로만 돈을 번다.

반면 자본가들은 좀더 큰 공장을 짓고 자동화 된 생산설비를 들여놓고 임금노동자들을 부려 빵공장, 양복공장, 구두공장을 만들어 원가를 낮춘다. 이렇게 하여 더 많은 돈을 벌 수 있는데 자영업자들이 그렇게 하지 않으니 자본가들이 한 것이다. 그래서 무엇인가를 제조하던 자영업자는 공산품의 폭격으로 모두 멸망의 길을 걷는다.

3차 산업인 서비스업은 어떤가. 자본가들은 프랜차이즈를 만들어 서비스업을 몰락시킨다. 방식은 제조업과 동일하다. 엄청난 자본을 투입하여 원가를 낮추고 개인이 구현할 수 없을 정도의 가격을 만들어 자영업자들을 모두 죽이고 박리다매 시스템을 만든다.

예전에는 자영업자와 농부, 귀족 등이 있었다. 이들은 하나부터 열까지 스스로 모든 일을 처리했다. 농부는 처음부터 끝까지 농사를 지었고, 파티셰는 처음부터 끝까지 빵을 만들어 구워 팔았다. 어떤 물건이든 마찬가지였다. 그러나 자본이 들어오면서 설 자리를 잃었고, 스스로 모든 일을 처리하는 대신 기업에 취업할 수밖에 없었다.

이들을 임금노동자라 한다. 자영업자와 임금노동자의 차이는 일신전속권에 있다. 자영업자에게는 있지만 임금노동자에게는 일신전속권이 없다. 즉 기술이 없다는 뜻이며, 그렇다고 아예 기술이 없는 것도 아니다. 기술이 있기는 하지만 그들의 기술은 철저히 분업화 된 기술이다.

자동차 공장을 예로 들어보자. 어떤 사람은 자동차 공장에서 배에 차를 싣는 일을 한다. 나이 60에 은퇴를 하면 그가 할 수 있는 일이 무엇일까? 배에 차를 싣던 기술을 이용해 음식점에서 주차대행을 할 수는 있지만 거기까지며, 임금은 이전에 받던 것에 비해 턱 없이 낮다. 그리고 그 일을 계속한다는 보장도 없다.

생산직 말고 더 많이 배운 연구원을 보자. 연구원이라고 해서 크게 다르지 않다. 삼성전자에서 반도체 설계를 맡았다고 하자. 그가 나와서 할 수 있는 일은 무엇인가? 중국에 반도체 기술을 빼돌린다면 모를까 반도체 기술은 삼성전자라는 거대한 조직에서 자신이 톱니바퀴처럼 돌아가며 철저히 분업화 된 부품이 되었을 때 필요한 것이지 은퇴를 하면 쓸모가 없어진다.

정리하면, 산업사회가 되면서 분업화가 되었다. 그래서 자영업자는 일부 자본가가 되지 않았다면 모두 임금노동자가 되었다. 일반 자영업자는 모두 자본가들의 자본에 몰락하고 만다. 임금노동자는 아무리 똑똑하더라도 분업체계 하에 있었을 때만 먹고 살 수 있으며, 분업체계를 떠나면 바로 굶어 죽을 수밖에 없다.

그럼에도 불구하고 분업체계에서 떠난 임금노동자들이 왜 자영업에 뛰어드는 것인가? 앞서 언급했지만, 대기업에 다녔던 위신 때문에 경비를 할 수는 없어서다. 대기업 이사 출신이 경비를 하는 경우는 흔치 않은 광경이다. 더구나 명퇴금으로 수억 원의 자금이 생겼는데, 그 돈이면 사장 소리 들으면서 떵떵거릴 수 있다.

이쯤 되면 자영업에 뛰어들지 않는 것이 더 이상하다. 명퇴금 수억 원이라고 해봐야 은행 이자 1.2%인 시절에 10억 원을 넣어둬도 1년에 1200만 원, 한 달에 겨우 100만 원 받는다. 생활 자체가 되지 않는다. 과거의 영광을 생각한다면 더더욱 쪼그라든 생활수준에 적응하기 어렵다. 생활비로 300만 원은 있어야 하고 대부분의 사람들은 대기업에 다니면서 쓰던 습관이 있어서 생활비 500만 원 아니 1000만 원씩은 써야 한다. 그런데 3억 원을 1천만 원씩 매월 쓰면 겨우 30개월이면 바닥이 드러난다. 언뜻 많아보이는 돈이지만 소득 없이 쓰기만 하다 보면 3년도 버티기 어렵다. 그래서 결국 자영업이다.

현대의 자영업자들이 몰락해 가는 과정을 좀더 자세히 들여다보면 다음과 같다.

대기업의 프랜차이즈를 하는 방법이 있다

예를 들어 대형편의점 체인이나 빵집 체인 사장이 되는 것이다. 일단 망할 확률은 줄어든다. 그러나 삶의 질은 확연히 떨어진다. 대기업

편의점은 자영업자(편의점 사장)의 노동력 착취를 바탕으로 돌아간다. 평균적으로 매출이 오천만 원이라 하더라도 결국 아르바이트를 쓰고 남는 순이익은 300만 원에도 미치지 못한다.

그런데 정부의 최저임금 인상 정책으로 말미암아 아르바이트의 인건비가 올라갔다. 그러니 아르바이트를 자르고 부부가 서로 견우직녀 하면서 낮과 밤을 교대로 하루도 쉬지 못하고 일한다.

親노동정책의 역풍… 노동자들이 내몰린다

경기도 수원에서 편의점을 하는 김모씨. 6년 전 대기업을 그만두고 퇴직금으로 편의점을 시작한 김씨는 6년 전으로 돌아가면 죽어도 편의점은 하지 않을 것"이라고 했다. 그는 얼마 전 아르바이트생 4명 중 2명을 내보냈다. 대신 김씨 부부가 번갈아 가게를 지키고 있다. 그는 "월 매출 오천에 삼사백 남는데 우리 부부 인건비도 못 건진다"고 했다.

_2017년 10월 24일자 조선비즈

편의점을 하면 언뜻 자영업자로 보이지만 사실은 자영업자가 아니다. 사장이 아닌 또 다른 의미의 임금노동자가 된 것이다. 그렇다고 편의점을 본인이 차린다거나 빵집을 차리면 대기업 편의점, 빵집 프랜차이즈의 원가경쟁에 밀려 독립하는 순간 문 닫을 걱정부터 해야 한다. 만약 빵집을 하더라도 수십 년간의 제빵 노하우와 광팬인 단골이 없다면 망하는 것은 순식간이다. 즉 지금까지 하던 임금노동자를 명퇴하고 다시 자본가의 임금노동자가 되어 죽을 때까지 일해야 하는 것이다.

저가 프랜차이즈로 인한 몰락(저가 커피, 저가 치킨, 저가 음식료업)

이 경우는 더 안 좋은 케이스에 해당한다. 저가 프랜차이즈에는 패턴이 있다. 소위 유행이라는 것을 탄다. 프랜차이즈 업체들은 저가로 커피, 음료 등을 판다. 말도 안 되는 가격이다. 그 과정은 다음과 같다.

_커피를 1500원 또는 1000원 이하의 가격으로 판매한다.
프리미엄 프랜차이즈인 스타벅스 등의 가격은 잔당 4000원 정도다. 그런데 이렇게 싸게 팔아서 남는 게 있을까? 그것은 상관없다. 일단 사람을 모으는 것이 중요하다.

_사람들이 몰린다.
당연하다. 아주 싼 가격에 커피를 파는데 안 몰릴 수가 없다. 심지어 줄까지 선다.

_잠재 자영업자들이 이 광경을 보고 대박 아이템으로 착각한다.
회사를 다니던 임금노동자들은 이런 광경을 보고 다니던 회사 그만두고 '저렇게 커피를 팔면 많이 남을 것이다'고 생각한다. 인간의 유전자는 단기적인 예측만이 가능하다. 즉 지금 장사가 잘되면 영원히 장사가 잘될 것으로 착각한다.

_창업한다.

그래서 다니던 회사를 그만두고 빚까지 얻어서 프랜차이즈를 차린다.

_프랜차이즈 가맹본사는 돈을 번다.

프랜차이즈 가맹본사는 노리는 것이 단 하나다. 가격을 싸게 해서 많은 가맹점을 모으는 것이다. 즉 가격을 후려쳐서 엄청나게 싸게 만들고 사람들이 줄을 서게 한 다음 가맹점을 순식간에 엄청 늘리는 것이다. 핫도그, 카스테라, 치킨 등의 프랜차이즈는 몇 개월 만에 전국 가맹점 500개 이상을 간단히 돌파한다.

_사람들이 몰리지 않는다.

왜 몰리지 않을까? 가격이 싸서 먹었는데 사실은 감동이 없기 때문이다. 그래서 그냥 한 번 먹고 마는 것이다. 오늘날의 소비자들은 그냥 싸기만 해서는 두 번 다시 구매하지 않는다. 뿐만 아니라 프랜차이즈 본사의 공격적인 마케팅으로 경쟁 점포가 너무 많이 생겼다. 그러니 내가 먹을 파이는 당연히 그만큼 줄어든다. 뿐만 아니라 한번 타올랐던 열기가 금새 시들해지기 때문에 먹거리는 더욱 줄어든다.

저가 프랜차이즈의 싼 가격은 가맹점주의 싼 인건비에서 기인한다. 즉 노동력 착취로 인한 가격이라는 것이다. 그래서 가맹점주는 엄청나게 일하는데 사실은 돈을 거의 못 벌고 장사 아이템도 시들해져 폐업 위기에 내몰린다.

_현재의 아이템은 시들해지고 다른 저가가 뜬다.

사실 우리가 알고 있는 프랜차이즈는 1년만 지나도 아무도 기억하지 못하는 아이템이 수두룩하다. 그러니 가맹본사는 돈을 벌고 사업을 접으면 되지만 그 많은 가맹점주는 어떻게 되나? 이러는 사이 다른 저가 아이템이 떠서 사람들은 다른 곳으로 가버린다. 그리고 자신이 차린 프랜차이즈는 망해서 모든 돈을 날린다.

어떤 프랜차이즈를 하고 싶은가? 프랜차이즈만 거래하는 사이트를 찾아 얼마나 매물이 많이 나와 있는지 알아보면 무엇이 안 되는지 알 수 있다. 즉 매물이 많을수록 안 되는 프랜차이즈인데 그 패턴이 계속해서 반복된다.

_창업자는 가진 돈을 모두 날리고 다시 임금노동자로 전락한다.

당연히 자신이 가지고 있는 돈을 모두 날리고 결국 더 저가의 일을 해야 하는 임금노동자가 된다. 이때 명퇴금 또는 빚까지 얻었다면 이자비용까지 전부 감당해야 한다. 명퇴금을 하나도 써보지 못하고 그냥 노예처럼 일만 하다가 모든 돈을 날린 셈이다. 차라리 은행에 적금이라도 들고 임금노동자를 했다면 조금의 이자, 국민연금, 노동으로 인한 임금으로 매일 일은 해도 마음은 편할 텐데 한 번의 잘못된 선택이 자신을 나락으로 빠뜨렸다.

저가 프랜차이즈가 망한 이유는 전통의 자영업자가 망한 이유와 같

다. 자본가들은 대규모의 자본을 투입하여 원가를 낮추는데 사실 대기업프랜차이즈건 저가 창업아이템이건 저가가 가능한 것은 자영업자의 노동력 착취를 통한 저가이기 때문이다. 그래서 하루 종일 일을 해도 겨우 먹고 살 수 있을 정도로만 돈을 번다. 조금이라도 이윤을 더 남기기 위해 가족이 모두 무급으로 동원되어야 하니 삶의 질이 떨어진다.

그래도 잘 망하지는 않는다. 대기업 프랜차이즈이기 때문이다. 그러나 대기업의 임금노동자와 다를 바가 없고 죽을 때까지 일해야 겨우 먹고 산다.

저가 창업아이템은 삶의 질이 떨어지고 본인의 돈을 다 날리고 일은 하루 종일 하면서 노동력은 노동력대로 착취당하고 가맹점 본사만 돈을 버는 구조다. 가맹점 본사는 원래부터 임금노동자의 돈만을 노리고 이런 상품을 기획하는 것이다. 그러다가 가맹점이 하나, 둘씩 망하면 사업을 접고 다른 사업을 기획해서 또 다른 가맹점을 모집한다.

이제 결론을 내려보자.

바람직한 저가는 어떻게 구현을 해야 하나? 그것은 자본가만이 할 수 있다. 대량생산, 생산성 향상을 통한 원가 절감을 통해 가능하다. 대기업만이 자본과 기술력을 통해 이룰 수 있다. 그러니 자영업으로 살아남으려면 어렸을 적부터 대기업 프랜차이즈가 따라올 수 없는 기술을 익히는 수밖에 없다. 혹은 장사 노하우를 익혀야 한다. 나아가 저가 프랜차이즈 가맹본사가 된다면 상황은 180도 달라질 수 있다. 그렇지 않으면 속수무책으로 망하거나 임금노동자로의 전락이다.

자영업 10곳 문 열면 8.8곳 망했다

지난해 자영업 폐업률은 전년 대비 10.2%포인트 높은 87.9%로 역대 최고치를 기록했다. 국세청 국세통계에 따르면 도·소매업과 음식, 숙박업 등 자영업 4대 업종은 지난해 48만3985개가 새로 생기고, 42만5203개가 문을 닫았다. 10개가 문을 열면 8.8개는 망했다는 얘기다.

_2018년 8월 14일자 한국경제

자영업은 현실적으로 열에 아홉은 망한다. 냉엄한 현실이지만 받아들일 수밖에 없으며, 나는 피해갈 수 있다고 자신할 수 있는 문제도 아니다. 게다가 최저임금의 상승으로 인해 아르바이트 인력을 쓰기도 어려워졌다. 그러므로 자영업은 노후 대비 수단으로 점점 더 힘들어지고 있다.

그렇다면 임금노동자에게 과연 길은 있는 것인가? 위의 일을 할 수 없다면 생산수단을 젊었을 때부터 모으는 수밖에 없다. 어차피 산업사회에서는 자영업자가 살아남는 길이 요원하다. 한 때 잘 나가더라도 대기업이 프랜차이즈를 만드는 순간 바로 사양산업으로 변한다.

그렇다면 대기업을 사면 될 것이 아닌가? 대기업을 사고 싶으면 대기업의 주식을 사면 된다. 대기업은 자영업자의 고혈을 짜내어 장사를 한다. 그러니 대기업 주식은 그만큼 안전하다. 우리나라 대기업보다는 세계적인 대기업일수록 더 좋다. 그런 기업의 주식을 임금노동자가 되는 순간부터 모아야 한다. 그리고 팔지 않아야 한다.

그러면 대기업의 주식을 들고 있다는 보유권 때문에 대기업이 열심히 일을 해서 나에게 배당을 주는 것이다. 자영업보다 배당수입이 더 안전하고 오래 지속되며, 금액도 크다.

  그런데 주식을 통한 배당이 여의치 않다면 어떻게 생활비를 마련해야 하는가? 자영업보다는 임금노동자를 해야 한다. 그래야 망할 일이 없다.

  앞으로 인간은 평균 120세까지 살 수 있다. 그런데 45세 정도면 임금노동자로서의 수명을 다 한다. 찬찬히 생각해 보면 한 인간에게 너무나 가혹하고 부담스러운 상황임에 틀림없다. 그럼에도 인류가 한 번도 경험해 보지 못한 상황이기에 오지 않을 미래로 착각하며 살아간다. 혹은 때가 되면 다 해결이 되겠지 하는 마음으로 해결을 미래의 어느 시점으로 미뤄놓는다. 그런 다음 현재는 평생 돈을 벌 수 있을 것으로 생각하고 과소비를 하며 살아간다. 그리고 막상 명퇴를 하면 자영업에 뛰어 들어 평생 모은 돈을 한 순간에 날리고 저소득층으로 몰락한다. 강 건너 불구경 하듯 남의 일이라고 생각하지 말기 바란다. 당신에게 실제 일어날 수 있는 일이다.

  현실적인 대안은 무엇인가? 사람들이 왜 자영업을 하는지 생각해야 한다. 은퇴를 하고 나니 저금리 상황이다. 대출로 집을 살 때까지만 해도 저금리가 좋았는데, 은퇴를 하고 나니 똑같은 상황이 달라 보인다. 은행이자로는 생활비를 감당할 수 없다. 그래서 자영업에 뛰어든다.

  자영업을 하지 않고도 생활비를 충당하려면 한 달에 얼마가 필요한가? 최소 200만 원 정도다. 나에게 3억 원 정도가 있다면 무엇을 해야 하는가? 배당주를 사는 것도 나쁜 방법이 아니다. 망하지 않는 대표적인 배당주라면 미국의 통신회사 AT&T Inc. NYSE:T를 꼽을 수 있다. 앞으로 5G 세상이 오면 통신주가 오를 수도 있다.

때에 따라 다르지만 2019년 7월 9일 현재 배당은 5.95% 정도다. 6%로 잡고 3억 원이 있다면 1년에 1800만 원 정도가 배당으로 나온다. 세전이기는 하지만 한 달에 150만 원 정도 나오는 것이다. 그러니 200만 원 중 나머지 50만 원은 아르바이트로 마련을 한다면 굳이 자영업을 하지 않아도 된다는 결론이 나온다.

우리나라에도 이런 배당주가 있다. 맥쿼리인프라 펀드이다. KRX: 088980 배당 수익률은 약 5%를 조금 넘는다. 현재 맥쿼리인프라는 인천대교를 비롯한 11개 유료도로, 1개 항만시설에 투자하고 있다. 대다수 자산이 중앙정부 또는 지방자치단체 등과 맺은 최소운영수입보장(MRG)이 반영된 실시협약을 바탕으로 해 안정적인 수익창출이 가능하다.

맥쿼리한국인프라투융자회사 또는 약칭 맥쿼리인프라는 2002년 12월에 설립된 아시아 최대 상장 인프라 펀드로 사회간접자본에 대한 민간투자법에서 허용하는 대한민국의 인프라 자산에 투자를 하는 회사이다. 집합투자업자로 맥쿼리그룹과 신한금융그룹의 합작투자 형태로 설립되었다. 그러니 여기에 돈을 묻어 놓고 아르바이트를 병행해도 된다.

늙어서 혹은 직장을 그만두어서 생계수단이 막막하다면 어쩔 수 없다, 지금부터라도 생산수단을 모아야 한다. 물론 가장 좋은 방법은 평생 동안 돈이 생길 때마다 주식을 모아가는 것이다. 그것이 임금노동자로서 자본주의를 살아 내는 현명한 방법이다.

∘7∘

주택, 상가 재건축도
재개발 할 수 없으면 소비재다

5500가구 올림픽선수촌 재건축 '노크'

서울 재건축 '블루칩'으로 꼽히는 송파구 방이동 올림픽선수촌 아파트가

오는 14일 재건축 절차의 첫 관문인 정밀안전진단을 신청한다. 지난해 초

재건축부담금 부활과 함께 재건축 안전진단 기준까지 강화된 이후 서울에

서 안전진단을 신청한 단지가 전무한 상황에서 얼어붙은 재건축시장 분위

기를 녹이는 첫 사례가 될지 주목된다.

올림픽선수촌 아파트는 지상 6~24층 122개동 5540가구 규모 초대형 단지로 강남 재건축의 대표적인 '잠룡'으로 꼽힌다. 1988년 서울올림픽에 참가하는 선수들 숙소로 사용하기 위해 지어져 올해로 준공 30년째를 맞았다.

올재모는 안전진단 신청과 관련해 12일 오후 2시 보성고 강당에서 주민총회를 개최할 예정이다. 안전진단 신청 시 필요한 주민 동의율(10%)은 지난해 이미 채웠기 때문에 총회에서 별도의 주민투표는 하지 않으며 진단 비용 모금 현황 보고 등이 진행될 예정이다.

_2019년 1월 8일자 매일경제

이 기사는 어떤 의미가 있을까? 올림픽선수촌 아파트가 지어진 지 30년이 지났다. 주민동의는 2018년에 이미 끝났다. 즉 30년 정도가 되면 무엇을 해야 하는가? 재건축에 관한 일정이 나와야 한다는 얘기다. 강남은 이미 이런 상황이다.

만약 지어진 지 30년인데 어떠한 움직임도 없다면 어떻게 되는가? 재건축이 안 되는 것이고 40년이 되는 시점에 슬슬 세입자가 빠져 나가며 원금상환을 걱정해야 하는 상황에 내몰릴 수 있다. 재건축이 안 되는 아파트는 소모품이기 때문이다.

강남 등 아파트가 비싼 동네에서는 재건축 추진이 활발하다. 그렇다면 냉정히 생각해 봐야 한다. 내가 사는 아파트가 정말로 재건축이 될 가능성이 있는지 말이다.

부동산 임장을 왜 할까?

임장의 사전적 의미는 '어떤 일이나 문제가 일어난 현장에 나옴'이다. 부동산 투자 격언인 '발품을 팔아라'와 같은 말이다. 중개업법에 나오는 임장은 '집을 사기 전 대상지를 여러 번 방문하고 주변환경을 살펴보는 것'을 뜻한다. 법원 경매에서도 물건 조사나 답사 활동을 임장으로 표현한다.

임장을 하는 이유는 좋은 곳을 찾기 위해서다. 좋은 곳이란 부동산 가격이 많이 오르는 곳이지 살기 편한 곳이 아니다. 요즘은 도시화로 인해 웬만하면 살기 좋고 편하다.

신도시에 살기 너무 불편한가? 재래식 화장실에 집이 좁고 초가집인가? 그럴 리 없다. 훨씬 넓은 평면에 탁 트인 배경과 좋은 공기까지, 서울이 아닌 수도권 그리고 지방이 살기에는 더 좋다. 그러나 오르지 않는다.

우리는 가격이 오를 곳을 찾기 위해 임장을 하지만, 사실은 임장을 할 필요가 없다. 왜냐하면 좋은 곳 다시 말하면 오를 곳은 이미 정해져 있기 때문이고 그것을 나라에서 손수 발표까지 하기 때문이다. 투기과열지구, 투기지역, 조정지역 말이다.

규제가 센 순서대로 얘기하자면 투기지역 〉 투기과열지구 〉 조정지역이 좋다. 왜냐하면 규제가 센 만큼 많이 올랐기 때문이다.

그런데 왜 좋은 곳을 찾으려고 임장을 다닐까? 투자금이 부족하기 때문이다. 돈이 모자라니 임장을 다녀야 하고 임장을 다녀서 가성비

좋은 곳을 찾아야 한다. 가성비란 내가 가진 돈 대비 많이 오를 곳이다. 그래서 교통여건이 좋아지는지 대규모 산업단지가 근처에 있는지 학군은 어떤지 앞으로 좋아질 호재는 무엇인지를 보는 것이다.

그러나 이래서는 오를 리가 없다. 오를 것이라는 희망과 자기 위안만 있을 뿐이다. 마치 기업의 재무제표를 보는 것과 같다. 재무제표가 좋다고 좋은 기업은 아니다. 아니 좋은 기업은 맞지만 주가가 많이 오르지 않으면 투자자에게는 좋은 기업이 아니다. 투자자에게 좋은 기업은 가성비 대비 많이 오를 기업, 꾸준히 많이 오를 기업이다.

이런 기업은 따로 있다. 원래 우리가 알고 있는 기업이다. 우리가 많이 먹는 패스트푸드가 무엇인지, 우리가 많이 타는 자동차가 무엇인지, 우리가 많이 사용하는 문구가 무엇인지, 우리가 많이 사용하는 공구가 무엇인지, 우리가 많이 사용하는 인터넷이 무엇인지, 우리가 많이 사용하는 컴퓨터가 무엇인지만 보더라도 좋은 기업은 널리고 널려 있으며, 그 기업들은 망하지 않고 꾸준히 오르며 그 기업만 사더라도 돈이 모자란다. 그런데도 우리는 재무제표를 뒤지며 좋은 기업을 찾아 헤맨다.

우리가 찾는 좋은 기업은 재무제표에는 적혀 있지 않다. 그리고 이미 알고 있다. 부동산이건 주식이건 우리가 딱 들어서 살고 싶은 곳, 가지고 싶은 곳이 좋은 부동산, 좋은 기업이다. 좋은 곳은 어디인가? 비싼 곳이다.

뉴욕엔 한채 2700억원 아파트도

'뉴욕의 허파'로 불리는 센트럴파크 옆에도 초고층·최고급 주거복합용 빌딩들이 잇달아 올라가면서 도심에 살고자 하는 주거 수요를 충족시키고 있다. 지난해 완공된 '220 센트럴파크 사우스' 펜트하우스는 올해 1월 2억 3800만달러(약 2700억원)에 팔리면서 미국 주택 거래 사상 최고가 기록을 갈아치웠다.

_2019년 4월 3일자 매일경제

이건희 회장 한남동 집, 공시가 398억 전국 1위

전국 단독주택 중에서 가장 비싼 서울 용산구 한남동 이건희 삼성전자 회장 자택의 공시가격이 1년 새 50% 이상 오르며 400억원에 육박한 것으로 나타났다.

2019년 3월 31일자 매일경제

좋은 곳이란 바로 이런 곳이다. 그런데 일반인이 엄두도 못 낼 가격이다. 돈이 부족하다는 진단을 넘어 이 정도 가격이면 돈이 아예 없어서 못 산다는 말이 더 어울린다. 갭투자를 한다 해도 전세가가 20억 정도 밖에 안 되기 때문에 400억 주택이라면 수중에 380억이 있어야 한다.

그렇다면 어디를 사야 하나? 다음으로 집값이 높은 곳은 강남이다. 압구정 현대는 30억 원이다. 결국 이곳도 살 수가 없다는 결론이 나온다. 은마아파트도 마찬가지다. 웬만하면 20억, 30억이다.

투자금에 맞춰 부동산을 사야 하기 때문에 강북, 경기도, 지방 부동산으로 내려가야 하고, 결국 안 좋은 부동산으로 갈 수밖에 없다는 결론이다.

마치 수능시험을 보고 점수에 맞춰 대학을 고르는 것과 같다. 수능시험을 보고 가고 싶은 대학은 어디인가? 당연히 스카이다. 그런데 받은 점수가 평균 5등급이다. 어디를 가야 하는가? 지방에 있는 대학 중 점수에 맞춰 가야 한다. 그래서 교통을 따지고 통학버스가 있는지 따지고 학교는 정해놓고 그 안에서 과를 따지는 것이 아닌가? 그런데 왜 이런 고민을 하는가? 5등급이기 때문이다. 대성학원에서 나온 배치표를 열심히 들여다볼 수밖에 없다.

아파트도 마찬가지다. 내가 사고 싶은 아파트는 바로 잠원동 아크로리버 파크처럼 한강변이 보이는 강남아파트다. 그런데 왜 못 사는가? 가진 돈이 부족하기 때문이다. 그래서 수능 5등급과 같이 점수에 맞춰 사야 하는 것이다.

좋은 곳은 이미 정해져 있다. 힘들게 임장을 할 필요도 없다. 돈이 있으면 가장 좋은 곳을 사는 게 당연하고, 대부분의 경우처럼 돈이 없다면 사고 싶어도 사지 못 하는 상황 그대로인 게 좋다. 하지만 주식은 가장 좋은 것을 얼마든지 살 수 있다. 반면 안 좋은 아파트를 돈에 맞춰 덜컥 샀을 경우에는 문제가 발생한다. 문제가 발생하는 가장 큰 원인은 아파트는 40년이 되면 수명이 끝나기 때문이다. 우리나라도 일본처럼 늙은 아파트가 쌓여간다. 그렇다면 재건축이 가능한 아파트는 어떤 아파트인가 알아보자.

부산 보수동 A아파트 역시 노후 주택이 밀집한 '달동네' 꼭대기에 있어 건설사들이 재건축 사업지로 거들떠보지도 않는다. 부산 중구청 담당자는 "40~50년 된 노후 아파트 주민들은 재건축 조합을 만들어도 건설사들이 관심이 없고, 이사를 하고 싶어도 돈이 없어 못 가는 저소득층이 대부분"이라고 말했다.

_2018년 10월 19일자 조선일보

이 기사를 보자. 부산의 중구는 40년에서 50년이 지난 노후 아파트가 조합을 만들어도 아무도 관심을 쏟지 않는다는 것이다. 사업성이 안 나오기 때문이다.

사업성은 어디가 나올까? 보통 사업성을 생각할 때 용적률이 어떻고 위치가 어떻고를 따진다. 그러나 그렇게 따져서는 직관적이지 않다. 왜냐하면 그렇게 따진들 그곳이 정말 사업성이 나오는지는 건설회사가 붙어서 재건축을 해 봐야 아는 것이고 그렇지 않은 곳은 증거가 없다는 것이다.

증거를 찾는다면 어떻게 찾을 수 있는가? 바로 재건축을 했는지 여부를 따지면 된다. 저층 아파트는 재건축한 경우가 있는가? 다수 발견된다. 앞서 얘기했지만 저층 아파트란 5층 이하의 아파트를 말한다.

그러나 중층(10층 이상)으로 따지면 이야기는 달라진다. 우리가 흔히 듣는 잠실주공5단지, 은마아파트, 압구정 현대아파트 등은 중층인데 대단지이다. 만약 대단지가 아니라면, 이촌현대, 잠원한신로얄 등 48곳은 리모델링의 길이 트였다.

11일 서울시에 따르면 지난 5일 열린 도시계획위원회에서 '아파트지구 내 공동주택 리모델링 사업 방안'안건이 자문을 받았다. 아파트지구는 옛 도시계획법상 용도지구 중 하나로 아파트를 집단적으로 건설하기 위해 지정한 지구다. 서울시가 1976년 지정한 잠실, 반포, 여의도, 서초, 압구정, 이촌동 등이 대표적인 아파트지구다. 이들 지역 아파트 대부분이 노후주택이지만 현행법상 아파트지구에서는 '도시 및 주거환경정비법'이 적용돼 재건축만 가능했다. 주택법 적용을 받는 리모델링이 불가능해 리모델링 사업이 중단돼 있었다.

서울시 관계자는 "아파트지구 내에서 기존 용적률이 높은 48개 중층단지(10~15층)는 재건축이 불가능했다"며 "법적 장치가 마련돼 있지 않아 대안인 리모델링사업마저 불가능한 상황이었다"고 설명했다. 용적률은 건축물 총면적을 대지 면적으로 나눈 비율이다.

_2017년 4월 11일자 한국경제

이 기사를 보면 주택법 적용을 받기 때문에 재건축에서 리모델링 사업으로 돌렸다는 얘기가 나온다. 그런데 동네 이름만 들어도 부촌의

향기가 풍긴다. 잠실, 반포, 여의도, 서초, 압구정, 이촌동 등이다.

그런데 대단지가 아니면 재건축이 힘들어서 겨우 리모델링 사업으로 돌렸다는 얘기다. 강남을 비롯한 서울의 유망도심지도 대단지가 아닌 중층 아파트는 재건축이 안 될 수도 있다는 결론이 된다. 이와 같은 증거는 여러 기사에서 발견할 수 있다.

신도시에만 낡은 아파트 29만 가구… 재건축 접고 리모델링해야

이 단지는 용적률(대지면적 대비 건물 연면적 비율)이 200%에 달해 사실상 재건축이 불가능하다. 현행 법규상 재건축할 때 용적률은 최대 300%까지 가능하지만, 임대주택이나 기부채납 면적을 빼면 실제 아파트에 적용되는 용적률은 250~270%에 그친다. 이 때문에 기존 주택 용적률이 200% 이상이면 재건축을 해도 수익성이 떨어지는 것으로 판단해 사업 추진이 쉽지 않다.

서울 용산구 C아파트는 지어진 지 43년 됐지만, 용적률이 263%에 달해 재건축 추진이 되지 않고 있다.

_2017년 3월 30일자 조선비즈

서울 용산의 C아파트는 무려 43년이 되었는데도 용적률이 263%에 달해 재건축 추진이 안 된다고 한다. 우리가 만약 중층 아파트에 25년째 살고 있고 재건축을 기대하고 있다면, 먼저 확인해 봐야 할 일이 있다. 우리 아파트에 플래카드가 걸려 있는가? 아직도 안전진단을 들어가지 않았다면 뭔가 잘못 돌아가고 있다는 사실을 눈치 채야 한다.

'되겠지'하고 무사태평으로 기대만 하고 있을 것이 아니라, 증거를 찾아야 하고, 증거가 없다면 막연한 기대를 해서는 안 된다는 말이다.

아파트는 지은 지 40년이 지나면 사람이 살 수 없는 곳이 된다. 그래서 주택의 수명을 일반적으로 40년을 잡는다. 이 집은 더 이상 사람이 살 수 없다는 사실을 가장 먼저 아는 사람이 누구인지 아는가? 바로 세입자다.

세입자가 가장 빨리 이 사실을 알고 아파트를 뜨는 이유는, 40년이나 된 아파트를 월세나 전세로 살 이유가 없기 때문이다. 아니 40년이 아니라 35년만 되어도 세입자가 빠져나가 버린다.

우리나라에 35년 정도 된 아파트를 찾아보자. 바로 강남에 있다. 왜냐하면 좋은 동네일수록 가장 빨리 아파트가 생겼기 때문이다.

은마아파트에 가서 근처 부동산을 들려 사장님께 물어보라. 가능하면 집을 한번 보는 것도 좋은 방법이다. 지금 그 집에 살고 있는 세입자에게 배관은 어떤지 사는 데 불편한 점은 없는지 반드시 물어봐야 한다.

아마도 녹물이 너무 나와 살 수 없다는 말을 들을 것이다. 그 당시 지어진 아파트는 배관이 엉망이다. 요즘처럼 품질 좋은 배관이 아니라, 아연도강관을 썼기 때문이다.

> **80년 된 美빌딩은 멀쩡, 30년 된 한국 아파트는 재건축**
> 전문가들은 우선 '재료'가 다르다고 말한다. 김수암 한국건설기술연구

원 선임연구위원은 "국내 아파트 건설용 철근콘크리트의 콘크리트 두께는 30cm 정도로, 예나 지금이나 큰 차이가 없다"며 "100년 가는 아파트라면 이 두께가 50cm 정도는 돼야 한다"고 말했다. 건설업계 관계자들은 "국내 아파트는 설계 단계에서 설계수명을 40년 정도로 잡고 철근의 양과 콘크리트 강도 등도 거기에 맞춘다"고 말했다.

철근콘크리트 안에 묻힌 수도관과 전선(電線) 내구성이 문제라는 지적도 있다. 1990년대 이전에 지어진 아파트는 녹이 잘 슬지 않는 스테인리스강(stain less steel)이 아닌 가격이 저렴한 아연도강관을 배관으로 사용해 녹물이 나오는 경우가 많다. 전명훈 LH(한국토지주택공사) 수석연구원은 "1970년대에 지어진 아파트도 심각한 부실이 아니라면 50년 정도는 버틸 수 있지만, 배선과 배관 노후화가 큰 문제"라고 말했다.

_2017년 3월 30일자 조선비즈

"한강 물도 깨끗하게 걸러준다"…입소문 타고 2년새 100만대 팔린 샤워기

블랭크 관계자는 "녹물과 불순물 제거 기능을 강화한 샤워기를 만들기 위해 수십 개의 샤워기 제조사를 만났다"

_2019년 3월 21일자 한국경제

"날 물로 보지마"…생수시장, 커피 넘본다

먹는 샘물(생수) 시장이 파죽지세로 성장하고 있다. 2021년에는 생수 시장이 커피음료 시장을 추월해 음료 시장에서 탄산에 이어 두 번째로 큰 시장

두 가지 기사가 있다. 하나는 한강물도 깨끗하게 걸러준다는 샤워기와 생수시장에 관한 내용이다. 정수기를 쓰는 이유는 녹물이 나오거나 수돗물을 믿지 못하기 때문이다. 녹물은 식수용으로도 부적합하지만 샤워에도 부적합하다. 녹물로 몸을 깨끗하게 씻을 수는 없는 노릇이 아닌가.

그래서 대박을 친 샤워기가 바로 녹물을 제거해주는 샤워기다. 그런데 샤워할 때만 녹물이 나오는 것은 아니다. 설거지를 할 때도, 빨래를 할 때도 나온다. 결국 정수필터는 모든 수도꼭지에 필요하다. 앞으로는 싱크대나 세탁실에 설치가능한 정수필터 아이디어가 지속적으로 나올 것이다.

생수시장이 뜨는 이유도 같은 맥락이다. 녹물을 먹을 수 없고, 수돗물을 믿을 수 없다. 정수기를 쓸 수 없는 1인 가구도 생수를 마셔야 한다. 이런 현상이 벌어지는 이유는 우리가 살고 있는 아파트가 너무 오래 되었기 때문이다.

왜 한국은 30년만 지나면 급격히 재건축아파트로 갈 수밖에 없는가? 콘크리트 두께가 50cm 정도는 되어야 하는데 한국은 30cm 정도로 두께를 맞추기 때문에 30년이면 노후화가 급격히 진행된다. 두께가 얇은 이유는 건축비를 줄이기 위해서였다.

대한민국의 상황을 보자. 1기 신도시나 80년대 그리고 현재도 아파트 청약을 하면 로또다. 즉 아파트를 사고자 하는 사람들이 줄을 서서 기다린다. 상황이 이러한데 어떤 건설회사가 50cm로 두께를 맞추겠는가? 건설비가 2배가 아니라 3배, 4배가 될지도 모르는데 말이다. 두껍게 지은만큼 콘크리트의 양, 철근의 양, H빔의 양이 배는 더 들어간다.

당신이 건설업자라고 가정하고, 아파트를 튼튼하게 지을 이유가 있을지 상상해 보라. 인기 있는 지역은 경쟁률이 400대1씩 나온다. 그래서 한국의 주택수명은 40년이다. 그리고 세입자가 '이 아파트 너무 오래 되어서 이젠 살 수 없어'라고 생각하고 떠나는 때는 길어야 35년이다.

그런데 35년이 지나면 집주인은 어떻게 해야 하는가? 어쩔 수 없이 35년이나 되어서 사람이 살기 힘든 아파트에 들어가야 한다. 왜냐하면 세입자가 더 이상 전, 월세로 들어오지 않기 때문이다. 더구나 내 아파트는 은마아파트가 아니다.

은마아파트는 재건축이 당연히 되며, 게다가 35년이 지나 녹물이 나와도 8학군의 명문학교를 집어넣을 수 있고 근처의 대치동 학원가를 보낼 수 있기 때문에 수요자의 발길이 끊이지 않는다. 굳이 내가 그 집에 들어갈 이유가 없다.

설상가상으로 내가 갖고 있는 집이 30년 이상 된 집으로만 여러 채라면 어떻게 될 것인가? 다 들어갈 수 없지 않은가? 그래서 결국 세입자 문제로 골치를 썩이게 된다. 게다가 세입자가 나가면 대부분의 집주인들은 집을 내놓게 되어 있다.

A와 B, C가 잇따라 집을 내놓으면 어떤 일이 벌어지는가? 집값의 하락이 이어진다. KB시세가 떨어진다는 말인데 집의 담보가치가 떨어져 결국 원금상환을 해야 할 상황에 처하게 된다. 나이 80살에 원금상환을 할 수도 있다.

결국 어떻게 되는가?

지은 지 48년, 월세 7만 원… "붕괴위험 경고장 보고도 그냥 살죠"

요네야마 히데타카(米山秀隆) 후지쓰경제연구소 연구원은 "2014년 기준 일본 전체 아파트의 공실률은 2.4% 수준이지만, 40년 이상 아파트의 공실률은 10%가 넘고, 45년 이상은 15%로 급증한다"고 분석했다. 김덕례 주택산업연구원 주택정책실장은 "사업성 없는 노후 아파트는 탈출 전략이 없는 게 사실"이라고 말했다.

_2017년 3월 29일자 조선비즈

일본의 예처럼 사업성이 없는 아파트는 탈출전략이 없다는 말로 결론지어진다. 그러나 우리나라는 40년 이상 된 아파트가 많지도 않을뿐더러 그런 아파트가 거의 강남과 같은 서울의 유망지역에 있기 때문에 버틸 수가 있다. 그러나 만약 수도권이나 지방과 같이 빈 땅에 얼마든지 새 아

파트를 지을 수 있다면 어떻게 될까? 그야말로 빈집이 되는 것이다.

왜 수도권이나 지방이 위험한지 생각해 보자.

아파트를 지을 때 건설회사에서 좋아할 만한 곳은 신도시일까? 재개발, 재건축일까? 바로 신도시다. 신도시는 건설사가 분양에 성공했을 경우 모든 이익을 건설회사가 가져간다. 그런데 재개발, 재건축은 어떤가? 개발이익을 조합원과 나눠야 한다. 그러니 이익이 커질 리가 없다.

그래서 건설사들은 신도시 분양을 할 수 있다면 적극적으로 뛰어든다. 그리고 수도권과 같은 곳도 지역주민들이 신도시 아파트를 선호하지 재건축 된 구도심 아파트를 좋아하지 않는다. 오래되고 이미지가 안 좋고 언덕이 많고 주변시설이 신도시에 비해 떨어지기 때문이다.

그러니 건설회사가 굳이 구도심에 아파트를 지을 리가 없다. 결국 수도권, 지방은 재건축 아파트가 들어서기 더 힘든 형편이다. 게다가 더 심각한 문제는 낮은 분양가에 있다.

이 문제 역시 증거를 통해 미래를 예측해야 한다. 막연한 기대나 생각, 주변에서 들은 이야기만으로는 그 어떤 미래도 내 생각대로 되지 않고, 내 예상대로 흘러가지 않는다.

서울에서 뉴타운 아파트로 재개발 된 곳은 은평구에 은평뉴타운, 성북구에 장위뉴타운, 길음뉴타운 등이 있다. 이들 아파트 평균가를 보면, 은평구는 평당 가격이 1309만 원, 성북구는 1315만 원이다.

지역	평당가격	지역	평당가격
강남구	3,483	강서구	1,459
서초구	3,181	서대문구	1,392
송파구	2,405	동대문구	1,335
용산구	2,389	관악구	1,322
양천구	1,960	성북구	1,315
마포구	1,868	은평구	1,309
강동구	1,857	구로구	1,231
광진구	1,831	노원구	1,206
성동구	1,792	강북구	1,156
중구	1,766	중랑구	1,136
영등포구	1,645	금천구	1,080
종로구	1,628	도봉구	1,076
동작구	1,616		

"착한 분양가" 한강신도시 운양동 마지막 900만 원대 단지는?

– 김포 한강신도시 운양동서 900만원대 분양한 '이랜드 타운힐스'1순위 최고 88대 1 기록

– 한강신도시 주거선호도 가장 높은 운양동서 분양하는 '한강신도시2차 KCC스위첸'주목

2기 신도시 김포 한강신도시가 달라지고 있다. 특히 한강신도시 내에서도 착한 분양가로 공급되는 900만원대 아파트가 수요자들의 관심을 독차지하고 있다.

이랜드건설이 최근 경기 김포 한강신도시 Ab-12블록에서 공급한 '이랜드 타운힐스'는 457가구 모집에 최고 88 대 1, 평균 9 대 1로 1순위 청약에서 전 주택형이 마감됐다. 김포 K공인 관계자는 "주변 시세보다 3.3㎡당 100만 원가량 저렴한 990만원대에 공급돼 좋은 결과를 얻었다"며 "운양동에서 선 보이는 단지 중 900만원대에 분양하는 아파트들이 큰 인기를 끌고 있다"고 말했다.

현재 운양동 내에서 이랜드 타운힐스와 같이 900만원대 착한 분양가를 갖춘 단지로는 '한강신도시2차 KCC스위첸'이 유일하다. 이 단지는 전용 84 ㎡ 분양가가 평당 910만원부터 책정된 데다 발코니 확장비 무료, 중도금 무 이자, 현관중문 등 인기옵션 무상 제공 등의 혜택을 제공해 이랜드 타운힐 스와 비교해도 가격 경쟁력이 높다는 평가를 받고 있다. 이 밖에도 최근 견 본주택을 오픈한 '운양역 한신휴 더 테라스'도 운양동에서 공급되며, 3.3㎡ 당 평균분양가는 1100만원 후반이다.

_2015년 11월 18일자 동아일보

위는 김포의 한강신도시 중 운양동이란 곳의 아파트 분양가가 900 만 원이라는 기사다. 그렇다면 수도권의 새 아파트, 선호하는 신도 시 아파트가 무려 900만 원에 아파트를 분양하는데 구도심의 아파트 가 뉴타운이 된 증거는 비록 서울이라 비교가 딱 들어맞지는 않지만 1300만 원대라는 얘기다.

이렇게 낮은 가격에 신도시 아파트를 분양할 수 있는데 건설회사 입장에서는 조합원들과 끊임없는 총회와 감정평가, 추가부담금을 얘기하는 부담 속에서 신도시 아파트를 지으려 할까? 아니면 구도심에 재개발을 하려고 할까? 당연히 할 수만 있다면 신도시 빈 땅에 아파트를 지으려 할 것이다. 그리고 지역주민들도 신도시 아파트를 더 원한다.

그리고 리모델링이 되지 않는 결정적인 증거가 있다.

> **"노후아파트, 재건축보단 리모델링을"**
> 허윤경 건산연 연구위원은 "리모델링을 통해 가구당 면적이 12평(39.6㎡) 늘어나는 경우 약 2억7000만원의 분담금이 발생한다"며 "입지가 좋고 조합원들이 금전적으로 여유가 있어야 리모델링이 가능하다"고 했다.
>
> _2018년 10월 18일자 조선일보

리모델링을 하는 데 있어서 가장 큰 문제점들은 무엇일까? 12평을 늘리려면 얼마가 들어가는가? 2억 7000만 원의 분담금이 들어간다고 한다. 그렇다면 앞의 기사에 나온 운양동의 평당 900만 원 아파트를 32평형으로 분양했을 때 2억8800만 원이라는 계산이 나온다. 리모델링 분담금이 새 아파트 가격에 육박하는 동네에서 리모델링을 할 수 있을까? 당연히 불가능하다.

그렇다면 앞으로 10년 후가 되면 또는 시간이 지나면 리모델링이 쉬워질까? 아니면 어려워질까? 어려워질 것이다. 왜냐하면 10년 후가 되면 베이비붐 세대가 80세를 넘기기 때문이다. 나이 80에 2억 7000

만 원을 주고 12평을 늘릴 노인이 있을까? 오히려 독거노인이 살기에는 소형평수가 더 유리하다.

그리고 현재의 50대도 10년이 지나면 60대가 된다. 우리나라에서 가장 많이 태어난 X세대도 시간이 지날수록 매수자에서 벗어나므로 리모델링 수요는 더더욱 줄어들 것이다. 게다가 리모델링은 단점도 많다. 스프링쿨러가 설치되지 않은 아파트가 많기 때문에 스프링쿨러를 설치하면 천정이 더 낮아진다. 그리고 문제는 층간소음이다. 층간소음을 해결하려면 층과 층 사이의 바닥 두께가 두꺼워져야 하는데 리모델링으로 바닥 두께를 늘리는 것은 불가능하다. 그러니 리모델링을 해도 층간소음은 여전하다는 얘기다.

[Why] 시골만큼 심각한 '도심 소멸'… 20년 뒤에 부산 영도는 없다?

"영도 신선동이나 영도 청학동에는 빈집이 200~300채씩 있어요. 그 빈집이 사람을 몰아내는 겁니다."

"어릴 적 살던 동네라 애착이 많아요. 근데 살 수가 없어요. 동네서 할 일거리가 없어요."

_2018년 1월 20일자 조선일보

지방은 이미 도심소멸이라는 말까지 나오고 있다. 부산의 영도는 사람이 살지 않는 아파트가 여러 곳이다. 도심인데도 말이다.

이제 해법을 찾아보자. 해법 역시 실제 일어나고 있는 증거를 통해 수집해야 한다.

아파트는 어디서 왔는가? 애초 우리나라에는 없던 건물 형태다. 유럽에서 왔다고 생각하면 된다. 유럽을 잘 사는 서유럽과 못 사는 동유럽으로 나눠보자. 서유럽의 오래된 아파트는 어떻게 사용이 되고 있는가? 서유럽은 잘 사는 동네다. 그래서 오래된 아파트를 임대주택으로 돌리고 난민들에게 임대를 해주는 방식을 취한다.

그런데 문제는 동유럽이다. 소득수준이 낮기 때문에 국가가 오래된 아파트를 개인에게 매입하기 어렵고, 그렇기 때문에 그대로 슬럼화 되는 일이 비일비재하다. 결국 오래된 아파트는 개인의 노후파산으로 이어질 가능성이 크다.

.8.

청년은 왜 취직이 되지 않는가?

투자주도 성장 헝가리, '일자리 천국'되다

법인세 낮추고 투자액 50% 보전

글로벌 기업들 앞다퉈 공장 건설

유럽 변방국가이던 헝가리가 '일자리 천국'으로 떠올랐다. 기업들이 일할 사람을 못 구해 허덕일 지경이다. 올해 2분기 평균 실업률은 3.6%로 사실상 완전고용 상태다. 글로벌 기업들이 앞다퉈 헝가리에 공장을 지은 덕분이다.

17일 헝가리 정부와 관련 업계 등에 따르면 글로벌 자동차 및 부품기업이 잇달아 헝가리 투자를 확대하고 있다. BMW는 지난 7월 12억달러(약 1조3000억원)를 들여 헝가리에 전기자동차 전용 공장을 짓겠다고 발표했다. SK이노베이션은 8500억원을 투자해 현지에 전기차 배터리 공장을 건설하고 있다. 아우디와 메르세데스벤츠, 스즈키 등도 헝가리에서 공장을 운영하고 있다. 세계 20대 자동차 부품사 중 15곳이 헝가리에 공장을 두고 있다.

현지에서 만난 기업인들은 한결같이 헝가리 정부의 친(親)기업 정책이 글로벌 기업들을 불러모으는 이유라고 설명했다. 법인세를 19%에서 9%로 낮추고 투자금액의 최대 50%를 보전해주는 파격적인 인센티브가 유인책이 됐다는 것이다. 헝가리 공장 증설을 검토하고 있는 자동차 부품회사 한온시스템(옛 한라공조)의 이인영 사장은 "정부가 기업이 투자하는 데 최적의 환경을 조성하기 위해 가능한 모든 노력을 하면서 헝가리는 매력적인 투자처로 떠올랐다"고 말했다.

_2018년 9월 18일자 한국경제

기업들이 헝가리로 몰려가고 있다는 내용이다. 헝가리는 법인세율이 9%로 우리나라 25%에 비하면 파격적으로 낮다. 그리고 정부는 기업친화적이다. 기업들이 이유 없이 헝가리로 몰려가는 것은 아니다.

세계의 유수 기업뿐 아니라 우리나라의 SK이노베이션이나 삼성SDI

의 전기차 배터리 공장도 헝가리로 공장을 옮겼다. 이유는 세계화 때문이다. 어느 노교수의 말처럼 경제문제를 우리나라에 국한해서 본다면 영원히 풀 수 없는 숙제가 된다.

세계화란 세계와 경쟁하는 시스템이다. 세계화를 알지 못하면 헬조선과 같은 말만 하게 될 뿐이고 청년실업문제나 경제문제는 풀리지 않는다. 세계화를 알고도 대처하지 못하는 원인은 문제를 국내로 한정시키려는 정치인들 때문이다.

정치는 표를 얻는 게임이다. 한 표라도 더 얻으면 승자가 된다. 표는 누가 많은가? 바로 서민들이다. 서민들은 쉽게 선동된다. 문제의 본질을 흐리게 만들면 더 이상 잘 알지 못하기 때문이다. 문제의 본질을 흐린다 함은, 세계화라는 시대의 흐름은 얘기하지 않은 채 집단과 집단과의 싸움으로 몰고 가는 방식이다. 집단과 집단의 싸움은 대기업 대 중소기업 소상공인, 기득권 대 비기득권, 재벌 대 서민, 부자 대 가난한 자, 강남 대 비강남 등이다.

이런 식으로 프레임을 짜고 청년실업이 이렇게 심각한 이유는 대기업의 독과점 폐해 때문이라면서 그들을 개혁해야 한다고 얘기하는 것이다. 그러면 대다수의 사람들은 대기업이 일자리를 나누지 않기 때문에 청년실업이 발생한다고 오인한다.

그런데 사실일까? 지금의 청년실업은 대기업 때문이 아니고 오히려 대기업이 적어서다. 왜냐하면 청년들은 자영업이나 중소기업보다는 대기업에 들어가기를 원하기 때문이다. 삼성, LG에 들어가야 장가라도 가지 않는가? 그러나 정치인들은 이 사실을 이용해 청년들의 표를 얻을 수 있다.

반면 대기업을 때리면 오히려 해외로 나가게 되어 있다. 기업하는 환경이 안 좋다고 판단하기 때문이다. 일자리는 기업이 만드는 것이다. 기업환경이 안 좋으면 일자리도 줄어들 수밖에 없다.

정부에서 만드는 일자리는 성장하는 일자리가 아니고 분배하는 일자리다. 공무원 숫자를 아무리 늘려봐야 돈 벌어올 사람이 없다. 돈은 무엇을 뜻하는가? 바로 달러다. 왜 원화가 아니고 달러가 필요한가? 원화는 은행에서 찍어내면 되지 않는가? 그러면 어떻게 되는가? 인플레이션에 하이퍼인플레이션으로 베네수엘라처럼 1만%의 인플레이션이 일어나면 내 통장에 들어 있던 1억 원이 하루아침에 1만 원이 되는 마법을 부린다. 그러므로 원화는 벌어오는 것이 아니고 찍어 내는 것이다.

재화가 늘어나려면 달러를 벌어와야 한다. 달러만이 진짜 돈이기 때문이다. 우리나라는 자원이 없다. 그래서 모든 원자재, 농산물들을 수입에 의존한다. 우리가 먹고 입고 쓰는 것 중에 우리나라에서 나는 것이 도대체 몇 개나 되는가? 밀가루나 설탕만 하더라도 모두 해외에서 가져와야 한다. 농산물뿐 아니라 부가가치를 올려줄 자동차, 반도체 등도 모두 해외에서 수입한 철강, 석유화학 재료 등으로 만들지 않는가? 그러니 원자재 등도 모두 수입한 후 한국에서 가공해서 해외로 수출해야만 달러를 취득할 수 있다.

그런데 공무원이 달러를 만들 수 있는가? 공무원은 분배다. 한국처럼 공무원이 되려는 나라는 미래가 없다. 벌어올 사람은 없고 쓰는 사람만 생기기 때문이다.

결국 진짜 일자리는 무엇인가? 바로 기업이 만드는 일자리고 기업도 해외로 수출해서 달러를 받아오는 일자리이다.

그것은 대기업이다. 중소기업도 있지만 세계화 속에서 경쟁력이 심하게 훼손되었다. 왜냐하면 중소기업이 많은 곳은 중국인데 중국이 엄청나게 저렴한 인건비로 물건을 만들어서 수출을 하는 바람에 우리나라 중소기업은 대기업의 하청업체가 대부분이다. 결국 우리나라에서 달러를 벌어오는 대부분의 수단은 대기업뿐이다.

대기업이 달러를 벌어온다는 명확한 증거가 있다. 대만과 한국을 비교해 보자. 대만은 중소기업 천국인데 거의 망해간다. 대만의 국민소득은 23,000달러다. 그에 비해 한국은 2018년 현재 29,700달러다. 1만 달러를 먼저 달성한 나라는 대만이었다. 한국은 96년에 겨우 달성했다. 그런데 두 나라의 1인당 GDP가 역전된 이유는 역시 중국이다. 중국이 대만의 중소기업이 하는 일들을 모두 빼앗아갔기 때문이다.

그런데 한국의 대기업은 특히 삼성전자와 SK하이닉스의 반도체는 중국이 할 수 없는 기술을 가지고 있고, 4차 산업혁명의 도래와 함께 눈부신 성과를 내면서 대만을 압도했다. 세수가 넘치는 것도 이들 두 기업 때문이다. 이 두 기업이 없다면 한국의 경제성장률은 마이너스로 곤두박질 칠 수도 있다.

세계화란 무엇인가?

그렇다면 세계화를 얘기해보자.

도대체 세계화란 무엇인가? 1995년 WTO가 출범했다. 왜 WTO가 시작되었을까? 그 전에 GATT라는 것이 있었는데 말이다. 그렇다면 GATT는 무엇이며 왜 시작되었는지를 알아야 한다.

2차 세계대전이 끝나고 미국은 브레튼우즈에서 전세계 승전국과 패전국을 모아 놓고 발표를 한다. 패전국 일본과 독일도 있었는데, 그들은 잔뜩 긴장한 상태였다. 독일은 이미 패전이 한 번 있었고 프랑스로부터 막대한 전쟁배상금을 부과 받았기 때문에 또 다시 이런 전쟁 배상금을 부과 받는다면 다시는 일어설 수 없다고 생각했다. 그런데 미국으로부터 뜻밖의 소리를 듣는다.

"너희들에게 미국에 마음껏 수출할 수 있는 권리를 주겠다. 그러니 마음껏 수출해라."

아니 이게 무슨 소리인가? 배상금이 아닌 오히려 수출을 하라니 말이다. 하지만 사실 미국은 가히 천재적인 설계를 하고 있는 것이었다. 왜 2차 세계대전이 일어났는가? 바로 대공황으로 인한 경제적인 어려움 때문이었다. 1929년 대공황으로 전세계가 어려워졌고 식민지가 있었던 영국, 프랑스는 그나마 살 만했는데 식민지가 없었던 일본과 독일은 죽을 맛이었다. 그래서 독일은 유럽을 전부 장악하고 그들의 식민지를 빼앗으려고 했다. 일본도 조선만이 식민지였으니 어렵기는 마찬가지였다. 그래서 1931년 만주사변을 일으키며 만주로 밀고 들어갔고 결국 1937년 중일전쟁 그리고 1941년 태평양 전쟁을 일으킨다.

이 모든 것은 대공황으로 인한 경제적인 어려움에서 비롯되었다. 대공황은 왜 일어났는가? 바로 수요가 부족해서 일어났다. 즉 산업혁명으로 인해 생산은 급격히 증가했는데, 소비를 할 사람이 갑자기 없어졌다. 물건은 남아돌고 공장은 인원을 줄이고 인원을 줄이니 소비할 사람이 줄고 다시 공장은 인원을 줄이는 악순환이 펼쳐지며 대공황이 시작되었다.

그러니 문제는 수요다. 미국이 독일과 일본 제품을 받아주겠다고 한 이유가 여기에 있다. 바로 미국의 팍스아메리카나의 시작이다. 미국은 일본, 독일 등이 미국에 물건을 팔면 달러를 주겠다고 약속했다. 원래 영국의 케인즈는 세계공용화폐를 주장했으나 미국의 화이트가 왜 그 좋은 달러를 놔두고 그런 물건을 쓰느냐고 반문했다. 그래서 달러가 기축통화가 된 것이다.

그리고 그 당시까지만 하더라도 금본위제 시기였는데 금은 누가 제일 많이 갖고 있는가? 바로 미국이다. 미국은 전쟁의 피해가 전혀 없었고, 영국이나 프랑스 등에 함선이나 무기를 팔면서 가장 많은 금을 보유하게 되었다. 따라서 미국의 달러만이 기축통화가 될 수 있었다.

왜 금본위제가 시작되었는지도 살펴보자. 달러 이전에는 영국의 파운드화가 기축통화였다. 영국은 식민지와 무역을 할 때 파운드를 지급했다. 그런데 파운드화라는 것이 실상 종이쪼가리 아닌가? 그래서 믿을 수가 없는 돈이다. 한국도 조선시대 때 철전을 발행했지만 사람들이 결국 믿지 않아서 잘 유통되지 않았다.

그래서 영국은 파운드화의 신용도를 높이기로 한다. 영국의 영란은행(영국 중앙은행)은 파운드화를 발행하고 발행한 만큼 금을 쌓아두기로 한다. 만약 사람들이 파운드화를 영란은행으로 가져오면 얼마든지 금으로 바꿔주겠다고 했다. 결국 사람들은 이 말을 믿었고 파운드화는 기축통화가 된다.

이런 연유로 미국의 달러는 새로운 세계의 기축통화가 되었다. 1945년 이후 GATT[관세무역일반협정(關稅貿易一般協定, GATT, General Agreement on Tariffs and Trade)가 본격적으로 시작되었다. GATT는 WTO 이전의 체제이다. 제2차 세계대전 후반인 1944년 뉴햄프셔주의 브레튼우즈에서 있었던, 브레튼우즈 회의의 결과 창설되었다.

GATT는 국제협정으로, 조약과 매우 유사하다. 미국법 하에서는 집행력이 있는 협정으로 분류된다. GATT는 "무조건 최혜국대우 공여원칙"에 의거하고 있다. 이는 다자간 교역규범의 가장 중요한 원칙인 비차별성을 강조한 것으로, 가장 혜택을 입는 국가에 적용되는 조건이(즉 가장 낮은 수준의 제한) 모든 다른 국가에도 적용되어야 한다는 것을 의미한다.

GATT는 현재의 WTO보다 낮은 수준의 상품교역만을 대상으로 한다. 왜 GATT는 지적재산권 등 저작권 개념의 높은 상위개념을 집어넣지 않았을까? 그것은 세계가 공산화가 되는 것을 막으려는 미국의 의도 때문이다.

1945년 2차 세계대전이 끝나고 세계는 공산진영과 자본진영으로 나뉘게 된다. 그런데 돈 많은 미국이 지적재산권과 같은 개념을 집어넣어 무역 흑자로 가려고 한다면 어떤 일이 벌어질까? 자본진영에서 공산진영으로 넘어가는 국가들이 생겨날 것이다. 미국의 우방은 자연히 줄어든다.

그러니 미국은 수입을 하는 데 있어서 장벽이 될 수 있는 기술탈취, 국가개입으로 유치산업 보호, 환율조작 등을 눈감아주고, 세율도 미국이 해외로 수출할 때는 높은 관세를 내며 수입을 할 때는 낮은 관세를 허락한다. 이러한 미국의 관행은 지금도 남아 있다. 트럼프가 관세에 대한 불만을 토로하는 이유가 바로 여기에 있다.

美, EU에 자동차 관세 부과 보류 시사…무역 전쟁 휴전

이날 회담에서 최대 핵심 쟁점은 지난달 트럼프 대통령이 EU산 자동차에 20%의 관세를 부과하겠다고 발표한 부분이었다. 현재 EU는 미국산 자동차에 10%의 관세를 부과하고 있는데 미국은 EU산 자동차에 이보다 훨씬 낮은 2.5%의 관세를 물리고 있다. 이 때문에 트럼프 대통령은 이를 "매우 불공정하다"고 비판해왔다.

_2018년 7월 26일자 조선일보

위의 기사와 같은 일이 일어난 것은 GATT가 시작되면서부터였다. 전쟁으로 폐허가 된 독일의 자동차를 미국이 더 많이 수입하면서 벌어진 일들이다. 게다가 미국은 한국처럼 가난한 나라들에게는 무상원조를 시작한다. 그래서 미국에서 물밀듯이 몰려온 밀가루는 우리나라의 밀이 없어지는 계기가 되고 나라에서는 분식을 더 많이 하라는 캠페인을 했다. 국민간식이 된 라면은 이때 히트상품이 된다.

미국이 이와 같은 선행을 베푼 이유는 그들이 천사표라서가 아니라, 이데올로기에 의한 체제경쟁 때문이다. 즉 자본주의 진영에서 공산주의 진영으로의 이탈을 최소화하기 위해서였다.

한국은 이런 수혜를 가장 많이 받은 나라다. 1945년도에 후진국이었다가 선진국이 된 나라는 세계에 딱 네 군데다. 홍콩, 싱가폴, 대만, 한국이다. 그 중 홍콩, 싱가폴은 도시국가이니 제외하고 인구 5천만 이하인 대만도 제외하면 결국 한국은 유일하게 1945년 국민소득 200달러 수준의 최빈국에서 3만 달러에 근접한 선진국이 되었다.

한국은 처음에는 경공업 중심이었으나 박정희 대통령시절 산업구조를 개편한다. 중공업으로의 개편이다. 왜 바꿨을까? 바로 베트남의 공산화와 관련이 깊다. 베트남이 공산화가 된 이유는 베트콩이 잘 싸웠기 때문이 아니다. 그것도 이유라면 이유일 수 있지만, 가장 큰 이유는 농업국가였기 때문이다.

박정희 대통령은 베트남이 공산화 된 이유가 농업국가였기 때문이라는 얘기를 미국 정치인으로부터 듣고 중화학공업으로 자주국방을 하겠다고 마음을 먹는다. 그리고 이를 실천하여 국가의 산업을 바꾼다.

'베트남이 왜 농업국가였기 때문에 공산화 되었을까? 미국은 왜 주

한미군을 자꾸 철수한다 하는가?'

지구상 4 곳에 미군이 주둔하고 있다. 유럽의 독일과 터키, 아시아의 일본과 한국이다. 미국이 중요시 하는 나라는 독일과 일본이다.

일본 장기가 있다. 이 일본 장기는 특이한 것이 우리는 장기에서 말을 따먹히면 따먹히고 마는데 일본은 말을 따먹히면 상대편에서 싸운다. 즉 우방으로 두는 것이 유리한 나라는 바로 독일과 일본인 것이다.

이들은 강력한 제조업 국가이다. 만약 이들을 적으로 둔다면 어떻게 되는가? 이들이 가지고 있는 강력한 제조업 기반기술로 미국에 위협이 되지 않는가? 그래서 미국은 주독 미군, 주일 미군은 절대 철수한다는 얘기를 하지 않는다.

그런데 동아시아의 일본을 방어하는 한국과 서유럽의 중요한 거점인 터키를 러시아가 점령하면 유럽 전체가 위험해진다. 그러므로 한국과 터키는 아시아와 유럽의 방어선이다. 그럼에도 불구하고 미국의 정치권에서 주한미군 철수 얘기가 수시로 나오는 이유는 일본이라는 최후 방어선이 존재하기 때문이다.

한국도 이런 일환으로 중화학공업을 시작했다. 중화학공업으로 무기생산체계 그리고 강력한 제조업 국가가 된다면 미국은 절대 한국을 포기할 수 없다. 주한미군도 철수할 수 없다. 일본의 장기처럼 한국의 중화학공업을 기반으로 한 제조업은 미국이 일본만큼이나 한국을 중요하게 생각하게 된 계기가 된다.

그래서 현재 터키가 미국과 싸움을 건다 하더라도 미국은 터키를 마음 놓고 박살낼 수 있지만 한국이라면 미국에 심각한 위협이 된다. 그래서 미국은 한국을 포기할 수 없다.

1991년 12월 26일 소련이 붕괴되었다. 이 때부터 미국의 입장은 변화를 겪게 된다. 소련 붕괴 전까지 미국은 체제경쟁에 몰두했다. 자본주의와 공산주의 간의 혈투가 끊임없었다. 그러나 이 때부터는 자본주의만 살아남았다.

즉 1945년 2차 세계대전이 끝나면서 나치즘, 파시즘을 비롯한 민족주의는 쇠퇴했고, 1991년 소련이 붕괴되면서 공산주의도 무너지고 말았다. 그리고 자본주의만이 살아남았다. 자본주의의 최강국은 미국이 되었고 미국은 이 때부터 새로운 무역질서를 짜게 된다. 바로 WTO체제다.

세계무역기구(世界貿易機構, World Trade Organization, WTO) (Organisation mondiale du commerce, OMC) (Organizacian mundial del comercio, OMC)는 회원국들 간의 무역 관계를 정의하는 많은 수의 협정을 관리 감독하기 위한 기구이다. 세계무역기구는 1947년 시작된 관세 및 무역에 관한 일반협정(General Agreement on Tariffs and Trade, GATT) 체제를 대체하기 위해 등장했으며, 세계 무역장벽을 감소시키거나 없애기 위한 목적을 가지고 있다. 이는 국가 간의 무역을 보다 부드럽고, 자유롭게 보장해 준다.

WTO의 목적은 새로운 경제질서의 창출이다. 일극체제로 살아남은 자본주의는 이제 더 이상 공산주의를 두려워 할 필요가 없다. 국가들이 자본주의 진영에서 공산주의 진영으로 넘어갈 수 있다는 걱정도 더 이상 할 필요가 없어졌다. 체제경쟁에서 살아남은 것은 자본주의니까 말이다. 상품만 교역하던 GATT도 더 이상 필요 없게 되었다. 새롭게 출범한 WTO는 지식재산권, 농산물과 같은 미국이 강한 분야가 포함되어 있다. 이제는 일방적으로 퍼주는 무역은 더 이상 하지 않겠다는 미국의 의도가 담겨있다.

WTO가 시작되었고 그로 인해 나온 것이 유럽의 경제통합인 EU다. EU는 1993년 11월 1일 마스트리흐트 조약에 의해 설립되었으며 전신은 유럽경제공동체(EEC)다. 총 인구는 약 5억 명이 넘으며 전세계 국내총생산의 23% 정도를 차지한다.

즉 EU는 미국의 이러한 의도를 간파하고 개별적인 국가단위로는 대미국 무역적자가 심각해질 수 있다고 판단해 1993년 11월 1일 경제단위의 통합을 이루어 미국 다음으로 거대한 단일시장을 만든다.

다시 WTO로 돌아가, 시간이 지나 WTO는 미국의 의도대로 갔을까? 그렇지 않다. 나라보다 더 똑똑한 것이 바로 글로벌기업이다. 기업은 이제 한 국가에 머물러 있지 않고 해외로 영토를 넓힌다. 내가 지금까지 한국의 대기업이라 말했던 기업이 바로 글로벌기업이다. 이들 글로벌기업은 어떤 식으로 WTO를 이용했을까?

세계의 대표적인 경제블록에는 NAFTA(미국, 캐나다, 멕시코)와 EU가 있다. 기업은 이러한 경제블록의 허점을 이용했다. 이들의 허점은 원산지 규정이었다.

NAFTA를 보자. 미국과 멕시코 중 인건비가 싼 나라는 당연히 멕시코이고, 미국보다는 멕시코에서 자동차를 만드는 것이 유리하다. 그렇다면 멕시코에서 자동차를 만들면 되는가? 안 된다. 왜냐하면 멕시코는 자동차를 소비할 소비시장이 미국보다 작기 때문이다.

세계 최강의 소비대국은 미국이다. 그래서 당연히 미국에서 자동차를 만들어야 한다. 그런데 원산지규정이라는 것이 있다. NAFTA 협정 관세율 적용을 위한 자동차 원산지 규정과 관련하여, 완성차 제조에 사용된 부품가운데 NAFTA 역내 부품 사용비율을 기존의 62.5%라면 이것을 충족했다고 본다.

즉 멕시코에서 자동차의 부품을 만들되 미국에서 62.5%를 만들고 나머지를 멕시코에서 만들면 원산지 규정을 충족했다고 보고 그냥 이 것을 미국산으로 인정해 준다는 것이다. 미국산으로 인정해주면 어떤 일이 벌어지는가? 무관세로 미국에 수출이 가능하다.

글로벌기업들은 가격경쟁력을 높이기 위해 너나 할 것 없이 가장 큰 시장인 미국과 유럽을 이런 방식으로 노린다. 인건비가 비싼 미국의 디트로이트 시에서는 자동차공장이 빠져나가고 멕시코의 국경지대로 공장이 대거 이동한다. 그래서 원산지 규정을 충족한 자동차를 비롯한 공산품이 대거 미국으로 몰려간다.

유럽도 마찬가지다. 유럽의 대표적인 소비대국은 독일, 영국, 프랑스, 북유럽 등이다. 그러니 원산지 규정을 충족하려는 글로벌기업들은 인건비가 싼 동유럽의 헝가리, 체코, 폴란드로 대거 공장을 이동시킨다. 일자리 문제는 이렇게 WTO의 출범과 함께 시작되었다.

이와 같은 싸움에서 누가 승자이고 누가 패자인가? 선진국의 거대

자본과 후진국의 저임금 노동자는 승자(勝者)이다. 그러나 선진국의 고임금 노동자는 패자(敗者)가 된다.

세계화의 소용돌이는 1995년 WTO 출범과 동시에 시작되었다고 보는 것이 옳다. 현대차는 더 이상 한국에 공장을 짓지 않는다. 포드는 1995년 인도의 첸나이에 진출해 업계 최초로 자동차 공장을 설립하였다. 최근에는 인도 국내 및 수출 수요를 감당할 25만 대 분량의 공장을 새로 건설하였다. 포드는 향후에도 첸나이를 중요 거점으로 삼고, 인도시장 공략과 아시아 지역의 수출을 더욱 확장할 예정이다.

현대차는 1997년 인도에 진출하여 1998년 첸나이 공장을 완공 후 가동을 시작하였다. 2008년에는 같은 지역에 제2공장을 완공해 연간 60만 대의 자동차를 생산하며, 마루티 스즈키에 이어 두 번째로 판매·생산량이 300만 대를 돌파하는 등 첸나이를 주요 거점으로 성장하였다. 그 이후 체코, 중국을 비롯한 해외에만 공장을 짓고 있다.

이러한 흐름 속에서 2001년 중국이 WTO회원국으로 가입한다. 중국의 WTO 가입은 2001년 11월 10일 승인되고서 규정에 따라 30일이 지난 그해 12월 11일부터 발효됐다. 저렴한 인건비를 앞세운 중국은 이후 세계의 공장이 되었다. 중국은 글로벌기업의 생산지와 소비지의 여건을 갖춘 완벽한 곳이다.

글로벌기업은 어떤 조건일 때 해외에 투자를 할까? 두 가지 조건을 들 수 있다. 저렴한 인건비와 커다란 시장이다. 저렴한 인건비로 생산지로써의 요건을 갖추었느냐와 인구가 많고 소득이 높아서 내수시장 자체가 큰지를 따진다. 이 두 가지 요인을 모두 갖춘 곳이 바로 중국이다.

이로써 세계화는 더 가속화 되었다. 글로벌기업들이 후진국에 생산 공장을 지으면서 노동시장은 후진국으로 넘어갔다.

이에 반해 선진국 시장은 어떻게 되었을까? 바로 얼마나 많은 글로벌 본사를 갖고 있느냐가 그 나라의 경쟁력이 되었다. 미국에 일자리가 넘쳐나고 거의 완전고용상태로 갈 수 있었던 원동력은 기본적으로 글로벌 본사의 고급 일자리가 많기 때문이다. 또한 리쇼어링을 통해 공장을 유치하여 저렴한 일자리까지 만들고 있기 때문이다.

여기서 한 단계 더 파고들어보자. 미국은 글로벌 본사를 통한 고급 일자리를 어떻게 만들었는가?

글로벌기업(대기업)이 가장 많은 곳이 바로 미국이다. 이름만 들어도 알 수 있는 기업들이 즐비하다. 아마존, 넷플릭스, 페이스북, 애플, 마이크로소프트, 구글 등 글로벌 IT기업뿐 아니라 코카콜라, 보잉, 마스터카드, 나이키 등 전통적인 산업에서도 글로벌기업은 미국이 압도적이다.

이들의 본사는 어디인가? 말할 것도 없이 시애틀, 실리콘밸리, 뉴욕과 같은 대도시에 위치하고 있다. 이들은 왜 땅값도 비싸고 월세 가격도 비싼 대도시에 본사를 지을까? 이들이 대도시에 본사를 짓는 이유는 미팅사이트의 원리와 같다.

미팅을 한다고 가정해 보자. A사이트와 B사이트가 있다. A사이트에는 남녀 회원이 각 100명씩이고, B사이트에는 남녀 회원이 각 10만 명씩 있다. 당신이 미팅을 하고 싶은 사람이라면 어느 사이트에 가입을 하겠는가? 당연히 B사이트이다. B사이트에 인원이 많으니 이상형을 만날 확률도 훨씬 높다고 가정하기 때문이다. 그렇기 때문에 B사이트 회원이 더 많이 느는 것이다.

대도시란 어떤 곳인가? 서울처럼 1000만 명 이상의 사람이 살고 있는 메갈로폴리스다. 이런 곳에는 대학도 많아 유능한 인재가 많고 젊은이들이 꿈꾸는 세상도 바로 이런 대도시다. 드라마에 나오는 노천카페, 홍대클럽, 고층빌딩, 세련된 옷차림의 수많은 남녀들이 살아간다. 이런 곳이 이들이 꿈꾸고 살고 싶어 하는 곳이며 이곳의 고층빌딩에서 글로벌 대기업에 다니는 것이 이들의 꿈이다.

그러니 똑똑하고 스마트한 젊은이들을 만나려면 당연히 글로벌기업은 본사를 이런 곳에 두어야 한다. 시골에서 대학을 마쳐도 취직을 위해 서울로 올라오듯이 미국이나 유럽도 공통적인 현상이다. 결국 세계화에서 고급일자리는 다 어디에 있는가? 바로 대도시에 몰려 있다. 그리고 글로벌기업은 왜 스마트한 젊은이를 필요로 하는가? 이들이야말로 머리를 쓰는 창조적인 일을 할 수 있기 때문이다.

삼성전자는 메모리 반도체를 만든다. 무려 나노 단위의 아주 작은 미세공정이 필요하다. 아무나 데려다 놓고 반도체를 만들라 하면 잘 만들 수 있을까? 불가능한 일이다. 스마트하며 영리한 젊은이이면서 높은 학력을 지니고 있고 열정도 있어야 한다.

그리고 자본주의에 깊이 매료되어 있어야 한다. 즉 월요일부터 일요일까지 철야를 하면서 연구개발을 할 수 있는 열정을 불태우려면 돈에 맛을 들여야 한다는 것이다. 그래서 자본주의는 끊임없이 많이 벌어서 많이 쓰는 삶을 가장 좋은 삶으로 가르친다. 그래야 자발적으로 미친 듯이 일하고 미친 듯이 쓰는 일상이 일상화 되기 때문이다.

강남의 아파트에 들어가고 싶은가?

좋은 차를 가지고 싶은가?

예쁜 애인을 만나고 싶은가?

카리브해로 해외여행을 가고 싶은가?

미친 듯이 일하고 미친 듯이 써라. 그래야 당신은 자본주의에서 성공한 사람이 된다.

글로벌기업은 이러한 환상과 꿈을 주며 대도시에 일자리를 만든다. 결국 양질의 일자리는 대도시에 있으며 그 일자리는 글로벌기업이 얼마나 많은가에 달려 있다. 글로벌기업은 대다수 미국기업이다. 그러니 미국은 이러한 글로벌 대기업이 수많은 일자리를 만들어 내고 있다. 게다가 트럼프가 대통령이 되면서 저렴한 노동자의 일자리도 같이 만들어 내고 있다. 바로 리쇼어링이다.

리쇼어링(영어: Reshoring) 또는 온쇼어링, 인쇼어링, 백쇼어링은 해외에 진출한 국내 제조기업을 다시 국내로 돌아오도록 하는 정책이다. 저렴한 인건비를 이유로 해외로 공장을 옮기는 오프쇼어링과는 반대되는 말이다.

그렇다. 리쇼어링이란 해외에 있는 공장을 미국으로 불러들이는 정책이다. 이 정책을 위해서 법인세를 최고세율 35%에서 단일세율 21%로 낮추었다. 그리고 해외의 공장에서 미국으로 들어오는 상품에 관세를 10%~25% 매기면서 해외의 공장이 미국으로 들어오도록 유도하고 있다. 이것이 미중무역전쟁의 핵심정책이다.

미국은 중국이 2001년 WTO에 가입하면서 자본주의 경제체제로 편입이 될 것이라고 착각했다. 그러나 최악의 인권국 중 하나인 중국은 자본주의 시장경제로 들어오기는 했지만 정치적으로는 여전히 최악의 인권 탄압국이다. 저렴한 인건비를 유지하고 정권을 유지하기 위해서다.

중국은 저렴한 상품을 통해 마련한 달러로 오히려 미국을 위협하기에 이른다. 예를 들면 국방비의 증액이다. 중국의 경제성장률은 6.8% 정도인데 국방비로 재정의 15%를 쓰면서 국방력을 증강시키고 있다.

중국의 이런 움직임은 미국에게는 커다란 위협이다. 미국의 돈을 받아다가 미국의 목에 칼을 겨누는 것과 같다. 시진핑 국가주석은 일대일로를 통해 미국의 무역항로와 에너지패권에 도전장을 내밀었다. 상하이 선물거래소 등을 열면서 달러 패권에 대한 도전도 이어졌다. 미국이 중국의 이런 면을 못 봤을 리가 없으며, 더 이상 두고 볼 수 없는 상황에 이른 것이다.

그렇다면 노동자의 일자리는 세계화 시대에 어디에서 만들어지는가? EU, NAFTA로 인한 원산지규정에 충족할 만한 변방 국가에서 만들어지거나 아주 저렴한 일자리가 있는 후진국 즉 중국과 같은 곳에서 만들어진다. 게다가 미국과 같이 상품관세를 통해 리쇼어링을 추진하는 국가가 만들어낸다.

그러니 한국에 저렴한 인건비가 있을 리 만무하다. 다만 한국에는 대기업 노조와 같이 강력한 이익집단의 일자리는 보호된다. 그러나 대부분은 안정된 일자리를 만들어 낼 수 없다.

결국 한국에서는 대기업이 만들어내는 본사의 직원과 연구개발인력, 생산공장의 정규직 노동자 외 안정된 일자리는 존재하지 않는다. 그래서 한국은 일부의 대기업과 80% 이상의 중소기업 그리고 자영업자만이 있는 것이다.

그러니 청년실업이 해소될 리가 없다. 청년은 글로벌 기업의 본사직원, 연구개발직으로 취직을 하는 것이 최선인데 이런 일자리는 많지 않다.

우리나라의 임금은 어느 정도 수준일까? 글로벌 리치리스트(http://www.globalrichlist.com)라는 사이트가 있다. 이 사이트에 들어가서 한국을 선택하고 자신의 연봉을 집어넣어 보면 깜짝 놀랄 결과를 얻게 된다.

연봉 3000만 원이면 세계에서 몇% 안에 들까? 놀라지 않을 수 없다. 무려 0.97%이다. 만약 연봉 5000만 원이라면 무려 0.24%이며, 이 사람보다 연봉을 더 많이 받는 사람은 전세계 인구 75억 명 중 1천4백만 명에 불과하다.

우리가 얼마나 많은 인건비를 받는지 보았는가? 수출로 따지면 세계에서 10위권 안에 들어가는 선진국인데 우리나라 사람들만 우리나라가 얼마나 잘 사는지 모른다.

전세계적으로 이젠 더 이상 GDP를 국가발전의 지표로 삼지 않는다. 이제는 일자리다. 일자리가 많아야 국민이 행복한 시대가 되었다. 일자리를 늘리려면 기업이 기업을 할 수 있는 환경을 만들어야 한다. 규제를 없애고 노동경직성을 풀어줘야 한다. 그러려면 반드시 기득권을 타파해야 한다.

청년은 스타트업을 통해 창업을 해야 하는데 사실 부족한 것은 자본이 아니다. 문제는 규제이며, 규제를 혁파해야 길이 열린다. 콜버스랩이 왜 활성화 되지 않고, 중고차앱인 헤이딜러가 왜 안 되며, 한국에는 우버와 같은 차량공유업체가 왜 안 나오는가? 바로 기득권층의 일자리 지키기 때문이다.

대한민국의 청년들은 똑똑하고 열정적이다. 이들이 날개를 펼치려면 적은 돈과 창의적인 아이디어로 기존 산업을 비트는 창조적 파괴를 해야 하는데 우리나라는 미국처럼 규제가 없는 나라가 아니다. 아니 여기저기에 규제라는 지뢰가 깔려 있는 나라다.

일단은 왜 청년일자리가 만들어지지 않는지는 알고 있어야 한다. 청년의 일자리가 늘어나려면 오히려 글로벌기업이 더 많아져야 한다. 그래야 양질의 일자리가 더 많이 만들어진다. 더하여 글로벌기업의 본사는 대도시에 생기고(서울만 부동산이 상승하는 이유로 작용), 생산공장은 생산비용이 저렴한 곳으로 이동하게 되어 있다(일자리가 줄어드는 이유로 작용).

상가 분양은 망하는 지름길

상업용지 고가 낙찰 속출…'상가투자 주의보'

상가 경기 안좋은데 '과열'양상

고덕강일 평균낙찰가율 210%

서울 고덕강일지구, 인천검단신도시 등에서 나오기 시작한 상업용지들이 감정가격의 200% 안팎에 고가 낙찰되고 있다. 땅값이 올라가면 상가 분양 가격도 올라갈 수밖에 없는 만큼 투자자들은 매입에 신중을 기해야 한다고 전문가들은 강조했다. 곽창석 도시와공간 대표는 "위례 광교 동탄2 등 2기 신도시에서 상가를 분양받은 이들이 장기 공실, 기대 이하의 임대료 등으로 큰 피해를 보고 있다"며 "새롭게 분양에 들어가는 지구에서도 2기 신도시와 비슷한 수준에 낙찰이 이뤄지고 있어 피해자가 양산될 가능성을 배제할 수 없다"고 지적했다.

_2019년 7월 8일자 한국경제

상가개발회사들이 택지지구에 몰리는 이유는 상대적으로 분양이 잘 되기 때문이다. 한 상가전문 분양회사 관계자는 "용지를 높게 낙찰받 더라도 분양가를 높이면 충분히 이익을 볼 수 있다고 생각해 개발회사 들이 경쟁에 뛰어든다"고 말했다.

상가부지가 이처럼 높은 가격에 낙찰되는 이유는 수요와 공급 법칙 때문이다. 상가를 찾는 사람, 즉 수요가 몰린다는 의미다. 수요가 몰 리는 이유는 우리나라의 근대화를 이끈 베이비붐 세대의 은퇴가 본격 적으로 시작되었고, 그 뒤를 이어 X세대마저 10년 후면 은퇴를 하기 때문이다.

베이비붐 세대의 시작은 1955년생부터고, 길게는 에코세대인 1983 년생까지로 본다. 무려 30년 가까이 진행되었다. 베이비붐의 첫 세대 인 1955년생은 현재 약 65세로 이들의 은퇴는 이제 시작점에 서있다고 볼 수 있다.

이들의 노후는 준비가 되어 있지 않다. 국민연금은 보잘것없고 평생 직장의 개념은 끝났으며 자녀들은 어렸을 적부터 사교육으로 돈 먹는 하마가 되었다. 이유는 제조업 중심에서 인건비가 높아지면서 서비스업 중심으로 바뀌었고 그로 인해 전문직 선호 현상이 두드러졌기 때문이다. 즉 명퇴금 정도밖에 없다는 뜻이다.

그런데 문제는 명퇴금이 가진 돈의 전부인데 전문적인 지식이나 사전공부도 없이 막연한 상태에서 신규 분양상가를 샀다가 속수무책으로 쪽박 차는 일이 비일비재하다는 점이다. 제2 인생의 시작점에서 강한 펀치를 맞고 나면 웬만한 사람은 비틀거리기 마련이다. 안타까운 현실이지만 이렇게 당하고 나면 명퇴금을 한 번 써보지도 못하고 반지하로 또는 신용불량자로 인생의 노년을 비참하게 보내는 일이 허다하다.

심교언 건국대 부동산학과 교수는 "시중에 돈이 많이 풀려 있다 보니 분양가가 아무리 높아도 금리보다는 상가수익률이 높겠다는 생각에 상가를 매입하려는 사람이 많다"며 "개발회사들이 이런 점을 이용하기 위해 상가용지 매입에 적극 뛰어들고 있다"고 설명했다.

사람들은 막연히 생각한다. 얼마나 막연할까? 아무 것도 모르면서 상가분양사무실을 간다. 그러면 100% 당한다. 한 대형 건설사 관계자는 "온라인쇼핑 활성화로 예전만큼 상가가 필요 없어졌는데도, LH SH공사 등이 여전히 많은 상가용지를 공급하고 있다"며 "공급과잉도 신도시 상가 공실의 큰 원인"이라고 말했다.

맞다. 이젠 상가를 사면 망한다. 온라인 활성화로 오프라인 쇼핑은 축소되는 형국이다. 오프라인은 대형마트에서 고기 살 때나 가지 이렇게 신도시 구분상가는 잘 가지 않는다. 그리고 신도시가 지속적으로 생기면서 거주자도 많지 않고, 이동도 훨씬 많아졌기 때문에 순식간에 상권이 이동하여 망하는 경우가 태반이다. 상권은 한 번 이동하면 다시 돌아오지 않는다.

경기 화성시 동탄2신도시 W상가의 공실률은 현재 80% 수준이다. 1층 상가 기준으로 전용면적 3.3㎡당 5500만 원에 분양을 받은 상가 주인이 33㎡ 상가 임대료를 월 350만~500만 원에 책정한 영향이다. J공인 관계자는 "분양을 워낙 고액에 받다 보니 임대료가 높게 나올 수밖에 없다"며 "입지는 좋은데도 임대료가 높아 임차가 잘 안 된다"고 말했다.

경기 남양주시 다산신도시에서 2018년 초 분양한 D상가도 마찬가지다. 인근 중개업소에 따르면 D상가의 1층 상가는 3.3㎡당 5000만 원에 분양됐다. 임대료는 1층 33㎡ 기준으로 300만~400만 원에 형성돼 있다. K공인 관계자는 "전체 50~60개 점포 중 절반 정도가 임차인을 못 구하고 있다"고 전했다.

위의 기사 내용을 보더라도 신도시 상가 분양가가 얼마나 높게 책정되는지 알 수 있다. 도대체 왜 이렇게 비싼지 이해가 되는가? 3.3㎡당 5500만 원이라 함은 평당 5500만 원인데, 신도시 1층 상가는 실평수 10평 정도이고 분양면적으로 따지면 22평 정도다. 이곳에 김밥집, 스마트폰 가게, 화장품 가게, 커피숍 등이 입점한다. 분양에 총 얼마가 들어가는지 계산해 보자.

22평 × 5500만원 = 12억 1천만 원

무려 12억이 넘는다. 월세는 얼마를 받는가? 보통 월 350에서 500만 원 사이다. 500만 원으로 잡으면 수익률은 약 4%, 400만 원으로 잡으면 약 3%다. 분양사는 분양을 하면서 당연히 월 500만 원은 받을 수 있다고 홍보할 것이다.

분양을 받는 구매자는 이 돈을 어떻게 마련하나? 일단 가진 돈 3억 정도를 집어넣고 2억 정도는 자신의 아파트 담보 대출을 받아서 넣는다. 일단 5억 원은 만들어졌다. 그래도 7억 원이 부족한 상황인데, 상가를 담보로 60% 대출을 받으면 마련할 수 있다.

이런 방식으로 상가를 사고 나면 구매자는 생활비로 200만 원은 나와야 한다고 생각할 것이다. 월세를 500만 원으로 책정하고, 집담보 대출 2억과 상가담보 대출 7억 원을 합쳐 9억의 이자를 3%로 잡아 1년 이자 2700만 원, 한 달 이자 225만 원 정도로 계산한다. 그러면 월 275만 원의 생활비가 생긴다. 그러니 계산이 끝났고 마음이 놓인다.

문제는 이제부터 발생한다. 분양 받은 상가에서 과연 월세 400만이나 500만 원이 나올 수 있을까? 나올 수가 없다. 그래서 K공인 관계자가 "전체 50~60개 점포 중 절반 정도가 임차인을 못 구하고 있다"

고 전했던 것이다. 그만한 월세를 못 받는 것은 물론, 아예 공실이 나서 한푼도 회수가 안 될 수 있다는 것이다.

사실 임차인을 구한 상가도 렌트프리가 많다. 렌트프리란 약 6개월 정도만 월세 500만 원 정도를 주고 들어가기로 하되 상권이 활성화 될 때까지 약 3년 정도 공짜로 임대를 얻는 방식이다. 임차인은 3년 동안 공짜로 장사하다가 만약 상황이 안 좋으면 6개월 정식계약을 했으니 6개월 동안 500만 원씩만 손해보고 나오면 되는 것이다. 만약 장사가 잘 되면 더 연장하고 말이다.

그러면 적당한 임대가격은 얼마인가? 22평 분양면적의 1층 상가는 월 200만 원이 적당하다. 생각해 보라. 사실 커피숍, 김밥가게, 스마트폰 가게가 월 200만 원을 내는 일도 버겁다. 그런데 500이나 400만 원을 낼 수 있을까? 그럴 리가 없다.

1기 신도시 핫플레이스에 한 상가가 있다. 유동인구는 시간당 1000명이다. 일산의 장항동 웨스턴돔 앞, 분당의 서현역, 중, 상동 7호선 대로변 라인 상가 등이 이런 곳이다. 그런데 이곳 1층 상가의 분양 면적 22평 매매가가 얼마인 줄 아는가? 약 6억 정도다. 신규 분양을 하는 위례, 동탄, 김포 상가 등보다 훨씬 입지가 좋다. 그리고 강남이나 시청으로 가는 직통열차도 다닌다. 그런데 가격은 신도시의 반토막이다. 그리고 월세는 200만 원 정도다.

자세히 계산하지 않고 언뜻 보기만 해도 신도시 상가를 사면, 사는 순간 얼굴에 강펀치를 제대로 맞는 것과 다름없다는 사실을 알 수 있다. 세입자가 들어오지 않는다. 상가 주인은 들어올 리가 없는 세입자를 하염없이 기다린다. 결국 관리비와 이자로 가진 돈을 다 까먹고 신용불량자가 된다.

그렇다면 이 상가는 얼마까지 떨어져야 하는가? 경매로 낙찰이 되더라도 6억 원 이하여야 하고, 1기 신도시의 핫플레이스도 아니므로 여기서 더 떨어져야 한다. 약 3억 원이 적당하다. 계산하면 무려 9억 원을 더 주고 비싼 값에 산 셈이다. 원래 보유했던 내 돈 3억은 온데간데없이 사라져 버리고, 살고 있는 아파트를 팔아도 메꿀 수 없는 격차가 발생한다. 결국 신용불량자가 되어 반지하 월세방으로 쫓겨갈 수밖에 없다.

앞서도 소개했지만, 현금 3억이 있다면 차라리 AT&T 주식을 사서 배당 6%를 받으면 1년에 1800만 원, 한 달로 따지면 150만 원이 나온다. 자금을 이곳에 묻어 두고 부족한 생활비는 아르바이트로 충당하며 사는 것이 더 안전하다.

따라서 신용불량자가 되고 싶지 않다면 신규 분양 상가는 조심 또 조심해야 한다.

아마존, 쿠팡은 왜 배송에 목숨을 거나?
오프라인이 빠르게 온라인으로 대체된다

아마존 "하루 안에 배송"…순이익 4분기째 신기록

세계 최대 전자상거래 업체 아마존이 네 분기 연속으로 사상 최대 순이익 기록을 갈아치웠다. 아마존은 자사 유료(프라임) 회원의 무료 배송 시간을 이틀에서 하루로 줄이겠다고 발표했다.

_2019년 4월 26일자 한국경제

　아마존과 쿠팡은 배송에 목숨을 걸고 있다. 1분 1초라도 빠른 배송을 목표로 말이다. 일단 배송을 빨리 하려면 물류센터를 각 지역에 지어서 주문과 동시에 배송을 시작하면 된다. 더 나은 방법은 빅데이터를 이용해 고객이 필요할 만한 물건을 파악해 미리 고객의 주소지 근처에 물류를 배분하고 주문과 동시에 배송을 시작하면 된다.

　앞으로는 드론을 통해 배송을 하면 속도는 훨씬 더 빨라진다. 드론은 1시간 안에 200km까지 간다고 하니 서울에서 대전까지는 드론으로 배송이 가능하다는 얘기다. 물론 대전에 물류창고가 있다면 물류창고에서 고객의 집까지 단 몇 분이면 갈 수 있다. 심지어 클릭을 하려고 상품을 보기만 해도 드론이 물건을 싣고 떠났다가 클릭을 하지 않으면 다시 돌아온다는 얘기도 있다.

　우리나라의 이마트, 롯데마트가 과연 10년 후에도 살아남을 수 있을지 의문이다. 미국에서는 시어스백화점, 토이저러스 등 아마존 때문에 망한 기업이 한둘이 아니다. 그래서 미국에는 아마존드(Amazonned·아마존에 의해 파괴된다는 뜻의 신조어)라는 말이 유행이다.

자동차를 사는 이유는 무엇인가?

첫째 쇼핑을 하기 위해서다. 쇼핑을 하는데 무거운 물건을 들고 집에 오려면 너무 힘들다. 택시나 버스도 힘들기는 매한가지다. 그래서 쇼핑을 하려고 자동차를 산다. 그런데 자동차를 이용해 쇼핑을 하려면 약 3시간이 소요된다고 가정해 보자. 배송이 이 시간보다 빠르다면 오프라인 매장에 갈 이유가 있는가?

오프라인 매장은 지금 상태만으로도 없어지기에 충분한데 앞으로는 없어질 이유가 더 많아진다. 2038년이면 노인인구는 25%에 근접하면서 한국은 초고령화 사회로 나아간다. 지금의 50대는 스마트폰이나 컴퓨터로 물건을 사는 것이 익숙한 세대다. 힘들고 귀찮게 운전을 하느니 온라인으로 쇼핑을 끝낸다. 이는 새로운 트렌드로 자리잡을 것이다.

게다가 지금은 4인 가족이 많아 굳이 차를 끌고 가서 장을 보고 오지만 앞으로는 1, 2인 가구 시대가 열린다. 노인은 자녀 출가 후 1, 2인 가구로 재편된다. 청년은 앞으로 취직이 더 힘들어지니 결혼도 포기하고 1인 가구로 남는다. 선진국에서는 이미 일어나고 있는 일이며, 노인의 1, 2인 가구와 치솟는 청년층의 실업률은 일상이 되어버린다. 선진국에서 청년은 높은 임금을 바라는 저숙련 노동자들이다. 그들이 취업할 수 있는 일자리는 고임금 서비스업과 저임금 서비스업뿐이다. 고학력 실업자가 다수 양산된다. 대학졸업은 경쟁력이 되지 못한다. 대학졸업자가 너무 흔해졌기 때문이고, 기업 입장에서도 고임금 저숙련의 청년을 고용할 이유가 없기 때문이다.

1, 2인 가구가 많아지면 온라인 쇼핑은 더욱 활성화 된다. 거의 대부분은 편의점을 통해서 간단하게 구매하고 큰돈은 소확행(일상에서 느낄 수 있는 작지만 확실하게 실현 가능한 행복)의 개념으로 쓰게 된다. 소확행은 돈이 없는 계층이 평소에는 편의점 김밥을 먹다가 좋아하는 아이돌의 콘서트 티켓은 자신에게 선물한다는 마음으로 몇 십만 원을 지르는 행위다. 이러한 양극화 소비가 일어나기 때문에 앞으로는 4인 가족 중심의 오프라인 매장은 발붙일 곳이 없다.

비록 현재는 1971년생이 49세로 아직 4인 가족이 대세지만, 10년 후부터는 1, 2인 가구로 재편될 것이다. 그렇기에 10년 후에도 우리나라 오프라인 매장이 살아남을까?라는 의구심이 든다. 신세계나 롯데가 온라인 분야를 강화하고 있다고는 하지만 역량의 분산과 기존의 오프라인 매장에 걸림돌이 되기 때문에 그 역량은 최대로 발휘될 수 없다.

그렇다면 상가는 어떻게 되나? 오프라인 상가가 온라인에게 밀린다면 상가의 존재 이유는 유흥 정도에 머문다. 오프라인 옷가게, 신발가게, 각종 상품을 파는 곳은 거의 온라인으로 가능해지고 결국 남는 것은 유흥과 오락 용도뿐이다. 따라서 상가를 사서 임대를 놓거나 자영업을 한다는 것은 우울한 미래를 예약하는 것과 다름없을 수 있다.

자동차를 사는 두 번째 이유는 무엇인가?

병원진료와 약 처방과 조제 때문이며, 이는 노인인구의 증가에서 기인한다. 그런데 노인이 자동차로 병원과 약국을 다녀오기란 힘든 일이다. 그래서 선진국은 이미 온라인 원격진료가 합법화되었고, 일상화되고 있다. 아직 우리나라는 불법이지만 말이다.

만약 원격진료가 되어서 컴퓨터만 켜면 의사의 진단과 처방 그리고 조제까지 가능하고 집까지 약을 배달해 준다면 자동차를 살 이유가 있을까?

이 외에도 출퇴근 용도는 이미 선진국에서 우버와 같은 차량공유서비스로 대체되고 있다. 우리나라에서야 택시업계의 반대에 부딪쳐 아직은 불법이지만 자율주행차가 나오면 반대할 명분도 사라져버린다. 시대적 흐름을 거스를 수는 없다.

。11。

디플레이션 시대의
주식, 부동산 투자법

최고금리 年0.67%P 낮아…고정금리 대출 3년來 최고

국민銀 고정 비중 52% 역대 최고

당국선 여전히 "비중 더 높여라"

은행에서 가계 대출을 할 때 고정금리로 받는 비중이 올 들어 크게 늘고 있다. 2016년 말 이후 3년여 만에 최고 수준이다. 고정금리가 변동금리보다 낮은 '역전 현상'이 지난해 10월부터 7개월째 이어지고 있는 데 따른 변화다. 당장 눈에 보이는 금리가 낮은 고정금리 상품에 차입자들이 몰리고 있기 때문이다. 금융당국도 은행에 고정금리 비중 확대를 주문하고 있어 이같은 현상은 당분간 심화할 전망이다. 일각에선 부작용이 없는지 살펴봐야한다는 지적도 나온다.

24일 한국은행에 따르면 은행권 가계대출(신규 취급액 기준)에서 고정금리가 차지하는 비중은 지난 2월 44.3%로 집계됐다. 2016년 10월(45.7%) 이후 최고치다. 2018년 2월 24.3%에 비해 1년 새 두 배 가까이 급증했다.

_2019년 4월 24일자 한국경제

고정금리가 변동금리보다 낮다는 기사다. 한국인의 머릿속에는 아직도 우리가 베트남처럼 경제성장률이 5%를 넘는 고성장 국가라는 잔상이 남아 있다. 그렇기 때문에 이와 같은 금리가 낯설기만 하다.

무슨 얘기인가? 물가가 폭등해서 15%의 이자를 받아도 아파트값이 30%~ 40% 올라간다면 고정금리로 돈을 빌려 아파트 투자를 해야 한다. 그러나 이는 고성장 국가의 투자모델이다. 우리는 이미 이런 시대가 지고 있다. 물가가 낮아지고 있는 것이다.

물가란 바로 물건의 가격인데, 콩나물 값부터 아파트까지 여러 개의 물건 가격을 모아서 물가를 정하고 물건의 가격이 오르면 상대적으로 돈의 가격이 떨어지게 된다. 이에 따라 예금을 할 유인이 떨어진다.

아파트만 사두면 활화산처럼 자산이 불어나는데, 누가 3% 이자 받자고 은행에 예금을 하겠는가?

물가가 오르면 돈의 가치가 떨어지고 뱅크런(은행에서 돈을 빼내는 것)이 발생하니 더 높은 이자를 지불했다. 그래서 고정금리보다는 변동금리가 금리 부분에서 불리했다. 이 말은 곧 오늘의 이자가 제일 싸다는 말과 같다. 왜냐하면 내일 또 물가가 오를 것이니까 말이다.

우리나라의 물가가 오른 이유는 수출과 내수가 동시에 잘 돌아갔기 때문이다. 특히 우리나라의 경제발전 속도는 타의 추종을 불허할 정도였기 때문에 수출이 폭발적으로 늘어나면서 물가도 천정부지로 치솟았다. 우리는 이때를 고도성장기라고 부른다.

고도성장기에는 물가가 뛰기 때문에 변동금리보다는 고정금리로 받는 대출이 더 유리했다. 하지만 변동금리로만 대출을 받을 수 있었다. 고정금리는 터무니없이 높았고 제대로 된 고정금리가 없었기 때문이다. 우리나라에 30년 이상 장기모기지와 같은 상품은 존재하지 않았다.

고정금리는 대출을 받는 사람 입장에서도 불리했다. 장기모기지는 원금을 동시에 갚는 원리금 상환방식이다. 그러나 그것보다는 원금을 일시상환하는 방식, 즉 만기시점에 연장을 하면서 원금 일시상환으로 이자만 내는 방식이 유리했다. 그래야만 레버리지(지렛대) 효과를 톡톡히 누릴 수 있었다. 이자만 조금 내다가 집값이 오르면 내다 팔면서 자산을 늘리는 방식의 투자가 선호되었기 때문이다. 그래서 변동금리를 선호했고, 고정금리를 하는 곳도 없었을 뿐더러 굳이 고정금리로 받는 사람도 없었다.

그래서 고정금리는 좋은 것, 변동금리는 나쁜 것이란 선입견이 우리 머릿속을 지배하고 있다. 그러나 만약 디플레이션 상황이라면 어떨까? 자산의 가격이 떨어지는 상황 말이다. 그러면 고정금리가 좋을까? 변동금리가 좋을까? 당연히 변동금리가 좋다. 왜 그럴까?

오늘 집값이 3억 원인데 2억 5천만 원까지 떨어지거나, 3억에서 정체 되는 일이 생긴다고 하자. 그러면 어떤 것이 좋을까? 내린다면 고정금리가 불리하지 않을까? 사실 이는 금리가 문제가 아니고 자산가치가 떨어지거나 정체되는 것이 문제다. 그로 인해 문제가 발생한다. 떨어지거나 정체되거나 둘 다 손해이기 때문이다.

우리는 물가상승률을 약 2% 정도로 본다. 그래서 아파트 값이 정체 하더라도 손해다. 물가상승률보다 아파트값이 오르지 않았으니까 말이다. 게다가 수리하고 복비 주고 하다 보면 손해가 더 커진다. 그러니 아파트 값은 무조건 올라야 한다. 그런데 아파트 값이 오르지 않고 오히려 떨어지는 일이 비일비재하다.

아파트 값이 떨어지는 이유는 우리가 이미 선진국에 진입하면서 고도성장기를 지나 저성장기로 접어들었기 때문이다. 가장 중요한 기업이 인건비 때문에 해외로 나가면서 일자리가 없다. 기업의 해외이전으로 저임금 일자리가 가장 큰 타격을 입고, 기업이 여전히 제공하는 일자리는 R&D와 같은 고임금 일자리뿐이다. 두뇌와 핵심은 국내에 남아 있지만, 공장은 해외로 이전하는 방식이다.

일자리가 줄어들면 좁은 문을 눈앞에 두고 일자리 쟁탈전이 벌어진다. 대학만 나와도 취직이 되던 90년대와는 게임 양상이 판이하게 달라진다. 스펙을 쌓고 쌓고 또 쌓아야만 겨우 취직이 되기 때문에 학력을 더 쌓으려는 싸움이 벌어진다. 저임금 일자리는 해외로 빠져나갔고 남은 일자리는 임금은 높지만 문턱은 높은 고임금 일자리뿐이기 때문에 스펙을 더 쌓아서라도 들어가려는 시도를 할 수밖에 없다. 현재 유럽이 이와 같은 상황이며, 우리나라도 진행중이다.

게다가 세계적인 경쟁력 있는 기업들이 더 많이 나오지 않는 한 국가경제는 점점 더 어려워진다. 결국 생산직 일자리 감소와 기업의 해외진출 또는 몰락으로 중산층이 엷어지며 사회의 계층은 양극화 된다. 이럴수록 규제를 더 풀어서 새로운 기업을 키워야 하는데 선진국으로 들어서면 기득권층이 커 있기 때문에 이들의 요구를 무시할 수 없다. 그러니 저소득과 고소득의 양극화가 심해진다.

부동산도 비슷한 길을 걷는다. 고소득층이 사는 곳은 오히려 오르고 저소득층이 사는 곳은 떨어지거나 정체된다. 그런데 고소득층이 사는 곳이 많을까? 아니면 저소득층이 사는 곳이 더 많을까? 당연히 저소득층이 사는 곳이 더 많다.

게다가 은행은 지속적으로 예금이자를 낮춰갈 수밖에 없다. 높은 이자를 주면 해외에서 막대한 달러를 벌어들인 기업이 국내에 투자를 하는 대신 은행에 예금을 할 것이기 때문이다. 따라서 은행도 막대한 기업의 자금을 받아서 높은 이자를 줄 곳이 없고 당연히 더 낮은 예금이

내일의 부

자를 줘야 겨우 버텨나갈 수 있는 것이다. 과거에는 기업이 은행에 굽신거렸지만 요즘은 상황이 역전되어 은행이 기업에 굽신거린다. 돈을 빌려간 사람이 상전이 된 세상이다. 은행이 상전인 곳은 후진국뿐이다.

향후 은행 금리는 낮아질까? 높아질까? 당연히 낮아질 수밖에 없다. 따라서 고정금리보다는 앞으로 낮아질 것에 대비한 변동금리가 유리하다.

투자로 눈을 돌려보자. 이처럼 금리가 낮아지는 시대에 어떤 상품에 투자해야 하는가? 당연히 실물에 투자해야 한다. 실물이란 부동산과 주식이다.

먼저 부동산을 보면, 아무거나 막 사면 안 되는 시대다. 고도성장기에는 어디든 사는 사람이 승자였다. 하지만 저성장기에는 소득이 양극화 된다고 하였다. 그러니 돈을 더 많이 벌고 안정적인 전문직과 해외에서 사업을 해서 돈을 버는 사람들이 선호하는 곳을 사야 한다. 강남이나 서울의 역세권 중 뜨는 곳, 혹은 지방의 부촌이 될 것이다. 그 외의 지역은 투자를 해도 가격이 정체되거나 오히려 떨어질 수 있다. 강남이 좋은 것은 아는데, 문제는 살 돈이 없다.

토지는 어떠한가? 토지도 크게 보면 그리 좋지 않다. 인구가 줄고 공장은 해외로 나가고 고도성장기처럼 온나라가 개발로 들썩이지 않기 때문이다. 그럼에도 불구하고 많은 사람들이 아직도 고도성장기의 생각에 젖어 막연히 토지가 좋다고 생각한다.

마지막으로 주식이다. 안타깝게도 한국의 주식은 전세계를 놓고 볼 때 비중 자체가 높지 않다. 메인이 아닌 변방에 속한다. 눈이 오나 비가 오나, 불황일 때나 호황일 때나 소비재와 에너지 등은 반드시 필요하다. 그런데 우리나라는 죄다 OO경기라고 이름 붙여진 기업들뿐이다. 대표기업 삼성전자만 보더라도 반도체 경기에 따라 실적이 좌지우지된다. 그밖에 건설경기, 조선경기 등 경기를 많이 타는 핵심소재 기업이 주를 이룬다.

경기를 타지 않는 음식료 업체 중에 세계적인 기업이 우리나라에 있는가? 없다. 해외에 나가면 맥을 추지 못한다. 대부분이 그렇다. 그래서 우리나라 내수주는 주가가 꾸준히 오르지 않고 올랐다가 내렸다가를 반복하면서 박스권에 갇힌다. 삼성전자보다 더 안 좋다.

그러나 해외로 눈을 돌리면 디플레이션 시대에 투자할 기업들이 너무도 많다. 미국은 경기를 타지 않는 내수주 천국이다. 디즈니, 맥도널드, 코카콜라, 나이키 등 모두 미국기업이다. 물론 가장 좋은 기업은 세계 시가총액 1위 기업이다.

우리나라가 고도성장기를 지나 디플레이션 시대에 접어들었다는 사실을 기억하자. 이런 시대일수록 꾸준히 오르는 것에 투자해야 편안한 노후를 보장받을 수 있다. 주식은 미국의 우량주, 부동산은 국내라면 부촌을 사야 한다.

RICHES of

TOMORROW

2부

투자의
미래

▼

기본편: 가장 빨리 100%
부자 되는 불변의법칙

₀12₀

자본주의에서,
중산층은 왜 몰락할 수밖에 없는 운명인가

미국의 자본주의 중산층이 몰락하는 과정은 현재 우리나라 중산층이
몰락하는 과정과 동일하다. 따라서 미국을 알면 앞으로 우리나라를 비
롯해서 새롭게 신흥국에 진입하는 국가들에서 중산층이 어떻게 몰락
해 가는지도 알 수 있다.

미국의 중흥기는 제2차 세계대전이 끝난 직후인 1945년부터 1960

년까지로 볼 수 있다. 이때는 세계 재건의 시기였다. 유럽은 전쟁의 폐허에서 벗어나지 못했고, 일본은 패망했으며 한국, 대만 등도 무척 가난한 국가였다. 동남아시아도 예외는 아니었다.

그런데 볼셰비키혁명으로 소련이 탄생하면서 동유럽도 이에 휘말려 공산화가 되었고, 1949년 가장 큰 시장인 중국이 공산화 되면서부터 미국의 전략은 달라진다. 미국은 영원히 농업국가로 바꾸려던 유럽에 대한 지원을 시작하면서 계획을 수정한다. 독일의 전차군단을 무너뜨리고 일본의 군국주의를 제압했던 소련이 두려웠기 때문이다. 미국은 이를 통해 독일과 일본을 키워 공산주의의 확장과 진출을 막으려 했던 것이다.

독일이나 일본의 입장에서도 미국의 계획을 마다할 리 없었다. 아니 오히려 쌍수를 들고 환영할 일이었다. 애초에 2차 세계대전을 일으켰던 이유가 1929년 발생한 대공황 이후 극도로 악화된 경제문제 때문이었다. 그런데 미국이 스스로 시장이 되어 독일과 일본 제품을 사주겠다고 하고, 자신들은 국방비를 쓰지 않고 미국에 의지하면서 경제개발에만 매진할 수 있었으니 일거양득이 아닐 수 없었다.

미국은 원조경제를 실시한다. 엄청난 물자를 보내 유럽과 일본, 동아시아 국가들을 살렸으며 미국의 제조업은 호황을 누리게 된다. 이때 제조업체에 돈을 빌려 주었던 금융그룹들도 막대한 돈을 벌어들인다.

당시 임금 차이는 미국 100% VS 일본 32%, 독일 50% 정도였다. 미국의 기업은 서서히 일본이나 독일 쪽으로 생산공장을 이전한다. 미국의 자동차, 공구 공장 등은 노동조합 때문에 고임금을 줘야 했기 때문이다. 반면 독일이나 일본은 인건비가 상대적으로 저렴했다.

이런 상황에서 미국의 제조업공장 노동자들은 어떻게 되는가? 일자리가 사라진다. 그러니 이들은 자연스럽게 서비스업 일자리로 옮겨간다. 사실 제조업 일자리에 종사하는 사람들은 대표적으로 중산층을 구성하는 계층이다. 제조업은 안정적인 정규직이면서 한번 숙련이 되면 대체가 힘들기 때문에 월급이 올라가는 구조다. 그런데 안정적인 일자리가 없어지고 비정규직에 누구나 할 수 있는 서비스업 일자리로 가다보니 중산층은 일부 상류층으로 올라가기도 하나 대부분은 하류층으로 전락하게 된다. 따라서 빈익빈 부익부 현상이 심화된다.

서비스업 일자리는 경쟁적인 자리다툼으로 임금의 수준은 더 떨어지게 된다. 서비스업에 종사하는 사람들은 소비를 줄일 수밖에 없고, 소비여력이 떨어지니 자연스레 내수경기는 나빠지고 미국의 GDP도 떨어지게 된다.

이후 독일, 일본으로 갔던 생산직 일자리는 미국의 임금과 동일한 수준으로 오르게 되고 다시 일자리는 국경을 넘어 동아시아의 한국, 대만 등으로 옮겨가게 된다. 한국도 예외는 아니어서 2001년 중국이 WTO에 가입하면서 세계의 공장이 되자 중국으로 건너가는 공장들이 속속 생겨나게 된다.

한국의 생산직 근로자가 자녀를 키울 때쯤이 되자 일자리 대란이 일어난다. 앞선 미국이나 독일, 일본의 경우처럼 안정적인 일자리가 줄어들었기 때문이다. 생산직 근로자를 비롯한 중산층은 서비스업만 남은 상태에서 자녀들이 더 좋은 서비스업(전문직, 대기업 사원, 공무원 등)으로 가기를 바라는 마음에 사교육비로 자신의 노후자금을 쓰게 된다.

대학을 졸업했어도 취직이 안 되는 자녀는 더 높은 학력을 추구하게 된다. 대학원, 박사과정까지 밟아야 한다. 교육에 들어가는 돈은 많아지고, 살기는 더 어려워진다. 결론적으로 중산층에서 삶이 악화된 노동자는 반세계화 성향을 띄게 된다.

GDP 대비 각 대륙별 퍼센트

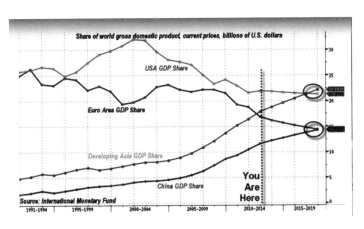

GDP 대비 각 대륙별 퍼센트를 나타내는 지표를 보자. 어떤 지역이 몰락했고 어떤 지역이 떠오르는지 주의 깊게 살펴봐야 한다. 미국의 비중은 조금 줄어들기는 했지만 여전히 22%의 비중으로 점유율을 지키고 있는 반면, 유럽은 14%로 몰락했고 그 자리를 중국이 차지하게 되었다. 중요한 포인트는 미국은 어떻게 점유율을 지켰고 반면 유럽은 몰락했는가이다.

생산성은 2가지 이유로 향상된다.

①창의적이며 파괴적인 기업이 나타나 생태계를 파괴하고 더 높은 부가가치를 올리는 방법

②인건비를 낮춤으로써 생산성을 높이는 방법

미국은 ①이 가능한 나라다. 20세기부터 21세기에 이르기까지 지속적으로 창의성을 발휘하여 차량공유서비스, 인터넷쇼핑, 클라우드 등 시장 파괴적인 기업들을 발전시켰다. 우버, 아마존, 마이크로소프트, 애플, 넷플릭스, 페이스북 등 말이다. 다만 이런 나라들의 특징은 지속적인 일자리 파괴를 통해 기득권을 없애고 새로운 신생기업이 나타날 수 있는 환경이어야 한다. 이것이 가능한 국가는 지구상에 미국 이외에는 보이지 않는다.

유럽은 어떤가? 유럽의 대기업은 한국의 대기업과 흡사하다. 오래전에 생긴 기업이 지금도 대기업인 경우가 많다. 대표적으로 폭스바겐, 지멘스 등이다. 유럽을 포함한 동아시아, 일본, 중국 등도 파괴적인 창의성을 바탕으로 새로운 기업을 만들려면 사회적인 분위기가 먼저 조성되어야 하는데 현재로써는 요원한 일이며, 하루아침에 이루어지는 일이 아니다.

기득권을 보호하는 입법과 새로운 산업에 대한 거부감, 각종 규제가 난무한다. 유럽은 상대적으로 인건비가 비싸고 사회규제 분위기가 강해서 2008년 이후 지속적으로 마이너스 또는 제로금리 정책을 펴는데도 불구하고 경기가 살아나지 않고 있다. 일본도 마찬가지고, 우리나라도 일본, 유럽을 따라갈 것이다.

　미국 이외의 국가에서 일어나는 생산성 향상은 결국 파괴적인 혁신이 아니라 인건비를 낮춤으로써만 가능하다. 인건비를 낮추는 방법은 월급을 낮추는 것 외에 공장 자동화도 하나의 옵션이다.

.13.

디플레이션 시대
주식, 부동산의 미래

저금리시대 기현상…정기예금 더 잘나간다

한국은행 기준금리 내려도 투자자들 안전자산만 찾아

올 5대은행 예금 39조원↑ 정작 필요한 곳엔 돈 안가

저금리 시대, 부동자금 1000조원

한국은행이 지난 18일 기준금리를 1.75%에서 1.50%로 내리면서 저금리 시대가 본격화하자 약 1000조원에 달하는 시중 부동자금이 길을 잃은 채 방황하고 있다. 통상적으로 예금과 채권 같은 저금리 상품을 탈피해 주식 등 고수익 상품을 찾는 것이 일반적이지만 최근에는 장기적인 경기 불황을 예상한 듯 오히려 예금으로 돈이 몰리는가 하면 국외 부동산 등 대체 투자 상품에 대한 관심이 높아지고 있다.

_2019년 7월 26일자 매일경제

한국에 부동자금이 넘친다. 부동자금이란 갈 곳 없는 돈이다. 돈은 넘치는데 한국 주식과 자산의 가격은 오르지 않는다. 이런 현상이 장기화 될 때 디플레이션 시대의 시작이라 볼 수 있다.

디플레이션이란 자산 가격이 떨어지는 현상이다. 대표적인 나라가 일본이다. 일본의 디플레이션은 무려 20년째 진행중이고, 이제야 다시 조금씩 반등하고 있다.

디플레이션은 생산성 하락이 가장 큰 원인이다. 생산성은 두 가지다. 하나는 창조적 파괴에 의해 일어난 기업 때문이고, 다른 하나는 인건비 절감이다. 창조적 파괴는 미국만이 가능하다. 제도가 뒷받침되어야 하며, 창의적인 개인이 꽃 피울 수 있는 문화가 정착되어야 한다. 학교에서 개인을 가르치지 않고 집단만을 가르쳐서는 개인이 있을 수 없고, 개인을 모르고는 창조적인 인간이 나올 수 없다. 학교에서 코딩교육을 한다 하여 빌 게이츠가 나오는 것은 아니다. 근대화된 창의적 개인은 철학적 사고와 자유로운 개인이 만났을 때 가능하다.

결국 해법은 인건비를 낮추는 방법뿐인데, 사실 선진국 어느 나라도 힘든 일이다. 인건비가 올라가면 생산공장을 인건비가 싼 나라로 옮기던가 아니면 무인 공장을 만드는 수밖에 없다. 따라서 선진국들은 생산공장 이전으로 인해 공장 노동자층(중산층)이 사라지고 그 자리를 자영업과 저소득 서비스업이 메운다.

이런 환경 하에서는 숙련된 노동자가 필요하다. 따라서 저숙련 노동자 즉 새로 사회생활을 시작하는 청년과 은퇴한 노년층은 필연적으로 실업률이 높을 수밖에 없다. 이러한 실업률 상승은 소비여력을 떨어뜨리며 내수경기를 위축시키고 자산 디플레이션을 발생시킨다.

주식

주식에 장기투자하면 수익이 저절로 나는가? 선택에 따라 옳은 말일 수도, 옳지 않은 말일 수도 있다. 주식은 생산성 향상이 일어나는 나라에서만 오른다. 미국과 신흥국(브라질, 멕시코 등)이다. 그러나 나머지 나라들은 자산이 정체되거나 약간 오르거나 하면 좋은 것이고 거의 대부분 하락할 뿐이다. 선진국이라 불리는 캐나다, 프랑스, 스페인, 이탈리아, 영국, 포르투갈, 스위스, 벨기에 등이 그렇고 한국도 예외는 아니다.

캐나다 S&P/TSX는 2007년에 비해 2019년 현재 13.9% 상승하였다.

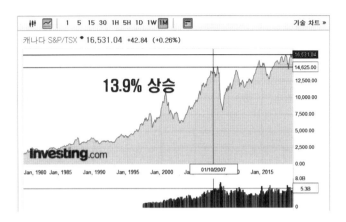

영국 FTSE는 2007년에 비해 2019년 현재 13.3% 상승하였다.

스페인 IBEX는 2007년에 비해 2019년 현재 41.4% 하락하였다.

이탈리아 FTSE MIB는 2007년에 비해 2019년 현재 50% 하락하였다.

내일의 부

스위스 SMI는 2007년에 비해 2019년 현재 5% 상승하였다.

벨기에 BEL은 2007년에 비해 2019년 현재 19.4% 하락하였다.

프랑스 CAC는 2007년에 비해 2019년 현재 7% 하락하였다.

한국 코스피지수는 2007년에 비해 2019년 현재 오르내림 없이 0%다.

내일의 부

중국 상하이 종합주가지수는 2007년에 비해 2019년 현재 50.5% 하락하였다.

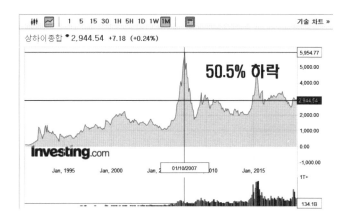

이들 국가들에 비해 많이 오른 곳은 당연히 미국과 신흥국이다. 미국의 나스닥 종합주가지수는 2007년에 비해 2019년 현재 191% 상승하였다.

브라질의 보베스파는 2007년에 비해 2019년 현재 41.6% 상승하였다.

멕시코의 S&P/BMV IPC는 2007년에 비해 2019년 현재 29.5% 상승하였다.

이 정도뿐이고 베트남 VN지수는 이제 중국에서 공장을 옮기고 있어서인지 2007년에 비해 아직 12% 마이너스를 기록하고 있다.

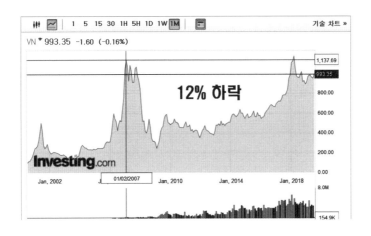

유럽 대부분의 나라는 10년이 넘는 기간 동안 겨우 10% 상승했거나 그도 아니면 크게 하락했고, 미국을 제외한 신흥국 중 브라질 보베스파만이 2007년에 비해 41.6% 상승하여 양호한 상승세를 보였다.

유럽지수의 하락 내지 부진은 자산 디플레이션을 의미한다. 일본은 2007년에 비해 오르기는 했으나 1989년 버블 고점과 비교하면 약 44% 마이너스다. 유럽과 일본이 아직도 양적완화와 제로금리를 시행하는 이유가 여기에 있다. 그럼에도 불구하고 주가는 오르지 않는다.

한국의 경우 2007년 고점에 비해 거의 오르지 않았다. 2018년 반도체 호황으로 잠깐 올랐지만 다시 떨어져 2007년 수준을 유지하고 있다. 그런 면에서 한국은 유럽, 일본의 경우처럼 디플레이션 상황으로 가고 있는 것이 아닌가 하는 의심이 든다.

한국의 디플레이션을 의심하는 또 다른 이유는 생산성 향상이 일어나지 않고 있기 때문이다. 게다가 노동환경은 기득권을 지키는 쪽으로 진행되고 있기 때문에 창조적 파괴가 일어날 수 없다. 따라서 창조적 파괴가 일어나는 생산성 향상은 기대하기 어렵고 노동비용 감소만이 답인 상황이다. 그러나 노동비용 감소도 노동시장의 경직성 때문에 기대하기 어렵다. 유럽처럼 복지를 강조하면서 워라밸(Work and Life Balance)을 즐기는 방향으로 진행되고 있다.

한국에서의 생산성 향상은 결국 생산공장의 해외이전이나 공장자동화를 통한 생산비용 감소가 될 수밖에 없다. 그런데 우리나라 산업구조를 보면 앞으로의 먹거리가 있는가에 대한 의문이 든다. 유럽, 일본 등 선진국들도 가진 공통의 고민이기는 하지만, 그나마 한국은 반도체 하나라도 잘나가고 있다.

우리나라의 미래에 희망을 걸 수 있는 단초는 우리가 앞으로 벌어질 새로운 DT(Data Technology) 시대에 숟가락을 얹어 놓았기 때문이다. DT의 시대에 반드시 필요한 것은 클라우드다. 앞으로는 수많은 센서를 통해서 개인 및 사회의 정보들을 모아야 한다. 그리고 인간의 욕망을 측정하고 대응하는 기업만이 살아남는다. 이러한 정보를 모으는 통로가 바로 클라우드다. 클라우드를 구성하는 요소 중 가장 중요한 것 중 하나가 메모리반도체다. 이러한 메모리반도체를 잘 만드는 세계적인 기업이 바로 한국의 삼성전자와 SK하이닉스다.

그러나 다른 산업군을 보라. 우리나라에 세계를 호령하는 산업군이 있는가? 철강, 석유화학, 조선, 자동차, 전자, 통신 등 전통의 산업군이 있을 뿐이다. 중국 기업들이 끊임없이 도전해 오는 산업군이기도 하다. 더구나 이들 산업군은 끊임없는 창의력 발휘보다는 싸고 튼튼하게 만드는 것이 핵심이다. 따라서 중국과 같이 더 싸게 만드는 기업들이 도전해 올 때 문제가 된다. 서로 간에 공급과잉이 일어나고 공급과잉으로 치킨게임이 벌어지면 저가 출혈경쟁을 피하기 어렵다. 서로의 이익을 깎아먹다 보면 영업이익률이 떨어진다.

더구나 최근의 소비패턴은 내구재에서 비내구재 쪽으로 바뀌고 있다. 우리나라에는 비내구재를 대표하는 아마존, 페이스북, 구글 등과 같은 글로벌한 대표기업이 없다. 따라서 국내시장이 포화된 상태에서 해외로 진출하지 못하고 국내에만 머물고 있으니 주식의 가격은 지속적으로 떨어질 수밖에 없다. 이런 상황이라면 유럽, 일본처럼 주식 가격은 오르지 않고 지속적으로 박스권을 형성하거나 오래 투자할수록 더욱 마이너스만 발생할 것이다.

한국 개미만 '피눈물'

올해 수익률 전세계 최저…코스닥 연중 최저

코스피도 '반도체 빅2' 빼면 뒷걸음질

국내 증시에서 개인투자자들의 아우성이 커지고 있다. 코스닥지수가 연 저점으로 떨어지며 투자 손실이 급증하고 있기 때문이다. 코스피지수도 삼 성전자(47,950 −0.10%)와 SK하이닉스(80,000 −0.37%)를 제외하면 올해 뒷걸 음질쳐 개인투자자들의 어려움을 가중시키고 있다.

'금리 인하'호재에도 떨어지는 코스닥

26일 코스닥지수는 7.81포인트(1.20%) 내린 644.59로 마감했다. 지난해 10 월 30일(644.14) 이후 최저치다. 코스닥지수는 올 들어 지난 4월까지 13.65% 올랐다. 이후 상승동력을 잃더니 이달 들어선 속절없이 떨어지고 있다. 이 달 하락률은 6.65%로 코스피지수(−3.02%)의 두 배에 달한다.

_2019년 7월 26일자 한국경제

한국의 주식시장 수익률이 전세계 최저라는 내용의 기사다. 수익률 이 부진한 원인은 최근의 대외환경 악화만이 문제가 아니다. 보다 근 본적인 이유는 구조적인 문제점 때문이다. 게다가 더 큰 위험이 도사 리고 있는데, 바로 중국이 미중무역전쟁으로 휘청거리고 있고 이로 인 해 한국은 중국 리스크까지 안아야 한다. 중국의 위안화가 무너지면서 경제위기에 빠지면 한국도 함께 무너질 수 있다. 그리고 중국에 투자하려다가 중국에 투자하기 꺼려하는 자금이 중국 대체 투자처로 한국을 택했는데 만약 중국이 리스크에 빠지면 한국에서 자금을 빼내 새로 떠오르는 신흥국으로 자금이 이동할 수 있다. 요약하면 오를 일은 없는데, 떨어질 이유만 가득한 상황이다.

부동산

다음으로 부동산을 살펴보자. 향후 대한민국의 인구구성은 4인 가구에서 1,2인 가구로 바뀌며, 수적인 면에서도 4인 가구를 넘어설 것이다. 한국은 생산직 노동자의 비율이 줄면서 중산층이 줄었다. 생산직 노동자가 직장을 그만둔 후에는 당시 받았던 급여를 주는 직장을 구하지 못한다. 그래서 택배, 대리운전, 택시기사, 캐셔 등 1인 프리랜서나 자영업 등 서비스업으로 이동한다. 청년층도 취업이 되지 않는다. 대기업마저 공채를 뽑지 않고 아예 수시선발을 하되 경력직 위주로 뽑는다고 선언하였다. 따라서 비숙련 노동자인 청년층은 취업하기가 더욱 어려워졌다. 따라서 이들은 결혼을 늦게 하거나 하지 않는 1인 가구로 남게 된다. 일본의 프리터족이 한국에서는 지금 한창 생겨나고 있다.

프리터족이란?
프리(free)와 아르바이터(arbeiter)의 합성어이다. 한마디로 일용직. 1980년 일본의 경제 위기 이후, 취직보다는 아르바이트로 생활하는 청년층이 등장하면서 나타난 단어이다.

이들은 주로 편의점, 오락실 등에서 단기 혹은 중장기 아르바이트로 생계를 이어간다. 한국에서는 2010년 이후 등장하였다.

프리터족이 살기 적합한 곳은 직장과 가깝고 평수가 작고 교통이 편리한 곳, 바로 서울이다. 이와 반대되는 곳은 수도권이다. 수도권은 평수가 커서 방이 많고 애들을 키우기 좋다. 그러나 직장과 멀어서 교통이 불편하다.

앞으로는 최저임금도 지속적으로 오를 예정이어서 이에 버티지 못할 수도권, 지방의 자영업자들은 가족끼리 운영하거나 폐업을 할 것이다. 그러나 서울은 그래도 오가는 사람이 많고 장사가 잘 되기 때문에 비록 마진은 줄겠지만 직원을 쓸 수는 있다. 이런 면에서 1인 가구의 젊은이들은 서울을 더 선호하게 된다.

수도권은 상속에도 불리하다. 부모 사후 자녀가 집을 물려받아야 하는데 직장과 멀다면 어떻게 해야 하는가? 재산으로써의 개념만 있는 집으로 남게 된다. 거주하지 않고 월세를 받거나 전세를 놓는 것 말이다. 그런데 만약 대출까지 끼어 있다면 이 집을 받아야 할지 말지 심각하게 고민할 수밖에 없다. 왜냐하면 수도권에 3기 신도시까지 지어지면 공급과잉이 벌어지게 되고 세입자를 받기가 힘들어진다. 게다가 주택의 가격이 떨어져 대출을 갚아야 한다면 어떻게 될까? 자녀가 과연 상속을 받을까? 자녀는 집을 상속 받으면서 얻는 이익과 손해를 계산해서 손해가 크다면 상속을 받지 않고 포기할 수도 있다. 따라서 서울이 아닌 수도권의 이러한 집은 빈집으로 남을 것이다.

도시는 끊임없이 발전해야만 살아남을 수 있다. 만약 도시가 죽으면 살던 사람들이 순식간에 빠져나간다. 끊임없이 인구가 유입되지 않으면 도시도 망할 수 있다. 미국의 러스트벨트라 불리는 디트로이트를 보라. 한때는 대표적인 공업도시였으나 경제의 바탕이었던 자동차산업의 몰락으로 200억대 규모의 파산을 신청하였다. 그리고 사람들은 썰물처럼 빠져나가고 도시는 망했다. 우리나라에도 비슷한 사례가 있다. 탄광도시였던 태백시 같은 곳이다.

엄밀히 말해 도시가 망하는 이유는 인구가 빠져 나가기 때문이 아니라 인구를 빨아들인 만한 유인이 없어지기 때문이다. 한국의 대표적인 산업도시들인 남동임해공업지역(포항에서 목포까지)도 이러한 조짐을 보이고 있다. 이들 지역은 조선, 철강, 석유화학, 자동차 산업의 구조조정이나 폐업으로 몰락의 길을 걸을 수 있다. 따라서 지방도시는 산업의 몰락이 촉발제로 작용할 것이다. 한편 수도권은 신도시 개발로 주택의 공급과잉이 된 상태에서 서울의 재건축, 재개발 공급이 증가할 경우 서울과 멀고 노후주택이 많은 지역은 몰락할 가능성이 있다.

디플레이션은 모든 자산이 하락하는 현상이다. 일본은 부동산, 주식이 크게 하락했다. 주식은 1989년 버블이 한참 끼어있을 당시엔 거의 40,000포인트를 기록했으나 이후 7,500포인트까지 떨어졌고, 회복이 되기는 했으나 2019년 현재 약 21,000포인트로 고점 대비 80% 이상 빠졌다가 30년 후인 현재 겨우 50%의 수준으로 올라와 있는 상황이다.

부동산도 크게 다르지 않다. 1985년 이후 6년간 일본 주요도시 상업용지의 땅값은 290%나 올랐고 주택용지 가격도 163% 올랐다. 하지만 1989년 버블이 꺼지자 1991년부터 하락하기 시작해 2006년까지 15년간 상업용지 가격은 85.2% 하락했고 주택용지는 64%나 떨어졌다.

일부에서는 일본의 주식시장은 1983년부터 연간 20%가 넘는 고성장을 해서 주가상승이 7년 가까이 지속되었기 때문에 크게 빠졌다고 볼 수 있으나 한국은 그런 버블이 끼지 않았기 때문에 크게 하락할 이유가 없다고 보는 시각도 있다. 그러나 자산가격은 이탈리아, 포르투갈, 스페인, 프랑스 등의 예에서처럼 많이 오르지 않았어도 빠지기도 한다.

그렇다면 디플레이션 시대 최후의 승자는 누구인가? 재테크를 하지 않는 사람이다. 일본의 국채는 제로금리다. 그런데 일본의 국채는 일본 국민들이 가장 많이 가지고 있다. 왜 그럴까? 일본 국채가 가장 안전했기 때문인데, 최소한 빠지지는 않았다. 물론 현금도 가장 안전한 자산이다.

이러한 현상을 대차대조표 불황이라 한다. 대차대조표 불황이란, 예를 들어 대출 7억을 끼고 3억을 투자해서 10억 원짜리 집을 사는 경우다. 10억이던 집값이 5억이 되었다면 내 돈 3억은 날아갔고 2억은 빚이 된다. 이럴 경우 중산층은 자산이 마이너스가 되어 하류층으로 떨어지게 된다.

갑자기 하류층으로 전락한 사람은 무엇을 해야 하는가? 소비를 줄이고 집 담보 대출을 열심히 갚아나가야 한다. 그러니 내수는 쪼그라들고 내수에 기대었던 기업마저 파산하면서 실업률은 올라가고 실업률이 올라가니 소비할 사람이 더 줄어들며 내수가 더 위축된다. 이러한 악순환의 반복이 대차대조표 불황이다.

부동산이 떨어지면 대차대조표 불황이 일어난다. 한국도 일본과 마찬가지로 많은 자산이 부동산에 묶여있다. 그런데 부동산은 대출을 일으켜야 살 수 있는 자산이다. 만약 부동산 가격이 떨어지면 이런 대차대조표 불황이 일어나면서 한국은 내수 위축의 시대로 가는 것이다.

그렇다면 디플레이션은 언제 올 것인가? 부동산의 경우, 서울에서 대규모로 재건축, 재개발이 시작되는 시점이라고 본다. 왜냐하면 엄청난 공급 폭탄을 가져 올 것이기 때문이다. 현재는 서울의 재건축, 재개발이 안 되고 있다. 초과이익환수제, 분양가상한제, DTI 규제, 재건축 시 임대아파트 의무 산입 조건 등이 수익성을 나쁘게 하기 때문이다. 그런데 만약 이러한 규제가 한꺼번에 풀린다면 어떻게 되나? 서울에 공급이 많아지면서 수도권 아파트가 문제가 된다. 왜 서울의 공급이 많아지면 수도권 아파트가 문제가 될까? 서울에 대기업 본사 등 직장이 몰려 있기 때문이다.

주식은 2018년까지는 반도체 경기로 버텼으나 반도체를 빼면 한국의 경제성장률은 오히려 마이너스다. 그런 면에서 주식시장은 디플레이션에 이미 빠진 것이 아닌가 하는 생각이 든다. 현재 코스피지수는

2200포인트 상단을 돌파하지 못하고 2008년 고점에서 헤매고 있는 중이다.

이러한 상황에서 대책은 무엇인가?

주식은 해외주식이 답이다. 묻지마 식으로 장기투자로 돈을 버는 시대는 지났다. 생산성 향상이 꾸준히 이어지는 미국과 신흥국 위주로 투자해야 한다. 부동산은 디플레이션 위험이 없고 재건축, 재개발이 될 만한 곳에 투자하되 서울에 투자하는 것이 최선이다.

디플레이션 한국,
투자자는 이제 어디로 향해야 하나?

KDI "저물가는 경제활력 저하 탓"

"외부요인 크다"는 정부와 대조 "韓銀 금리정책 저물가에 일조"

한국 경제의 위험 요소로 떠오르고 있는 저물가 현상의 주요 원인이 경제
활력 저하 등 수요 측 요인에 있다는 국책연구기관의 분석이 나왔다. '국제

유가와 날씨 등 외부 요인이 크다'는 정부 설명과 배치된다. 한국은행의 금리정책이 저물가에 한몫했다는 지적도 제기됐다. 한국개발연구원(KDI)은 28일 발표한 '최근 물가상승률 하락에 대한 평가와 시사점' 보고서를 통해 이같이 밝혔다.

KDI는 복지 확대로 물가가 하락했다는 정부의 의견도 반박했다. 복지정책의 영향을 배제한 '민간소비 디플레이터' 상승률은 작년 상반기 1.2%에서 올 상반기 0.5%로 떨어졌다. 저물가는 정부 복지정책 영향을 받은 특정 품목이 주도한 게 아니라 상품·서비스 가격 전반의 문제라는 설명이다.

정규철 KDI 연구위원은 "저물가의 주요 원인은 투자·수출 부진으로 기업 수익성과 가계소득 여건이 나빠진 데 있다고 보는 것이 맞다"고 말했다. 실제 우리나라 실질국내총소득(GDI)은 올해 들어 세 분기 연속 감소했다.

_2019년 10월 28일자 한국경제

대한민국은 이제 본격적인 디플레이션 시대로 가고 있다. 유럽과 일본이 금리를 그렇게 많이 내렸음에도 불구하고 물가가 살아나지 않는 이유는 그들이 선진국이기 때문이다. 한국도 마찬가지다. 한국도 이제 선진국이다.

글로벌경제는 소위 '미국의 곳간 빼먹기'로 가고 있다. GDP는 항상 플러스, 마이너스=0(제로)가 되어야 한다. 그런데 항상 마이너스인 나라가 있다. 바로 미국이다. 그리고 나머지 나라들은 항상 플러스다. 유럽, 일본, 한국 등 말이다.

이들 나라들이 플러스인 이유는 환율의 영향 때문이다. 수출로 인해 경상수지가 플러스인데 환율은 오히려 내린다. 즉 유로화, 엔화, 원화의 가치가 오른다는 의미다. 달러 유입이 많으면 많을수록 자국의 통화가치는 높아져야 정상이다. 그런데 실제는 반대다. 이들 나라들이 강제로 자국통화의 가치를 떨어뜨리기 때문이다. 대표적인 예로 수출을 통해 확보한 달러로 외환보유고를 쌓는 행위다. 그러니 자국통화의 가치가 높아지지 않는다.

반면 미국통화의 가치는 항상 높아져 왔다. 신흥국에서 자국통화의 가치를 내리니 미국의 달러는 당연히 높아진다. 신흥국이 자국통화의 가치를 내리는 이유는 좋은 조건으로 수출을 계속하기 위해서고, 다음으로는 1990년대 후반 한국의 IMF 위기, 동아시아 위기를 보면서 달러를 저축해야 할 필요성을 느꼈기 때문이다.

결국 미국은 자국통화의 가치가 높아지니 소비에 집중하게 된다. 자국에서 만든 물건보다 수입된 물건이 훨씬 싸기 때문이다. 당연히 소비여력이 높아질 수밖에 없다. 반면 그 외 나라들은 수입 물가가 높아지면서 소비여력이 떨어진다.

그런 와중에 미국이 관세를 매기면서 보호무역으로 돌아서고, 공장을 미국으로 옮기라고 압박하면 어떤 일이 일어나는가? 미국은 소비여력이 높다. 그런데 다른 나라들은 미국이 시장을 닫으니 수출이 안 된다. 그래서 자국통화의 가치를 높여 내수소비를 살려야 하는데 지금까지 해 오던 정책이 있으니 수출을 위해 자국통화의 가치를 더 낮춘다.

그러면 수출은 어차피 안 되는데 환율마저 올라가니 내수소비도 되지 않는다. 따라서 수출과 내수가 동시에 망가지고 실업이 발생하고, 실업이 발생하니 결국 내수소비를 더 줄이는 것이다. 선진국인 유럽, 일본, 한국, 대만 등이 여기에 해당한다.

그런데도 내수소비를 살릴 생각은 하지 않고 환율을 더욱 낮춰 수출 길만 열려고 한다. 앞으로도 이런 생각이 바뀌지 않는 한 내수는 지지부진해질 것이고 디플레이션으로 가면서 잃어버린 10년, 20년에 빠져들고 말 것이다.

디플레이션 상황 하에서 부동산은 양극화 된다. 부자들은 더 부자가 되고 서민들은 더 가난해진다. 따라서 부자가 사는 동네의 집값은 더 올라가고 서민들이 사는 동네는 더 떨어진다. 이때 아르헨티나처럼 국민들이 포퓰리즘을 부르짖기 시작하면 부자는 떠나고 가난한 사람들은 더 가난해진다.

부를 얻는 방법은 간단하다. 어떤 경우라도 가치가 올라가는 자산에 투자해야 한다. 가치가 올라가는 자산이 있는 곳은 당연히 미국이고 그 외에 노동력이 싸서 수출이 잘 되는 베트남, 방글라데시, 인도 등이다.

그런데 이런 신흥국들은 통화가치를 지속적으로 낮추는 정책으로 일관한다. 인건비 상승을 상쇄하려면 통화가치를 낮춰야 하기 때문이다. 따라서 주가가 올라가는 것은 맞으나 환율도 함께 올라간다. 결국 주식투자로 수익을 내봤자 환율로 까먹는다는 말이다.

가장 좋은 선택은 미국이다. 주가도 올라가고 환율은 떨어질 것이니 말이다.

。15。

예측하지 말라.
대응만이 살길이다

시간이 지날수록 역량이 늘어나는 직업은 주로 이과에 몰려 있다. 예를 들어 의사, 과학자, 기술자 등이다. 처음에는 실수를 연발하고 완성도도 떨어지지만 시간이 지날수록 능숙해지고 여유가 생기며 일도 깔끔하게 마무리가 된다.

시간이 지나도 역량이 그대로인 직업이 있다. 주로 문과에 몰려 있는데, 예를 들어 경제학자, 증권분석가, 트레이더 등이다. 경제현상을 분석하고 미래를 예측한다. 그런데 항상 빗나간다.

이들의 예측이 빗나가거나 아예 틀린 답으로 판명되는 이유는 애초에 맞출 수 없는 문제를 예측하기 때문이다. 그런데 항상 사람들은 맞출 수 없는 것을 예측하고 자신이 예측한 방향대로 투자한다. 투자에 실패하는 이유, 투자로 돈을 벌지 못하는 이유가 여기에 있다.

물론 소소하지만 예측이 맞는 경우도 있다. 하지만 그렇다 하더라도 결국은 크게 틀려서 한 번에 몰락한다. 오히려 예측이 맞아서 생긴 어설픈 자신감이 파산과 파멸을 자초한다. 인간은 자신의 예측이 한두 번 들어맞기 시작하면 경계심을 잃고 과감해진다. 더 많은 돈을 질렀다가 몰락할 수 있는 지경으로 스스로를 몰아간다. 경계심이 무너져 자신의 행위를 객관적으로 보는 눈이 사라진 상태다.

투자에서 예측은 투자자를 파멸로 이끈다

투자는 예측을 바탕으로 하는 행위가 아니다. 예를 들어 A기업이 설비를 증설하니까 주가가 올라갈 것이라 생각해 주식을 샀다. 그런데 주식이 떨어진다. 그러나 현재의 주가하락은 일시적인 현상이라 치부한다.

주가가 계속 떨어져 결국 50% 이하 가격으로 내려앉았다. 알고 보니 타 경쟁사도 설비를 증설해서 시장에 공급이 많아졌고, 영업이익률이 떨어졌고, 그것이 주가하락의 원인이었다.

무엇을 잘못한 것인가? 예측을 바탕으로 투자했다는 데 있다. 예측은 50%만 맞춰도 그 확률이 매우 높은 편이다. 대부분의 예측은 빗나가기 일쑤다. 성공확률이 지극히 떨어지는 툴을 이용해 투자를 한다는 것은 도박이나 마찬가지다. 그 결과를 운이 결정한다.

원숭이가 고른 주식종목과 주식 트레이더가 고른 종목의 수익률을 비교해 봤더니 원숭이의 수익률이 더 좋았다. 전문가나 일반인이나 큰 차이가 없다는 의미고, 예측이 별 의미가 없다는 말이다.

예측을 위해서는 다양한 지표를 분석해야 한다. PER, PBR, ROE, 재무제표, 기업탐방, 기업가의 인간성, 경영능력 등이 될 것이다. 부지런히 분석해서 투자하면 성공해야 마땅하다. 그러나 현실은 이런 노력이 성공이나 실패에 영향을 미치지 않는다. 이런 노력이 의미가 있다면, 주식 트레이더들은 벌써 재벌이 되었어야 한다.

경제학자들이 투자에 성공하지 못하는 이유도 같은 맥락이다. 예측을 잘하면 투자도 성공할 것이라 믿기 때문에 지표를 분석하여 투자에 임한다. 그러나 결과는 항상 빗나간다. 그 와중에 투자에 성공한 경제학자가 있었다. 그 이름은 바로 케인즈다.

"주식투자란 미인대회에서 자신의 눈에 예쁜 여자가 아니라 남의 눈에 예쁜 여자를 고르는 것이다."

이 말은 어디선가 들어봤을 것이다. 의미인 즉 지표가 아닌 돈의 흐름을 보라는 말이다. 자신의 능력에 확신에 찬 사람들은 지표를 보며 능력을 과시하려 한다. 맞으면 맞는 대로 위험하고 틀리면 돈을 잃어서 위험하다. 맞으면 자만심이 생겨 남의 말을 듣지 않고 시장의 외침에 귀 기울이지 않고 자신만이 옳다는 독선에 빠진다. 그러다가 크게 망한다. 어차피 일찍 망하느냐 늦게 망하느냐의 차이다.

이처럼 전문가라는 사람들이 투자에 실패하는 이유는 지표가 틀릴 수 있다는 가정을 하지 않기 때문이다. 또 지표가 모든 것을 반영하지도 않으며, 지표 간의 상관관계 혹은 이 세상에서 일어나는 온갖 변수들을 모두 계산하여 분석한다는 것은 사실상 불가능에 가깝다.

그러니 지표는 지금 당장 휴지통에 버려야 할 물건일 뿐이다.

그렇다면 돈의 흐름을 보는 투자는 무엇인가? 예를 들면 세계 시가총액 1위 주식에 장기 투자하는 것이다. 돈이 많이 몰렸으니 1등이 된 것이다. 그런데 사람들은 1등이니 이미 많이 올랐다고 생각한다. 그리고 올라봤자 별로일 것이라 예단한다. 매우 느리고 상승폭도 크지 않을 것이라 지레짐작하는 것이다. 그래서 결국 세계 1위가 아닌 시가총액도 작고 기업도 부실한 소위 잡주를 산다.

그러나 이 방법은 틀렸다. 가장 큰 이유는 내 머리를 썼기 때문이다. 남의 머리로 투자한다는 말은 남들이 좋아하는 주식에 투자한다는 뜻이다. 그리고 다른 말로 하면 돈이 많이 몰린 주식이라는 것이다.

틀린 이유가 하나 더 있다. 내 머리를 쓴 주식은 언제 팔아야 할지 도무지 알 수 없다. 예를 들어 삼성전자를 50,000원에 샀는데 갑자기 무슨 일이 있었는지 40,000원까지 떨어졌다. 팔아야 할까? 말아야 할까? 알 수 없다.

안 팔았는데 더 떨어졌다. 30,000원이다. 이때는 팔아야 할까? 말아야 할까? 이때도 모른다. 그래서 비자발적인 강제 장기투자에 들어가며, 소위 물렸다고 하소연한다.

그런데 만약 세계 1등 주식에 투자했다면 언제 팔아야 하는가? 1등이 2등과 바뀌었다면 2등을 팔고 1등으로 갈아타면 된다. 좀 더 디테일하게 본다면 2등과 1등의 시가총액이 10% 이상 차이가 날 때 2등을 팔고 1등만을 가져가면 된다. 여기서는 내 머리를 쓰지 않았다. 돈의 흐름을 좇았더니 팔 수 있는 때를 알 수 있었던 것이다.

케인즈는 남의 생각을 읽고 투자한 경제학자다. 잘나가는 경제학자일수록 자신이 만든 경제모형에 맞게 투자한다. 그러나 이 경제모형은 예측의 영역이고 예측은 언제든지 틀릴 수 있다.

예측은 많이 한다고 해서 늘지도 않는다. 경험과도 상관없다. 마치 도박과 같다. 그러니 잠시 운이 좋을 수는 있지만 결국은 돈을 다 잃고 빈털터리가 되어서 도박장에서 퇴출될 운명이다.

무조건 우량주에 장기투자 하는 것도 맞지 않다.

우량주를 고른 주체가 누구인가? 본인이다. 내가 고른 주식이 정말 우량주인지 아닌지 알 수 없다. 진짜 우량주인지 확실하지도 않은 주식을 들고 장기투자 하는 것도 실패로 가는 지름길이다.

게다가 S&P500 기업의 평균 지속기간은 1960년대 60년 이상에서, 지금은 15년 이하로 줄어들었다. 진입과 퇴출이 빠른 속도로 진행된다. 잘못된 선택으로 장기투자를 했다가는 크게 실패할 확률이 그만큼 높아졌다는 의미다. 수십 년 장기투자는 이제 옛말이다.

투자는 예측이 아니다. 돈의 흐름을 따라가면서 대응해야 한다. 대응만이 살길이다.

.16.

Fed(미국 연방준비이사회)의 양적완화가 주가의 상승과 하락을 결정한다

2008년 금융위기 이후 Fed(연방준비이사회)는 천문학적인 돈을 뿌려 양적 완화를 실시했다. 미국은 이 돈이 인플레이션을 일으켜 자신의 발목을 잡을 것이라 예상했지만 예상과 달리 양적완화는 미국을 다시 살려냈다. 최근에는 MMT이론마저 나오고 있다. 현대통화이론(Modern Monetary Theory:MMT)은 국가가 과도한 인플레이션만 없다면 경기부양을 위해 화폐를 마음껏 발행해도 된다는 이론이다.

쉽게 말해 중앙은행이 돈을 찍어 뿌리자는 얘기다. 지금처럼 중앙은행이 민간은행의 채권을 사주고 민간은행에 돈을 주는 형태가 아니다. 왜냐하면 경기가 안 좋으니 민간은행은 그 돈을 다시 중앙은행에 맡기거나 주식 또는 국채에 투자함으로써 미래에 손실을 보지 않으려는 심리가 있기 때문이다. 따라서 중앙은행이 돈을 찍어 뿌리면 그 돈이 서민에게 가고 서민은 그 돈을 써서 내수가 살아나고 그로 인해 인플레이션과 민간투자가 일어난다는 얘기다.

위의 정책을 실행하면 인플레이션이 일어나지 않을까? 2008년 이후 양적완화를 통해 인플레이션이 일어나지 않는다는 사실이 증명되었다. 2008년 이후 세계는 불황에 빠질지 모른다는 두려움에 각 나라들은 달러 채권을 경쟁적으로 사들였고 전세계가 인플레이션을 흡수하는 바람에 현재의 미국경기 호황이 있었다.

따라서 MMT를 통해 돈을 찍어서 사회복지의 형태로 뿌리면 저소득층도 그 혜택을 받을 수 있다고 생각하는 것이다. 주로 사회주의 성향의 좌파 정치인(오카시오 코르테즈 등)이 MMT를 하자고 나섰다. 사실 정치권에서 MMT를 바라보는 시선은 중요한 문제가 아니다. 중요한 것은 Fed가 양적완화를 다시 하면서 증시가 오르고 있다는 사실이다.

Fed의 양적완화와 주가의 상승 간에는 어떤 관련이 있는가?

Fed가 양적완화를 하면 정부의 재무성채권이나 은행, 기업의 회사채를 사주면서 돈을 푼다. 그런데 은행, 기업 등은 새로 투자를 하기보다는 주로 안전한 자산에 투자하기를 원한다. 따라서 기업은 자신의 주식을 사서 태우는 식으로 주주가치를 제고한다.

왜 그럴까? 투자는 불확실하고 주주가치를 높여야 월급쟁이 CEO의 급여와 정년이 연장되기 때문이다. 은행도 안전한 국채를 사거나 안정성이 높은 미국의 1등 주식과 부동산을 사면서 돈을 굴린다. 따라서 주식, 채권 부동산 쪽으로만 돈이 도는 현상이 일어난다. 따라서 주식과 채권은 본래 반대로 움직이는데 워낙 많은 돈이 풀리니 주식과 채권이 동반 상승하는 기현상이 벌어지는 것이다.

Credit and Liquidity Programs and the Balance Sheet

. https://www.federalreserve.gov/monetarypolicy/bst_recenttrends.htm

위 사이트는 Fed의 각종 지표를 나타낸다. 여기서 눈여겨봐야 할 점은 바로 Fed의 총자산(Total Assets of the Federal Reserve) 추이다.

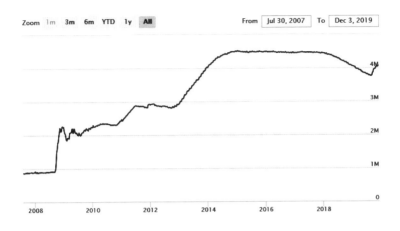

그래프에서 보이는 바와 같이 Fed의 자산은 2008년 이후 지속적으로 증가하였다. 나스닥 주가 흐름과 비교해 보자.

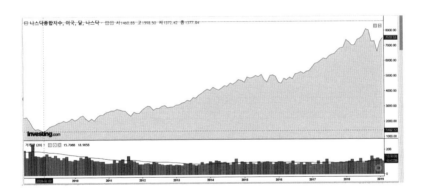

Fed의 총자산 증가 즉 양적완화는 나스닥의 상승을 이끌어 왔다. 그러다가 Fed는 자산을 축소하기 시작한다. 2018년 1월의 일이다.

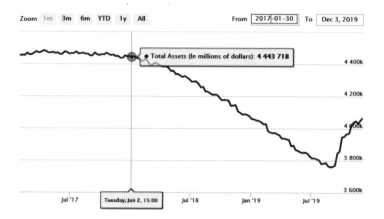

2018년 1월부터 총자산이 급격하게 줄어드는 추세의 변곡이라 할 수 있다. 나스닥은 어떤 반응을 보였을까? 나스닥은 2018년 1월에 −3%가 2번이나 뜨면서 급격하게 출렁였다.

나스닥은 이후 회복세를 보였고, 2018년 10월 다시 급격한 하락을 겪는다. Fed의 파월의장이 앞으로 금리를 더 올리겠다는 발언이 있었기 때문이다. 이후 나스닥은 10월 고점대비 무려 30%나 떨어진다.

즉 양적완화 축소 시 나스닥도 동시에 떨어졌으나 미국 경제가 워낙 좋은 탓에 더 이상 하락하지 않고 버텼지만 금리를 올리고 양적완화를 축소하는 등의 긴축이 시행되면서 결국 10월 위기를 불러왔다고 볼 수 있다.

그러던 Fed가 2019년 1월부터 금리를 동결시켰고 5월에는 급기야 금리를 내리기 시작했다. 따라서 나스닥의 향후 전망은 상승에 힘이 실릴 수밖에 없다.

왜 양적완화를 했을까?

美 레포금리 급등은 예고된 것…연준의 "정책 실수"

CNN비즈니스에 따르면 16일 하루짜리 레포금리는 5%까지 치솟아 지난 13일의 2.29%에서 크게 높아졌다. 이후 17일에도 오름세를 지속해 뉴욕 연은이 개입하기 전에 최고 10%까지 올랐다.

_2019년 9월 18일자 연합뉴스

그러다가 2019년 9월 16일 레포금리가 5%까지 올라갔고 17일에는 급기야 10%까지 올라간다. 레포금리는 은행 간 야간에 돈을 빌릴 때 내는 이자율이다. 원래는 Fed의 기준금리 정도로 빌려주는 것이 정상이다. 약 2% 내외라는 얘기다. 그런데 이 금리가 10%까지 갔다. 시중에 그만큼 돈이 없다는 증거다. 그러니 돈을 빌리려면 더 많은 이자를 줘야 한다. 보통은 은행이 파산위험에 처할 때도 레포금리가 올라가기도 한다.

Fed가 퇴근을 하고 나면 은행 간 레포시장이 활성화 된다. 즉 낮에는 Fed에서 돈을 빌리면 되는데, Fed가 문을 닫는 시간에는 안면이 있는 은행에서 돈을 빌려 다음 날 아침에 갚는다. 그런데 만약 지금이 금융위기 상황이라면 어떤가? 내일 아침 대문짝 만하게 리먼브러더스 파산과 같은 기사가 나올 수 있다. 그런데 다른 은행이 돈을 빌려달라고 한다면? 안 빌려주는 것이 상책이다. 그럼에도 돈을 빌려준다면 리스크를 감수하고서라도 돈을 빌려줄 만큼의 이자는 받아야 할 것이다. 따라서 레포금리가 올라간다는 것은 그만큼 시장이 위험하다는 뜻이기도 하다.

결국 Fed는 돈을 풀면서 현재의 상황을 판단하고자 하였다. 즉 시중에 돈이 없어서 레포가 올라간 것인지 아니면 지금이 금융위기와 같은 상황이라 올라간 것인지에 대한 상황 파악이 안 되었다는 것이다. 따라서 2019년 9월부터 서둘러 양적완화를 시작한다.

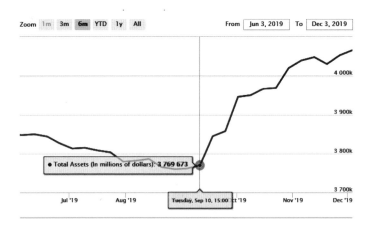

Fed가 양적완화를 다시 시작한 9월 이후 나스닥을 함께 보자.

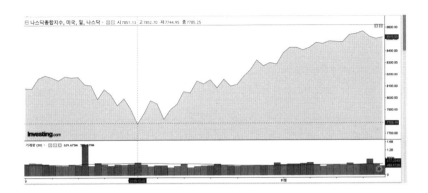

나스닥은 10월 2일 저점인 7788포인트를 찍고 바로 8519포인트까지 올라간다. 보다시피 Fed의 양적완화는 주가 상승과 밀접한 관련이 있다. 따라서 투자자는 당연히 Fed의 금리추이와 양적완화 추이를 유심히 살펴보아야 한다. 현재 2019년 12월은 Fed의 양적완화가 진행되고 있다. 주가가 올라갈 수밖에 없는 구간이다.

.17.

그 많은 돈은 다 어디로 갔나?

우리나라에 저금리 시대가 도래한 이유는 우리가 이미 선진국이 되었기 때문이다.

속성상 노동의 이동은 어렵고 자본의 이동은 쉽다. 선진국의 자본은 국경을 넘어 신흥국으로 향하고 저렴한 신흥국의 노동력을 바탕으로 선진국에 역수출해서 이윤을 창출한다. 자본가들이 이렇게 하는 이유는 그래야 더 큰 이익이 돌아오기 때문이다.

그런데 만약 선진국이 고금리라면 어떻게 될까? 고금리가 되는 순간 신흥국의 저렴한 노동력을 바탕으로 벌어들인 돈은 모두 저축으로 간다. 자본가들은 금리가 높아지면 높아질수록 더 많이 저축을 할 것이다. 이에 따라 선진국의 은행 시스템은 기업에 경고할 것이다. "너희 자본가들이 아무리 많은 돈을 은행에 넣어 두더라도 줄 이자는 없다. 대신 이 나라에 투자를 하라."

자본가들은 바보가 아니다. 투자를 한다면 신흥국이지 선진국은 아니다. 그러니 결국 저금리가 된다.

저금리가 되면 중앙은행은 시중에 돈을 쏟아붓는다. 그래야 돈이 돌고 돌아 인플레이션이 일어나기 때문이다. 인플레이션은 성장을 의미한다. 적당한 인플레이션은 성장과 함께 일자리를 만들어낸다.

중앙은행이 돈을 푸는 이유는 위와 같다. 그런데 돈을 풀면 정말 돈이 시장에 돌까? 의도와 달리 돌지 않는다. 중앙은행이 서민층에게 돈을 무상으로 푸는 게 아니기 때문이다. 대신 은행, 보험사, 연기금 등의 채권을 사주고 현금을 이들에게 주는 식으로 돈을 푼다. 물론 부자들에게 대출이 되면서 풀리는 돈도 있다. 그런데 은행, 보험사, 연기금, 부자들은 이 돈을 저금리 시대에 함부로 돌릴 수 없다.

이들이 향하는 곳은 안전한 투자처다. 안전한 주식, 채권, 부동산 등에 자금이 몰리는 것이다. 주식은 당연히 안정적인 주식(세계 1등이나 미국의 우량주식 등)이다. 채권은 안전한 미국채권으로 몰리고, 부동산도 부자들이 많이 사는 동네로 몰린다. 그러니 돈이 풀리면 주식, 부동산, 채권의 가격만 올라간다.

오히려 돈 없는 고령의 은퇴자는 금리가 내리니 은퇴자금을 은행에 묻어 둬봐야 돈이 불지 않는다. 그러니 더 많이 저축하고 더 아껴서 돈을 쓴다. 결국 돈이 돌기는 하는데 주식, 채권, 부동산에만 몰리고 정작 시장에는 돈이 없다.

과거와 달리 지금은 선진국의 수가 많아졌다. 기존 유럽, 일본과 미국에서 동아시아의 한국, 대만, 중국 등도 부자가 되었다. 중국은 일부의 국민만 잘 살지만 그 수가 워낙 많아 웬만한 선진국을 능가한다.

따라서 선진국이라고 하여 자산의 가격이 모두 오르지 않는다. 유럽의 스페인, 벨기에, 이탈리아 등은 선진국이지만 2000년 이후 주가가 많이 빠졌다. 한국도 선진국이 되었기 때문에 앞으로 주가는 빠질 것이다. 게다가 부동산 가격도 차별화가 될 것이다.

결국 생산성 향상이 되는 나라만 주가, 부동산이 올라간다. 어디인가? 창조적 파괴를 하는 미국과 노동력이 싼 신흥국이다. 그러니 미국과 신흥국에 투자를 하지 않으면 어정쩡하게 잘 사는 나라들은 저금리와 반토막난 연금소득으로 살기가 더 어려워질 것이다.

.18.

공황을 피해
규모 가변적인 시장에 참여하라

나심 탈레브의 〈블랙스완〉이라는 책을 보면 '규모의 가변성'이라는 용어가 나온다.

규모의 가변성? 어떤 의미인가? 예를 들어 이탈리아의 유명한 오페라 가수가 있다. 그의 청중은 많아야 300명을 넘지 못한다. 그래서 버는 돈도 시원찮다. 그러나 녹음기가 발명되었다. 그러자 청중의 숫자는 이론상으로 세계인구 75억이 되었다. 그래서 인기만 있다면 수 천억 원의 자산가도 될 수 있다.

규모의 가변성이란 녹음기 이전의 오페라 가수와 녹음기 이후의 오페라 가수의 차이다. 녹음기 이전을 평범의 왕국이라 하고 이들은 규모가 불변적이라 부른다. 한계가 있다는 것이다.

대표적인 예로 사람의 키를 들 수 있다. 사람의 키는 어느 정도 예상이 가능하다. 출생 후 키는 3m를 넘지 않는다. 그러니 예상이 가능하다. 만약 규모가 불변적이라면 어떨까? 사람이 10억m가 될 수 있을까? 그럴 수 없다. 그러니 사람의 키는 규모 불변적이며 평범의 왕국에 속한다.

규모가 가변적인 것은 대표적으로 돈이다. 진짜 부자는 자산이 얼마인지 몰라야 한다. 자산이 시시각각 변하기 때문이다. 그래서 이런 규모 가변적인 것은 상상 이상으로 커지고 또 상상 이상으로 작아진다.

우리는 왜 아이들에게 의사, 변호사 등 전문직이 되라고 할까? 규모 불변적인데 받는 급여 수준이 높기 때문 아니겠는가? 공무원도 마찬가지다. 규모 불변적이다.

대신 규모 가변적인 직업은 싫어한다. 예술분야가 그렇다. 피아노 연주가가 있다. 사람들은 세르게이 라흐마니노프의 피아노 음악을 돈 주고 사서 듣고 싶어하지 동네 피아노 선생이 작곡한 음악에는 흥미가 없다.

그래서 규모 가변적인 것은 반드시 승자가 모든 것을 가져가는 시

내일의 부

스템이다. 성공한 소수가 돈을 모두 쓸어 담는 구조다. 그리고 나머지 다수는 허리띠를 졸라매야 한다. 댄서도 가수도 화가도 작가도 그렇다. 그러나 규모 가변적인 것은 상상 이상의 돈을 벌기도 한다.

주식시장은 규모 가변적일까 규모 불변적일까? 규모 가변적이다. 예측 불가능하며 상장을 시킨 스타트업의 대표는 돈 방석에 앉기도 한다. 따라서 역사는 비약하고 슈퍼스타가 나온다. 그러나 역사는 급격히 오르기도 하지만 급격히 떨어지기도 한다. 급격히 떨어지는 것을 바로 공황이라 한다. 규모 가변적인 시장에서는 필수적으로 일어나는 일이다.

선진국은 규모 가변적인 것은 국내에 남겨 놓고 규모 불변적인 것은 해외로 보낸다. 대표적인 나라가 미국이다. 나이키의 디자인, R&D 등 비약적으로 돈을 많이 벌 수 있는 시설은 미국 본사에 남겨 놓고 규모 불변적인 생산시설은 노동력이 싼 해외로 보낸다.

그래서 미국은 큰 돈을 벌지만 신흥국은 큰 돈을 벌지 못한다. 그리고 신흥국의 인건비가 올라가면 다른 신흥국을 찾아 공장을 옮기기 때문에 미국은 계속해서 돈을 벌고 신흥국은 돈 벌 기회를 잃고 만다. 따라서 규모 가변적인 대기업이 많지 않다면 그 나라는 거지꼴을 면치 못한다.

부동산은 어떨까?

토지 시장은 규모 가변적인 시장이라 할 수 있고 주택시장은 규모 불변적 시장이라 할 수 있다. 토지는 1000원짜리 땅이 1000만 원도 되면서 졸부가 나오지만 주택 시장은 10배 오르기도 힘들다. 왜냐하면 비싼 주택은 소득수준이 높은 사람이 사주지 않기 때문이다. 또한 5000만 원짜리 빌라가 500억까지 오르지 않기 때문이다.

그렇기 때문에 부동산에서 주택은 규모 불변적이라 할 수 있다. 그래서 갭투자로 100채를 보유한 사람이 있지만 이런 사람은 세입자에게 시달릴 뿐 부자가 되지 못한다. 100채 보유하는 도중에 공황이라도 걸리면 바로 신용불량자가 되고 한순간에 모든 자산이 날아간다.

그렇다면 공황은 무엇인가?

추수감사절의 칠면조라 할 수 있다. 매일같이 칠면조에게 모이를 주는 주인이 있다. 1000일 동안 모이를 줬지만 1001일째 되는 날은 추수감사절이다. 1000일 동안 올랐으니 1001일째도 올랐을까? 아니다. 1001일은 추수감사절 파티를 위해 칠면조의 목을 비트는 날이다. 그런데 공황이 와도 버티겠다는 사람들이 있다. 아마도 목이 비틀어질 것이다.

규모 가변적인 시장은 급격하게 변하며 부자가 될 수도 거렁뱅이가 될 수도 있다. 그러나 규모 가변적인 시장에 투자하지 않으면 부자가 되지는 못한다.

。19。

글로벌 '공황'을 모르면
부동산도 주식도 결코 성공할 수 없다

우리나라 부동산이 크게 떨어진 적은 단 두 번뿐이었다. 1997년 IMF
와 2008년 금융위기 때다. 그런데 이들 두 사건은 국내의 내부요인이
아닌 외부요인에서 기인한다. 소위 말하는 공황이다. 그러나 이때를 그
냥 지나칠 수가 없는 이유는 이때 부동산 투자를 했다면 큰 실패를 했
을 것이기 때문이다. 따라서 공황이 올 때를 미리 감지해야 실패를 피

할 수 있는데, 국내요인만 분석해서는 도저히 '때'를 알 수 없다.

국내요인 분석이란 주택보급률, 한국은행의 이자율 추이, 주택착공 건수, 경매 발생 빈도 등이다. 그러나 한국경제는 외부충격에 취약하다. 따라서 국내지표만 본다면 국내 부동산을 뒤흔들 위험을 감지하기 어렵다. 대비가 안 된 상태에서 무방비로 쓸려갈 수 있다.

대표적인 예로 2008년 금융위기 시절, 그 당시 우리나라는 부동산 광풍이 불었고 재개발 바람이 한창이었다. 그래서 집을 10채씩 사는 사람들도 있었다. 재개발의 특성상 전세가는 싸기 때문에 최대한의 대출을 받고 전세를 놓는다. 1억 5천만 원짜리 재개발 빌라를 대출 1억 2천만 원 받고 3000만 원 전세 끼고 사는 사람들 말이다.

자신의 돈이 전혀 들어가지 않는 갭투자의 전형이다. 그런데 한 채만 사서는 부자가 되지 못하므로 10채씩 샀던 것이다. 이자를 7%로 잡으면 한 달 70만 원 정도, 10채라면 700만 원이다. 이자를 오래 감당하기 어렵기 때문에 6개월 내에 단타를 치고 빠진다.

그런데 갑자기 2008년 금융위기가 왔다. 어떻게 되었을까? 이때 투자한 사람들은 가진 돈을 모두 날리고 신용불량자가 되었다. 심지어 자살자도 있었다. 2012년부터 금융위기로 인한 불황에서 빠져나왔고 부동산도 바닥을 찍고 오르기 시작했다. 이때 부동산이 오른 이유는 국내요인이 아닌 세계경기가 다시 좋아졌기 때문이다.

침체기(2008년~2013년) 매매가격 변동 (단위: %)

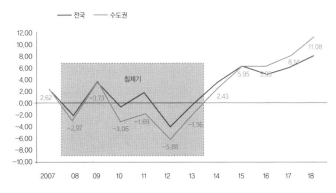

2018년은 2017년 12월말 대비 2018년 10월 19일 누적 기준임
수도권(서울·경기·인천)
자료: 부동산114 REPS

    침체기의 부동산 매매가격 변동을 보면 2008년에 떨어지고 2012년에 바닥을 찍고 올라간다. 이 때 더 많이 떨어진 곳은 바로 강남이다. 강남의 하락률은 19.04%로 서울지역 1위를 기록하였다.

침체기 서울시 매매가격 변동

*2008년~2013년 아파트 매매가격 누적 변동률
자료: 부동산114 REPS

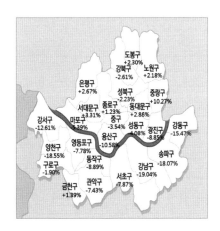

'똑똑한 한 채'의 역설?…침체기 낙폭 더 컸다

주택시장 침체기 분석해보니 "많이 올랐던 지역이 더 많이 떨어졌다"

한강을 중심으로 이남과 이북 지역을 비교했을 때도 이같은 현상은 뚜렷했다. 침체기 동안 강남(-19.04%) · 양천(-18.55%) · 송파(-18.07%) · 강동구(-15.47%) 등은 아파트값이 큰 폭으로 떨어진 데 비해 중랑(10.27%) · 서대문(3.31%) · 동대문구(2.86%) 등 상대적으로 저평가된 강북지역은 아파트값이 오름세를 나타냈다.

_2018년 10월 30일자 이데일리

강남은 결코 떨어지지 않는다는 선입견과는 달리 강남을 포함하여 많이 오른 지역이 많이 떨어졌다. 강남 대치동 은마아파트 84㎡의 경우 2006년 11월(11월1일~11월10일) 14억 원에 거래가 되었는데 2008년 12월(12월11일~12월20일)에는 8억7000만 원으로 무려 5억3000만 원이 떨어졌다.

강남은 우리나라 최고의 부자동네인데 왜 이렇게 많이 떨어졌을까? 많이 올랐기 때문이기도 하지만 역설적으로 부자들이 많이 살기 때문이다. 부자들은 사업을 많이 한다. 사업은 경기에 민감하다. 세계경기가 불황에 빠지면 사업가들은 어려움에 빠지기 쉽다. 사업도 글로벌하게 하다 보면 엔화 대출, 달러 대출 등을 많이 쓰는데 엔화나 달러의 환율이 원화에 비해 크게 오른다. 그러면 원금상환 부담과 이자 부담이 커지게 되고 회사 부도가 날 수도 있으니 살고 있는 집이나 부동산을 처분할 수밖에 없다. 특히 경제가 어려운 상황에서는 강남과 같은 좋은 동네가 아니면 팔리지도 않는다. 그러다가 부동산 바닥은 2012년까지 가게 되고 그 후로 오르게 된다. 결국은 모두 국제정세를 알아야 하고 특히 미국 주식에 관심을 가져야 알 수 있다.

2008년 9월 금융위기가 터졌고 그로 인해 주가가 추락했다. 그렇다면 금융위기를 미리 감지할 수 있는가? 미리 예측할 수는 없지만 공황을 확인하는 과정은 있다. 그것은 한 달에 나스닥 지수가 −3% 이상이 4번 떴을 경우다(여러 지수 중 나스닥 지수임을 기억하라). 주식투자에서 매우 중요한 포인트로 반드시 기억해야 하는 하나의 큰 사건이며 곧 다가올 미래를 보여주는 중요한 시그널이다.

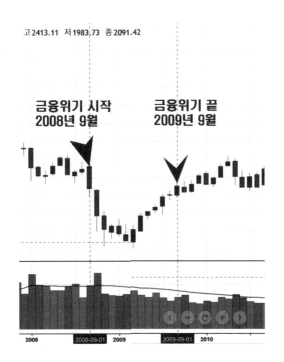

날짜	등락폭	-3% 이상 횟수	이벤트
2008년 09월 29일	-9.1400	5	
2008년 09월 26일	-0.1500		
2008년 09월 25일	1.4300		
2008년 09월 24일	0.1100		
2008년 09월 23일	-1.1800		
2008년 09월 22일	-4.1700	4	금융위기 시작
2008년 09월 19일	3.4000		
2008년 09월 18일	4.7800		
2008년 09월 17일	-4.9400	3	
2008년 09월 16일	1.2800		
2008년 09월 15일	-3.6000	2	
2008년 09월 12일	0.1400		
2008년 09월 11일	1.3200		
2008년 09월 10일	0.8500		
2008년 09월 09일	-2.6400		
2008년 09월 08일	0.6200		
2008년 09월 05일	-0.1400		
2008년 09월 04일	-3.2000	1	

그러니 2008년도 9월 22일 나스닥 지수에서 −3% 이상이 4번째 떴던 날 공황이 확정되었다고 볼 수 있다(9월 29일 한 번 더 뜨면서 이 달에만 −3% 이상이 무려 5번 떴다). 2000년 닷컴버블도 1987년 블랙먼데이도 이 기준대로 생각하면 된다.

'한 달 동안 −3%가 4번째 뜨면 그날이 공황 확정(나스닥 지수 기준).'

내일의 부

이렇게 외우면 된다. 따라서 미리 나스닥 일간지수만 본다 하더라도 부동산을 매도해야 하는 시점인지 알 수 있었을 것이다(참고로 한국의 부동산 위기는 세계금융위기 이후 3개월에서 6개월 후행한다).

2008년 금융위기 당시에도 법원 경매장에는 재개발 빌라를 감정가의 130%에 낙찰 받는 일이 흔했다. 그러나 그 후 그들은 쪽박을 찼고 비싸게 받은 낙찰가로 인해 원금상환의 고통을 겪었다. 현재가 공황이라는 사실만 알았더라도 대비할 수 있는 일이었는데, 아쉬울 따름이다.

투자는 매일 발전해야 한다. 그럼에도 불구하고 원인을 알지 못하면 매번 당하기 십상이다. 왜 공황이 왔는지 언제가 공황인지 모른다면 공황이 올 때마다 자산폭락을 경험해야 한다. 공부하지 않으면 투자에서 발전을 기대하기란 어렵다. 비록 작은 성공은 거둘 수 있지만, 공황의 시기가 되면 그동안 애써 일구었던 과실이 모조리 리셋되는 상황에 내몰리고 만다.

향후에는 이 문제가 더욱 심각하게 다가온다. 세계경제가 공조화되면서 공황도 공조현상이 일어난다. 따라서 더욱 강력하게 우리를 덮칠 것이다. 게다가 한국경제의 기초체력은 더 떨어져 있는 상태라 다음번 공황은 치명적일 수 있다. 주식투자를 하지 않는 경우라도 부동산 투자를 하려면 최소한 나스닥 지수만큼은 챙겨보자. 나스닥을 통한 공황 징후 포착은 이 책에서 반복적으로 심도 깊게 다룰 예정이므로 여기서는 팩트만 체크하고 넘어가도 좋다.

。20。

공황이 오면 부동산과 주식은
얼마나 크게 떨어지는가?

2008년 금융위기가 터지자 그 여파는 한국까지 미쳤다. 코스피는 50% 이상 폭락했고 부동산도 크게 떨어졌다. 큰 상관이 없어 보이고, 부동산 투자자들도 글로벌 금융위기와 관계없이 투자를 결정하는데, 금융위기 여파로 한국의 부동산까지 떨어진 이유는 무엇인가?

2008년 리먼브러더스가 파산을 신청하면서 금융위기가 본격적으로 시작되었다. 미국을 포함한 은행들은 지급준비금이라고 해서 자기자본의 8%는 가지고 있어야 한다. 그런데 금융위기가 오면 사람들이 이성을 잃지 않고 집에 편히 있을 수 있는가? 아니다. 내 예금이 무사한지부터 의심하게 된다. 그래서 아침에 은행문이 열리자마자 달려가 번호표를 뽑고 내 예금을 찾는 대열에 합류한다. 이것이 뱅크런이다.

자기자본비율(自己資本比率, Capital adequacy ratio)은 국제결제은행(BIS)이 일반은행에게 권고하는 자기자본비율 수치이다. 보통 BIS 자기자본비율이라고 불린다. BIS에서는 자기자본비율의 8% 이상을 안정, 합격권으로 보고 있다.

뱅크런(Bank run)은 은행이 기업에 대출해 준 돈을 돌려받지 못한다거나, 주식 등의 투자 행위에서 손실을 입어 부실해지는 경우, 은행에 돈을 맡겨 두었던 예금주들이 한꺼번에 돈을 찾아가는 대규모 예금 인출 사태를 의미한다.

은행은 고객이 맡겨놓은 돈 중에서 자기자본비율을 빼고는 모두 대출이나 투자를 해 놓은 상태다. 그런데 뱅크런 사태가 발생하여 고객이 자기자본비율을 넘겨 찾아가면 어떻게 되는가? 은행은 지불불능상태가 되고 파산에 직면한다. 따라서 은행은 자신들이 매우 안전하다고 고객들을 안심 시킬 필요가 있다. 그래야 뱅크런이 멈출 테니 말이다.

그래서 미국의 은행은 전세계에 투자되었던 모든 돈을 헐값에라도 팔고 모두 거둬들인다. 한국에 주식이나 부동산에 투자했다면 모두 팔고 현금화 시켜서 달러를 만들어 미국으로 가져오는 것이다. 우선 파산만큼은 면해야 하기 때문이다. 그러면 한국의 주식과 부동산 시장은 마치 패닉에 빠진 것처럼 가격이 폭포수처럼 떨어지게 된다. 결국 코스피는 고점 대비 50%가 떨어졌고 부동산도 하락을 피하지 못했다.

현금화하기 가장 좋은 부동산은 어디인가? 바로 강남의 부동산이다. 그래서 강남의 은마아파트는 2006년 11월 14억 원에 거래되던 84m²가 2008년 9월 금융위기가 터지고 3개월 후인 2008년 12월 8억 7000만 원까지 떨어진다. 그 하락폭은 무려 5억 3천만 원이었다. 압구정 신현대 183m²는 2009년 7월에 27억 9500만 원이던 것이 2012년 5월에는 18억 3000만 원으로 10억 원이 넘게 떨어진다.

이런 상황에서 문제는 무엇인가? 바로 원금상환이다. 왜냐하면 거의 대부분 원금일시상환으로 대출을 했을 때인데 1년에 한 번씩 KB시세에 맞춰서 계약을 갱신하기 때문에 이 정도 원금이 떨어지면 일시적으로 갚아야 할 원금이 매매가의 절반이 될 때도 있다. 그래서 공황이 오는 순간 일시상환 때문에 대출을 많이 끼고 집을 산 경우는 집을 날릴 뿐만 아니라 심하면 신용불량자까지 될 수 있다.

강남이 이렇게 떨어진 이유는 강남은 그래도 대기수요가 있어서 거래가 되었기 때문이다. 다른 곳들은 거래 자체가 되지 않는다. 전세를 끼고 집을 산 경우는 전세가가 많이 떨어지니 역전세난이 일어나며, 세입자가 살던 집을 경매처분하는 경우도 많다.

부동산은 덩어리가 커서 대출을 일으켜 살 수밖에 없다. 한 채당 가격이 높기 때문에 공황이 오면 아예 팔리지 않는다. 싼 값에 내놔도 사는 사람이 없다. 그나마 팔리는 곳은 인기지역인 강남뿐이다. 따라서 10년에 한 번 오는 공황에 부동산 대출을 많이 받았던 사람들은 순식간에 자산이 리셋되는 아픔을 겪는다.

원금을 상환하면서 버티기에 들어간다 하더라도 상황은 녹록치 않다. 외화자금의 유출이 심해지면 한국은 디폴트를 선언하고 IMF로 가는 수밖에 없기 때문에 한국은행은 기준금리를 올려야 한다. 한국은 IMF 때 금리가 20%를 넘긴 적도 있었고 2008년 금융위기 때에도 시중금리가 7%를 넘어갔다. 한국은 터키나 아르헨티나 등 신흥국에 비하면 양반이다. 이들 국가들은 25%까지 금리가 오르기도 했다. 이자가 졸지에 사채 수준까지 올라버리는 것이다.

공황이 닥치면 사업하는 사람들도 무사하지 못한다. 엔화나 달러로 사업자금을 빌리는 경우가 많다. 특히 엔화는 금리가 거의 제로에 수렴하기 때문에 이자부담이 덜하다. 그러나 이러한 금융위기 상황에서는 안전자산인 엔화의 가격이 원화의 가격보다 2배나 더 올라간다. 위기를 맞아 신흥국 자산을 팔고 안전자산으로 갈아타기 때문이다.

실제 2007년 10월 15일에 779.41이었던 엔원 환율은 2009년 3월 2일에는 1616.55원까지 2배가량 뛴다. 금리도 오르고 갚아야 할 이자도 두 배가 되는 것이다. 왜냐하면 두 배 오른 엔화로 갚아야 하기 때문이다. 사업가들 중에는 자산가들이 많으므로 강남에 집이 많다. 따라서 강남의 집 가격이 더 급격히 떨어지는 것이다.

부동산은 대출을 끼고 사므로 레버리지 효과가 크다. 전세를 끼면 적은 원금으로 부동산을 매입할 수 있다. 그러나 그것은 어디까지나 평상시의 일이고 공황에 진입하는 순간 대출은 지옥행 특급열차가 된다.

나스닥지수에
-3%가 뜨고 다음날 분석

1980년 ~ 2019년 8월 6일 현재까지 총 9918일

①1980년 ~ 2019.8월 6일 현재 -3% 뜬 날

202번 : 2%

②-3% 뜨고 다음날 떨어진 날

107번 : 53%

③-3% 뜨고 다음날 오른 날

95번 : 47%

④-3% 뜨고 다음날도 -3% 뜨는 날

24번 : 11%

⑤-3% 뜨고 가장 많이 오른 날

14.17% : 닷컴버블 와중

⑥-3% 뜨고 가장 많이 떨어진 날

-11.35% : 블랙먼데이

위의 데이터를 바탕으로 어떻게 대처해야 하는지 기준을 잡아보기로 하자.

①단 -3%가 뜨면 보유중인 주식을 웬만하면 파는 것이 좋다. 다음날도 떨어질 확률은 아주 높지는 않다. 반반이라고 보면 된다. 역사상 총 107번, 53%의 확률로 다음날도 떨어졌다.

②약 10번 중에 1번은 -3% 이상 뜨면서 다음날도 폭락했다. 그러니 -3% 뜬 날 웬만하면 파는 것이 낫다. 확률은 11%다.

③-3%가 뜨고 가장 많이 오른 날과 가장 많이 떨어진 날은 닷컴버블과 블랙먼데이 등 공황중이었다.

특히 공황의 시기에는 오르면 사고 떨어지면 팔고를 반복하다가는 자산을 잃는 속도가 빛의 속도처럼 빨라진다. 그리고 블랙먼데이는 금요일 −3%가 뜨고 다음거래일인 월요일에 다시 −11.35%가 떨어졌다. 잽을 맞은 다음 강펀치가 연이어 날아왔다. 따라서 웬만하면 −3% 뜨는 날 일단 파는 것이 맞다.

.22.

나스닥지수에 -3%가 뜨면
이후 어떻게 대처해야 하는가?

날짜	등락	딜레이	이벤트
1987년 10월 16일	−22.5700		블랙먼데이
2008년 09월 04일	−17.9500		금융위기
1998년 08월 04일	−12.2600		닷컴버블 상승기
2008년 01월 04일	−7.8500		X
2016년 01월 07일	−6.9000		X

1990년 08월 06일	−4.7300		X
1999년 02월 04일	−4.6200		닷컴버블 상승기
2010년 05월 06일	−3.9400		X
1989년 10월 13일	−2.8200		X
1999년 07월 20일	−2.8000		닷컴버블 상승기
2011년 08월 04일	−2.0300		미국신용등급위기
2009년 10월 01일	−0.4700		X
2008년 06월 26일	−0.2700		X
1986년 09월 11일	0.1000		X
2018년 10월 10일	0.1500		X
2014년 04월 10일	0.5100		X
1980년 12월 08일	1.0700		X
2007년 02월 27일	1.3300		X
2003년 09월 24일	1.3800		X
2019년 05월 13일	2.0100		X
1991년 11월 15일	2.3800		X
1999년 09월 23일	2.6300		닷컴버블 상승기
2015년 08월 21일	2.9300		X
1996년 07월 11일	3.1500		닷컴버블 상승기
1993년 02월 16일	3.3000		X
1997년 10월 27일	4.4400		닷컴버블 상승기
2018년 02월 05일	5.3000		X
1995년 07월 19일	6.8600		X
2016년 06월 24일	8.1200		X
2000년 01월 04일	9.1100		닷컴버블
1996년 01월 09일	9.3200		닷컴버블 상승기
1998년 11월 30일	10.8800		닷컴버블 상승기
1999년 03월 23일	11.4500		닷컴버블 상승기

| 1998년 10월 01일 | 11.7400 | | 닷컴버블 상승기 |
| 1998년 01월 09일 | 12.9400 | | 닷컴버블 상승기 |

-3%가 뜬 후 한 달간의 주가를 분석한 자료다. 물론 이보다 -3% 뜬 날이 훨씬 많다. 닷컴버블 때는 3년 6개월 동안 -3%가 무려 96번이 떴다. 그리고 이 기간 동안 주가는 75%가 빠졌다.

2008년 금융위기 때는 그 해 1년 동안 48%가 빠졌고 -3%는 26번이 떴다. -3%가 뜨고 다음 한 달간 거의 반반의 확률로 오르기도 하고 내리기도 하지만, -3%가 뜨고 나면 닷컴버블이나 금융위기와 같은 공황이 올 수도 있으므로 주식투자자에게 -3%는 극도로 피해야할 숫자임에 틀림없다. 공황을 알리는 전조증상 내지는 암시에 해당하기 때문이다.

앞서 외워야 한다고 했다. -3%가 한 달 동안 4번 이상 뜨면 공황 확정이다. 2000년 닷컴버블, 1987년 블랙먼데이, 2008년 금융위기는 -3%가 4번 뜨면서 공황이 확정되었을 때만 넣었고 그 이상은 어차피 2달 이상 -3%가 안 뜬 달이 있어야 공황이 끝나기 때문에 분석대상에서는 제외했다. 이 수치 역시 외워야 한다.

('한 달 동안 -3%가 4번째 뜨면 그날이 공황 확정.')
'2달 이상 -3%가 안 뜬 달이 있어야 공황 종료.'

그러니 -3%가 뜨면 무조건 파는 것이 맞다. 그것도 연속적으로 뜨

내일의 부

면 무조건 팔고 한 달을 기다려야 한다. 한 달 동안 더 이상 -3%가 뜨지 않으면 주식을 다시 사도 된다. 이 부분도 외우자.

'-3%가 뜨면 일단 주식 매도. 이후 한 달간 더 이상 -3%가 뜨지 않으면 다시 매수.'

아직 정확히 이해되지 않을 것이다. 워낙 중요하면서도 이해가 까다로운 부분이므로 인내를 갖고 차근차근 읽어내려가기를 바란다. 그리고 이후에도 재차 설명할 예정이므로 여기서 이해가 되지 않아도 읽다 보면 흐름이 잡힐 것이다.

큰 사건이나 아무 이벤트가 없는데도 불구하고 -3%가 뜰 수 있다. 한 번 뜨고 그만인 경우다. 그러나 우리는 이번 -3%가 한 번 뜨고 끝나는 것인지 연속으로 떠서 폭락의 길로 가는지 당시에는 알 수가 없다. 예측도 의미가 없다. 빗나가기 일쑤이기 때문이다. 데이터가 아닌 예측으로 투자를 해서는 안 된다. 모두 망하는 지름길이다. 그래서 -3%가 단발로 떴을 경우는 어땠는지 알자는 것이 이번 분석의 목적이다.

공황을 빼면 32번 중 11번이 떨어지고 21번이 올랐다. 그러니 -3%가 한 번 뜨더라도 오를 확률은 65%로 더 높다. 즉 공황만 아니라면 -3%가 뜨더라도 오를 확률이 높다는 것이다.

2019년 5월 13일의 경우도 끝까지 기다려서 한 달 후인 6월 14일날 주식을 샀다면 2% 비싸게 주고 산 것으로 결론이 났다. 무조건 한 달을 기다려도 되지만 단발성인 것이 어느 정도 확인이 된다면 중간에 분할 매수를 하는 것이 수익률이 더 좋다는 사실을 알 수 있다. 단발성의 확인은 파월이 당시 금리를 내린다는 발언이 이슈였고 문제가 풀리자 주가는 급격히 올랐다.

그러나 이것저것 잘 모르겠다면 −3% 뜨고 그냥 한 달을 기다리는 것도 한 방법이다. 왜냐하면 −3% 뜨고 1996년부터 2006년까지 10년간 시가총액 1위 기업은 14.3배 상승했다. 즉 1억 원을 1996년에 투자하였다면 10년 후에는 14억 3천 만 원이 되었다는 것이다. 그리고 1996년부터 2019년 6월까지 23년간 수익률은 105배이고 환율효과까지 본다면 무려 158배가 된다.

그러나 막상 −3%가 뜨고 한 달간 주식을 팔고 기다리는 일은 투자자에게 무척이나 고역이다. 계좌를 비워두는 일만큼 답답한 상황이 없다. 마치 내 돈이 일하지 않고 놀고 있는 것처럼 느껴지기 때문이다. 그럴 때는 이렇게 생각하면 된다. '한 달 기다리는 동안의 것은 어차피 내 것이 아니다.' 그리고 그 동안 마음을 놓고 푹 쉬다가 한 달 후부터 다시 시작하면 된다.

그렇다면 공황이 아닌 단발성일 경우 −3%가 뜨고 10% 이상 오르거나 10% 이상 떨어지는 경우는 있었나? 있었다. 바로 2000년 닷컴버블이 만들어지는 시기였다. 따라서 −3% 뜨고 팔았는데 한 달간 무려 10% 이상이 오른 경우가 6번, 10% 이상 떨어진 경우가 1번 있었고 떨어진 경우가 2번 더 있었다. 그래서 버블이 만들어질 때는 −3%가 거의 매달 떴고 그럼에도 불구하고 10% 이상 오르거나 떨어지거나 했다면 이것은 버블이 만들어지는 과정이라고 볼 수 있다.

마지막으로 공황의 공포를 한 번 느껴보자. 1987년 블랙먼데이다. 1987년 10월 상황을 보자.

날짜	등락	딜레이	이벤트
1987년 10월 30일	5.2900		
1987년 10월 29일	5.2000		
1987년 10월 28일	−1.5100		
1987년 10월 27일	−0.8600		
1987년 10월 26일	−8.9900	2일 후 −3% 이상	블랙먼데이
1987년 10월 23일	−2.2800		
1987년 10월 22일	−4.4700	2일 후 −3% 이상	블랙먼데이 시작
1987년 10월 21일	7.3400		
1987년 10월 20일	−9.0000	1일 후 −3% 이상	블랙먼데이
1987년 10월 19일	−11.3500	1일 후 −3% 이상	블랙먼데이
1987년 10월 16일	−3.8300	첫 −3% 이상	블랙먼데이
1987년 10월 15일	−1.3500		
1987년 10월 14일	−1.5000		
1987년 10월 13일	0.4100		
1987년 10월 12일	−1.2300		
1987년 10월 09일	−0.3600		
1987년 10월 08일	−1.0400		
1987년 10월 07일	−0.6400		

1987년 10월 06일	−1.3500		
1987년 10월 05일	0.4500		
1987년 10월 02일	0.7000		
1987년 10월 01일	0.9400		

주가가 10월 1일부터 슬금슬금 빠지기 시작하더니 10월 16일 금요일에 3.8%가 빠졌다. 그리고 문제의 월요일 하루에 11.3%가 폭락한다. 이 때 상황으로 가보자. 월요일 아침은 평온했다. 그러나 뭔가 이상한 느낌이 들었다. 왜냐하면 개장 이후 30분 동안 아무도 주식주문을 하지 않았기 때문이다. 오전 10시까지 S&P500종목 중 25개 종목만 거래되었다. 증권 브로커는 이 때부터 공포를 느끼기 시작했고 투매가 이루어졌다.

이날만 11.3%가 빠지고 다음날 9%가 빠졌다. 그 다음날은 무려 7.3%가 오르는 롤러코스터 장세였다. 내릴 때 공포에 질려 팔고 오를 때 이제 끝난 것인가? 하는 안도감과 본전 생각에 다시 샀다가, 다시 폭락하면 팔고 하는 식으로 반복했다면, 계좌는 거의 절단이 나버린다.

만약 금요일(10월 16일) 첫 −3%가 떴을 때 팔고 한 달을 기다렸다면 이런 공포를 돈 안 내고 즐겼을 것이다. 그리고 적당한 시기에 들어가 분할 매수를 했다면 큰 돈을 벌었을 것이다. 그러나 안 팔고 버티기에 들어갔다면 이런 장에서는 속수무책 빠른 속도로 내 자산이 허공으로 사라져 버린다.

결론은 다음과 같다.

①-3%가 단발성인 경우 2/3의 확률로 올랐다.

②-3%가 뜨고 단발성 위험이 해소되면 한 달이 지나지 않았더라도 중간에 분할매수하자. 단 잘 모르겠으면 한 달이 지난 이후 시점에 다시 매수하자. 이때 사도 23년간 158배 올랐다.

③버블이 만들어지는 과정에서는 -3%가 매달 뜨면서도 한 달에 10% 이상의 상승이 있거나 하락이 자주 나타난다.

④공황을 생각한다면 기존 매뉴얼대로 -3%가 뜨면 모두 매도하고 기다리는 것이 더 나은 방법이다.

。23。

왜 나스닥과 -3%인가?

왜 나스닥인가?

미국주식에서 믿을 만한 주가지표는 4개 정도로 다우지수, S&P500 지수, 나스닥지수, NYSE지수다. 다우지수나 S&P500지수는 30개 또는 500개 정도로 기업수가 제한되어 있다. 그러니 데이터가 왜곡된다. 게다가 지수를 관리하는 기업이 지수편입 기업을 넣었다 뺐다 하면서 더 왜곡시킨다. 그러니 과거의 데이터로 쓰기에는 부족하다.

데이터로 활용하기 위해서는 모든 기업을 포함하는 것이 맞다. 그러면 나스닥지수와 NYSE지수가 남는데 인베스팅닷컴의 데이터는 나스닥의 경우 1980년부터, NYSE는 1990년 이후부터 지원한다. 결국 신뢰도가 높은 데이터를 찾다 보니 할 수 없이 나스닥을 낙점하게 되었고, 더구나 최근 대부분의 우량주식이나 1등 주식은 나스닥에 있기 때문에 나스닥이 안성맞춤이라 생각하였다.

왜 −3%인가?

자산이 빠른 속도로 사라지는 공황이 궁금했다. 공황을 이해하고 분석한다면 피땀으로 이룩한 자산을 한 순간에 모두 잃는 허망한 일을 피할 수 있다고 여겼다. 나뿐만 아니라 많은 사람들이 공황을 만나 공든탑이 일순간에 와르르 무너지는 경험을 갖고 있다. 매뉴얼을 만든다면 폭탄을 피해 목적지까지 안전하게 가는 완벽한 가이드라인이 될 수 있다. 그러면 자산이 리셋되지도 않고, 평생 자산이 눈덩이처럼 커지고 자라나는 기쁨을 누릴 수 있다.

매뉴얼을 만들기 위해 공황을 먼저 보고, 거꾸로 떨어지는 %를 파악하였다. 대표적으로 알려진 공황은 1987년 블랙먼데이, 2000년 닷컴버블, 2008년 금융위기, 2011년 미국 신용등급 위기 등이다. 사람들의 기억 속에 가장 강하게 남아 있는 2008년 금융위기를 보자. 당시 9월에 리먼브러더스가 파산하면서 공황이 시작되었다고 하는데, 그

때 무슨 일이 있었는가를 살펴보는 것이 중요하다.

그래서 분석하고 살펴봤더니 −3% 이상이 5번 떴다는 사실을 확인할 수 있었다. 다른 공황 때도 궁금했다. 2000년 닷컴버블도 정점에서 떨어진 시점을 살펴보니 −3% 이상이 5번 떴다. 게다가 1987년도 블랙먼데이도 −3% 이상이 5번 떴다. 마지막으로 2011년 미국 신용등급 위기는 −3% 이상이 4번 떴다. 꼬리에 꼬리를 물고 살펴본 결과 나스닥에 비슷한 일이 반복되었고, 반복이 될 때마다 여지없이 공황이 발생하였다. 놀랍지 않은가.

그러나 −2%는 평소에도 자주 뜨는 하락률로 이를 공황으로 보는 것은 적당하지 않다고 보았다. 그리고 −4% 이상은 숫자가 들쭉날쭉 하기 때문에 적당하지 않다. 즉, −4%로는 매뉴얼이 만들어지지 않는다.

결국 −3%의 숫자가 확률상으로 공포를 예측하는 데 적당하다는 결론에 이르렀고, −3%를 지표로 삼고 대응방법도 찾게 되었다. 그랬더니 오차 없는 매뉴얼이 탄생하였다.

매뉴얼 정리_
투자자를 살리고
가장 빠른 속도로 부자가 되는 법

1등주식 매뉴얼

매수

세계 시가총액 1등주식은 항상 사도 된다. 1등주는 사는 것보다 파는 것이 중요하다. 다만 1등주를 사기 좋은 때는 있다.

①VIX 지수가 15이하일 때

②1등 주식이 어닝 서프라이즈 했을 때

그러나 어닝 쇼크가 났다고 떨어지는 것은 아니며 어닝 서프라이즈라도 반드시 오르는 것도 아니다.

VIX 지수란?

VIX지수(Volatility Index)는 시카고옵션거래소에 상장된 S&P 500 지수옵션의 향후 30일간의 변동성에 대한 시장의 기대를 나타내는 지수로, 증시 지수와는 반대로 움직이는 특징이 있다. 예를 들어, VIX지수가 최고치에 이른다는 것은 투자자들의 불안 심리가 극에 달했다는 것으로 주식시장에서 팔 사람은 모두 팔아 치우게 돼 지수가 반등여지를 마련했다는 것을 의미한다. '공포지수'라고도 불린다.

출처 : 네이버 지식백과

어닝 서프라이즈와 어닝 쇼크란?

▶어닝 서프라이즈(earnings surprise) : 시장의 예상치를 훨씬 뛰어넘는 깜짝 실적을 말한다. 예상치를 뛰어넘는 실적이 발표되면 주가가 큰 폭으로 상승할 가능성이 크다.

▶어닝 쇼크(earnings shock) : 예상치를 훨씬 밑도는 실적인 경우는 주가에 충격을 준다고 하여 붙여진 용어로 어닝 서프라이즈와는 반대되는 개념이다.

출처 : 네이버 지식백과

나스닥 일간지수가 −3% 이상 떴을 때

나스닥 일간지수 −3%가 한 번 떴다면(보유 중인 모든 주식을 팔고) 한 달 기다렸다가 한 달이 지나도 더 이상 −3%가 안 뜨면 산다.

예) 4월 1일에 −3% 떴을 때는 모두 팔고 5월 1일까지 기다렸다 5월

내일의 부

2일 날 산다.

나스닥 일간지수 −3% 이상이 한 달에 네 번 떠서 공황일 때

−3%가 한 달에 4번 발생했을 때(공황)에는 두 달이 지나도 더 이상 −3%가 안 뜨면 산다.

예) 9월 1일, 13일, 23일, 25일에 각각 −3%가 떴을 경우 10월, 11월을 지켜보고 더 이상 −3%가 안 뜨면 11월 26일에 산다.

매도

①1, 2등 주식(시가총액 기준)의 순위가 바뀔 때 1등의 반을 팔아 2등과 1등을 동시에 갖고 간다.

예)시가총액 1등이던 애플이 2등이던 마이크로소프트에 추월을 당해 순위가 바뀌는 상황이 발생하면 애플의 반을 팔아 마이크로소프트를 산다. 1:1의 비율로 애플과 마이크로소프트를 보유한다.

②1, 2등 차이가 시가총액에서 10% 이상 났을 때는 2등을 팔고 1등만을 갖고 간다.

예)시가총액 1위인 마이크로소프트의 시가총액이 100이고, 2위인 아마존의 시가총액이 90 이하로 떨어지면 아마존을 팔고 마이크로소프트만을 보유한다.

③1, 2등 차이가 시가총액에서 10% 이내일 때는 1, 2등을 동시에 갖고 간다.

예)시가총액 1위인 마이크로소프트의 시가총액이 100이고, 2위인 아마존의 시가총액이 90 이상을 유지하면 마이크로소프트와 아마존을 동시에 보유한다.

④2등이 많이 쫓아와서 1, 2등 차이가 10% 이내가 될 때에는 1, 2등이 바뀌지 않는다면 1등만 가져가면 된다. 굳이 1등을 팔아서 2등의 주식을 살 필요는 없고 1등 주식만 가지고 가면 된다.

⑤나스닥 일간지수가 −3%가 떴을 때는 일단 판다.

⑥공황(나스닥 일간지수가 한 달에 −3% 네 번이 떴을 때)**이 왔을 때는 무조건 판다.**

어닝 서프라이즈 주식 매뉴얼

매수조건1
꾸준히 오르는 종목 – 그래프가 안정적이며 오르는 종목
1년에 −3%의 횟수가 20번 이하인 종목

①어닝 서프라이즈 이후 5일 중 4일 오른 주식은 4일 오른 날 산다.

②어닝 서프라이즈 이후 10일 중 6일 이상 오른 주식은 6일 오른 날 산다.

왜 이런 매수조건이 붙어야 하는가? 주식을 살 때 가이던스, 지표, 실적, 성장성 등을 알아야 하는데 투자자가 이를 알기란 어렵다. 따라서 어닝 후 최초 10일 중 오르는 기세를 보고 판단한다.

③자산의 3/10 정도를 10개로 나누어 산다. 나머지는 1등 주식을 산다.

매수조건2
급격히 오르는 종목 – 그래프가 불안정하며 급격히 많이 오르는 종목
1년에 -3%의 횟수가 20번 이상이면서 1년 수익률이 100% 이상인 종목

④어닝 서프라이즈 후 무조건 많이 떨어진 것(최소 5% 이상)을 확인 후 오를 때 종가에 산다. 급격히 오르는 주식은 곧이어 나오는 매도조건 4번에 해당하지 않는다. 단 올라가는 추세에 있을 때만 산다. 떨어지는 추세라면 사지 않는다.

매도조건
①나스닥 일간지수 -3%가 뜨면 팔고 한 달 기다린다.

②다음 어닝 일 전날에는 무조건 판다.

③매수 가격에서 수익률이 −10% 이상으로 손실이 발생하면 판다.

④어닝 서프라이즈 이후 10일 중 6일 이상 오르지 않았다면 판다.

⑤분기 수익률이 20% 이상이라면 20% 아래로 떨어지면 판다.

예)20% 이상 올랐다가 떨어졌을 때 15%까지 떨어지면 판다.

30% 이상 올랐다가 떨어졌을 때 25%까지 떨어지면 판다.

.25.

주식을 사야 할 때 vs. 주식을 팔아야 할 때

예외의 상황이 아니라면 항상 주식을 보유한다

평소에는 항상 주식을 보유한다. 주식이란 오래 가지고 있을수록 더 많이 오르고, 수익률도 높아지기 때문이다. 오랜 조사와 분석 결과 세계 1등 주식을 23년간 가지고 있었을 때 158배가 되었다. 좋은 주식은 오래 가지고만 있어도 투자자를 저절로 부자가 되게 한다. 단지 보유했다는 이유 하나만으로 말이다. 다만 예외의 경우에는 주식을 보유하지 않는다.

예외

언뜻 복잡해 보이지만, 알고 나면 매우 간단하고 단순하다. 매뉴얼을 한 번 익히고 나면 복잡하게 생각할 필요 없이 기계적으로 대응만 하면 된다. 이미 여러 차례 얘기했듯이 예외인 경우는 다음과 같다.

①-3%가 떴을 때는 모두 팔고 한 달 기다릴 것.
②-3%가 한 달에 4번 떴을 때는 모두 팔고 두 달 기다릴 것.

예외인 경우 주식을 모두 파는 이유는 작은 욕심으로 버티다가 공황이 닥치면 크게 손해를 보기 때문이다. 예를 들어 10억을 투자해서 90%가 떨어져 1억이 되었는데 만약 공황이 닥치면 어떻게 될까? 1천만 원이 될 수도 있지 않겠는가? 부자가 되려면 사는 것보다는 파는 것을 잘해야 한다.

주의

①뉴스에 휘둘리지 말자.
②정치인에 휘둘리지 말자.
③내 생각에 휘둘리지 말자.

④주가가 떨어지는 공포에 휘둘리지 말자.

결국 이 모든 것은 내 머리를 쓰지 말자는 것으로 요약할 수 있다. 어차피 세상은 내 머리로 판단이 안 서는 경우가 대부분이다. 따라서 예외인 경우만 아니라면 기계적으로 주식을 사서 보유하면 된다. 좋은 주식을 찾아 헤매지 말고, 세계 1등주와 어닝 서프라이즈 주식으로만 말이다. 주식을 분석할 필요 없이 데이터를 보고 1등주와 어닝 서프라이즈 주식을 담기만 하면 된다.

결론

나스닥 일간지수에서 −3%가 뜨지 않거나 공황이 아니라면 평소에는 주식을 항상 들고 있어야 한다.

26

주가가 꾸준히 오르는 풍선시장 vs. 떨어지거나 정체되는 중력시장

주식시장에서 꾸준히 오르는 시장은 인플레이션 시장, 반대로 꾸준히 가라앉는 시장은 디플레이션 시장으로 본다. 인플레이션 시장은 생산성 향상이 있는 시장이다. 생산성 향상은 저렴한 노동력을 바탕으로 한 시장과 뛰어난 기술력을 바탕으로 한 시장으로 나뉜다.

저렴한 노동력으로 생산성이 일어나는 시장은 노동비용이 증가하고 노동의 경직성(해고의 어려움 등)이 심해지면 더 이상 생산성 향상이 일어나지 않는다. 이런 시장은 디플레이션 시장으로 바뀐다. 대표적으로 일본, 유럽, 한국 그리고 향후 중국이다.

앞으로 어느 나라가 인플레이션 시장이 될 것인가? 베트남, 방글라데시, 인도 등 노동력이 저렴한 국가들이다.

반면 뛰어난 기술로 생산성 향상이 일어나는 시장은 어디인가? 바로 미국이다. 한국, 일본, 중국, 독일 등도 기술력을 보유하고 있다. 그러나 이곳의 기술은 미래를 선도하는 기술이 아닌 과거의 기술이 대부분이다. 따라서 새로운 부자들이 나오지 않고, 오래된 기업들만이 유지된다. 그러나 미국시장은 글로벌 시가총액 1위부터 10위까지 대부분 40년이 되지 않은 신생기업들이다. 그러므로 기술력으로 세계를 선도하는 인플레이션 시장은 미국 시장이라 할 수 있다.

인플레이션 시장의 특징

- 디폴트 : 주가는 풍선이다.

주가가 풍선이라는 의미는 평소 주식을 사놓고 가만히 놔두면 대부분 기업의 주가가 오른다는 말이다. 특별한 악재가 발생하지 않는 한 주가는 상승곡선을 그린다. 대부분이 혁신기업이고 세계를 선도하며 노동생산성이 좋은 기업들이다. 따라서 미래가 밝다.

인플레이션 시장은 임금이 상승하거나 기술혁신이 정체되면 중력시장으로 변한다. 특징은 이자율이 높고 노동의 공급이 지속적으로 이뤄지며 자산가격이 오르고 소비시장이 발달한다. 따라서 자산가격을 지속적으로 끌어 내리려고 노력한다. 예를 들면 금리 상승, 지준율 상승, 경기 하강책 증가 등이다.

이 시장에서는 몇 가지 악재만 아니라면 주식을 지속 보유한다. 몇 가지 악재란, ①나스닥 일간지수에 −3%가 떴을 때, ②어닝 쇼크가 났을 때, ③공황일 때 등이다.

이처럼 특별한 경우가 아니라면 주식을 가지고 간다. 악재가 지나면 다시 꾸준히 올라가므로 오래 가지고 있을수록 부자가 될 확률도 높아진다.

디플레이션 시장의 특징

• 디폴트 : 주가는 중력이다.

평소에 가만 놔두면 대부분 기업의 주가는 떨어진다. 어닝 서프라이즈나 호재가 아니라면 말이다. 혹은 박스권에서 일정 구간을 오르내리거나, 잠깐 올랐다가도 꾸준히 떨어지기를 반복한다. 따라서 이런 시장은 호재가 있을 경우만 주식을 갖고 가야 한다.

호재란, 어닝 서프라이즈를 했을 때나 기업이 일시적으로 좋아질 때, 세계경기가 유래 없이 호황일 때다. 이 경우가 아니라면 대부분 사고팔기를 잘해야만 겨우 부자가 될 수 있다. 낮을 때 사서 높을 때 파는 방식 말이다. 하지만 쉽지 않고, 일부 투자기술이 뛰어난 사람들의 전유물일 뿐이다.

사고팔지 않고 꾸준히 보유한다면 박스권에 갇혀 자산도 제자리를 맴돌거나 또는 계속 주가가 떨어져서 반의 반토막이 나게 된다.

디플레이션 시장은 생산성 향상이 없기 때문에 모든 자산이 떨어진다. 저출산 고령화가 정착되어 소비시장도 붕괴된다. 국가는 지속적으로 자산가격을 올리려고 노력한다. 예를 들어 금리 하락, 지준율 하락, 경기부양책 증가이다.

우리나라 코스닥을 보자. 오래 가지고 있을수록 투자자는 가난해진다. 코스닥은 1000포인트에서 시작해 2000년 닷컴버블 때 2663포인트까지 올라갔지만 지금은 600포인트다. 부자가 되기는커녕 가진 돈을 다 잃지 않았으면 다행이다.

답은 나와 있다. 인플레이션 시장은 장기 보유해야 하고 디플레이션 시장은 사고팔아야 한다. 그러나 디플레이션 시장은 선수들이 움직이는 시장이고 오래 기다린다고 돈 버는 시장이 아니기 때문에 대부분의 개미들은 피눈물을 흘린다. 따라서 부자가 되고 싶다면 인플레이션 시장에서 장기보유만이 답이다.

27

'이미'가 아닌 '향후'에 주목하라

홍콩 반환 1년 전 중국 사업가가 캐나다 여권을 취득하기 위해 6개월
간 캐나다 밴쿠버로 가는 홍콩의 공항 로비에서 대화를 하고 있었다.
중국 사업가의 불만은 6개월을 캐나다에서 허비하는 것이 너무 아깝
다는 것이었다. 돈 벌 기회가 홍콩에는 있지만 캐나다는 없기 때문이
다.

갑자기 무슨 얘기인지 어리둥절할 것이다. 사실은 이렇다.

캐나다는 분명 홍콩보다 부자나라지만 발전적인 불균형은 전혀 없다. 홍콩이 중국에 반환되면 중국과의 사업으로 돈 벌 기회가 많지만 캐나다는 이러한 기회가 전혀 없기 때문이다. 캐나다는 이미 부자나라이므로 기회가 없고 부자도 될 수 없다는 의미다. 그러니 홍콩은 발전적 불균형이 있는 나라, 캐나다는 발전적 불균형이 없는 나라가 되는 것이다.

한국에는 귀속자산을 불하받아 재벌이 된 기업인들이 있다. 2차대전 당시 일본은 미국의 폭격을 피해 조선에 공장을 세웠다. 그리고 일본은 패망했으며, 조선에 세워진 공장들은 미군정청 귀속자산이 되었다. 미군정청은 귀속자산의 10%를 불하했으며 상환조건은 15년이었다. 귀속자산의 감정평가 결과 싸게는 1/10 가격도 태반이었다. 사실상 1/100 가격이나 마찬가지였다. 당시 인플레이션은 20%였다. 거의 공짜에 가까웠다.

당시 귀속자산으로 재벌이 된 곳으로는 소하기린맥주가 두산맥주가 되었고, 삿포로맥주는 조선맥주, 조선화약공판은 한화그룹, 선경직물은 SK그룹이 되었다.

해방 직후 미군정 시절과 현재를 비교해 보자. 지금이 훨씬 풍요한 시대다. 당시는 헐벗고 굶주렸다. 그러나 발전적 불균형으로 인해 미군정 시절이 부자가 될 기회였다.

부자 될 기회가 미군정 시절에만 있었던 것은 아니다. 새로운 찬스는 항상 시대를 타고 나타난다. 1945년 2차대전이 종료되었고, 1948년부터 베이비붐 세대가 태어났다. 한국은 1953년에 전쟁이 끝났다. 그래서 우리나라는 베이비붐 세대가 1955년생부터 시작된다. 베이비붐 세대는 20%도 되지 않지만 80%의 부를 가지고 있다. 이들이 가장 관심 있는 분야는 바이오다. 그래서 바이오는 앞으로 유망하다.

미중무역전쟁의 여파로 중국에서 공장들이 철수하고 있다. 미국의 의도는 중국을 서플라이 체인(Supply Chain, 생산이나 공급의 연쇄적 과정)에서 제거하는 것이다. 중국에서 철수한 공장은 어디로 가는가? 인근 베트남이나 미국과 가까운 멕시코, 중국과 인구가 비슷한 인도 등이다. 이곳들이 앞으로 중국을 대체할 국가들이라 볼 수 있다.

그동안 기업은 온라인 서비스를 위해 자체 서버를 구축하였다. 하지만 이제는 클라우드를 쓴다. 가격도 더 저렴하고 업무 효율도 올릴 수 있기 때문이다. 따라서 클라우드의 미래는 밝다. 반대로 스마트폰처럼 시장이 이미 포화상태에 이르면 더 이상 부를 쌓을 기회가 없다. 마치 잘살지만 부자 될 기회가 없는 캐나다처럼 말이다.

발전적 불균형이 있는 곳은 현재 잘사는 나라가 아닌 우리가 잘 알지도 못하는 나라일 수 있다. 이미 큰 시장이 아닌 앞으로 시장이 커지고 팽창할 곳이다. 따라서 부자가 되려면 발전적 불균형이 있는 곳에 투자해야 한다. 샤오미의 레이쥔 회장은 이렇게 말했다.

"태풍은 돼지도 날게 한다."

28

돈 벌 기회는
'세상을 바꾼 사건' 이후 생긴다

알파고와 이세돌의 대결

[이세돌vs알파고 2국 TV생중계⑧] "알파고, 소름 끼치는 끝내기 실력"

이세돌 9단과 알파고의 대국이 끝내기 단계로 접어든 가운데 알파고가

사람으로 헤아릴 수 없는 끝내기 실력을 선보였습니다.

_2016년 3월 10일자 SBS뉴스

알파고와 이세돌의 대결은 세상을 떠들썩하게 만들었고, 세상을 바꾸기까지 했다. 이 사건에서 우리가 주목해야 할 사항은 바로 '날짜'다. 이날은 2016년 3월 10일이었다.

이날 이후 모든 IT 주식이 뜨기 시작한다. 엔비디아, 구글, 아마존뿐만 아니라 이와 관련된 로봇, CPU, 센서 기업 등 너나없이 모두 다 뜨기 시작한다.

트럼프, 파리기후협약 탈퇴

트럼프, 파리기후협약 결국 탈퇴

도널드 트럼프 미국 대통령이 마침내 파리기후변화협약 탈퇴를 결정했다.

_2017년 6월 1일자 매일경제

2017년 6월 1일, 트럼프는 파리기후협약 탈퇴를 선언했다. 이유가 무엇인가? 미국에서 셰일가스 생산이 폭발적으로 증가했기 때문이다. 2016년 셰일가스가 폭발하고 1년이 지난 시점이었다. 이날 이후 신재생에너지 관련 주식은 폭락하기 시작한다. 배터리, 리튬, 코발트, 전기차 등 말이다.

'美 340억 달러' 中제품에 25% 고율관세 부과…무역전쟁 개시

미국이 6일(이하 현지시간) 중국에서 수입하는 340억 달러 어치의 제품에 대해 25%의 관세 부과를 개시했다.

_2018년 7월 6일자 노컷뉴스

트럼프가 중국에 선제적으로 340억 달러에 대해 25% 관세를 부과했다. 미국과 중국의 전쟁 시작을 알리는 신호탄이다. 이날 이후 중국의 거의 모든 주식은 폭락하기 시작한다. 일부 내수주인 돼지황열병 관련 주식이나 대두값이 싸지는 바람에 이득을 본 소수 기업 등을 제외하고는 모든 중국주식들이 폭락한다. 특히 중국제조2025와 관련된 테크 기업들은 모두 상장 폐지에 준하는 폭락이 시작되었다.

투자를 할 때는 방향이 바뀌는 사건을 감지할 수 있어야 한다. 바뀐 방향으로 핸들을 돌리지 않으면 내가 보유한 주식은 폭락을 피해갈 수 없다. 버티기가 능사는 아니다. 이유를 알 수 없을 때도 마찬가지다. 이유 없이 주가가 떨어질 때는 일단 팔고 사태를 관망해야 한다. 지금은 모르지만 주가가 떨어지는 이유가 곧 밝혀질 것이다. 자신의 판단만 믿는 오만한 자세, 알아서 잘 되겠지 하는 무모하고 무책임한 마음이어서는 곤란하다.

.29.

문제는 '공급'이
아닌 '수요'에 있다

공급은 얼마든지 만들어 낼 수 있다.

그러나 수요는 만들어 낼 수 없다.

중요한 것은 수요지 공급이 아니다.

1929년 대공황이 일어난 이유는 수요 부족 때문이었다. 물건은 많앗으나 물건을 살 사람이 없었다. 왜 없었을까?

세이의 법칙이란 공급이 수요를 창출한다는 이론이다. 만들면 만드는 대로 팔린다는 것이다. 맞는 말이다. 산업혁명 이전에는 생산성이 낮았기 때문에 항상 물자부족에 시달렸다. 옷 하나만 보더라도 물레를 돌려서 짜니 하세월이었다. 그런데 방적기 등으로 한 번에 수 십, 수백 벌씩 옷을 짜내면서 물자가 남아돌게 된다. 이를 두고 대량생산, 대량소비의 시대라고 한다. 그러다가 수요보다 공급이 초과하는 현상이 일어난 때가 바로 대공황이 일어난 1929년이다.

오늘날의 세계를 보자. 현재는 대공황 때보다 더 많은 물자가 남아돈다. 당신이 만약 휴대폰 제조기업 사장이라면 연간 몇 대의 휴대폰을 만드는 공장을 지을 것인가? 10만 대인가, 100만 대인가, 아니면 1000만 대인가? 돈만 있으면 1억 대 양산공장이라고 못 지을까? 고민이 되는 이유는 수요를 모르기 때문이다.

상가를 짓는다고 가정해 보자. 100층짜리 100채를 지을 수도 있다. 아파트도 마찬가지다. 10만 채도 지을 수 있다. 돈만 있다면 몇 채라도 못 지을 이유가 없다. 문제는 수요다. 수요가 있다면 최대한 많이 짓는 게 성공의 지름길이지만, 수요가 없다면 100채밖에 안 지어도 부도를 면할 수 없다.

얼마나 만들지는 중요하지 않은 시대다. 얼마나 팔릴지가 중요한 세상이다. 그래서 1929년 대공황 이후 광고가 중요해졌다. 어떻게 팔 것인가가 핵심이다. 기업의 흥망성쇠를 판가름하는 기준은 '사람들이 원하는 물건을 만들었느냐'에 있다. 결국 새로운 시장, 구매력 있는 시장을 찾고 개척해야 한다.

2007년 스마트폰을 만든 애플은 2011년 이후 세계 시가총액 1위 기업이 되었다. 앞으로는 어떤 시대가 열릴까? IoT, 사물인터넷, 자율주행차, 클라우드, 인공지능, 전자상거래 등의 세상이 열린다. 이 중 폭발적으로 성장하는 기업은 주가도 폭등할 것이다.

지금까지는 세상을 생산자 입장에서 바라보고 분석하였다. 하지만 이제는 소비자 입장에서 봐야 한다. 개인으로 본다면 강력한 소비를 할 수 있는 개인은 어떤 조건을 갖춰야 할까? 중산층이어야 하고, 안정된 정규직 일자리를 가져야 하며, 어릴수록 좋다. 반대로 하위층, 비정규직, 노인일수록 소비 여력이 떨어진다.

노인과 청년 중 어느 쪽의 소비성향이 높을까? 당연히 청년이다. 청년은 내일이 없다. 오늘 먹고 죽어야 한다. 앞으로 살날이 많아서 에너지와 힘이 넘치고 소비성향이 짙다.

노인의 경우는 살날이 많지 않아 더 높은 소비성향을 지닐 수도 있지만 현실은 그렇지 않다. 언제 죽을지 모르기 때문이다. 언제 죽을지 모르는 상황에서 방만하게 소비를 했다가는 비참한 노년을 생각보다 오래 견뎌야 할 수도 있다. 그러니 항상 최소한의 소비를 하며, 소비를 하고 싶어도 마음처럼 행동하기 어렵다. 비정규직은 정규직보다 돈을 덜 쓴다. 일단 버는 돈이 적고 미래에 대한 불안이 훨씬 크기 때문이다.

개인을 벗어나 국가차원에서 소비여력이 높은 나라는 어디일까? 한국의 경우 기술은 있으나 식량, 에너지, 소비 등은 부족하다. 그래서 수출을 하지 못하면 위기에 빠진다. 일본, 독일, 중국 등도 마찬가지다. 제조업 국가는 기술을 제외한 나머지가 부족하다. 석유가 많이 나는 중동국가들은 식량, 소비, 기술 등이 부족하다. 자원이 많은 러시아도 비슷하다. 남미는 식량, 에너지는 넘치나 기술, 소비여력이 떨어진다.

　지구상에 이 모든 것을 갖춘 나라는 오로지 미국뿐이다. 식량, 에너지, 기술, 소비 등 어느 것 하나 부족한 게 없다. 자급자족이 가능하다는 의미이며, 자급자족이 가능하니 에너지 강국 중동, 러시아를 때리고 제조 강국인 중국, EU, 일본, 한국 등을 때리고, 식량 강국인 남미 등을 때릴 수 있는 것이다.

　이 모든 일이 일어나는 이유는, 공급은 만들어 낼 수 있으나 수요는 만들어 낼 수 없기 때문이다. 그러니 소비자가 깡패다.

영원한 것은 없다.
사랑에 빠지지 말자

시대에 따라, 기호에 따라 인간의 욕망은 끊임없이 변화한다는 얘기다. 예를 들어 세계인이 동경하는 장소도 흐른다. 불교의 발상지는 인도다. 인도는 과거 엄청난 매력을 가진 나라였다. 서유기의 삼장법사나 혜초의 왕오천축국전은 그 당시 인도를 동경의 대상으로 이끌었다. 그러나 인도는 영국의 식민지로 떨어진 이후 그 매력을 아직 회복하지 못했다.

포르투갈, 스페인이 세계인이 동경하는 자리에 올랐고, 다시 해가지지 않는 나라 영국이 올랐으며, 현재는 미국이 그 자리를 차지했다.

미국과 중국의 무역전쟁이 한참인 지금, 사람들은 미국에 살고 싶어 할까, 중국에 살고 싶어 할까? 대부분 미국을 택할 것이다. 국가가 만들어내는 브랜드 가치 때문이다. 중국 하면 미세먼지, 공산당 일당 독재, 인권탄압, 환경파괴 등이 먼저 떠오른다. 반면 미국은 자유민주주의, 할리우드, 패션, 부자 나라 등이 떠오르고 기회만 된다면 가고 싶고 살고 싶은 나라다. 그러나 만약 미중무역전쟁에서 중국이 이겨 패권국가가 된다면 상황은 반전된다. 중국이 세계에서 살고 싶은 나라가 될 것이다.

주식도 마찬가지다. 주식의 가치는 영원하지 않다. 삼성전자는 1990년대 삼류의 상징이었다. 유럽이나 미국의 매장에 가면 일본 전자제품에 밀려 보이지도 않았다. 그런데 지금은 가전제품의 경우 세계 일류가 되었다. 브라운관 TV 아날로그에서 LCD 디지털로 바뀌는 시점에 일본을 추월했고 삼성TV는 갖고 싶은 제품이 되었다.

휴대폰의 상징은 노키아였다. 스마트폰이 나오기 전까지 말이다. 한국에서야 삼성전자의 애니콜이 인기였지만 전세계적으로 노키아의 브랜드는 범접할 수 없었다. 그러나 애플의 스마트폰이 나오고 노키아는 한순간에 몰락했다. 수많은 재고를 감당할 수 없었기 때문이다. 그리고 지금 노키아의 휴대폰은 아무도 욕망하지 않는다. LG도 마찬가지다. 한때 초콜릿폰, 프라다폰으로 세계를 제패한 적도 있었다. 그러나 지금 LG폰은 잔고장이 많이 나는 폰으로 악명이 높다.

2000년대만 하더라도 애플은 스티브 잡스가 아이맥, 아이팟을 들고 오기 전에는 한물간 컴퓨터 브랜드였다. 그러나 현재 스마트폰의 최고 브랜드는 애플이다. 그런데 또 미중무역전쟁으로 애플의 브랜드가 흔들리고 있다. 아니 정확하게 말하면 주가가 떨어지고 있다. 주가가 떨어지면 브랜드가 흔들린다. 트럼프가 나머지 3,250억 달러에 대해 관세 25%를 시행한다면 애플의 주가는 더 추락할 것이다. 그러면 브랜드도 추락한다. 주가가 떨어지면 갖고 싶은 욕망도 떨어진다.

영원한 것은 없다. 주식과 사랑에 빠지지 말자. 결국 사람들이 욕망하는 것을 찾아 움직이는 것만이 재테크 세상에서 살아남는 길이다.

∘31∘

왜 모두 빚의 노예가 되었는가?

2차 세계대전이 끝나고 미국은 1,400만 명의 미군을 140만 명으로 감축하기로 한다. 그래서 전략적으로 중요한 독일, 일본 등에만 미군을 배치하고 나머지 지역에서는 미군을 철수시킨다. 이러한 이유로 애치슨 라인이 그어졌다고 할 수 있다.

애치슨 라인이란 1950년 1월 12일 미국의 국무장관이던 딘 애치슨

(1893~1971)이 선언한 미국의 극동방위선이다. 애치슨은 워싱턴 내셔널 프레스 클럽에서 열린 전미국신문기자협회에 참석하여 〈아시아의 위기〉라는 제목으로 연설하면서, 소련과 중국의 영토적 야욕을 저지하기 위한 미국의 극동방위선을 재확인하는 발언을 했다. 여기서 그는 태평양에서 미국의 극동방위선을 알류샨 열도-일본-오키나와-필리핀을 연결하는 이른바 '애치슨 라인'으로 결정한다고 발표한다. 한국은 애치슨 라인에서 제외되었고, 북한의 오판을 불러왔다. 결과는 한국전쟁이었다.

군에서 제대한 1260만 명의 미국 젊은이는 무엇을 해야 했을까? 미국은 이들이 중산층이 되어야 한다고 생각했다. 이들이 소비층으로 거듭나야 GDP가 올라가고 세계를 선도할 수 있다고 믿었다.

그래서 미국은 중산층 프로젝트를 가동한다. 청년은 결혼을 해서 가장이 되어야 했고 그들에게 아파트와 차를 팔았다. 그것도 엄청나게 긴 30년 모기지 대출로 말이다. 가장이라는 책임감과 아파트 대출, 자동차 대출을 갚으려면 열심히 일을 해야 했다. 아파트를 사고서도 그 안에 냉장고, 세탁기, TV 등을 채워야 했기 때문에 일을 멈출 수 없었다.

개인의 빚은 더 늘었고 더 많은 빚을 갚기 위해서는 더 열심히 일을 해야 했다. 밤낮없이 일을 해야 했고 일의 노예가 되었다. 신제품이 나오면 그것도 구매해야 했다. 만약 신제품을 사지 않는다면 야만인 취급을 받기 때문이다. 그렇기 때문에 중산층을 유지한다는 것은 빚에 쪼들리는 인생을 산다는 말과 동의어가 되었다.

이렇게 일하는 당나귀가 되었는데도 불구하고 이자는 줄지 않고 더 늘어만 갔다. 나라는 더욱 선진국이 되었고 선진국이 되니 아이들은 사치품이 되었다. 아이들은 웬만큼 공부해서는 취직조차 되지 않았다. 그러니 더 많은 공부를 시켜야 했고 부모는 등골이 휘었다.

결혼을 하고 집을 사고 자동차를 사고 아이를 낳았을 뿐인데 일하는 기계가 되어서 새벽에 직장에 나가서 밤에서야 돌아오게 되었다. TV에서는 하루종일 더 많이 벌어서 더 많이 쓰는 삶이 좋은 삶이라고 그것이 시티라이프라고 떠들어댄다.

그런데 생각해 보았는가? 왜 내가 그렇게 당나귀처럼 일을 죽어라 하고 결국 침대에 기절하듯 쓰러져 자고 또 일어나 일하러 가는가를 말이다. 그것은 그놈의 할부금 때문이다. 주택 할부금, 자동차 할부금, 스마트폰 할부금 등 말이다. 결국 모두가 빚의 노예가 되었다.

만약 집이 없다면 어떨까? 집이 없다고 죽지는 않는다. 대신 남의 시선에서 자유로울 수 있으면 된다. 내 노동과 자유를 남들의 시선과 바꾸면 된다.

자본주의가 쳐놓은 덫은 마치 미국이 제대한 젊은이들을 중산층으로 만들어 소비기계로 만드는 전략과 흡사하다. 다만 그 전략이 매우 치밀해서 우리가 느끼지 못했을 뿐이다.

。32。

내가 남과 차별되는
나만의 교환가치는 무엇인가?

세계는 산업혁명 이후 눈부신 발전을 거듭해 왔다.

산업혁명은 18세기 중반부터 19세기 초반까지, 약 1760년에서
1820년 사이에 영국에서 시작된 기술의 혁신과 새로운 제조공정
(manufacturing process)으로의 전환, 이로 인해 일어난 사회, 경제 등의
큰 변화를 일컫는다. 섬유산업은 현대의 생산방법을 처음으로 사용

했다. 산업혁명은 후에 전 세계로 확산되어 세계를 크게 바꾸어 놓게 된다. 산업혁명이란 용어는 1844년 프리드리히 엥겔스가《The Condition of the Working Class in England》에서 처음 사용하였고, 이후 아널드 토인비가 1884년《Lectures on the Industrial Revolution of the Eighteenth Century in England》에서 이를 보다 구체화 하였다.

그렇다면 산업혁명 이전에는 발전이 없었을까?

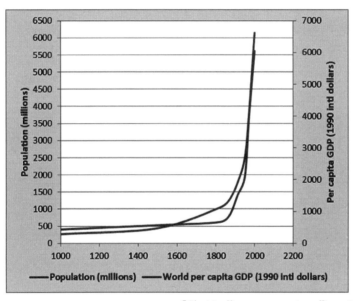

출처 : http://www.mssresearch.org/?q=node/581

맞다. 산업혁명 이전에는 발전이 거의 없었다. 이전까지 세계는 GDP가 늘지 않다가 산업혁명이 일어난 약 1760년에서 1820년 사이에 시작된 제1차 산업혁명으로 인구가 폭발적으로 늘고 전세계의 부 (富)도 기하급수적으로 늘어났다.

산업혁명 이전에는 어떠했는가? 농업시대였고 풍년이 든 몇 해간 사람이 늘고 국가의 부도 늘었다가 다시 흉년이나 대기근이 들면 그대로 다시 인구와 부가 동시에 감소했다. 그래서 그래프처럼 일정 수준을 넘지 못했다.

도대체 산업혁명이 무엇이길래 폭발적인 부와 인구의 증가, 생산성 향상이 이뤄졌는가? 바로 아담 스미스가 말한 분업 때문이다. 노동자 한 사람이 기계의 힘을 빌리지 않고 수작업으로 핀을 만든다면 하루에 몇 개 정도 만들 수 있다. 그러나 핀 제조 과정을 18개 공정으로 나누어 열 명이 분업을 하면 하루에 4만 8천 개의 핀을 만들 수 있고, 한 명이 하루에 4천 8백 개의 핀을 만드는 셈이 된다. 그리고 한 달에 무려 십사만 개의 핀을 팔 수 있게 된다. 즉 분업을 통해 엄청난 생산성 향상을 얻게 되며 인류도 맬서스 트랩에서 빠져 나올 수 있게 된다.

맬서스 트랩이란?
맬서스 트랩의 이론적 근거는 수확체감법칙이다. 한정된 토지에 노동력을 증가시켜도 현재 농업기술로는 토지 당 단위 생산물에 한계가 있기 때문에 인구는 정체된다는 것이다. 즉, 인류의 식량은 1, 2, 3, 4 식으로 산술급수적으로 증가하지만 인류는 1, 2, 4, 8, 16 등으로 기하급수적으로 증가하므로 이를 그대로 방치하면 인류가 커다란 재앙을 피하기 어려울 것이라는 주장이다.

문제는 산업혁명이 일어나던 당시에 시장이 존재했어야 한다는 사실이다. 그래서 영국은 대항해 시대를 통해 개척한 세계의 식민지에 거대한 시장을 만들어 간다. 바로 제국주의 시대의 서막이었다.

당시 동양은 교환가치가 높은 물건들이 많았는데 주로 차, 향신료와 비단, 금, 은 등이다. 서양은 방적기, 방직기를 돌려 얻어낸 모직물을 동양의 진귀한 물건들과 교환하면서 부를 늘려나갔다.

여기서 한 가지 궁금한 점은 조선의 역할이다. 조선은 세계적인 분업에서 어떤 일을 담당하고 있었을까? 아무 것도 없었다. 조선은 실크로드로 상징되던 세계 교역로 외곽에 위치해 있었기 때문에 아무 이득이 없었다. 예를 들어 교환할 것이 없다면 지나가던 낙타 등 상단의 잠자리를 제공하고 음식을 파는 숙박업이라도 해야 하는데, 조선은 그 조차도 할 기회가 없었다는 얘기다. 게다가 교환할 가치가 있는 물품조차 변변치 않았다. 인조 때 벨테브레가 표류하고 효종 때 네덜란드 상인 하멜이 규슈의 나가사키로 가다가 배가 난파되어서 제주도에 들어온 것일 뿐 한국을 목표로 하지는 않았다.

다만 영정조 시기 일본이나 청과의 중개무역을 통해 국가의 부를 쌓은 적이 있었지만, 이마저도 일본이 차, 비단, 인삼, 목화 등의 재배에 성공하면서 길이 막히고 말았다. 그리고 조선에서 들여오던 도자기는 임진왜란을 통해 도공을 데려오면서 기술을 전수 받고, 이를 토대로 서양과의 교역에 나설 수 있었다. 게다가 은광에서 나오는 막대한 은을 수출하여 국가의 부를 늘릴 수 있었다. 그러자 일본은 조선과의 교역을 끊었고 조선은 타의에 의해 강제 쇄국의 길로 들어선다.

WTO 체제로 들어선 세계는 보다 자유로운 무역을 할 수 있게 되었다. 팔 물건이 없는 나라는 가난한 나라, 부가가치가 높은 물건을 팔 수 있는 나라는 부자 나라다. 부자 나라는 가난한 나라의 국민들을 노동자로 부린다.

개인도 마찬가지다. 개인도 국가처럼 내가 가진 것을 판다. 남에게 나의 부가가치를 팔 수 있는 개인은 자유로운 자유인이 되며 남에게 아무런 가치를 팔 수 없다면 가난에서 벗어나지 못한다. 가문에서 쌓아놓은 부가 없다면 개인의 가치를 높이는 것만이 자유인이 되는 길이다.

특히 청년은 일을 통해서 개인의 가치를 보여줄 수 없기 때문에 내세울 수 있는 것은 간접적인 지표인 학력뿐이다. 학력은 자신이 머리가 좋으니 앞으로 이 기업에 더 많은 기여를 할 수 있다는 미래의 교환가치인 셈이다.

개인의 가치를 높이는 방법은 끊임없는 자기개발을 통해 자신의 가치나 성과를 남에게 보여주는 방법뿐이다. 내가 남과 차별되는 나만의 교환가치는 무엇인가?

분석하고 판단하지 마라.
오르면 좋고 떨어지면 안 좋다

가격은 세상에서 가장 합리적인 가치평가 수단이다. 하이에크는 "가격의 경이로움은 한 원료가 희소해지는 일이 일어날 때 명령이 있지도 않고, 원인을 아는 사람이 소수에 불과함에도 몇 달 동안 조사해도 신원을 확인할 수 없는 수만 명의 사람들이 가격에 따라 반응함으로써 그 원료나 그것으로 만든 제품을 더 아껴서 사용하게 된다는 것이다.

나는 이 메커니즘이 인류 정신의 가장 위대한 업적 중 하나라고 확신한다"고 했다.

하이에크의 말은 가격이란 놀라울 만큼 정확히 제값을 찾아간다는 의미다. 공산주의가 무너진 이유는 가격이 없었기 때문이다. 가격이 없다는 말은 물건을 거래할 시장이 없다는 말이다. 시장이 없으니 가격이 없고, 모든 것을 나라가 공급을 하니 가격은 없고 배급만이 있다.

노태우 정부 시절, 우리나라의 한 외교관이 북방외교 때문에 모스크바에 방문하였다. 1991년 소련이 붕괴되기 전의 일이었다. 그 외교관은 소련의 항공기 서비스를 경험한 후 '이 나라는 망할 수밖에 없구나' 하고 느꼈다. 왜냐하면 항공기에 유리가 씌워진 무거운 나무 테이블이 있었고 유리잔에 음료수를 내왔기 때문이다. 항공기는 모든 물건을 가볍게 만들어야 한다. 가벼운 일회용 종이컵과 플라스틱 탁자를 써야 함에도 불구하고 내 것이 아니니 항공기에 이렇게 무거운 물건이 있었던 것이다. 비효율의 극치였다. 이러니 안 망할 수가 있겠는가?

반면 자본주의에는 가격이 있다. 따라서 모든 것이 효율적으로 돌아간다. 그 중 으뜸은 주식시장이다. 예를 들어 동일본 대지진이 났다. 앞으로 일본 경제는 어떻게 돌아갈 것인가? 궁금하면 다음날 닛케이지수(도쿄 증권거래소의 주요 주가지수이다)를 보면 된다. 별 문제없이 오른다면 일본 경제에 큰 영향이 없다는 뜻이고, 만약 급락을 한다면 일본 경제에 영향이 크다는 뜻이다.

브렉시트 후 영국의 경제상황이 궁금한가? 다음날 FTSE100지수(런던 증권거래소 시총 100위권 내의 기업지수)를 보면 된다.

부동산도 마찬가지다. 사람들은 나를 만나면 항상 묻는 말이 있다. 어떤 아파트가 좋으냐고 말이다. 흑석동에 있는 32평 아파트이면서 옆에 초등학교가 있고 연식은 10년 되었으며 역까지 거리는 500m인 아파트와 연남동의 24평 아파트이면서 초등학교까지는 거리가 좀 있지만 연식은 5년 정도 되었고 역까지는 1km 정도 떨어져 있는 아파트 중 어떤 것이 좋겠느냐고 말이다.

하지만 물을 것도 없다. 답은 이미 정해져 있기 때문이다. 답은 가격을 보면 나온다. 그 중에서 더 비싼 곳이 좋은 아파트다. 내가 궁금한 모든 것은 가격에 반영되어 있다. 고민할 필요가 없다. 가격으로 전국의 아파트를 줄 세워놓을 수 있다. 분석보다 빠르고 정확하다.

주식도 단순하다. 머리를 싸매고 어떤 주식이 좋은 주식인지 분석하려고 하면 매우 어려운 게 주식이지만, 주식에 대해 우리가 알 수 있는 것이 없다고 생각하면 오히려 그때부터 쉬워진다. 주가를 보면 되기 때문이다.

①주가가 올라가면 – 기업 상황이 좋다
②주가가 떨어지면 – 기업 상황이 나쁘다

이 두 가지만 명심하면 된다.

워런 버핏과 같은 사람은 수백만 달러를 주며 고용한 애널리스트의 조언을 들을 수 있고, 만약 GM 사장과 GM의 미래에 대해 얘기하고 싶다고 하면 당장이라도 점심식사를 할 수 있다. 하지만 우리는 그것이 불가능하지 않은가? 그러니 우리는 단지 주가만을 봐야 한다.

기업에 투자를 하면서 기업주가 누구인지 기업이 어디에 있는지 재무제표는 어떠한지 사업방향의 약점, 강점은 무엇인지 실적은 어떠한지 등을 우리는 알 수 없다. 우리가 안다고 생각하는 그 정보가 정말 아는 것이 맞는지조차 모호하다. 코스피에 상장되어 있는 기업의 CEO는 내일의 주가를 알 수 있을까? 그도 모른다.

따라서 우리가 알 수 있는 최선은 바로 가격이다. 돈 많은 부자들이 속일 수 없는 것이 있다. 좋으면 사기 때문에 주가가 올라가고 안 좋으면 팔기 때문에 주가가 떨어진다. 그래서 주가가 오르면 좋은 것이고 주가가 떨어지면 나쁜 것이다. 일반 투자자들은 며칠 후, 심지어 몇 년 후에나 왜 주가가 오르고 떨어졌는지 알 수 있을 뿐이다.

주가가 떨어지는데도 불구하고 주식을 팔지 않는 것은 돈 많고 정보 많은 자본가와 한번 싸워보겠다는 어린 치기에 지나지 않는다. 그리고 대단히 큰 오만이다.

분석하고 판단하지 말라. 주가가 오르면 좋은 것이고 주가가 떨어지면 안 좋은 것이다.

.34.

부자 되는 유일한 길은
'좋은 것을 오를 때까지 오래 보유하는 것'

부자가 되는 원칙은, '좋은 것을 많이 오를 때까지 오래 보유하는 것' 이다.

서민이란 돈이 없는 사람을 뜻한다. 그런데 서민이 부자가 되려면 시간이 필요하다. 그래서 오래 투자해야 한다. 그렇다면 무조건 오래 투자하면 많이 오르는가? 아니다. 오로지 좋은 것을 오래 보유해서 많이 올라야 부자가 된다.

먼저 부동산을 보자. 과거에는 한국에 땅부자들이 많았다. 급격한 산업화가 진행되면서 농사를 짓다가 하루아침에 벼락부자가 된 사람들이다. 그들을 일컬어 부러움 반, 시샘 반 섞어 졸부라 부른다. 그들은 어떻게 졸부가 되었는가?

대부분의 졸부는 우리나라가 농업국가에서 산업국가로 가는 과정에서 탄생되었다. 농업국가였던 조선은 무려 500년 동안이나 왕조가 유지되었으나 서민들은 항상 가난했다. 농업은 생산성 향상이 일어나지 않았기 때문이다.

그렇지만 산업화가 되면서 생산성 향상이 일어난다. 쌀 한 가마니가 나오는 땅이 있다고 하자. 그런데 열심히 종자개량을 해서 두 가마니 정도는 나오지만 천 가마니, 만 가마니가 나오지는 않는다. 그러니 농업을 하는 사람들은 산업화로 생산성 향상이 일어나도 부자가 되는 통로가 없다시피 한다.

반면 산업화로 인해 기술이 축적되고 응용된다. 반도체 기술력은 매년 2배씩 복리로 증가하고 모터의 기술은 선풍기, 전기차, 세탁기 등으로 응용이 가능하다. 그래서 산업화에 성공한 나라는 부자가 되었고 산업화에 실패한 나라는 가난을 면치 못했다.

산업화가 진행되려면 도시화가 기본이다. 도시화란 도시에 공장을 짓고 대규모로 사람들을 불러 모아 공장에 집어넣고 대량으로 물건을 생산하는 구조다. 이렇게 생산된 물건은 전세계로 수출된다.

도시화가 가능한 이유는 농사를 짓던 사람들이 땅을 버리고 도시에 있는 공장으로 몰려들면서 저렴한 인건비 시장을 형성해 주기 때문이다. 기업은 원가를 낮춰 싸게 공산품을 만들어 수출할 수 있다.

그런데 도시화가 끝났다는 의미는 무엇인가? 더 이상 낮은 인건비를 바라보고 농촌에서 올라오는 사람들이 없다는 뜻이다. 기업은 이미 올라버린 인건비를 감당하지 못하고, 국가는 이로 인해 중진국 함정에 빠진다. 중진국 함정이란, 높아진 인건비 때문에 국제적인 가격경쟁력이 떨어져 선진국으로 가지 못하고 중진국에 머무는 것이다.

농사를 짓다가 졸부가 되는 경우는 도시화 과정에서 발생한다. 농사를 짓던 토지가 산업단지로 혹은 신도시로 수용되면서다. 결과적으로 좋은 것을 오래 보유하니 부자가 된 케이스다.

하지만 부동산 중 토지는 향후 전망이 밝지 않다. 우리나라 인건비는 이미 많이 올랐고, 이로 인해 공장이 해외로 이전했고, 이전하고 있으며, 공장 근처 신도시도 더 이상 지어질 이유가 없어졌기 때문이다. 게다가 인구감소폭도 세계를 놀라게 할 만한 속도다.

다만 정부정책에 따라 지정되는 공단이나 신도시는 예외라 할 수 있지만, 우리나라가 신도시와 공단을 짓던 60년대부터 90년대 중반까지의 상황과는 큰 차이가 있을 수밖에 없다.

부동산 중 주택과 상가를 보자.

주택이나 상가는 서민이 부자가 되기 위해 활용할 수 있는 상품으로는 적당하지 않다. 왜냐하면 가장 좋은 것을 살 수 없기 때문이다. 산업화를 등에 업고 상승하는 주택은 이제 더 이상 기대하기가 어려워졌다. 그러니 어쩔 수 없이 좋은 것을 사야 하는데 서민은 좋은 주택을 살 수 없다. 비싸도 너무 비싸기 때문이다.

좋은 것이란 어떤 것인가? 비싼 것이다. 비싸다고 무조건 좋은 것인가? 그렇다. 주택은 비쌀수록 좋다. 그래야 오르는데 애초에 서민은 비싼 것을 사지 못한다.

좋은 주택, 상가는 어떤 것인가? 세계 제1의 주택, 상가는 런던의 메이페어, 켄싱턴, 뉴욕의 맨해튼, 시드니 등 세계 유수도시의 고급주택이다. 그런데 이곳도 살 수 없다. 강남보다 더 비싼 곳이 이런 곳들이기 때문이다. 믿기 어렵겠지만 런던의 방 2개짜리 아파트는 150억, 3개짜리 아파트는 300억 원이다.

뉴욕 압도하는 런던 금융시장 '브렉시트 쇼크'에도 자신감 넘쳐

켄싱턴의 2베드(침실 두 개) 아파트 최고가는 놀랍게도 150억 원이다. 3베드는 며칠 전까지만 해도 300억 원이었다. 믿을 수가 없다.

_2016년 7월 11일자 한국경제

한국은 어떠한가?

이명희회장 주택 60%↑ 박찬구회장 주택 48%↑

먼저 표준단독주택 공시가격이 발표될 때마다 1위를 차지했던 이명희 신세계 회장의 한남동 주택(대지면적 1758.9㎡)은 공시예정가격이 작년 169억원에서 올해는 270억원으로 무려 101억원(59.7%)이나 올랐다. 박찬구 금호석유화학 회장의 한남동 주택은 95억1000만원에서 141억원으로 48.2% 오르고, 최태원 SK 회장이 2016년 사들인 한남동 집도 88억원에서 132억원으로 50.0% 상승했다.

_2018년 12월 26일자 매일경제

여기도 서민이 접근하기 힘든 것은 매한가지다. 최소 백 억은 있어야 한다. 다음으로 어디를 사야 하는가? 강남의 압구정 현대와 같은 재건축 아파트다. 하지만 여기도 쉽지 않다. 20억이 넘는다.

결국 서울 외곽이나 수도권 또는 지방으로 갈 수밖에 없다. 그런데 이곳은 처음 전제조건으로 내걸었던, '좋은 것을 오래 보유해서 많이 오른다'를 만족시키지 못한다. 이곳이 좋은 곳이 아닌 이유는 비싸지 않기 때문이다. 부동산은 비싼 곳이 좋은 것이고 비싼 곳이 많이 오른다.

결국 서민이 부동산 즉 주택을 고르는 데 있어서 어떤 전략을 주로 짜는가? 단타를 목표로 한다. 별로 좋지도 않고, 많이 오르지도 않지만 가격이 싸니 많이 사서 조금만 올라도 이익을 보는 구조말이다. 그러나 이런 전략은 좋지 않다. 이런 주택은 많이 안 오를 뿐 아니라 매도도 쉽지 않다.

300가구 갭투자자, 집값 하락으로 손실보자 세입자에 '덤터기'

동탄 · 천안 · 대전 일대 아파트 무더기 경매 이유는

지난해 59가구 이어 또…이번엔 세입자가 신청

"전세보증금 돌려받을 길 없어…막다른 선택"

_2019년 1월 15일자 한국경제

임대소득 연2000만원 이하 24만명 과세… 미등록 땐 16배 낼 수도

근로 · 금융소득과 달리 수십 년간 세금 사각지대에 놓여 있던 주택 임대소득에 대해 사실상 전면 과세가 시행된다. 내년부터 월세나 전세 등 연간 임대소득이 2,000만원 이하인 집주인도 세금(단일세율 14%)이 부과되기 때문이다. 지금까진 연간 임대소득이 2,000만원을 초과하는 경우에만 근로 · 사업소득 등 다른 소득과 합쳐 종합과세(6~42%) 해왔다.

_2018년 7월 30일자 한국일보

왜 이런 일이 벌어질까? 그동안 유예되었던 2000만 원 이하 전월세 소득세 과세가 2020년부터 시행되기 때문이다.

2000만원 이하 임대소득자에도, 세금고지서 날아갑니다

내년부터 2000만원 이하 임대 소득 과세를 앞두고 국세청이 관련 시스템 구축을 거의 마무리했다. 국세청 관계자는 8일 "여러 부처의 데이터를 연계해 인별 주택 보유 현황과 임대차 내역 등을 통합 관리할 수 있는 '주택임대

소득 통합관리시스템'을 구축해 왔다"며 "다음 달쯤 시스템을 완성해 오류 검증을 거친 후 내년부터 본격 가동할 예정"이라고 밝혔다.

_2019년 7월 9일자 조선일보

이제는 2주택 이상을 가지고 있다면 전월세에 대해서도 임대소득에 관해 철저히 신고를 해야 한다. 그렇다면 이전까지는 어떻게 300채 임대가 가능했을까? 국세청은 전산화를 통해 이미 다 알고 있는 사실이었다. 그러나 그동안은 전월세 소득에 관해 과세 유예가 있었기 때문에 소득세를 걷을 수가 없었다.

만약 내가 월세 200만 원을 받는 주택이 있다고 하면, 이미 국세청에서는 월세 200만 원 즉 연간 2400만 원의 소득을 파악하고 있었다. 다만 과세가 힘들 뿐이었다. 이유는 담보대출이 얼마인지 몰랐기 때문이다. 예를 들어 한 달에 300만 원의 이자를 내고 있다면 매달 백만 원씩 마이너스가 나고 있는 상황이다. 즉 담보대출 비용을 제외한 순수한 월세가 얼마인지 몰랐다는 의미다.

그러나 이제부터는 과세가 가능하다. 그러니 300채씩 가지고 있는 사람이 무리해서 집을 경매로 넘기려는 시도가 있었던 것이다. 이제는 월세뿐 아니라 전세도 은행 이자에 준해서 과세한다.

과세만이 문제는 아니다. 일단 전제조건에 맞지 않는다. 좋은 것을 오래 보유해야 많이 오르는데 좋은 것이 아니니 많이 오르지 않는다. 나 역시 과거에 지방의 많은 주택을 관리해 봤지만 지옥이 따로 없다.

세입자들에게서 거의 매일 전화가 온다. 특히 장마철에는 물이 샌다고, 오래된 집은 고장 났다고 수리해 달라는 요청이 빗발친다. 그래서 저녁에는 전화기를 꺼 놔야 했다.

내 집이 좋은 집인지 나쁜 집인지는 집주인이 가장 잘 안다. 세입자에게서 전화가 자주 오면 잘 못 산 것이다. 세입자에게 전화가 왔을 때 가슴이 떨리면 잘 못 산 것이다. 혹시 방 뺀다고, 수리해달라고 할까봐 말이다.

그러나 서민은 집이건 상가건 돈에 맞춰 살 수밖에 없기 때문에 좋은 것을 살 수 없고, 많이 오를 리 없고, 부자가 될 가능성도 크지 않다. 게다가 앞으로 재건축이라던가 상가의 경우 상권의 이동으로 공실 위험이 있고, 서울에 공급이 늘면서 역전세난이 발생할 위험 등 좋은 것을 못 사서 겪는 어려움은 날로 많아지기만 한다. 이런 어려움을 빼더라도 일단 첫 번째 조건인 좋은 것이 아니니 부자가 될 확률이 떨어진다.

그렇다면 서민이 부자가 되는 방법은 없다는 말인가? 아는 것은 부동산뿐인데, 도대체 어떤 방법으로 부자의 꿈을 이룰 수 있다는 말인가?

'부동산을 떠나면 된다. 거기에는 방법이 있다. 바로 주식이다.'

주식에서 좋은 것은 무엇인가? 시가총액이 가장 높은 주식이다. 종목 별 1위가 아닌 시가총액 1위이다. 우리나라 1위가 아닌 세계 1위다. 세계 1위 주식은 좋은 것이니 일단 전제조건에 맞는다.

부자는 주식부자지 부동산 부자가 아니다. 트럼프를 부동산 부자로 아는 경우가 많은데, 사실 그는 사업으로 부자가 된 사람이다. 오래된 집을 경매로 사고 팔아서 부자가 된 것이 아니다. 트럼프를 포함해 세계의 모든 부자들은 주식부자들이다.

우리나라에서는 주식은 위험하고, 주식을 하면 망하는 지름길이라는 선입견이 강하다. 하지만 잘사는 나라 미국인들은 70%가 주식에 투자하고 있다. 왜일까? 미국에는 세계1위 주식이 너무 많기 때문이다.

커피 하면 스타벅스, 스포츠 메이커 하면 나이키, 외식 하면 맥도널드, IT 하면 애플, 아마존, 마이크로소프트, 구글 등 다 셀 수도 없다. 미국인들은 어렸을 때부터, 혹은 주변사람들로부터 주식은 사놓으면 오른다는 사실을 듣기도 하고 직접 경험해 왔다.

정말 세계 1위 주식은 많이 오를까? 먼저 한국 1위에 투자해서 성공한 증거를 보자.

1조 자산가 된 80대 개인의 투자법

주력 종목은 삼성전자 한종목. 2000년 11월 삼성전자를 대거 사들인 후 지금까지 보유하고 있다고 합니다. 재산 규모가 사실인지 믿기 어렵지만 대형 증권사의 고위 임원이 본인이 직접 관리해온 고객의 이야기를 들려준 것이니 거짓은 아닐 것입니다.

전문 투자자도 아닌 개인이 어떻게 이렇게 많은 재산을 모았을까요. 이 교수는 30대 중반인 1970년대부터 주식 투자를 시작했다고 합니다. '월급쟁이가 돈 벌수 있는 방법은 주식 투자 밖에 없다'고 생각했다고 합니다. 그 당시만 해도 주식 투자는 투기나 도박으로 여겨지던 때입니다. 시간이 날 때면 칠판에 시세를 적던 명동으로 가서 직접 매매를 하곤 했답니다. 월급의 25%를 떼어 매월 주식에 투자했다고 하네요.

그 원칙은 '우리나라에서 가장 좋은 주식 한 종목에만 투자한다'였습니다. 문제는 수천개가 넘는 종목 중에서 가장 좋은 주식을 고르는 일이었습니다. 저PER, 저PBR, 순이익, 영업이익, 배당 등 다양한 기준이 있었겠지만 그가 선택한 방법은 아주 단순했습니다.

바로 '시가총액 1위 종목'이었습니다. 여러 가지 변수가 있겠지만 시가총액 1위 종목이 될 정도면 좋은 주식이 분명하다고 생각했습니다. 단순하지만 결과적으로 탁월한 안목이었던 셈입니다.

_2017년 12월 8일자 the bell

한국의 1등 주식에만 투자했을 때 무려 1조원을 벌었다. 그런데 왜 한국이 아닌 세계 1등이어야 할까?

The World's 10 Largest Economies by GDP (1960—Today)
http://www.visualcapitalist.com/animation-the-worlds-10-largest-economies-by-gdp-1960-today/

위의 링크를 타고 들어가 애니메이션을 보라. 여기서 눈여겨봐야 할 점은 중국이 치고 올라오는 것이 아니라 미국의 GDP가 1960년 500 빌리언에서 시작해 약 18,000빌리언으로 끝났다는 사실이다. 38배가 올랐다. 국가경제가 그만큼 커졌다는 것이다. 미국은 매년 꾸준히

2~3%의 성장을 하는 나라다. 따라서 미국의 성장은 앞으로도 계속될 것이다.

반면 중국은 한 때 10%를 넘기도 했다. 지금도 미국보다 높다. 그러면 중국이 더 좋은 나라가 아닌가? 하지만 아니다. 문제는 앞으로도 꾸준할 수 있는가다. 한때는 일본을 포함해 한국과 대만 등도 10%가 넘는 엄청난 성장률을 기록했지만 결국 잃어버린 20년을 겪으며 마이너스 성장으로 가거나 중진국 함정에 빠져 헤어나오지 못하는 결과로 나타났다.

앞으로도 꾸준할 수 있는가에 달려 있는데 안타깝게도 미국뿐이다. 높은 성장은 없지만, 꾸준히 성장했을 때 38배가 올랐다. 그런데 미국보다 더 많이 오르는 것이 바로 세계 1등 주식이다. 따져보니 1996년부터 2019년까지 1등 주식에 투자했을 때 150배가 올랐다.

이제 무엇이 좋은지 알았다. 그러면 오래 투자하는 것이 가능한지도 알아야 한다.

오래 투자한다는 것은 오래 가지고 있는다는 뜻이다. 그러나 절대 팔지 않고, 지속적으로 보유한다는 의미는 아니다.

예를 들어 아마존과 삼성전자는 과거 크게 올랐고, 중국의 텐센트는 2000년대부터 지금까지 무려 4,000배가 넘게 올랐다. 그런데 문제는 어떤 종목이 이렇게 오를지 알 수 없고, 오르는 과정에서 급격히 하락했을 때 팔아야 할지 말아야 할지 기준이 없다는 데 있다.

그러나 세계 1등 주식은 모든 것이 명확하다. 팔아야 할 때도 정해져 있다. 1등 주식을 팔아야 할 때는 1등에서 2등으로 미끄러질 때다. 즉, 1등이 2등이 되면 1등으로 올라온 주식을 사면 된다. 1등과 2등의 차이가 10% 이내라면 팔 필요는 없고 10% 이상 차이가 난다면 팔아야 한다(이유는 추후 자세히 설명하기로 한다). 이처럼 1등 주식은 팔 때를 정확히 알 수 있기 때문에 장기투자가 가능하다.

반면 삼성전자를 보자. 5만 원대던 삼성전자 주가가 어닝 쇼크로 인해 4만 원대까지 떨어졌다. 투자자들은 고민할 것이다. 팔아야 하나? 말아야 하나? 그러다가 더 떨어져서 3만5천원이 되었다. 더 고민을 할 것이다. 팔아야 하나? 말아야 하나? 만약 팔았다고 하자. 그런데 다시 오른다. 투자자는 자신의 실수를 인정하고 다시 산다. 그리고 다시 사면 떨어지기 시작한다. 투자자는 또 팔고, 오르면 다시 사고를 끝없이 반복한다. 기준이 없기 때문에 휘둘릴 수밖에 없다.

하지만 세계 1등 주식은 1, 2등이 바뀌기 전까지는 붙들고만 있으면 된다. 팔아야 하는 시점은 1, 2등의 순위가 바뀔 때다. 팔아야 할 시점을 누구나 쉽게 알 수 있다. 그러니 마음 편히 오래 가지고 갈 수 있다. 어닝 쇼크가 나서 크게 떨어졌어도 1, 2등이 바뀌지 않았다면 팔지 않아도 된다. 얼마나 간단한가?

처음 제시한 전제를 다시 살펴보자.

'좋은 것을 오래 가지고 있으면 많이 오른다.'

세계 1등 주식이 답이다. 세계 1등 주식은,

①좋은 것이다.

②오래 가지고 있을 수 있다.

③많이 오른다.

세계 1등 주식은 무겁고 답답하게 움직일 것이라 생각하기 쉽다. 마치 미국이라는 나라의 경제성장이 더디게 보이는 착시효과와 비슷하다. 하지만 세계 1등 주식의 상승률은 당신의 생각을 뛰어넘는다.

물론 1년에 2배 오르는 주식도 있고 3배 오르는 주식도 있다. 하지만 이런 주식은 일본, 한국, 중국처럼 한때는 무섭게 성장했지만 그다음 마이너스 성장이 될 수도 있는 주식이다. 그러나 미국경제는 매년 꾸준히 2~3% 성장한다. 지금 누가 더 부자나라인가? 한때의 폭등은 결코 꾸준한 성장을 따라잡지 못한다. 주식도 마찬가지다. 시가총액이 꾸준히 성장하는 기업을 누구도 따라잡지 못한다. 주식투자 수익률 면에서 말이다.

세상에 영원한 것은 없다. 세계 1등 주식이라도 힘이 떨어지면 1등으로 올라온 2등으로 갈아타야 한다. 세계 1등도 조금만 방심하면 2등 아니 상장폐지도 된다. 그러니 투자자는 감정이입을 하지 말고 그저 꾸준히 갈아타면 된다.

결국 꾸준하게 많이 오르는 주식을 장기 투자했을 때 부자가 되는 것이다. 전제를 다시 기억하고 또 기억하자.

'오로지 좋은 것을 사서 오래 투자해서 많이 올라야만 부자가 된다.'

35

결국 오를 수밖에 없는 기업 vs.
결코 오를 수 없는 기업

나는 주식을 아래 4개의 분야로 나눴다.

　①필수기업

　②핵심소재기업

　③조립가공기업

　④생산공장기업

①로 갈수록 필수적인 기업이고 ④로 갈수록 얼마든지 대체가 가능한 기업이다. ①로 갈수록 기술의 수준은 높아지고, 힘의 논리가 작용하며 ④로 갈수록 그것과 관계없어진다. 또한 ①로 갈수록 안정적인 주가 흐름을 보이면서 꾸준히 올라가는 데 비해 ④로 갈수록 주가흐름이 일정하지 않으며 때로 상장폐지가 되기도 한다. 그러니 투자는 ①의 기업에 해야 하고, ④의 기업에 투자를 했다가는 생각만큼의 결실이 나오지 않거나 심한 경우 자산을 모두 잃을 수 있다. ①의 기업부터 하나씩 보다 자세히 살펴보기로 하자.

필수기업

필수기업은 없어서는 안 되는 기업이다.

필수기업은 항상 꾸준한 기업이다.

필수기업은 고도의 기술력이 있는 기업이다.

필수기업은 독점적인 기업이다.

필수기업의 수는 몇 개 되지 않는다.

필수기업은 생명과 관련이 있는 기업이다.

보다 구체적인 업종을 알아보자.

석유에너지 기업

산업혁명 이후 생산수단은 인간과 가축의 노동력에서 기계로 급속히 대체되었다. 기계는 석탄과 석유에너지를 필요로 했다. 그래서 가장 중요한 에너지는 기존 식량에서 석탄, 석유와 같은 기계를 움직일 수 있는 에너지로 대체되었다. 그리하여 산업혁명 이후 식량과 더불어 석유에너지는 인류에 있어서 가장 필수적인 에너지가 되었다. 이 흐름 속에서 석유재벌 록펠러는 세계에서 가장 부유한 사람이 되었고, 석유는 돈을 가장 많이 벌어주며, 주식에서도 가장 안정적인 종목이 되었다.

현재 석유에너지 기업을 소유한 이들은 바로 미국과 유럽의 기업 그리고 산유국인 중동, 러시아 기업 등이다. 그 중에서도 압도적인 기업은 스탠더드 오일에서 떨어져 나온 엑손모빌과 같은 기업이다. 대부분 미국과 서구유럽 기업이다.

식량에너지 기업

우리에게는 잘 알려져 있지 않지만, 카길과 같은 거대 식량기업이 있고 몬산토와 같은 종자기업이 있다. 식량에너지 기업도 대부분 미국이나 서구유럽 기업이다.

투자은행

우리나라의 투자은행이 아니라 미국의 달러패권을 실전에서 쓰는 골드만삭스, 모건스탠리, 시티그룹, HSBC 등과 같은 기업이다. 이들 역시 미국이나 서구유럽 기업이다.

IT생태계 기업

요즘 들어 주목 받고 있는 기업들로 애플, 아마존, 구글, 페이스북 등이다. 이들을 생태계 기업이라 하는 이유는 아무나 베낄 수 없는 기업임과 동시에 한번 들어가면 빠져 나올 수 없는 기업이기 때문이다. 구글의 유튜브나 안드로이드 애플의 iOS, 애플뮤직 등은 전세계인이 컨텐츠를 이용한다. 스마트폰을 가지고 있다면 하루에 한 번씩 매일 들어가게 된다. 대부분 미국기업이다.

바이오 기업

생명과 관련되어 있으며 거대 다국적 제약기업이나 바이오 관련 필수기업들이다. 바이오가 중요한 것은 1945년 2차 세계대전이 끝나고 전세계적으로 많은 사람들이 태어났는데 이들을 베이비붐 세대라 한다. 이들은 70세를 넘었는데 이들의 가장 큰 관심은 오래 사는 것이다. 이들은 소비는 젊은이들보다 덜하지만 건강에 대한 관심은 최고다. 그리고 바이오 기업에서 만든 약을 먹지 않으면 생명연장이 불가능하므로 필수적이며 가장 돈이 많이 들어가는 분야다. 그리고 베이비붐 세대는 정치적인 압력을 넣을 수 있는 이익단체를 만들어 정치권을 압박하여 4대 중증 질환과 같이 돈이 많이 드는 치료제를 저렴한 가격에 살 수 있도록 약가 인하를 추진한다. 그로 인해 노인인구가 많다면 건강보험공단의 재정이 나빠지는 것은 필수적이다.

주가를 보면 바이오기업 중 제약기업은 주가의 흐름이 안정적이지 않은데 왜냐하면 특허가 끝나면 수익성이 급격히 떨어지고 부채도 많기 때문이다. 그래서 제약기업보다는 제약외 기업들의 주가가 더 안정적이다. 제약외라 하면 산소호흡기 제작기업, 혈액 관련 기업, 호스피스 관련 기업 등이다. 물론 대부분 미국과 서구유럽 기업들이다.

기타 독점기업

영상과 관련해 독점적인 기업은 월트디즈니, 넷플릭스 등이다. 음악과 관련된 독점기업은 스포티파이나 애플뮤직 등이고, 결재와 관련된 독점기업은 마스터카드, 비자카드 등이다. 항공과 관련된 독점기업은 보잉이나 에어버스, 생활필수품과 관련된 독점기업은 P&G와 유니레버와 같은 기업이다.

이와 같은 기업들은 각 분야에서 독점적인 지위를 누리며 주가를 안정적으로 형성하는데 이런 기업들도 대부분 미국과 서구유럽 기업들이다.

앞에서 살펴본 필수기업의 특징은 우리가 안 쓰고는 못 배기는 우리 주변에 항상 있는 기업들인데 대부분 미국과 서구유럽 기업이며 그 중에서도 1위는 항상 미국기업이다. 애석하게도 우리나라의 어떤 기업도 필수기업의 반열에 속하지 못한다. 이런 기업이 되려면 거대 자본, 패권, 컨텐츠의 우수성 등을 가지고 있어야 한다. 그래서 필수기업은 꾸준히 상승하고 안정적인 주가의 흐름을 보이며 앞으로도 그런 흐름으로 갈 것이다.

필수기업의 두드러진 특징 중 하나는 '경기'라는 이름이 붙지 않는다는 점이다. 이들 기업에는 건설경기, 반도체경기, 조선경기라는 수식어가 붙지 않는다. 즉, 경기를 타지 않기 때문에 주가가 꾸준하다.

핵심소재기업

범선을 넘어 증기선을 가장 처음 만든 나라는 영국이다. 이후 증기선은 발전을 거듭해 오늘날 석유로 가는 컨테이너선, 유람선, 시추선 등으로 바뀌었다. 처음은 영국이었지만 이내 스웨덴으로 넘어갔고 다시 일본으로 그리고 한국으로 이제는 중국으로 넘어가는 중이다.

영국에서 스웨덴으로 넘어간 이유는 영국의 인건비가 너무 비싸졌기 때문이다. 이에 조립가공 과정이 스웨덴으로 넘어갔고, 중국까지 이어지고 있는 것이다.

처음 영국에서 배를 만들었을 때는 모든 과정을 영국 내에서 처리했다. 문손잡이, 창문 등 특별한 기술이 필요하지 않은 과정부터 가스터빈, 레이더까지 기술이 필요한 부분도 모두 영국에서 만들었다. 그러나 인건비 상승으로 인해 문손잡이와 창문의 조립 가공은 스웨덴, 일본, 한국, 중국으로 순차적으로 넘어가고, 대신 가스터빈, 레이더와 같은 핵심소재는 아직도 영국에서 혹은 선진국에서 만든다.

따라서 선진국은 소재강국이다. 현재 대표적인 소재강국은 독일과 일본이다. 그래서 독일과 일본에는 제조업의 핵심소재 기업, 즉 강소기업들이 많다. 이들 소재기업들은 주가의 등락이 조금 심하기는 하지만 아래에서 언급할 조립가공업체보다는 등락이 덜하다. 가장 큰 이유는 독점적인 기술력을 가지고 있기 때문이다.

이들 기업이 경기순환주에 포함되기는 하지만, 조립가공기업보다는 경기변동에 덜 민감하다. 우리나라에는 반도체가 유일하게 여기에 속하고, 대표기업으로 삼성전자와 SK하이닉스를 들 수 있다.

핵심소재기업은 비록 경기를 덜 타기는 하지만, 경기순환주임에는 틀림없다. 그러니 꾸준히 오르는 기업은 아니다.

조립가공기업

조립가공기업이란 조선, 자동차, 철강, 석유화학 등 중화학기업들과 스마트폰 등과 같은 조립가공업을 뜻한다. 우리나라 기업 대부분이 여기에 속한다. 조선에서 초호화 유람선을 만드는 기업은 필수기업에 속하며 자동차 중 람보르기니와 같은 슈퍼카를 만드는 기업도 필수기업이다. 그러나 대중적인 모델을 만드는 기업은 대부분 조립가공기업에 속한다.

조립가공기업은 어느 정도의 기술력을 갖고 있기 때문에 따라잡기 쉬운 것은 아니지만, 그렇다고 불가능하지도 않다. 대규모 자본과 연구개발, 값싼 노동력을 투여하면 후발주자도 얼마든지 기존의 강자를 따라잡을 수 있다. 실제 이들 분야는 중국의 거센 도전에 직면해 있다. 웬만큼 다 따라왔다고 볼 수 있는 상황이다.

주가의 흐름은 등락과 흔들림이 심하다. 뿐만 아니라 경쟁자가 많고 따라잡힐 수도 있기 때문에 후발주자에 의해 망하기도 한다.

기존 조립가공은 대부분 한국과 대만의 밭이었다. 하지만 중국이 이 분야에 뛰어들면서 두 나라의 기업들이 어려움에 빠졌다. 다만 우리나라는 삼성전자와 같은 핵심소재기업들과 대기업이 규모의 경제로 중국에 단순조립가공을 맡기며 상생했던 데 비해, 원래 대기업이 없고 대부분 중소기업 위주였던 대만은 훨씬 큰 타격을 받았다. 이에 따라 한국과 대만의 격차가 발생했는데, 대만이 1992년 1인당 GDP 1만

달러를 먼저 달성했음에도 불구하고, 현재는 한국 29,700달러, 대만 23,000달러로 역전된 계기가 되었다.

하청생산기업

하청생산기업은 필수기업으로부터 하청을 받아 단순히 하청생산만을 하는 기업이다. 예를 들면 미국의 명품브랜드 옷이나 SPA의 옷 브랜드를 받아서 저렴한 노동력으로 옷을 대량생산하는 기업이다.

그렇다고 해서 이들 기업이 후진국 기업은 아니다. 선진국의 자본으로 지어진 기업들이 대부분이다. 이런 기업들은 저렴한 생산지를 찾아서 움직이는데 이들은 투자에 있어서 생산적인 측면과 소비적인 측면을 중요시한다.

생산적인 측면은 인건비가 관건이다. 옷은 방글라데시, 스마트폰은 베트남, 중국 등이다. 노동비가 얼마나 저렴한가에 경쟁력이 있다. 그래서 인건비가 조금이라도 오르면 인건비가 싼 나라로 공장을 옮겨버린다.

다음으로는 소비적인 측면으로 인구가 관건이다. 중국, 인도, 베트남, 인도네시아처럼 인구대국을 선호한다. 주식투자 측면에서 하청생산기업은 주로 중소기업들이 많아 투자할 기업이 그리 많지 않다.

살펴본 바와 같이 기업이라도 다 똑같은 기업은 아니다. 그렇다면 우리나라 기업은 주로 어디에 속해있는가? 3번 조립가공기업이 압도적이며, 이들 기업들이 코스피와 코스닥에 상장되어 있다. 한국의 개인투자자들이 증시에서 큰 재미를 보지 못하는 이유는, 기관이나 작전세력 때문이 아니라, 주식 자체에 문제가 많기 때문이다. 우리나라 대표주인 삼성전자만 보더라도 비록 시가총액은 크지만 경기순환주에 속해 있어 경기가 안 좋을 때는 떨어지고 경기가 좋을 때는 올라가는 일이 반복된다. 따라서 개미들이 꾸준히 삼성전자 주식을 사 모으기가 쉽지 않다. 추세를 타고 안정적으로 오르는 것이 아니라 심하게 흔들리면서 올라가기 때문이다. 그러니 호모 사피엔스의 특성상 오르내림이 심하면 주식을 저축하듯이 끌고 가기가 힘들다.

호모 사피엔스는 이미 10만 년 전에 진화가 끝났기 때문에 수렵채집 시대의 동물적 감각에 머물러 있다. 그래서 주가가 떨어지면 상장폐지될 것 같고 오르면 몇 배 오를 것 같은 환상에 젖어든다. 떨어지면 팔고 오르면 사는 일을 반복할 뿐이다.

우리나라에서 가장 좋은 주식이라는 삼성전자가 이러한데, 다른 주식이야 오죽하겠는가? 당장 상장된 주식들의 차트를 봐보라. 45도 각도로 우상향을 그리며 꾸준히 오르고, 떨어져도 5% 이상 안 떨어지며 매일 오르는 주식이 있는가? 개인투자자들이 돈을 벌 수 없는 구조다.

결론은 항상 한 곳을 가리킨다. 1번 기업(필수기업)을 사야 한다. 2, 3, 4번 기업을 사서 애태우며 오르기를 꿈꿔서는 꿈을 이룰 수 없다.

36

투자 대상 기업을 찾는
단 한 가지 포인트

〈위대한 기업에 투자하라〉라는 필립 피셔의 책에는 투자 대상 기업을 찾는 15가지 포인트가 나온다. 내용은 다음과 같다.

①적어도 향후 몇 년간 매출액이 상당히 늘어 날 수 있는 충분한 시
  장 잠재력을 가진 제품이나 서비스를 갖고 있는가?

②최고 경영진은 현재의 매력적인 성장 잠재력을 가진 제품 생산라인이 더 이상 확대되기 어려워졌을 때에도 회사의 전체 매출액을 추가로 늘릴 수 있는 신제품이나 신기술을 개발하고자 하는 결의를 가지고 있는가?

③기업의 연구개발 노력은 회사 규모를 감안할 때 얼마나 생산적인가?

④평균 수준 이상의 영업 조직을 가지고 있는가?

⑤영업이익률은 충분히 거두고 있는가?

⑥영업이익률 개선을 위해 무엇을 하고 있는가?

⑦돋보이는 노사 관계를 갖고 있는가?

⑧임원들 간에 훌륭한 관계가 유지되고 있는가?

⑨두터운 기업 경영진을 갖고 있는가?

⑩원가분석과 회계 관리능력은 얼마나 우수한가?

⑪해당 업종에서 아주 특별한 의미를 지니는 별도의 사업 부문을 갖고 있으며, 이는 경쟁업체에 비해 얼마나 뛰어난 기업인가를 알려주는 중요한 단서를 제공하는가?

⑫이익을 바라보는 시각이 단기적인가 아니면 장기적인가?

⑬성장에 필요한 자금 조달을 위해 가까운 장래에 증자할 계획이 있으며, 이로 인해 현재의 주주가 누리는 이익이 상당부분 희석될 가능성이 없는가?

⑭경영진은 모든 것이 순조로울 때는 투자자들과 자유롭게 대화하

지만, 문제가 발생하거나 실망스러운 일이 벌어졌을 때는 '입을 꾹 다물어버리지'않는가?

⑮의문의 여지가 없을 정도로 진실한 최고 경영진을 갖고 있는가?

이렇게 15가지다. 위대한 투자자 필립 피셔의 위대한 조언이다. 그런데 나는 이 조언을 보면서 개미는 죽었다 깨나도 적용이 힘들겠구나 하는 생각이 들었다. 워렌 버핏이라면 얼마든지 이런 기업을 찾을 수 있다. 돈과 인맥이 있으니까 말이다.

그런데 개인은 다르다. 개인은 기껏 기업의 이름 정도만 알 뿐, 경영자가 누구며 어떤 사람인지, 재무제표는 어떤지, 종업원은 도대체 누구인지, 연구개발은 무엇을 하고 있는지…, 실제 투자에 필요한 핵심 정보는 접근이 제한적이다. 개인들도 나름대로 연구 · 분석 후 투자를 하지만, 사실은 깜깜이 투자에 가깝다. 그래서 나는 필립 피셔의 위대한 조언 중 첫 번째 조언만을 받아들이기로 했다.

①적어도 향후 몇 년간 매출액이 상당히 늘어 날 수 있는 충분한 시장 잠재력을 가진 제품이나 서비스를 갖고 있는가?

기업의 성장성에 관한 언급이다. 배당을 주는 기업이 아니고 성장을 하는 기업 말이다. 그것도 블루오션을 찾아 매년 성장하는 기업이다. 이런 기업은 세계 1등 기업도 되고 어닝 서프라이즈 기업도 된다. 세계 1등 기업은 성장이 정체되면 2등에게 1등 자리를 내줄 수밖에 없다. 그러니 현재 1등 기업은 향후 몇 년간 매출액이 상당히 늘어날 수 있는 충분한 시장 잠재력을 가진 제품이나 서비스를 가지고 있다고 봐야 한다.

다음으로는 어닝 서프라이즈 때 투자하는 주식이다.

실적을 발표하는 날 주가가 오르면 어닝 서프라이즈, 떨어지면 어닝 쇼크를 했다고 말한다. 대부분 맞아떨어진다. 특히 미국시장은 어닝 서프라이즈를 달성하면 대부분 다음 어닝 시즌(실적 발표) 전까지 오르는 경향이 있다. 한국, 중국, 일본, 유럽, 기타 지역 등을 모두 **빼고** 오로지 미국 기업만 그렇다. 한국은 어닝 서프라이즈가 발표되어도 그날 오르고 다음날부터 외국인들의 이익실현 매물폭탄이 쏟아지기도 한다. 그러니 어닝 서프라이즈 주식 투자는 미국 주식에서만 통하는 방법이다.

어닝 서프라이즈 주식 투자법은 어닝 서프라이즈가 발표되면 투자했다가 다음 어닝일 전에 무조건 팔고 다시 실적 발표를 보고 투자할지 말지를 결정하는 투자법이다. 따라서 필립 피셔의 1번 조언에 들어맞는 기업은 세계 1등 기업과 어닝 서프라이즈 기업이라 할 수 있겠다.

37

왜 나만의 매뉴얼이 필수인가?

인간이 살아가는 세상은 불확실로 가득하기 때문에 '매뉴얼'을 만들어
야 한다.

원시부족사회는 고립된 소규모 사회다. 그래서 인간을 통제할 수 있
었고, 개인도 튀는 행동을 자제했다. 집단적인 사고, 즉 집단이 원하
는 매뉴얼대로 움직여야 했다. 상명하복이 통하는 사회였다.

신분사회도 마찬가지다. 출신성분에 따라 사회는 철저히 고정된다. 그러나 노비가 양반이 되고 상놈이 왕이 되면 통제가 불가능해진다. 그래서 통제가 필요했고 그 수단이 신분제였다. 양반이나 귀족은 지식을 독점하여 상놈이나 노예를 다스렸다. 따라서 노예들은 시키면 시키는 대로 살 수밖에 없었다.

그러나 원시부족사회도 통제가 불가능한 것이 있었다. 거대한 자연이다. 가뭄이나 홍수, 전염병 등은 인간에게는 불가항력이었다. 그러나 현대사회로 오면서 자연에 대한 통제는 어느 정도 제어가 되었다. 하늘에 위성을 띄워 태풍의 방향을 예측하고 미리 저수지나 댐에 물을 가두어 천수답에서 벗어났다. 콜레라, 페스트 등의 전염병은 현미경으로 바이러스의 존재를 확인하고 백신을 만들어 대처했다.

이러한 과학적인 성과는 어디에서 기인하는가?

그것은 시민혁명을 통해 개인주의가 살아났기 때문이다. 집단적 사고에서 벗어난 개인에서 답을 찾을 수 있다. 신분질서가 무너지자 소유권이 생겼다. 소유권이 생기니 자신의 것에 집착하게 되고 돈을 벌기 위해서 스스로 일하는 자본주의가 도래했다. 그러니 신분사회에서는 생길 리 없던 창의성과 생산성 향상이 일어났다. 이전까지 귀족은 노력하지 않아도 귀족이고 노예는 노력해도 노예였다. 귀족이나 노예나 힘들여 창의성과 생산성 향상을 이룰 필요가 없었다.

현대 자본주의는 눈부신 과학기술 발전의 토양이 되었다. 반면 개인주의가 발달하면서 개방된 열린사회가 되었고 통제가 불가능해졌다.

특히 '인간'만큼은 통제 밖으로 자유로운 비행을 시작한다. 신분사회는 무너졌고 지식은 독점되지 않았다. 인터넷과 통신의 발달로 인간은 더욱 더 복잡다단해졌다. 수 억, 수십 억 명의 인간이 상호작용을 하며 정치, 경제, 사회, 문화로 얽혀서 복잡성을 더 늘리고 있다. 이제 사회통제는 과거의 유물이 되었고, 사회에 대응하는 일만이 남았다.

투자의 세계도 마찬가지다. 인간의 두뇌로는 그 복잡한 상황을 파악하기조차 힘들어졌다. 이런 세계에서는 저마다의 원칙이 필요하다. 그런데 원칙을 세우기까지는 시행착오라는 엄청난 시련의 통로를 지나야 한다. 시행착오를 다 겪은 다음 죽을 때 쯤 투자가 무엇인지 알게 된다면 무슨 소용인가?

따라서 나뿐 아니라 남이 겪은 시행착오까지 모두 합하여 어떤 원칙을 만들어가야 한다. 투자에서 살아남는 유일한 비법이다. 애써 만든 매뉴얼도 완벽하지는 않다. 이 또한 시행착오를 거쳐야 한다. 완벽해 보일 뿐 주식의 방향을 얼마든지 잘못 예측할 수 있다. 다만 과거의 경험과 사실을 통해서 현재를 분석하고 객관화하며 현재를 통해서 미래를 조금이나마 조망하는 것이다. 이런 방식으로 매뉴얼을 매번 업그레이드 하는 것이다. 더 나은 방법이 나오면 과거의 것을 버리고 새로운 것으로 더 간단하고 단순하고 적용하기 쉬운 것으로 바꾸어 나가야 한다. 그렇다 하더라도 매뉴얼은 항상 불완전하다는 의심을 거두어서는 안 된다.

그럼에도 불구하고 불완전한 매뉴얼이 필요한 이유는 매뉴얼로 최악을 대비할 수 있기 때문이다. 알고 대비하는 것과 모르고 당하는 것은 천지차이다. 특히 초보일수록 매뉴얼이 알려주는대로 투자의 길을 걷는 게 유리하다. 그래야 시행착오를 줄일 수 있다. 전문가도 마찬가지다. 더 높이 비상하려면 매뉴얼을 업그레이드 하면서 투자의 에베레스트를 넘고 협곡을 지나야 한다.

38

세계 1등,
결론은 항상 같은 지점을 가리킨다

1등 주식에만 투자해도 당신이 꿈조차 꾸기 어려웠던 엄청난 부를 거머쥘 수 있다. 단, 한국 1등이 아닌 세계 1등 주식이어야 한다. 핵심은 1등이 아니라 '세계'다.

  한국 1등인 삼성전자에, 지금이 아닌 우리가 후진국이었을 때 투자했다면 당신은 이미 부자가 되었을 것이다. 하지만 지나간 일을 후회한들 무슨 소용이 있겠는가? 우리의 관심은 과거가 아닌 미래에 있다.

미래에도 삼성전자에 투자해 부자의 꿈을 이룰 수 있나? 가능할 수도 있지만 세계 1등 주식보다는 안정성과 가능성이 떨어진다. 그래서 세계 1등 주식으로 시뮬레이션을 해봤다. 꿈을 현실로 바꿔줄 수 있는지, 실제 존재하는 현실인지 나 역시 너무나 명확히 알고 싶었기 때문이다. 가능한 일이라면 우리가 걷지 않을 이유가 없다. 아니 만사를 제쳐두고 그 길로 가야 한다.

세계 1등 주식이 무엇이었든, IMF 이후 새로 시작한다는 마음으로 1998년에 1억을 세계 1등 주식에 투자했다면 지금 얼마가 되어 있겠는가? 그로부터 23년이 흘렀고, 자산은 무려 105배가 되었다. 1억이 105억 원이 되었다는 얘기다.

놀라운 결과다. 그러나 이보다 더 놀라운 사실은 우리나라의 환율이다. 105억 원이 끝이 아니다. 환율을 대입하면 158억 원까지 불어난다. 1996년 775.75원이던 환율은 2019년 1170원으로 원화의 50%가 절하되었다. 그러니 100억에 환율효과 50%를 더해야 한다. 1억이 마법을 일으켜 158억이 되었다.

과거를 봤으니 미래도 보자. 앞으로도 세계시총 1위에 투자를 했을 때 이 정도의 상승이 가능할 것인가? 현재 세계 1등인 마이크로소프트의 시가총액은 1000조 원이 넘는다. 매우 거대하고 비싸다. 매년 인플레이션이 발생하고, 기업의 시가총액도 덩달아 커진다는 점을 감안하더라도 다음 10년 사이에 시총 1위 기업이 이만한 상승을 이뤄낼지는 장담할 수 없다. 그러나 그럼에도 불구하고 여러 가지 장점이 있으니 살펴보자.

패러다임 전환 시기와 맞물린다

지금은 에너지에서 IT로 권력이동 패러다임이 전환되는 시기다. 앞으로는 IT가 대세다. 4차산업혁명으로 전통적인 산업이 무너지고 새로운 혁명이 일어나고 있다. IT는 시대를 반영하고 있으며 향후 가능성도 무한히 열려 있다. 석유가 100년을 지배했던 것처럼 다음 100년은 IT가 지배하지 말라는 법이 없다. 그런 면에서 마이크로소프트, 애플, 아마존과 같은 기업의 가능성은 무한대에 가깝다.

충분한 수익률로 보답한다

2007년부터 2억을 투자했다면 지금까지 7배가 성장하여 14억이 되었다. 충분히 높은 금액과 수익률이다. 물론 앞으로도 7배가 될지는 알 수 없다. 이 시기 세계 1등 주식은 애플이었다. 현재 애플도 시총 1000조가 넘는다. 당시 애플의 시총은 160조 정도였고, 1000조는 상상하기도 어려운 덩치였다. 하지만 현실로 바뀌었다. 1000조가 1경이 될지는 현재로써는 상상하기 어렵지만, 언제나 상상을 뒤엎고 현실이 되었기에 기대하지 않을 수 없다.

쉽다

1위 혹은 2위만 투자하면 된다. PER, PBR 등 이해하기 어려운 수치를 볼 필요가 없다. 머리를 싸매고 재무제표 공부에 열을 올리지 않아도 된다. 주식이 별 볼일 없으면 앞의 수치에 민감해야 한다. 하지만 세계 시총 1위 주식에는 해당되지 않는다. 재무제표에 문제가 있다면 시총 1위에 올라갈 수 없다. 미래 가능성이 없는 기업도 시총 1위는 언감생심이다.

그 다음 어닝시즌에 떨어질까 걱정하지 않아도 된다. 시총 1위에서 2위로 밀리면 그때 팔아도 늦지 않는다. 어닝 쇼크로 주가가 떨어졌어도 2위와 1위가 바뀌지 않았다면 팔지 않아도 된다. 그러니 매우 쉽고 단순하다.

눈이 벌겋게 충혈되도록 주식창을 볼 필요가 없다. 가끔 시총 1위, 2위만 확인하면 된다. 혹시 놓쳤더라도 1위와 2위가 바뀌면 경제신문이 알려준다. 일대 사건이기 때문이다. 그날이 갈아타는 날이다.

망할 이유가 없다

100등이나 1000등은 망해도 1등은 망하지 않는다. 1등도 언젠가는 망할 수 있지만 지금은 아니다. 2등, 3등, 50등 100등으로 밀리다가 망할 것이다. 그러니 망할까봐 걱정하지 않아도 되고, 우리는 이미 1등으로 갈아탄 후이므로 혹시 망해도 문제는 없다.

팔고 사는 시점이 명확하다

주식투자를 하면서 이보다 명확한 매수매도 타이밍이 어디 있는가? 1등을 사면 되니까 매수는 하등 문제가 없고, 1등이 2등 되는 시점에 팔면 되니 매도 시점이 명확히 정해져 있다.

'내가 산 가격에서 10%가 떨어지면 손절매 한다'는 식의 손절매 원칙도 필요가 없다. 그러니 손절매 타이밍이 없으며 그저 1등 주식과 동행하면 된다. 사고파느라 생기는 수수료가 거의 들지 않고, 판단착오로 인한 여러 가지 손실 등도 줄어든다. 인간은 감정의 동물이기에 주식이 떨어지면 팔게 되어 있다. 그리고 오르면 다시 사기를 반복한다. 이 과정에서 시행착오를 겪고 손실이 발생한다. 근거가 빈약한 이유로 사고파는 데서 오는 손실은 생각보다 훨씬 크다. 대부분의 투자자들이 가랑비에 옷 젖는 방식으로 투자금이 소멸된다. 정신을 차리고 보면 내가 벌써 여기까지 왔나 하는 자괴감이 들기 일쑤다.

하지만 1등은 1등이 바뀌지 않는 한 돈이 생길 때마다 계속해서 사기만 하니 손절매가 없고, 사고파는 데서 오는 손실이 발생하지 않는다.

시류에 편승하지 않는다

금융위기, 경제공황 등이 오더라도 장기적으로 가져갈 것이기에 신경을 끄고 기존대로 가져가면 된다. 중국의 경제위기, 위안화 절상 등이 신경쓰이는가? 1등 주식에 투자하면 신경쓰지 않아도 된다.

꿈을 현실로 바꾸고, 돈을 벌 수 있다는 자신감을 갖고 싶다면 결론은 한 길뿐이다. 세계 1위에 투자하라. 그러나 피터 린치의 말처럼 주식은 10루타 종목을 찾아야 하는데, 세계 시가총액 1위도 그러했는가. 그런 경우는 두 번 있었다. 애플과 GE다. 확률은 1/2이다. 다음 장에서 실제 시뮬레이션을 돌린 결과를 확인해 보자.

39

세계 1등 주식의 실제 수익률_
1996년~2019년 6월까지

자료는 'https://en.wikipedia.org/wiki/List_of_public_corporations_by_market_capitalization'를 참고했으니 궁금한 독자는 직접 확인해 보기 바란다.

1등과 2등이 10% 이내일 때는 2 종목에 50대 50으로 나누어 투자하는 방법을 택했다. 세계 시총 1, 2등의 갭이 적을 때는 얼마나 차이가 나야 1등만 가져가나? 이 부분은 내가 운영하는 개인 사이트인 이곳 (http://cafe.daum.net/jordan777/Bm2o/816)을 참고하면 된다(다음 장에서 자세히 소개할 예정이기는 하다).

배당은 현재 배당률(2019년 6월)을 기초로 했고, 미국 주식만을 대상으로 했다. 2008년의 경우 엑손모빌과 페트로차이나가 세계 1, 2등을 다투었는데 당시는 금융위기 때라서 엑손모빌만을 대상으로 했다.

공황일 때만 1등 주식을 파는 것으로 설계했고, 원화로 환전을 했다가 다시 공황이 끝나면 달러로 바꾸어 1등 주식에 투자하는 방법을 택했다.

공황 시 환전하여 부자되기 – 2008년 금융위기
http://cafe.daum.net/jordan777/Bm2o/819

공황 시 환전하여 부자되기 2 – 2000년 닷컴버블
http://cafe.daum.net/jordan777/Bm2o/802

계산 결과는 모두 위의 링크를 참조하면 된다.

1996년 1억 원을 넣고 배당금을 집어넣고 세계 시총 1, 2등이 10%

이내라면 1, 2등 2개를 사고, 나스닥지수에 −3%가 뜨면 무조건 팔았다는 가정 하에 계산하였다. 2019년 7월 4일 현재까지의 결과다.

날짜	합계	배당	배당합	세계1등	합계	배당	배당합
19.07.03	5,378,292,957	0.015	5,418,630,154	MSFT	5,143,232,188		5,143,232,188
18.12.31	4,376,371,668	0.015	4,442,017,243	APPLE	4,512,305,197		
17.12.29	7,559,612,300	0.015	8,013,189,038	APPLE			
13.12.31	2,045,164,555	0.046	2,327,397,263	XOM	2,666,972,606	0.015	2,786,986,373
10.12.31	3,071,514,484	0.046	3,255,191,050	XOM			
09.09.01	2,946,706,491			XOM			
08.09.04	2,180,553,366	0.046	2,441,347,548	XOM			
05.12.30	818,933,690	0.038	881,172,650	XOM	504,986,012	0.046	551,444,725
03.12.31	347,413,046	0.038	354,013,894	GE	365,276,512	0.014	367,742,128
00.01.04	163,930,922	0.038	176,389,672	GE	326,878,071	0.014	335,703,779
97.12.31	83,201,028	0.038	89,524,306	GE	78,694,929	0.058	87,823,540
96.01.02	50,000,000			GE	50,000,000		

앞서 잠깐 소개한 바 있지만, 계산해 보니 현재 자산은 약 105억 원이 되었다. 그리고 또 계산해야 할 것이 있다. 바로 환율이다. 환율은 아래 링크를 참조하였다.

USD/KRW – 미국 달러 한화
https://kr.investing.com/currencies/usd-krw

환율은 50%의 원화 절하가 발생하여 105억 원에 50%를 더 넣으면 158억 원 정도가 된다. 즉 1억 원이 158억 원이 되었다는 얘기다. 23년 만에 일어난 일이다.

여기에 세금문제를 빼놓을 수 없다. 사실 해외주식을 하면 양도세는 주민세 포함 22% 정도다. 만약 23년간 158억 원을 벌었다면 22%인 35억을 세금으로 내야 한다. 여기서 환차익으로 인한 자산 증가는 세금을 내지 않으므로 계산에 넣지 않아도 되는데 일부러 넣었다.

세금까지 계산하면 남은 돈은 123억 원이다. 모두 제하고도 123억이 내 주머니로 쏙 들어온다고 보면 된다.

。40。

세계 시총 1, 2등 갭이 적을 때
얼마나 차이가 나야 1등만 가져가나?

앞서 세계 1등만 보유해야 할 때도 있지만, 1등과 2등의 차이가 적을 때는 5:5의 비율로 들고 가야 함을 언급하였다. 이번 장에서는 그 차이가 얼마일 때 어떻게 들고 가야 하는지 분석하였다.

분석 기간은 2006년부터 2019년까지다. 2006년 이전에는 분기별이 아닌 연도별 자료만 있어서 2006년부터 분석하였음을 밝힌다. 다음은 참조한 사이트다.

https://en.wikipedia.org/wiki/List_of_public_corporations_by_market_
capitalization#2018

연도	분기	1등 시총	2등 시총	차이	백분율	비고
2006	1	371,631.00	362,527.00	9,104.00	2.45	엑손
	2	371,187.00	342,731.00	28,456.00	7.67	엑손
	3	398,906.00	364,414.00	34,492.00	8.65	엑손
	4	446,943.00	383,564.00	63,379.00	14.18	엑손
2007	1	429,567.00	363,611.00	65,956.00	15.35	엑손
	2	472,519.00	393,831.00	78,688.00	16.65	엑손
	3	513,362.00	424,191.00	89,171.00	17.37	엑손
	4	723,952.00	511,887.00	212,065.00	29.29	엑손
2008	1	452,505.00	423,996.00	28,509.00	6.30	엑손
	2	465,652.00	341,140.30	124,511.70	26.74	엑손
	3	403,366.00	325,097.50	78,268.50	19.40	엑손
	4	406,067.00	259,836.00	146,231.00	36.01	엑손
2009	1	336,527.00	287,185.00	49,342.00	14.66	엑손
	2	366,662.90	341,140.30	25,522.60	6.96	페트로차이나 1등, 엑손 2등 체인지
	3	329,725.00	325,097.50	4,627.50	1.40	페트로차이나 1등, 엑손 2등 체인지
	4	353,140.10	323,717.10	29,423.00	8.33	페트로차이나 1등, 엑손 2등 체인지
2010	1	329,259.70	316,230.80	13,028.90	3.96	페트로차이나 1등, 엑손 2등 체인지
	2	291,789.10	268,504.80	23,284.30	7.98	페트로차이나 1등, 엑손 2등 체인지

	3	314,622.50	270,889.90	43,732.60	13.90	엑손
	4	368,711.50	303,273.60	65,437.90	17.75	엑손
2011	1	417,166.70	326,199.20	90,967.50	21.81	엑손
	2	400,884.50	310,412.30	90,472.20	22.57	엑손
	3	353,518.10	353,135.20	382.90	0.11	애플 1등, 엑손 2등 체인지
	4	406,272.10	376,410.60	29,861.50	7.35	엑손 1등, 애플 2등 체인지
2012	1	559,002.10	408,777.40	150,224.70	26.87	엑손
	2	546,076.10	400,139.10	145,937.00	26.72	엑손
	3	625,348.10	422,127.50	203,220.60	32.50	엑손
	4	500,610.70	394,610.90	105,999.80	21.17	엑손
2013	1	415,683.30	403,733.10	11,950.20	2.87	엑손 1등, 애플 2등 체인지
	2	401,729.80	372,202.30	29,527.50	7.35	애플 1등, 엑손 2등 체인지
	3	433,099.60	378,716.20	54,383.40	12.56	애플
	4	504,770.80	442,142.80	62,628.00	12.41	애플
2014	1	478,766.10	422,098.30	56,667.80	11.84	애플
	2	560,337.40	432,357.30	127,980.10	22.84	애플
	3	603,277.40	401,094.10	202,183.30	33.51	애플
	4	647,361.00	391,481.90	255,879.10	39.53	애플
2015	1	724,773.10	356,548.70	368,224.40	50.81	애플
	2	722,576.90	357,154.40	365,422.50	50.57	애플
	3	621,939.00	407,870.00	214,069.00	34.42	애플
	4	598,344.00	534,090.00	64,254.00	10.74	애플
2016	1	607,465.00	535,660.00	71,805.00	11.82	애플
	2	517,069.00	475,320.00	41,749.00	8.07	애플
	3	604,475.00	535,660.00	68,815.00	11.38	애플

내일의 부

	4	617,588.49	531,970.00	85,618.49	13.86	애플
2017	1	753,718.00	573,570.00	180,148.00	23.90	애플
	2	749,124.00	628,610.00	120,514.00	16.09	애플
	3	791,726.00	664,550.00	127,176.00	16.06	애플
	4	868,880.00	727,040.00	141,840.00	16.32	애플
2018	1	851,317.00	715,404.00	135,913.00	15.97	애플
	2	909,840.00	824,790.00	85,050.00	9.35	애플
	3	1,091,000.00	976,650.00	114,350.00	10.48	애플
	4	780,520.00	748,680.00	31,840.00	4.08	마소 1등, 애플 2등 체인지
2019	2	9,926.61	9,799.21	127.40	1.28	애플 1등, 마소 2등 체인지

여기서도 중요한 매뉴얼을 하나 발견할 수 있었다. 1등과 2등이 바뀔 때는 당연히 격차가 좁혀져야 한다. 그런데 어느 정도로 좁혀졌을 때 역전현상이 일어나는지는 중요한 수치가 아닐 수 없다. 그 수치는 10% 이하였다. 서로 간의 격차가 10% 이상일 때는 순서가 바뀌지 않고 1등이 계속해서 치고 나간다.

그렇다면 시가총액의 격차가 10% 이하라면 무조건 1, 2등을 동시에 들고 있어야 하는가? 그렇지는 않다. 1등과 2등이 바뀌지 않는 한 계속해서 1등만 보유한다.

하지만 일단 1등과 2등이 바뀌었다면 그 때는 둘 다 들고 가는데 1등과 2등의 차이가 10% 이하라면 그 때는 둘 다 들고 가는 것이 맞다. 그러다가 10% 이상 차이가 나면 그 때는 2등을 팔고 1등만 들고 가면 된다.

분석기간 중 가장 최근인 2019년 2분기를 보자. 어떻게 대처하는 것이 맞는지 스스로 결정해 보라. 이 기간 동안 애플과 마이크로소프트 간 순위 변동이 발생하였다. 두 종목의 격차는 겨우 1.28%다. 1, 2등이 바뀌었고, 둘 간의 시가총액 차이가 10% 이하이므로 1등과 2등, 즉 애플과 마이크로소프트를 동시에 들고 간다. 그러다가 1등인 애플과 2등인 마이크로소프트 간 격차가 10% 이상으로 벌어지면 마이크로소프트를 팔고 1등인 애플만 들고 가면 된다.

연도	분기	1등 시총	2등 시총	차이	백분율	비고
2019	2	9,926.61	9,799.21	127.40	1.28	애플1등, 마소2등 체인지

언뜻 복잡해 보이지만 완전히 이해하고 나면 매우 간단하다. 주식투자에서 이처럼 대처가 쉬운 방법도 흔치 않다.

세계 시가총액 1등과 2등의 차이가 10% 이하라면 그 때는 1, 2등을 동시에 들고 가고, 10% 이상 넘어가면 2등을 팔고 1등만 들고 간다. 그리고 또 다시 1, 2등의 순위가 바뀌지 않는 한 1등을 계속 들고 간다.

。41。

어떤 기업이
4차 산업혁명으로 돈을 버는가?

서점에는 4차 산업혁명 관련 도서들이 넘친다. 그 책 대부분은 자율주행차, 우주여행, 합성생물학, 바이오 기술, 심지어 투명 망토 얘기까지 나온다. 그러나 독서를 끝내도 손에 쥐어지는 것이 없다. 와닿지 않기 때문이다. 4차 산업혁명이 바꿀 놀라운 미래는 분명 흥미롭지만, 그래서 뭘 어찌해야 한다는 것인지는 빠져 있다.

그래서 접근을 조금 달리하여 산업혁명으로 누가 돈을 벌었는지 살펴보고자 한다. 역사는 반면교사 역할을 한다. 현재만 알아서는 앞으로 나아갈 방향을 잡기가 어렵다. 하지만 과거의 스펙트럼으로 현재를 본다면 하나의 선이 그어지고 그 선의 연장선에 미래가 맞닿아 있다. 그렇다. 미래를 보려면 역사를 먼저 봐야 한다. 윈스턴 처칠은 1956년 한 모임에서 "지난날을 더 멀리 되돌아볼수록, 당신은 더 먼 미래를 볼 수 있을 것이다"고 했지 않은가.

1차 산업혁명, 누가 돈을 벌었나?

먼저 1차 산업혁명을 보자. 1차 산업혁명은 방직기와 방적기 혁명이다. 당시 동양에는 목화가 보급되었기 때문에 겨울이면 솜옷을 입었다. 동양이 서양보다 훨씬 추웠음에도 불구하고 얼어죽는 사람이 많지 않았다.

반면 서양은 목화가 없었기 때문에 면방직 옷을 입을 수 없었고, 모직뿐이었다. 모직은 양털이 원료다. 하지만 평민이 입기에는 너무 고가였다. 그래서 겨울이 와도 여름옷을 입고 버티다가 얼어죽는 경우가 많았다.

서양에서 방직기, 방적기 혁명이 일어난 이유가 바로 여기에 있다. 동양보다 필요성이 훨씬 컸다는 것인데, 산업혁명으로 옷감을 대량으로 생산했고 수요보다 공급이 훨씬 많게 되었다.

산업혁명의 발상지는 영국이다. 영국은 대제국을 경영하고 있었다. 산업혁명으로 옷감이 남아돌자 영국은 자신의 식민지였던 인도에 옷감을 팔기 시작했다. 질도 좋고 가격도 싸서 옷감을 만들던 인도의 수공업은 초토화되었다.

산업혁명으로 방직기, 방적기 업자가 돈을 벌었을까? 물론 이들도 돈을 벌기는 했지만 사실 이런 기계산업은 시간이 갈수록 경쟁이 심화되기 때문에 점차 돈을 벌기가 어려워진다.

그런데 이 광경을 유심히 지켜보던 사람들이 있었으니, 바로 농장주들이었다. 이들은 방직기와 방적기가 혼자 돌아가는 것이 아님을 알게 되었다. 무엇으로 돌아가나? 양털로 돌아간다. 그래서 소작농에게 주었던 농토에서 그들을 쫓아내고 울타리를 치고 양을 길렀다. 이것이 엔클로저운동(울타리 치기)이다.

이들은 방직업을 하는 업자들에게 양털을 독점적으로 공급하여 큰돈을 벌었다. 산업혁명을 일으킨 방직기와 방적기가 아니라 원료를 대던 업자들이 더 큰 돈을 벌었던 것이다.

2차 산업혁명, 누가 돈을 벌었나?

2차 산업혁명은 전기혁명이다. 전기가 발명되자 다양한 종류의 기계들이 쏟아졌고, 기계는 사람을 대신하였다. 노동이 인간의 육체에서 기계로 이동한 것이다. 우리는 보통 택시운전사를 육체노동자로 인식하지만, 사실은 정신노동자에 가깝다. 그들이 육체노동자면 비행기를 운전하는 기장도 육체노동자다.

수송의 노동은 주로 낙타나 말 혹은 사람이 직접 *끄는* 지게, 수레, 인력거 등에서 자동차, 비행기, 선박 등 기계로 바뀌었다. 뿐만 아니라 포크레인이 삽, 곡괭이를 대신했고 전기톱이 톱을 대신했다. 기계 조작을 가르치는 학교나 학원이 생겼고, 기계를 능수능란하게 움직이는 사람들이 산업현장에 배치되었다. 대표적으로 자동차다.

2차 산업혁명의 꽃으로 불리는 자동차산업에서 자동차 기업인 포드, GM, 크라이슬러 등은 돈을 벌었을까? 당연히 돈을 벌었지만 그들보다 돈을 더 번 사람이 있다. 바로 이 모든 기계가 똑같은 에너지로 움직인다는 사실을 안 사람이다. 그 이름은 모르는 이가 없는 록펠러다. 록펠러는 노동이 인간에서 기계로 바뀌면서 에너지원이 식량에서 석유로 이동한다는 사실을 파악한 통찰력이 있는 사람이었다.

결국 2차 산업혁명을 통해 기계를 만드는 사람들이 아니라, 석유를 독점적으로 공급했던 록펠러가 훨씬 더 많은 부를 거머쥐었다.

3차 산업혁명, 누가 돈을 벌었나?

3차 산업혁명은 이전 산업혁명보다 혁명적임에도 사람들의 뇌리 속에는 이전 혁명이 더 혁명적으로 남아 있다. 아마도 우리 생활 깊숙이 그리고 광범위하게 침투해 있기 때문이 아닌가 생각해 본다.

3차 산업혁명은 PC · 인터넷 혁명이다. 이 혁명은 우리의 삶을 바꾸어놓았다. 예를 들어 쇼핑을 한다면, 과거에는 아침에 조간신문에 끼어 있는 대형마트 전단지를 통해 오늘 삼겹살 세일을 한다는 사실을 알았다. 차를 운전해서 대형마트 주차장에 주차하고 카트를 밀고 들어가 정육코너에 가서 삼겹살을 사오지 않나?

그런데 PC, 인터넷이 생기면서 우리는 방 안에서 또는 모바일로 쇼핑을 할 수 있게 되었다. 클릭 한 번이면 마트에 가지 않아도 물건이 배달된다. 따라서 차를 타고 마트에 가서 물건을 담아오던 시간과 연료, 정력을 아낄 수 있는 시대가 되었다.

생활뿐인가, 그 영향력은 산업 전반으로 퍼져나갔다. 미국에 직접 가지 않고도 화상회의를 통해 외국 바이어와 제품 AS에 대해 이야기할 수 있게 되었다. 그러자 생산공장은 세계 어디에 있든 모두 실시간으로 컨트롤이 가능해졌다. 현대자동차 양재동 본사에 있는 베테랑이 고장난 체코공장의 기계수리를 콘트롤 할 수 있다. 바로 이 점이 물가를 떨어뜨리고, 고속성장이 가능케 했다. 2000년대 초반 닷컴버블이 들풀처럼 전세계로 퍼져나갔지 않은가.

이때는 누가 돈을 벌었나? 화상회의를 실현한 컴퓨터 제조회사였나? 아니다. 컴퓨터 회사는 처음에는 주목을 받았지만 너무 많이 생겨났고 저가 출혈경쟁에 내몰려 결국 망했다. 우리나라에도 한때는 유명했지만, 지금은 몰락한 컴퓨터 회사들이 몇 있다.

이때 돈을 번 기업은 컴퓨터 조립기업이 아닌 컴퓨터 부품을 독점적으로 공급하는 기업이었다. 컴퓨터의 OS를 만드는 마이크로소프트, 그래픽카드를 만드는 엔비디아, CPU를 만드는 인텔, 메모리를 만드는 삼성전자 등이다. 즉 완제품을 만드는 기업이 아닌 독점적이면서 반드시 있어야 하는 소재를 만드는 소재기업이 돈을 벌었다.

4차 산업혁명, 누가 돈을 벌게 될까?

4차 산업혁명은 이미 와 있고, 앞으로도 계속될 것이다. 현재진행형이다.

4차 산업혁명이란 인공지능, 사물 인터넷 시대다. 모든 사물이 전자화되고, 통신기술로 이어진다. 전기자동차, 자율주행차, 친환경 에너지, 드론, AR, VR 등이다. 그렇다면 이들이 돈을 벌까? 아니다. 이들역시 지금까지의 역사처럼 저가 출혈경쟁에 내몰릴 것이다. 앞으로도역시 독점적이고 반드시 있어야 할 소재기업들이 돈을 벌 것이다. 그리고 이들이 버는 돈의 단위는 앞선 3번의 산업혁명과는 그 규모와 차원이 다르다. 더 큰 시대가 열리고 있는 것이다.

알리바바 회장 마윈(馬雲)은, "이제 20년간 지속돼온 IT(Information Technology·정보 기술)의 시대가 저물고 앞으로 30년간 DT(Data Technology·데이터 기술) 혁명에 기반한 새로운 인터넷 시장이 열릴 것"이라고 말했다.

IT가 사물인터넷이 되기 위한 바탕을 깔아 줬다면 이 사물인터넷을 통해 엄청난 데이터가 생길 것이고, 그 데이터로 가공을 해서 고객의 니즈(욕망)를 알아내는 기업이 성공할 것이다. 달리 말해 생태계기업이라 한다. 구글은 유튜브, 안드로이드를 만들었고, 애플은 iOS를, 아마존은 쇼핑을, 넷플릭스는 영상을, 페이스북은 SNS 생태계를 만들었다. 그리고 이 생태계를 꾸리려면 거대한 클라우드가 기반이 되어야 한다. 그래서 클라우드 기업인 마이크로소프트, 아마존과 같은 기업이 새로운 세상의 주인이 될 것이다. 앞선 산업혁명의 양털, 석유, 소재 업자들처럼 말이다.

소유에서 구독으로,
패러다임 변화 속에서 살아남는 법

소유에서 공유로 인식이 전환되는 시점에 와 있다. 더 이상 자동차를 소유하지 않고, 공유하는 개념으로 패러다임이 바뀐다. 기존에는 자동차를 출퇴근 용도로만 쓰고 집에 모셔 두었는데 이제는 필요할 때만 시간단위로 빌려 쓰는 개념으로 간다. 벤츠는 월 300만 원, 현대차는 월 100만 원, 이렇게 바뀐다. 자원의 효율적인 분배측면에서도 유리하다.

　이러한 개념의 변화는 새로운 직업을 낳는다. 젊은이들은 창업자금이 문제다. 그런데 이렇게 빌려 쓰는 개념이라면 벤츠를 가지고 우버와 같은 럭셔리 차량운송 서비스도 가능하다. 현재 우리나라에서는 불법이지만 미국을 비롯한 전세계에서는 합법이다. 우리도 언젠가는 가능해질 것이다. 자전거, 집 모두 빌려 쓸 수 있다.

　다만 빌려 쓰기 애매한 물건은 '구독'으로 해결한다. 면도날, 화장품 등은 매달 배달되는 방식이다. 이러한 운동은 오프라인뿐 아니라 온라인에서도 벌어지고 있다. 마이크로소프트의 경우, 예전에는 오피스를 사서 쓰게 했다면 현재의 오피스365는 매달 결제 받는 시스템이다. 넷플릭스의 회원제나 구글의 프리미엄 서비스 등도 같은 개념이다. 매달 결제하는 방식이다.

　이러한 공유 또는 구독의 개념을 자본의 논리로 따져보자. 소유가 나을까? 구독이 나을까? 소유보다 구독이 빌려 쓰는 개인으로 봤을 때는 악질적인 개념이다. 왜냐하면 나의 자유를 묶어두기 때문이다. 한 번 사고 마는 것이 아니라 매월 사야 한다. 대신 소유는 자유롭다. 완전히 내것이 되었기 때문이다. 그런데 구독을 하면 자유로울 것 같지만 그렇지 않다. 한 번 쓰면 끊기 힘들기 때문이다.

　아파트 전세 2년을 살아보고 살지 말지 결정하라는 상품이 있었다. 건설사에서 내놓은 이 상품을 산 사람들이 많았다. 인간의 심리는 한 번 써보면 감정이입을 하고 그것이 내 것이라는 심리가 강해진다. 그래서 막상 구매 선택의 시간이 되면 OK 확률이 높아진다.

그런 면에서 부동산은 주식보다 더 자유롭지 못하다. 부동산은 한 채의 가격이 비싸다. 그렇기 때문에 반드시 빚을 내서 사야 한다. 빚을 내서 산다면 이자 때문에 나의 자유를 빼앗긴다. 빚은 나로 하여금 매월 일정액의 이자를 내도록 만든다. 그러나 주식은 한 번에 살 수 있도록 즉 소유할 수 있도록 만든다. 그러니 주식은 사는 것도 파는 것도 쉽다.

앞서 2차 세계대전 직후 미국으로 돌아온 1,400만 명의 군인들에 관한 이야기를 하였다. 민간인으로 전환되는 이들을 어떻게 해야 하나? 미국은 이들을 소비성향이 강한 중산층으로 만들어야 했다. 소비성향이 높아야 미국이 전세계의 물건을 사주고 그 물건의 대가로 달러를 주고 달러를 통해 세계 유동성을 확보하고 유동성으로 인해 세계의 경제가 살아나는 달러패권의 시대를 열 수 있기 때문이다. 그래서 미국의 목표는 미혼에 집 없는 총각들을 결혼한 4인가구의 가장으로 만드는 일이었다.

결국 중산층은 스스로 자본주의 노예가 되었다. 집을 샀고, 집은 가격이 비싸다. 엄청난 돈이 필요하다. 그러니 나라에서 집담보 대출을 높은 비율로 해주고 평생 갚도록 했다. 덕분에 적은 돈으로 집을 가질 수 있었고 결혼도 아이도 낳을 수 있었다.

그런데 왜 이 상황이 노예인가? 집대출 이자와 원금을 갚고 결혼을 해서 아이를 낳으면 교육비와 생활비가 같이 들어간다. 이를 갚으려면

내일의 부

가장은 일을 해야 했고 그것도 아주 열심히 해야 했다. 한 마디로 자본주의를 소비하는 노예가 된 것이다.

소비하는 노예는 스스로 생산하는 노예와도 같은 개념이다. GM자동차를 생산한 공장 노동자는 그것을 자신이 벌어들인 임금을 주고 사야 한다. 모델이 바뀌거나 고장이 나면 다시 벌어 놓은 임금으로 신차를 사도록 만들었다. 마치 뫼비우스의 띠처럼 생산과 소비를 반복하면서 죽을 때까지 일하도록 만들었던 것이다. 빚을 갚으려면 놀 시간이 없다. 가구와 가전을 채우고 시시때때로 신제품으로 바꾸려면 일을 멈춰서는 안 된다.

노예의 관점에서 자본주의를 바라보면 우울하다. 그러나 구독의 개념을 노예의 관점이 아니라 주인의 관점에서 보자. 주인의 관점에서 보려면 이러한 중독적인 기업의 주식을 매수하면 된다. 주식은 부동산처럼 대출을 끌어당겨 매수하지 않는다. 여유자본이고 내가 살 수 있을 정도의 금액으로 쪼개 놓았기 때문에 사는 순간 온전히 내것이 된다. 관점을 바꾸니 이러한 구독의 노예가 많을수록 나는 부자가 된다.

앞으로는 소유가 아닌 매월 결제하는 시스템으로 세계의 패러다임이 바뀐다. 우리는 주식을 위해 돈을 벌어 줄 노예들이 많은 세상을 꿈꿔야 한다. 중독적이며 구독을 잘 하게 하는 기업이 21세기를 이끌어갈 기업이다.

기업의 입장에서 이들은 생태계기업이다. 그러나 중독된 개인은 개미지옥이라 말한다. 기업은 개인이 빠져 나오지 못하도록 먹잇감을 던

져준다. 개인은 그 먹잇감을 받아먹으며 스스로 돈과 시간을 아낌없이 쓴다.

"부동산은 소유하며 스스로 노예가 되지만 주식은 소유하며 스스로 주인이 된다."

그 비싼 부동산은 사실 은행 것이며 내가 가진 지분이라곤 현관 정도와 현관에 달린 화장실 정도다. 그 외에 안방, 건너방, 거실 등은 모두 은행의 소유다. 따라서 은행이자를 갚기 위해 열심히 일해야 한다. 요즘에는 이자가 아닌 원금까지 갚아야 하기 때문에 갚아야 하는 금액이 더 늘었다. 그럼에도 불구하고 자신이 주인이라 생각하는 사람들이 많다. 그러나 안심하라. 대부분의 사람들은 이 사실을 모른다.

소유에서 구독으로의 패러다임 전환은 진척되고 강화된다. 어느 시점에는 내가 사고 싶어도 살 수 없는 시대가 된다. 그 시대는 빌려 쓰면 되니 자유로울 것 같지만 사실은 매월 결제해야 할 것이 천지인 개미지옥이다.

물론 그런 기업의 주식을 꾸준히 모았다면 시대가 진척되고 강화되는 것만큼 당신 계좌의 덩치는 비례해서 커질 것이다.

₀43₀

욜로의 시대에 뜨는 기업

욜로란 'You Only Live Once'의 약자로, 의역하면 '네 인생은 오직 한 번뿐이다'는 의미다. 즉, 소유하지 않고 소비하는 시대로의 전환을 말한다. 지금까지 우리는 소유를 택했다. 자동차를 소유했고, 집을 소유했고, 각종 내구재를 소유했다. 기업, 호텔, 택시, 비행기 모두 소유하려고 노력했다.

그러나 이제 공유의 개념으로 변하고 있다. 자동차를 소유하던 시대에서 우버를 호출하면서 빌려 타는 개념으로 바뀌었다. 아파트도 빌려 쓰는 개념인 셰어하우스로 바뀌고 있고, 여행중 숙박은 기업이 소유한 호텔이 아닌 누군가의 집, 즉 에어비앤비를 이용한다. 항공사도 비행기를 빌려 쓰고, 기업도 데이터를 빌려 쓴다. 바로 이것이 클라우드다. 이전에는 기업이 전산실을 따로 두었지만, 지금은 가상의 데이터 공간을 빌려 쓴다. 필요한 만큼 쓰고 쓴 만큼 돈을 내면 된다. 이런 시대 흐름을 만든 원인은 두 가지다.

첫째는 인터넷 혁명이다.

인터넷 속도가 빨라지고 대량의 데이터도 얼마든지 올리고 내릴 수 있게 되면서 클라우드가 가능해졌다. 스마트폰이 생기면서 앱을 통해 나의 위치정보, 결제정보를 알리고 택시를 호출할 수 있게 되었다. SNS를 하면서 페이스북 친구도 생겼다. 그러면서 모든 것을 나눠 쓸 수 있게 되었다. 왜 나눠 쓰는가? 효율적이기 때문이다.

자동차의 경우 95%는 주차장에서 잠을 잔다. 도로 위를 달리는 차는 불과 5%다. 5%만 제 할 일을 한다는 뜻이다. 그러다가 우버와 같은 차량공유서비스가 생기면서 굳이 차를 살 필요가 없게 되었다. 자동차가 없으면 일상생활이 힘들다는 미국에서도 차를 사지 않는 사람들이 늘어나고 있다. 뿐만 아니라 운전면허 자체를 따지 않는다. 운전면허가 없으니 차를 살 필요도, 보험에 들 필요도, 차에 기름을 넣을 필요도 없게 되었다. 개인 입장에서는 매우 효율적이다.

　최근 미국에서는 자동차 판매량이 떨어지고 있다. 판매량 하락은 위험신호이다. 자동차는 중산층을 구분하는 조건이기 때문이다. 중산층은 자동차를 할부로 사고 30년 모기지(장기 대출)로 아파트를 산 후 이자와 원금을 갚아 나갔다. 그런데 지금 청년층은 자동차를 소유 대신 공유서비스를 이용하고 아파트도 사지 않고 셰어하우스에서 산다.

　둘째 돈이 없다.

　요즘 청년층은 취업이 되지 않는다. 일자리가 생기려면 생산성이 올라가야 하는데, 우리나라는 이미 그 단계를 지나왔다. 그리고 앞으로도 뾰족한 해결책이 보이지 않는다.

　국가의 생산성이 올라가려면 2가지 요건이 전제되어야 한다. 하나는 창의적인 기업이 파괴적인 혁신으로 만들어내는 일자리다. 세계를 이끄는 미국 기업 FAANG(Facebook, Amazon, Apple, Netflix, Google)이 대표적이다. 그 밖에 바이오, 클라우드, IT 등 혁신적인 일자리는 미국에서만 생긴다. 미국은 세계에서 유일하게 창의적인 혁신이 일어나는 토대가 마련되어 있다. 소유권의 보장과 사회제도가 뒷받침되기 때문이다.

　예를 들어 내가 소유한 땅 5m 지하에 다이아몬드 광산이 있다고 하자. 그리고 그 광산을 발견한 사람도 바로 나다. 그 다이아몬드 광산은 누구 것인가? 내 것인가? 아니다. 대부분 국가 소유다. 그러니 내가 굳이 이 다이아몬드 광산을 파낼 이유가 없다. 국가가 공시지가에 플러스 얼마를 붙여서 가져갈 것이기 때문이다.

그러나 미국은 다이아몬드든 석유든 내 땅에 있으면 모두 내것이다. 최근 미국은 세계 최대 산유국이 되었다. 셰일가스가 발견되었기 때문이다. 셰일가스가 발견되자 땅 주인은 누가 시키지 않아도 스스로 적극적으로 개발했다. 그리고 1998년 그리스계 미국인 채굴업자 조지 미첼이 프래킹(fracking, 수압파쇄) 공법을 통해 상용화에 성공했다. 프래킹 공법이란, 모래와 화학 첨가물을 섞은 물을 시추관을 통해 지하 2~4km 밑의 바위에 5백~1천 기압으로 분사하여 바위 속에 갇혀 있던 천연가스가 바위 틈새로 모이면 장비를 이용해 이를 뽑아내는 방식이다. 이 모든 일을 정부가 아닌 개인이 해낸 것이다.

미국에서는 지식재산권과 소유권이 광범위하게 보호된다. 미국에서만 창의적인 혁신을 통한 생산성 향상이 일어나는 이유다. 생산성 향상이 일어나니 일자리도 자연스럽게 창출된다. 정부가 나서서 일자리를 창출할 필요가 없다.

다른 선진국은 어떤가? 유럽은 폭스바겐, 지멘스, 보쉬 등 세계적으로 알려진 기업은 2차 세계대전 때도 있었던 기업이다. 일본을 대표하는 미쯔비시, 소니, 도시바 등도 대부분 오래된 기업이다. 한국도 다르지 않다. 삼성, 현대, LG…, 모두 오랜 세월을 자랑한다.

그러나 미국은 아마존, 페이스북, 구글 등 최근 20년 이내에 생긴 기업들이 세계 시가총액 10위 안에 들어가 있다. 파괴적인 혁신에 의

한 기업의 생성과 성장이 가능하기 때문이다. 반면 한국은 기존 업종과 충돌하면 기득권을 보호하는 방향으로 법이 개정되기 때문에 창의적인 아이디어가 있어도 쉽게 사장된다.

생산성 향상이 일어나는 또 하나의 요건은 인건비 절감이다. 인건비 절감 업종은 전통적인 업종이다. 자동차, 철강, 조선 등이다. 인건비 상승에 따라 세계의 공장은 미국에서 일본, 독일로 옮겨 갔고 한국, 대만으로 그리고 중국으로 이제는 동남아와 인도로 옮겨가고 있다.

이 과정을 거치며 선진국은 어떻게 되는가? 중산층이 무너진다. 중산층은 보통 공장에 다니는 생산직 정규직 근로자다. 선진국 공장에 다니는 정규직 근로자는 인건비 절감을 위해 생산공장이 옮겨가면 일자리를 잃을 수밖에 없다. 이들이 일자리를 잃으면 다시는 이런 일자리를 찾을 수 없다. 이미 인건비 자체가 높아져 남아 있는 일자리는 자영업과 서비스업뿐이기 때문이다.

서비스업은 배달, 경비, 아르바이트, 택배와 같은 직업들이고, 이런 일로는 생산직 정규직 정도의 벌이가 거의 불가능하다. 따라서 생활은 곤궁해지고 명예퇴직금으로 자영업을 차렸다가 쫄딱 망하고 하층민으로 전락하고 만다. 다 그런 것은 아니지만 대부분은 공부나 경험 없이 대책 없이 덤볐다가 나락으로 떨어지고 만다.

한국은 이미 발전적 불균형의 상태에서 안정적 균형의 상태로 가고 있다. 그 증거는 청년이 창업을 하지 않고 공무원과 대기업 취직에 더 열심인 현상이다. 오히려 못살았던 격동의 1950년대에 여러 가지 기회가 많았고 부자 될 확률·기회도 많았다. 지금 우리는 비록 선진국이 되었지만 돈 벌 기회는 줄고, 사업을 잘못 했다가는 대기업과 맞붙다가 신용불량자 신세로 전락하기 딱 좋다.

그래서 창업은 발전적 불균형이 있는 나라인 베트남과 같은 역동적인 나라나 미국과 같이 창조적 파괴가 일어나는 나라에서 해야 기회를 얻을 수 있다.

상황이 이러하므로 청년들은 소유보다 소비에 몰두한다. 비단 한국뿐 아니라 전세계적인 현상이다. 이미 세계의 많은 국가들이 선진국에 진입되었기 때문이다. 미국, 유럽, 일본, 한국, 대만, 싱가폴, 홍콩 등은 모두 선진국이 되었고 청년들은 취업이 안 된다.

이들에게 공유경제가 왔고 전통적인 중산층 기준이 맞지 않게 되었다. 결혼해서 자동차를 소유하고 아파트를 사고 직장에 다니면서 월급으로 이자와 원금을 갚고 아이들의 교육비를 대는 전형적인 모습이 사라져 간다. 지금의 청년들은 결혼하지 않고 자동차를 소유하지 않고 아파트를 사지 않으며 직장보다는 아르바이트를 하면서 남는 돈으로 소비를 한다. 그래서 현재는 소비의 시대고, 내구재가 아닌 비내구재를 소비한다.

재화를 분류하는 방법의 하나로, 장기간 사용함에 따라 그 사용으로부터 얻어지는 편익의 흐름이 서서히 소모되어 가는 재화를 내구재, 단기 사용으로 소모되어 버리는 것을 비내구재라 한다. 이 분류는 주로 소비재에 대해 행해지는 것으로서, 주택·가정용 재봉틀·전기냉장고 등이 전자에 속하고, 식료품·비누·담배 등이 후자에 속한다. 쉽게 말해 잘 안 썩는 것 딱딱한 것은 내구재, 단기간에 썩고 물렁한 것은 비내구재다.

그래서 현재는 트렌드에 맞게 쇼핑 관련 주식이 뜬다. 기업으로 아마존, 쇼피파이 등이 있다. 또한 먹어서 없애고 소모해서 없애는 음식료 업종이 뜬다. 커피, 햄버거, 음료수 등과 같은 주식 말이다. 인터넷으로 결재하는 카드, 각종 페이 주식도 뜬다. 비자카드, 마스터 카드 등처럼 말이다.

그래서 이 시대를 소유보다는 소비하는 욜로의 시대라 한다.

°44°

빅데이터는
인간의 욕망을 측정하는 도구

빅데이터가 중요한 이유는 인간의 욕망을 측정하는 도구이기 때문이다. 이 얘기를 진행하려면 데카르트까지 올라가야 한다. 데카르트는 인간의 이성을 인간의 본성이라 규정했다. 인간이 동물과 가장 다른 특징이다. 인간은 이성적 동물이고 이성에 따라 행동한다. 그리고 이성적인 소비를 한다. 그러나 스피노자에 와서 뒤집힌다. 인간을 움직이는 것은 이성이 아니라 욕망이라는 것이다.

생각해보자. 무궁화호를 타고 목적지까지 가는 데 3시간이 걸리고 요금은 1만 원이다. 하지만 KTX를 타면 1시간 만에 갈 수 있고, 요금은 3만 원으로 높아진다. KTX를 타면 2만 원을 더 내야 하지만 2만 원보다 더 큰 효과가 있다면 KTX를 탈 것이다. 그것이 합리적 소비다.

또 다른 예로, 10만 원짜리 가방도 많은데, 1000만 원짜리 명품가방을 사는 행위는 무엇으로도 설명이 되지 않는다. 기능면에서 큰 차이가 없는 물건을 100배나 더 주고 산다는 것은 합리적인 소비가 아니다. 이 소비는 남에게 과시하려는 소비고 그 소비는 욕망으로부터 나온다. 그래서 스피노자는 욕망이 인간을 움직이는 본성이라 한 것이다.

'인간의 욕망을 알면 물건을 팔 수 있다.'

이것이 돈을 중시하는 자본주의의 화두였다. 그런데 욕망이 어디에서 와서 어디로 가는지 모른다. 욕망을 측정하기 위해 온갖 시도와 노력을 했으나 객관적인 측정방법을 찾지 못했다. 그러나 21세기에 들어오면서 행동으로부터 사람의 욕망을 측정하는 법을 알아냈다. 그것이 빅데이터다.

빅데이터는 사람의 욕망을 측정하며, 이를 마케팅에 잘 활용한다면 꼴지에서 1등 기업이 될 수도 있다. 예를 들어 기아의 K시리즈가 유럽에서 성공한 이유는 아이 트레킹 기술로 욕망을 알아냈기 때문이다. 아이 트레킹 기술은 사람의 눈을 통해 그 사람이 원하는 바를 알아내는 기술이다. 기아자동차는 유럽인들을 불러다가 K시리즈 자동차를 보여주고 그 사람들의 의견을 물어보지 않았다. 다만 그들의 눈동자가 어떻게 반응하는지에 대한 데이터를 모아서 가장 호감을 느끼는 데이터가 많은 사진을 골랐다. 그 사진을 바탕으로 K시리즈 디자인을 했고 대성공을 거두었다.

내비만 켜고 운전해도, 대중교통 이용해도 보험료 깎아준다

국내 보험업계에서 최근 핀테크 적용이 가장 활발한 분야는 자동차보험이다. 단순히 블랙박스를 설치하거나 주행 거리가 애초 기준보다 적을 경우 할인해주는 고전적인 방식에서 운전자 개개인의 운전 습관을 정량적으로 분석해 할인해주는 방식으로 진화하고 있다.

동부화재는 지난 4월 말 국내 최초로 운전 습관 연계보험(UBI)을 활용한 보험상품을 출시했다. SK텔레콤과 제휴해 보험 가입자가 차량 내비게이션 앱인 '티맵'을 켜고 주행할 경우 운전 점수가 일정 수준(61점) 이상이면 보험료를 할인해 준다. 동부화재 관계자는 "보험 가입 전에 점수를 제출하면 되고, 가입 후에 목표 점수에 도달할 경우엔 남아 있는 보험 기간에 대해 할인 금액을 환급받을 수 있다"고 말했다.

_2016년 5월 26일자 조선일보

빅데이터는 사람의 습관을 알아내는 도구다. 행위와 생활패턴으로 정보를 모으고 이를 바탕으로 가격을 매긴다.

T맵만 켜도 보험료를 깎아준다. 일단 1년 동안은 보험료를 덜 내도

된다. 그리고 운전습관이 좋으면 그 후 더 깎아줄지도 모른다. 그러니 주말에만 운전하거나 모범운전을 하는 사람은 이런 보험에 들면 이득이다. 그러나 음주운전, 신호위반, 과속, 매일 운전하는 사람들은 프로그래시브 보험사가 그랬던 것처럼 사고가 없음에도 불구하고 1년 후에는 최소 30%의 보험료가 상승할 것이다. 운전습관이 나쁜 사람들의 데이터를 모아 이들을 퇴출시키는 것이 그들의 목표다. 보험사가 너도나도 이런 시스템을 도입한다면, 지금까지는 사고를 많이 낸 사람만이 보험사에서 퇴출 되었다면 앞으로는 운전습관이 나쁜 사람도 자연스럽게 퇴출될 것이다.

물론 이런 시기도 얼마 남지 않았다. 머지않아 자율주행 시기가 올 것이니 말이다. 이때는 자동차 보험사 자체가 필요 없어진다. 그러니 사람의 행동패턴을 측정할 필요도 없다. 대신 사람들의 욕망을 측정하게 될 것이다. 자율주행차를 타고 내리는 곳, 자주 가는 곳이 빅데이터로 모인다. 당신의 욕망이 거기에 담기기 때문이다.

피자집에 자주 가는 사람의 데이터를 모아 피자 할인쿠폰을 보내주고 매주 토요일 관악산 입구에서 내리는 사람에게는 등산복 쿠폰을 보내주는 식의 마케팅이 활성화될 것이다. 물론 자율주행차를 타려면 이런 데이터를 모으는 데 동의해야 한다.

여기서 중요한 점은 누가 빅데이터를 모으고 활용하는가이다. 피자나 아웃도어 회사로 빅데이터를 전송하는 기업이 누구인지가 핵심이다. 그들이 바로 생태계기업이다. 이어서 생태계기업에 대해 더 자세히 알아보기로 하자.

°45°

소비자의 빅데이터(취향) 길목을 지키는 자,
세상을 다 가질 것이다

쇼핑은 시장→백화점, 할인마트→홈쇼핑→온라인쇼핑→모바일 쇼핑
→구독 쇼핑의 순으로 발전하였다. 이를 시간과 장소의 개념으로 보
자. 시장과 백화점, 할인마트는 내가 가야 하는 장소다. 자동차 혹은
대중교통을 이용한다. 그리고 문을 닫는 시간에는 가고 싶어도 갈 수
없다. 그래서 시간과 장소의 제약을 받는다.

다음으로 홈쇼핑은 시간과 장소를 제약받기는 하지만 집에서 쇼핑을 할 수 있으므로 훨씬 편리해 졌다. 온라인쇼핑을 하면서 시간의 제약에서 벗어났다. 집이나 PC방, 사무실 등 컴퓨터가 있는 곳이면 가능하고, 밤이나 낮이나 클릭만 하면 된다. 그 다음이 모바일쇼핑이다. 시간과 장소의 제약이 없고, 컴퓨터보다 더 편리하다.

그런데 문제는 다음이다. 바로 구독 쇼핑이다. 구독 쇼핑은 대표적인 곳이 미국의 나스닥 기업인 스티치 픽스(Stitch Fix Inc)다. 자신의 체형, 몸무게, 피부색, 취향 등을 자세히 적으면 그것을 토대로 인공지능의 알고리즘과 코디네이터가 최적의 옷을 고르고 배달까지 해준다. 일주일에 한 번 5벌을 배달하는데 그 중 4벌은 반드시 반품을 해야 한다. 여기서 반품이 중요한데 반품을 많이 하면 할수록 인공지능은 머신러닝을 통해 그 사람의 취향을 더 잘 알게 된다.

시간과 장소를 대입하면서 쇼핑의 발전 방향이 풀렸는데 구독쇼핑은 시간을 아껴준다는 정도로밖에 설명이 안 된다. 따라서 시각을 바꿔야 한다. 쇼핑의 발전 방향을 정보(데이터)로 설명해 보자.

예를 들어 내가 친구에게 "중국에서는 명품과 거의 비슷한 짝퉁가방을 10만 원이면 살 수 있다"는 이야기를 들었다. 그래서 짝퉁가방을 사러 중국에 갔다. 가격을 물어보니 20만 원이라 하고, 가격을 깎아주지도 않는다. 나는 패키지로 여행을 왔고 다른 사람 눈치를 안 볼 수가 없다. 찾으면 찾겠지만 다른 사람들한테 미안하고 시간도 허비해야 한다. 왜 이런 일이 벌어졌는가? 가격정보의 비대칭성 때문이다.

그런데 백화점이 나왔다. 정찰제다. 나에게 가격 정보를 준다. 단점은 비싸다는 것이다. 그래서 대형마트가 나왔다. 가격도 정해져 있고 가격도 비교적 싸다. 다음으로 온라인, 모바일 쇼핑이 나왔다. 그 어디보다 가격 정보가 확실하다. 해외직구를 하면 전세계의 상품까지 전부 비교해서 나에게 더 싼 가격을 제시해 준다.

그렇다면 구독경제는 무엇인가? 역으로 나 자신의 정보를 제공한다. 지금까지는 상품의 정보만을 비교했는데 내 정보는 나밖에 모르지 않는가? 그리고 내 정보를 내가 확실히 안다고도 볼 수 없다. 내가 모르는 내 정보까지 파악하는 것이 바로 구독경제다.

지금까지 나는 내 정보를 판 적이 없다. 그러나 드디어 내 정보를 사고파는 시대가 되었다. 어떤 애플리케이션에 접근할 때마다 지속적으로 나의 정보를 제공할 것인가를 묻는 메시지가 뜬다. 만약 허용하지 않는다면 애플리케이션을 이용할 수 없다. 그래서 비자발적으로 내 정보를 파는 데 동의할 수밖에 없다.

내 정보를 데이터라고 한다. 그리고 내 정보를 비롯해 수없이 많은 세상 사람들의 정보가 쌓이면 그것이 바로 빅데이터가 된다. 빅데이터를 아는 기업과 모르는 기업의 차이는 하늘과 땅 차이이다.

아마존드(Amazonned)라는 말이 있다. 아마존드(Amazonned)란 '아마존에 의해 파괴된다'는 의미를 담은 신조어다. 온라인 상거래 업체인 아마존이 기존 영역들의 경계를 파괴하고 허물면서 공격적으로 사업을 확장해 나가는 상황을 빗대어 표현한 말이다.

내일의 부

아마존은 왜 손대는 사업마다 승승장구 할까? 사람의 마음을 읽었기 때문이다. 어떻게 읽었을까? 아마존은 아마존프라임 회원이 미국에만 9000만 명이다. 그들은 회원의 신상을 세세히 알고 있다. 나이 성별 정도뿐 아니라 그의 세세한 쇼핑습관까지 모두 파악하고 있다. 이 데이터는 새로운 사업에 진출할 때 적극적으로 활용된다. 맞춤형으로 접근을 하니 아마존이 들어가는 곳마다 아마존에 의해 파괴되는 것이다.

지금까지 아마존과 비슷한 성공사례가 있었을까? 있었다. 미국의 성공한 IT 기업들이 다 그렇다. 페이스북의 창업자 마크 저커버그는 하버드 대학을 다닐 때 페이스 메쉬라는 사이트를 운영했다. 〈쇼셜네트워크〉라는 영화를 보면 하버드 대학교 학생인 마크 저커버그는 보스턴 대학 학생인 여자친구 에리카 올브라이트와 술을 마시다 그녀를 비하하는 발언을 해서 차이고 기숙사로 돌아온다. 분노에 찬 저커버그는 자신의 블로그에 에리카를 비방하는 글을 올리고, 친구인 에두아르도 왈도 새버린의 도움으로 하버드 대학교 각 기숙사의 데이터에 접근해 여자들의 사진 데이터를 긁어모아 얼굴을 비교하는 사이트인 '페이스매쉬(Facemash)'를 만든다. 마크의 이 사이트는 메일링으로 하버드와 보스턴 근처의 학생들 사이에서 삽시간에 퍼져나가 결국 새벽 4시에 하버드 서버가 다운될 지경에 이른다. 다음날 하버드 크림슨이라는 교내잡지는 저커버그가 사람들의 추악한 면에 영합했다면서 공개적으로 비난한다.

그러나 그 사건은 저커버그가 페이스북을 만들게 된 계기가 된다. 사람들은 외모 비교 사이트를 혐오하지만 사실은 은근히 즐기고 있다는 사실, 저커버그는 인간의 이중적인 면을 보게 된다.

　　왜 사람들은 페이스북에서 벗어나지 못하는가? 뉴스피드 아닌가? 페이스북친구(페친)들의 일상을 끊임없이 보여주며 일상을 지배하면 그들은 페이스북에서 벗어날 수가 없는 것이다. 페친 중 누군가가 하루의 평범한 일상이라는 사진을 올렸다. 홍대앞 노천카페에서 커피를 마시는 일상을 셀카로 찍어서 올린 것이다. 그러나 사실은 그 사진 끄트머리에 자신이 새로 산 구찌백이 있다. 아이가 내신 1등급을 맞았는데 누구에게 말은 못하고 페이스북에 내신 1등급 성적표를 올린다. 알리고 싶고 자랑하고 싶은 욕구, 그것이 바로 뉴스피드다.

　　넷플릭스도 다르지 않다. 넷플릭스의 창업자 리드 헤이스팅스는 보고 싶은 영화 박스라는 폴더를 만들었다. 여기에 담긴 사람들의 영화는 흑백 다큐멘터리 영화, 심각한 외국영화들이었다. 그러나 문제는 어떤 사람도 보고 싶은 영화를 클릭하지 않는다는 것이다. 그래서 직접 어떤 영화를 보는지 알아봤더니 사실은 코미디, 로맨스 등이었다.

　　보고 싶은 영화라는 곳에서는 남들이 봐도 그럴싸한 영화를 담아 놓지만 그들이 진짜 좋아하는 영화는 가벼운 것이었다. 만약 사람들이 좋아한다고 주장하는 영화 위주로 사업을 했다면 넷플릭스도 망했을 것이다. 그러나 넷플릭스의 창업자는 자신이 모르는 자신의 취향을 찾아 그것을 데이터화 했고 실제로 그들이 클릭하는 영화를 기반으로 제안하며 큰 성공을 거둔다.

이들 기업은 자신의 기업을 생태계로 발전시켰다. 고객이 한 번 들어오면 빠져나갈 수 없도록 만드는 기능을 통해서 말이다. 유튜브에 한 번 맛을 들이면 헤어나기 쉬운가?

미래 기업 성공의 조건은 '소비자의 취향'을 아느냐에 달려 있다. 투자자는 소비자의 취향을 제대로 저격하는 기업에 자신의 돈을 맡겨야 한다.

RICHES of

3부

투자의
미래

▼

확장편: 가장 빨리 100%
부자 되는 불변의법칙

TOMORROW

.46.

세계 최초 공황 분석,
공황이 시작되는 정확한 날짜는 언제인가?

주식이나 부동산이나 공황을 겪으면 가치가 떨어지게 마련이다. 때로
는 공든 탑이 한순간에 무너지는 아픔도 감수해야 한다. 그래서 공황
은 투자자에게 마주하기 싫은 적과 같다. 공황을 피하는 방법은 없는
가? 근본적으로 피할 수 있는 방법은 없다. 다만 주식투자를 하면서
최대한 줄일 수는 있다.

공황은 예고 없이 갑자기 불어닥친다. 비록 예고는 없지만 조짐은 있다. 투자자는 그 조짐이 무엇인지 알아야 하고, 공황이 올 수도 있으므로 거기에 대응해야 한다. 혹시 공황이 오지 않더라도 말이다. 그리고 공황이 온다고 하여 모든 투자를 멈추고 현금만 확보해야 하는 것도 아니다. 그래서는 언제 부자가 될지 알 수 없다. 최대한 공황을 알고 그에 대비하는 것이 우선이다.

공황의 조짐은 무엇인가? 주가지수가 하루 사이 급락하면서 조짐을 보인다. 영화의 암시나 자연현상의 전조증상과 비슷하다. 얼마나 급락해야 공황의 조짐으로 보는지 알아보기로 하자.

먼저 말하고 싶은 것은 공황은 분명 위기지만, 기회이기도 하다는 점이다. 거기에는 위기와 기회가 공존한다. 부자는 공황을 거치며 탄생한다. 그것도 자산이 매우 빠른 속도로 불어나면서 말이다. 공황의 시기에는 현금을 확보하고 있다가 바닥까지 떨어진 주식을 잘 사기만 해도 큰 부자가 될 수 있다.

인류가 겪은 최근의 공황부터 살펴보자.

2008년 금융위기, 2000년 닷컴버블, 1987년 블랙먼데이, 1929년 대공황 등이 대표적인 글로벌 공황이다. 1997년 동아시아 위기(한국의 IMF 외환위기)가 있지만 미국주식에 투자하고 있었다면 위기가 아니라 꾸준히 오른 시기가 된다. 그래서 1997년 동아시아 위기는 제외했다.

연중 위기가 닥치는 시기는 언제인가? 가장 가까운 2008년 금융위기를 보자. 그 시작은 2008년 9월 15일이었다. 이날 미국의 투자은행

(IB) 리먼 브러더스가 파산 신청을 했다. 미국 정부는 페니메이와 프레디맥을 국유화하고 1주일 뒤에 리먼 브러더스를 파산시키기로 결정했다. 본격적인 시작은 2008년 9월 15일이었고, 주가의 본격적인 하락은 그로부터 2주 후인 9월 말부터였다.

나스닥종합지수 내역

기간:
월간

데이터 다운로드   2008/01/01 - 2008/12/31

날짜 ≑	현재가 ≑	오픈 ≑	고가 ≑	저가 ≑	거래량 ≑	변동 % ≑
2008년 12월	1,577.03	1,496.09	1,602.92	1,398.07	15.38B	2.70%
2008년 11월	1,535.57	1,718.89	1,785.84	1,295.48	15.97B	-10.77%
2008년 10월	1,720.95	2,075.10	2,083.20	1,493.79	25.28B	-17.73%
2008년 9월	2,091.88	2,402.11	2,413.11	1,983.73	19.75B	-11.64%
2008년 8월	2,367.52	2,326.83	2,473.20	2,280.95	14.41B	1.80%
2008년 7월	2,325.55	2,274.24	2,353.39	2,167.29	20.42B	1.42%
2008년 6월	2,292.98	2,514.82	2,549.94	2,290.59	19.27B	-9.10%
2008년 5월	2,522.66	2,416.49	2,551.47	2,416.49	17.48B	4.55%
2008년 4월	2,412.80	2,306.51	2,451.19	2,266.29	17.61B	5.87%
2008년 3월	2,279.10	2,271.26	2,346.78	2,155.42	19.52B	0.34%
2008년 2월	2,271.48	2,392.58	2,419.23	2,252.65	19.89B	-4.95%
2008년 1월	2,389.86	2,653.91	2,661.50	2,202.54	24.81B	-9.89%
최고: 2,661.50	최저: 1,295.48	차이: 1,366.02	평균: 2,148.95		변동 %: -40.54	

앞의 자료는 2008년 1월부터 12월까지 나스닥의 월간 상승률을 월단위로 정리한 표다. 2008년 9월에만 -11.64%가 떨어졌다. 그러나 1월에도 -9.89%가 떨어졌고 2월에도 -4.95% 떨어졌다. 3월부터는 회복되다가 6월에 -9.10% 떨어지면서 다시 한 번 크게 떨어진다. 그리고 9월부터 11월까지 3개월 연속으로 크게 떨어진다. 이처럼 공황은 나스닥의 연속적인 하락률로 알 수 있다.

나스닥지수 분석을 통해 공황이 시작된 달과 시작된 날을 알 수 있다. 시작이 있으면 끝도 있다. 끝을 알면 아무리 무서운 공황이라도 정복할 수 있지 않을까 생각한다. 2008년 9월이 공황의 시작이라는 사실은 대부분 알고 있는 사실이다. 그러면 2008년 9월을 보다 면밀히 조사하면 더 많은 정보를 얻을 수 있다. 숫자로 명확히 표현되는 공황의 시작점 말이다. 다음은 2008년 9월 나스닥의 일간 변동지수를 나타낸다.

나스닥종합지수 내역

기간:
일간

📥 데이터 다운로드 2008/09/01 ~ 2008/09/30

날짜 ‡	현재가 ‡	오픈 ‡	고가 ‡	저가 ‡	거래량 ‡	변동 % ‡
2008년 09월 30일	2,091.88	2,033.69	2,094.31	2,015.93	875.74M	5.45%
2008년 09월 29일	1,983.73	2,147.16	2,152.69	1,983.73	1.01B	−9.14%
2008년 09월 26일	2,183.34	2,144.06	2,187.53	2,136.85	732.82M	−0.15%
2008년 09월 25일	2,186.57	2,172.26	2,210.74	2,167.06	675.97M	1.43%
2008년 09월 24일	2,155.68	2,167.55	2,179.93	2,147.36	662.75M	0.11%
2008년 09월 23일	2,153.33	2,190.71	2,209.62	2,151.77	740.52M	−1.18%
2008년 09월 22일	2,178.98	2,265.77	2,266.45	2,178.98	718.07M	−4.17%
2008년 09월 19일	2,273.90	2,303.90	2,318.43	2,239.73	1.92B	3.40%
2008년 09월 18일	2,199.10	2,137.42	2,201.71	2,070.22	1.49B	4.78%
2008년 09월 17일	2,098.85	2,177.58	2,183.25	2,098.85	1.16B	−4.94%
2008년 09월 16일	2,207.90	2,149.65	2,214.29	2,145.17	1.21B	1.28%
2008년 09월 15일	2,179.91	2,202.28	2,244.88	2,179.91	970.01M	−3.60%
2008년 09월 12일	2,261.27	2,239.25	2,268.83	2,228.00	749.82M	0.14%
2008년 09월 11일	2,258.22	2,199.03	2,259.25	2,191.53	852.18M	1.32%
2008년 09월 10일	2,228.70	2,232.21	2,247.63	2,209.59	838.81M	0.85%
2008년 09월 09일	2,209.81	2,269.93	2,285.54	2,209.81	967.75M	−2.64%
2008년 09월 08일	2,269.76	2,296.18	2,303.89	2,236.97	950.51M	0.62%
2008년 09월 05일	2,255.88	2,241.62	2,264.35	2,216.99	818.13M	−0.14%
2008년 09월 04일	2,259.04	2,315.18	2,317.32	2,259.04	872.44M	−3.20%
2008년 09월 03일	2,333.73	2,346.81	2,357.43	2,320.91	809.73M	−0.66%
2008년 09월 02일	2,349.24	2,402.11	2,413.11	2,338.37	723.16M	−0.77%
최고: 2,413.11	최저: 1,983.73	차이: 429.38	평균: 2,205.66			변동 %: −11.64

나스닥 일간지수를 보니 평소에는 보기 힘들던 숫자들이 자주 눈에 띈다. 평시 기준으로 나스닥의 평균 하루 변동폭은 플러스 마이너스 0.2% 정도 수준이다. 그런데 이 시기에는 −2%, −3%, −4% 그리고 심지어 −9%도 보인다. 평소의 움직임과는 확연히 다르다. 예를 들어 −2%라는 숫자는 평소에 0.2% 정도 움직인다고 봤을 때 무려 10배가 떨어졌다는 뜻이다. −3%는 15배, −4%는 20배 그리고 −9%는 무려 45배가 떨어진 것이다. 증시 참여자들은 이런 날 아마도 패닉에 빠졌을 것이다.

공황을 정의하기 위해서는 한 차례 공황만 연구해서는 어려울 것이다. 서로 비교하여 유사점을 찾아야 공황에서 나타나는 공통점을 발견할 수 있다. 2000년 닷컴버블은 시작점이 언제인지 명확히 알려주는 자료가 없다. 따라서 2000년 닷컴버블보다는 1987년 10월 블랙먼데이와 2008년 9월 금융위기를 비교해야 한다. 이 둘 사이의 유사점을 찾아보자.

나스닥종합지수 내역

기간:
월간

데이터 다운로드   1987/01/01 − 1987/12/31

날짜 ≑	현재가 ≑	오픈 ≑	고가 ≑	저가 ≑	거래량 ≑	변동 % ≑
1987년 12월	330.47	330.47	333.23	291.86	−	8.29%
1987년 11월	305.16	305.16	328.82	301.62	−	−5.61%
1987년 10월	323.30	323.30	453.88	288.49	−	−27.23%
1987년 9월	444.29	444.29	456.27	433.86	−	−2.35%
1987년 8월	454.97	454.97	455.78	431.17	−	4.61%
1987년 7월	434.93	434.93	434.94	423.73	−	2.42%
1987년 6월	424.67	424.67	429.89	413.53	−	1.95%
1987년 5월	416.54	416.54	424.83	404.52	−	−0.30%
1987년 4월	417.81	417.81	439.16	407.35	−	−2.85%
1987년 3월	430.05	430.05	439.99	422.92	−	1.20%
1987년 2월	424.97	424.97	424.97	392.04	−	8.39%
1987년 1월	392.06	392.06	402.33	348.81	−	12.39%
최고: 456.27	최저: 288.49	차이: 167.78	평균: 399.94			변동 %: −5.26

내일의 부

그 유명한 블랙먼데이가 있었던 1987년 10월은 무려 -27.23%가 떨어졌다. 한 달 사이 증시의 1/4이 허공으로 사라졌다. 이달의 일간 나스닥지수도 한번 살펴보자.

나스닥종합지수 내역

기간:
일간 ▼

📥 데이터 다운로드   1987/10/01 - 1987/10/31 📅

날짜 ⬍	현재가 ⬍	오픈 ⬍	고가 ⬍	저가 ⬍	거래량 ⬍	변동 % ⬍
1987년 10월 30일	323.30	323.30	323.35	307.16	–	5.29%
1987년 10월 29일	307.05	307.05	307.20	291.85	–	5.20%
1987년 10월 28일	291.88	291.88	296.25	288.49	–	-1.51%
1987년 10월 27일	296.34	296.34	306.85	296.12	–	-0.86%
1987년 10월 26일	298.91	298.91	328.30	298.86	–	-8.99%
1987년 10월 23일	328.45	328.45	336.06	327.96	–	-2.28%
1987년 10월 22일	336.13	336.13	351.77	335.66	–	-4.47%
1987년 10월 21일	351.86	351.86	351.86	351.86	–	7.34%
1987년 10월 20일	327.79	327.79	359.96	326.57	–	-9.00%
1987년 10월 19일	360.21	360.21	360.21	360.21	–	-11.35%
1987년 10월 16일	406.33	406.33	422.62	406.05	–	-3.83%
1987년 10월 15일	422.51	422.51	428.25	422.37	–	-1.35%
1987년 10월 14일	428.28	428.28	434.83	427.61	–	-1.50%
1987년 10월 13일	434.81	434.81	435.40	432.54	–	0.41%
1987년 10월 12일	433.04	433.04	438.44	431.41	–	-1.23%
1987년 10월 09일	438.43	438.43	441.03	438.23	–	-0.36%
1987년 10월 08일	440.03	440.03	445.54	438.96	–	-1.04%
1987년 10월 07일	444.64	444.64	447.48	443.21	–	-0.64%
1987년 10월 06일	447.51	447.51	453.88	447.48	–	-1.35%
1987년 10월 05일	453.63	453.63	453.67	451.61	–	0.45%
1987년 10월 02일	451.61	451.61	451.62	448.46	–	0.70%
1987년 10월 01일	448.45	448.45	448.49	444.30	–	0.94%
최고: 453.88	최저: 288.49	차이: 165.39	평균: 385.05		변동 %: -27.23	

충격적인 하락이다. 어퍼컷을 맞아 비틀거리고 있는데, 강편치가 연이어 날아온다. 한 번 떨어지면 연속적으로 떨어지는 날이 이어졌다. 하지만 매일 떨어진 것은 아니었다. 크게 떨어지면 다시 크게 오른다.

10월 21일에는 하루에 무려 7.34%가 오르기도 했다. 만약 이때 떨어지면 팔고 다시 오르면 사고를 반복했다면 계좌는 돌이킬 수 없는 치명상을 입었을 것이다.

그렇다면 1987년 10월과 2008년 9월의 공통점을 찾아야 한다. 우선 '연속되는 큰 폭의 하락'을 들 수 있다. 블랙먼데이 당시 10월 6일부터 10월 12일까지 이어진 −1%대 또는 −1% 이하의 움직임은 평소에도 나타나는 현상이다. 그러나 평소에는 볼 수 없던 숫자들이 보인다. 큰 폭의 하락인데, 나는 여기서 −3%에 주목했다. 공황이 시작된 달에는 유난히 −3% 이상의 숫자가 많이 떴기 때문이다.

'−3% 이상의 숫자가 몇 번 나타나느냐에 따라 공황이 확정되는 것은 아닐까?'

이렇게 의문을 품으면서 분석을 계속하였다. 그랬더니 2008년 금융위기는 한 달 동안 −3% 이상의 숫자가 4번 발생했고, 1987년 블랙먼데이 때도 −3% 이상의 숫자가 5번이었다. 두 개의 사건 사이에 공통점이 발견되었던 것이다.

'−3% 이상의 숫자가 4번이 뜨면 공황의 시작인가?'라는 확신이 들기 시작했다. 그렇다면 2000년 닷컴버블로 다시 추론해 보자. 닷컴버블의 시작은 언제인지 알려져 있지 않다. 그러니 닷컴버블 시 그래프를 보면서 추론해 보자.

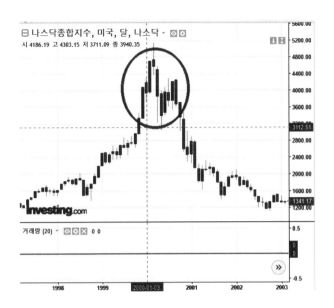

　　1998년부터 오르기 시작해 2000년 절정을 이루고 2000년 초반부터
떨어지기 시작한다. 1987년 10월 블랙먼데이와 2008년 9월 금융위기
때 한 달에 −3%가 4번 뜨면 이것을 공황의 시작이라고 했을 때 2000
년 닷컴버블의 시작은 언제인가? 2000년 4월이 가장 큰 하락폭을 보
였다. 이 때가 시작인가? 4월을 봤을 때 −3% 이상은 4번 발생하였다.
공황의 시작이다. 그런데 정말 이때가 시작일까? 의문이 들었다. 그
전에는 어땠는지 찾아 봤다. 그래서 찾아 봤더니 2000년 1월에 −3%
이상 떨어진 날이 4번이었다.

나스닥종합지수 내역

기간:
| 일간 | ∨ | | ⬇ 데이터 다운로드 | 2000/01/01 ~ 2000/01/31 | |

날짜 ⌄	현재가 ⌄	오픈 ⌄	고가 ⌄	저가 ⌄	거래량 ⌄	변동 % ⌄
2000년 01월 31일	3,940.35	3,873.84	3,940.46	3,748.03	–	1.37%
2000년 01월 28일	3,887.07	4,010.14	4,048.31	3,856.23	–	-3.77%
2000년 01월 27일	4,039.56	4,120.50	4,140.09	3,973.59	–	-0.75%
2000년 01월 26일	4,069.91	4,174.72	4,174.72	4,069.91	–	-2.34%
2000년 01월 25일	4,167.41	4,124.75	4,167.63	4,028.51	–	1.74%
2000년 01월 24일	4,096.08	4,290.38	4,303.15	4,095.31	–	-3.29%
2000년 01월 21일	4,235.40	4,236.65	4,238.00	4,168.30	–	1.10%
2000년 01월 20일	4,189.51	4,205.06	4,227.35	4,143.61	–	0.92%
2000년 01월 19일	4,151.29	4,116.27	4,164.65	4,084.73	–	0.50%
2000년 01월 18일	4,130.81	4,059.65	4,148.00	4,053.21	–	1.64%
2000년 01월 14일	4,064.27	4,045.72	4,091.95	4,045.72	–	2.71%
2000년 01월 13일	3,957.21	3,915.14	3,957.47	3,858.22	–	2.78%
2000년 01월 12일	3,850.02	3,950.95	3,950.98	3,834.53	–	-1.82%
2000년 01월 11일	3,921.19	4,031.38	4,066.66	3,904.82	–	-3.17%
2000년 01월 10일	4,049.67	4,002.23	4,072.36	3,882.63	–	4.30%
2000년 01월 07일	3,882.62	3,711.09	3,882.67	3,711.09	–	4.17%
2000년 01월 06일	3,727.13	3,834.44	3,868.76	3,715.62	–	-3.88%
2000년 01월 05일	3,877.54	3,854.35	3,924.21	3,734.87	–	-0.62%
2000년 01월 04일	3,901.69	4,020.00	4,073.25	3,898.23	–	-5.55%
2000년 01월 03일	4,131.15	4,186.19	4,192.19	3,989.71	–	1.52%
최고: **4,303.15**	최저: **3,711.09**	차이: **592.06**		평균: **4,013.49**		변동 %: -3.17

결국 결론을 얻을 수 있었다. 닷컴버블 공황의 시작은 2000년 4월이 아니라 1월이었다. 그리고 공황이 발생할 때마다 나스닥지수 −3% 이상의 폭락이 한 달 동안 4번 이상 발생하였다.

그러면 공황에 대한 매뉴얼이 탄생한다.

'공황은 한 달에 나스닥지수 −3%가 4번 떴을 때 시작한다.'

내일의 부

47

공황이 끝나는 달(月)과
주식을 사는 날(日)을
어떻게 알 수 있는가?

나스닥지수 −3%가 4번 떴을 때 공황의 시작이라는 결론을 얻었다. 투자에서 실패하지 않으려면 시작을 알아야 하지만, 투자를 계속하려면 끝도 알아야 한다. 그래야 위기를 기회로 활용할 수 있다.

결론을 먼저 얘기하면, '더 이상 −3%가 뜨지 않는 달이 있다면 공황의 끝'이라 할 수 있다. 구름 사이로 태양의 빛줄기가 보이면 폭풍의 끝이라고 할 수 있는 것처럼 말이다.

공황이 가장 길게 이어졌던 2000년 닷컴버블로 분석해 보자. 이때는 숫자만으로는 알 수 없으니 그래프를 봐야 한다.

나스닥종합지수 스트리밍 차트

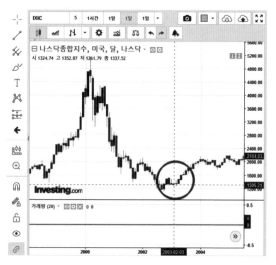

진정한 바닥은 2003년 초반 정도가 아닐까 생각한다. 그러나 이것도 지나고 나서야 알 수 있다. 저 시점의 투자자는 지금이 바닥인지 아닌지 알 길이 없다. 하지만 역대 공황을 분석해 매뉴얼을 만들었다면 이야기는 달라진다. 매뉴얼대로 공황의 끝을 확인하고 투자를 시작하면 되니까 말이다. 자 그러면 이번에도 매뉴얼을 만들어보자. 나스닥 월간 데이터로 한 달에 몇 번의 −3%가 떴는지 횟수부터 살펴본다.

내일의 부

날짜	등락	월간 −3% 발생 빈도	이벤트
2003년 6월	1.6800	0	닷컴버블 끝
2003년 5월	8.9900	0	닷컴버블
2003년 4월	9.1800	0	닷컴버블
2003년 3월	0.2700	1	닷컴버블
2003년 2월	1.2600	0	닷컴버블
2003년 1월	−1.0900	2	닷컴버블
2002년 12월	−9.6900	1	닷컴버블
2002년 11월	11.2100	0	닷컴버블
2002년 10월	13.4500	1	닷컴버블
2002년 9월	−10.8600	3	닷컴버블
2002년 8월	−1.0100	2	닷컴버블
2002년 7월	−9.2200	4	닷컴버블
2002년 6월	−9.4400	1	닷컴버블
2002년 5월	−4.2900	1	닷컴버블
2002년 4월	−8.5100	1	닷컴버블
2002년 3월	6.5800	0	닷컴버블
2002년 2월	−10.4700	2	닷컴버블
2002년 1월	−0.8400	0	닷컴버블
2001년 12월	1.0300	6	닷컴버블
2001년 11월	14.2200	8	닷컴버블
2001년 10월	12.7700	3	닷컴버블
2001년 9월	−16.9800	4	닷컴버블
2001년 8월	−10.9400	2	닷컴버블
2001년 7월	−6.2100	2	닷컴버블
2001년 6월	2.4000	0	닷컴버블

2001년 5월	−0.2700	3	닷컴버블
2001년 4월	15.0000	4	닷컴버블
2001년 3월	−14.4800	4	닷컴버블
2001년 2월	−22.3900	3	닷컴버블
2001년 1월	12.2300	4	닷컴버블
2000년 12월	−4.9000	6	닷컴버블
2000년 11월	−22.9000	11	닷컴버블
2000년 10월	−8.2500	4	닷컴버블
2000년 9월	−12.6800	1	닷컴버블
2000년 8월	11.6600	0	닷컴버블
2000년 7월	−5.0200	3	닷컴버블
2000년 6월	16.6200	1	닷컴버블
2000년 5월	−11.9100	5	닷컴버블
2000년 4월	−15.5700	6	닷컴버블
2000년 3월	−2.6400	4	닷컴버블
2000년 2월	19.1900	1	닷컴버블
2000년 1월	−3.1700	5	닷컴버블 시작

표를 보면 −3%의 횟수가 없는 달이 중간중간에 보인다. 2000년 8월과 2001년 6월, 2002년 3월이다. 그런데 이 기간에도 공황은 지속되었다. 따라서 공황의 끝을 따질 때 −3%가 한 번도 안 뜬 달이 있다고 하여 공황의 끝이라고 단정할 수 없다. 그러면 공황의 끝은 언제인가?

바로 '공황이 시작되고 −3%가 두 달 연속으로 안 떴을 때'다.

닷컴버블의 경우 2000년 1월에 공황이 시작되어서 2003년 4월, 5월 두 달 연속으로 −3%가 한 번도 뜨지 않았다. 그래서 공황의 끝은

내일의 부

2003년 6월 첫 거래일이다. 그래프는 이렇게 말한다.

앞의 분석툴로 2008년 금융위기도 분석해 보자.

날짜	등락	월간 -3% 발생 빈도	이벤트
2009년 9월	5.6400	0	금융위기 끝
2009년 8월	1.5400	0	금융위기
2009년 7월	7.8200	0	금융위기
2009년 6월	3.4200	1	금융위기
2009년 5월	3.3200	1	금융위기
2009년 4월	12.3500	1	금융위기
2009년 3월	10.9400	2	금융위기
2009년 2월	−6.6800	3	금융위기
2009년 1월	−6.3800	4	금융위기
2008년 12월	2.7000	3	금융위기

2008년 11월	−10.7700	6	금융위기
2008년 10월	−17.7300	9	금융위기
2008년 9월	−11.6400	5	금융위기 시작

금융위기는 2008년 9월에 시작해서 2009년 7월과 8월 두 달 연속 −3%가 뜨지 않으면서 종료되었다. 그 끝은 2009년 9월이었다. 차트로는 다음과 같다.

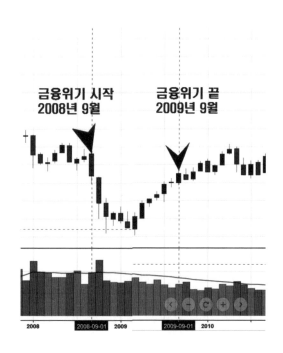

1987년 10월의 블랙먼데이는 어떤 모습이었을까?

날짜	등락	월간 -3% 발생 빈도	이벤트
1988년 4월	1.2300	0	블랙먼데이 끝
1988년 3월	2.1000	0	블랙먼데이
1988년 2월	6.4700	0	블랙먼데이
1988년 1월	4.2900	1	블랙먼데이
1987년 12월	8.2900	0	블랙먼데이
1987년 11월	-5.6100	1	블랙먼데이
1987년 10월	-27.2300	5	블랙먼데이 시작

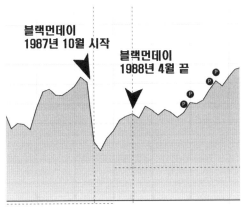

공통점들이 발견되었다. -3%를 대입하면 공황의 끝이 보인다. 그리고 이후 주가는 다시 항해를 시작한다. 공황의 끝을 알리는 빛줄기는 정리하면 다음과 같다.

'-3%가 두 달 연속으로 뜨지 않으면 그 다음 달 첫 거래일이 공황의 끝이다.'

48

-3% 공포지수 분석

-3%를 분석하였다. -3%를 공포지수라 한 이유는 나스닥 일간 지수에 -3%가 뜨면 대부분 공황을 예견하거나 또는 공황이거나, 나스닥 월간지수가 심하게 마이너스로 가는 일이 벌어지기 때문이다. 나의 분석은 나스닥 일간지수와 나스닥 월간지수를 바탕으로 하였다.

나스닥지수인 이유는, S&P500 지수는 우량기업 500개만 추린 지수이므로 증시 왜곡이 일어날 수 있다. 이와 같은 이유로 다우지수도 분석의 의미가 없다. 나머지 뉴욕지수와 나스닥지수가 있는데 뉴욕지수는 너무 전통적인 기업 위주고 요즘 트렌드에서 조금 빗겨나 있다. 그리고 내가 분석에 활용하는 인베스팅 닷컴에도 뉴욕지수는 1980년대까지의 자료가 빠져 있다.

반면 나스닥지수는 미국을 대표하는 지수이며 최근 트렌드와 맞고, 1980년 자료부터 있어서 신뢰성을 구축하는 데 문제가 없다. 무려 39년을 분석하니 말이다.

분석 기간은 1980년 3월 18일부터 2019년 6월 3일까지다. 날수로 계산하면 9,874일이다. 증시가 열리지 않는 날은 제외했음을 밝힌다.

−3%가 뜬 경우

날짜	등락	딜레이	이벤트
1987년 10월 19일	−11.3500	1	블랙먼데이
2000년 04월 14일	−9.6700	5	닷컴버블
2008년 09월 29일	−9.1400	3	금융위기 시작
1987년 10월 20일	−9.0000	2	블랙먼데이
1987년 10월 26일	−8.9900	2	블랙먼데이 시작
2008년 12월 01일	−8.9500	3	금융위기
1998년 08월 31일	−8.5600	2	X
2008년 10월 15일	−8.4700	4	닷컴버블
2000년 04월 03일	−7.6400	2	닷컴버블
2001년 01월 02일	−7.2300	3	닷컴버블
2000년 12월 20일	−7.1200	1	닷컴버블
2000년 04월 12일	−7.0600	2	닷컴버블
1997년 10월 27일	−7.0200	52	동아시아 금융위기
2011년 08월 08일	−6.9000	2	미국신용등급위기

2001년 09월 17일	−6.8300	3	닷컴버블
2008년 11월 19일	−6.5300	1	금융위기
2001년 03월 12일	−6.3000	6	닷컴버블
2001년 01월 05일	−6.2000	3	닷컴버블
2001년 04월 03일	−6.1700	1	닷컴버블
2001년 03월 28일	−5.9900	6	닷컴버블
2000년 05월 23일	−5.9300	2	닷컴버블
2000년 04월 10일	−5.8100	1	닷컴버블
2008년 10월 07일	−5.8000	2	금융위기
2009년 01월 20일	−5.7800	7	금융위기
2000년 05월 10일	−5.5900	7	닷컴버블
1999년 04월 19일	−5.5700	18	X
2000년 10월 25일	−5.5600	10	닷컴버블
2000년 01월 04일	−5.5500	2	닷컴버블
2008년 11월 05일	−5.5300	1	금융위기
2008년 10월 09일	−5.4700	2	금융위기
2000년 11월 08일	−5.3900	2	닷컴버블
2001년 03월 09일	−5.3500	1	닷컴버블
2000년 11월 10일	−5.3500	4	닷컴버블
2011년 08월 18일	−5.2200	6	미국신용등급위기 시작
2008년 11월 12일	−5.1700	2	금융위기
2011년 08월 04일	−5.0800	2	미국신용등급위기
2008년 11월 20일	−5.0700	5	금융위기
2000년 11월 28일	−5.0500	2	닷컴버블
2000년 11월 20일	−5.0100	2	닷컴버블
2008년 11월 14일	−5.0000	2	금융위기
2001년 02월 16일	−5.0000	1	닷컴버블
2008년 09월 17일	−4.9400	3	금융위기
1998년 10월 05일	−4.8500	2	X
2001년 04월 23일	−4.8100	10	닷컴버블
1998년 10월 01일	−4.8100	2	X
2001년 03월 20일	−4.8000	6	닷컴버블
2008년 10월 22일	−4.7700	2	금융위기
2000년 07월 28일	−4.6600	1	닷컴버블
1998년 08월 27일	−4.6200	2	X
2008년 10월 02일	−4.4800	2	금융위기
1987년 10월 22일	−4.4700	2	블랙먼데이
2018년 10월 24일	−4.4300	10	X
2000년 04월 24일	−4.4300	5	닷컴버블
2001년 02월 20일	−4.4100	5	닷컴버블

날짜	수치	일수	원인
2001년 10월 17일	−4.4000	9	닷컴버블
2001년 02월 02일	−4.3900	5	닷컴버블
2001년 02월 27일	−4.3600	3	닷컴버블
2000년 05월 02일	−4.3600	4	닷컴버블
2008년 11월 06일	−4.3400	4	금융위기
2008년 10월 06일	−4.3400	1	금융위기
2000년 12월 19일	−4.3000	1	닷컴버블
1991년 11월 15일	−4.2400	313	소련붕괴
2000년 11월 16일	−4.2200	2	닷컴버블
2009년 02월 10일	−4.2000	4	금융위기
2000년 05월 19일	−4.1900	2	닷컴버블
2002년 07월 23일	−4.1800	2	닷컴버블
2001년 05월 30일	−4.1800	1	닷컴버블
2008년 09월 22일	−4.1700	4	금융위기
1990년 08월 06일	−4.1700	14	X
2009년 02월 17일	−4.1500	4	금융위기
2008년 10월 21일	−4.1400	1	금융위기
2016년 06월 24일	−4.1200	98	중국위기
2010년 05월 20일	−4.1100	11	X
2011년 08월 10일	−4.0900	6	미국신용등급위기
2000년 03월 14일	−4.0900	4	닷컴버블
2018년 10월 10일	−4.0800	10	X
2002년 07월 01일	−4.0600	1	닷컴버블
2000년 11월 22일	−4.0400	3	닷컴버블
2000년 11월 30일	−4.0300	2	닷컴버블
2000년 03월 30일	−4.0200	1	닷컴버블
2009년 03월 05일	−4.0000	3	금융위기
2009년 03월 02일	−3.9900	3	금융위기
2001년 10월 29일	−3.9300	9	닷컴버블
2000년 03월 20일	−3.9200	4	닷컴버블
1996년 07월 15일	−3.9200	2	X
2000년 03월 29일	−3.9100	1	닷컴버블
1999년 02월 09일	−3.9100	3	X
2018년 02월 08일	−3.9000	4	X
2002년 10월 16일	−3.9000	29	닷컴버블
1990년 08월 23일	−3.9000	14	X
2002년 12월 09일	−3.8900	28	닷컴버블
2002년 07월 25일	−3.8900	5	닷컴버블
2011년 11월 09일	−3.8800	28	미국신용등급위기
2009년 04월 20일	−3.8800	16	금융위기

2002년 09월 03일	−3.8800	2	닷컴버블
2000년 01월 06일	−3.8800	2	닷컴버블
2007년 02월 27일	−3.8600	217	X
2000년 05월 08일	−3.8600	2	닷컴버블
2010년 06월 29일	−3.8500	18	X
1987년 10월 16일	−3.8300	1	블랙먼데이
2015년 08월 24일	−3.8200	1	X
2018년 12월 04일	−3.8000	11	X
1999년 09월 23일	−3.7900	47	X
2018년 02월 05일	−3.7800	4	X
2008년 01월 04일	−3.7700	22	X
2000년 01월 28일	−3.7700	4	닷컴버블 시작
2001년 09월 20일	−3.7200	1	닷컴버블
2000년 12월 13일	−3.7200	1	닷컴버블
2009년 02월 23일	−3.7100	4	금융위기
2008년 12월 11일	−3.6800	17	금융위기
2009년 01월 14일	−3.6700	3	금융위기
2001년 01월 25일	−3.6700	6	닷컴버블
1986년 09월 11일	−3.6700	279	X
2003년 03월 24일	−3.6600	34	닷컴버블
2001년 06월 14일	−3.6600	12	닷컴버블
2001년 07월 06일	−3.6500	2	닷컴버블
2000년 07월 27일	−3.6500	1	닷컴버블
2010년 06월 04일	−3.6400	11	X
1993년 02월 16일	−3.6400	316	X
2002년 08월 01일	−3.6300	2	닷컴버블
2001년 04월 06일	−3.6200	3	닷컴버블
1995년 07월 19일	−3.6100	121	X
2008년 09월 15일	−3.6000	2	금융위기
1987년 11월 30일	−3.5700	23	블랙먼데이
2001년 02월 09일	−3.5600	5	닷컴버블
2008년 10월 14일	−3.5400	1	금융위기
1998년 08월 04일	−3.5400	20	X
2015년 08월 21일	−3.5200	1	X
1980년 12월 08일	−3.5200	21	X
1999년 02월 12일	−3.4800	3	X
1999년 07월 20일	−3.4700	47	X
2010년 05월 06일	−3.4400	11	X
2000년 10월 10일	−3.4300	10	닷컴버블
2019년 05월 13일	−3.4100		X

2016년 01월 13일	−3.4100	5	중국위기
2000년 12월 29일	−3.4100	1	닷컴버블
2002년 08월 05일	−3.3600	18	닷컴버블
1998년 01월 09일	−3.3600	52	X
2009년 06월 22일	−3.3500	27	금융위기
2001년 05월 29일	−3.3500	1	닷컴버블
2001년 05월 03일	−3.3500	9	닷컴버블
2003년 01월 17일	−3.3400	4	닷컴버블
2002년 02월 21일	−3.3400	2	닷컴버블
2000년 12월 14일	−3.3400	1	닷컴버블
1999년 02월 04일	−3.3400	3	X
2008년 06월 26일	−3.3300	49	X
2003년 01월 24일	−3.3200	4	닷컴버블
1998년 11월 30일	−3.3200	11	X
2011년 10월 03일	−3.2900	6	미국신용등급위기
2002년 06월 03일	−3.2900	21	닷컴버블
2000년 01월 24일	−3.2900	4	닷컴버블
1981년 01월 07일	−3.2900	21	X
2002년 07월 02일	−3.2800	15	닷컴버블
2001년 08월 17일	−3.2800	12	닷컴버블
2016년 02월 05일	−3.2500	17	중국위기
2011년 09월 22일	−3.2500	6	미국신용등급위기
2001년 12월 20일	−3.2500	6	닷컴버블
2001년 09월 21일	−3.2500	1	닷컴버블
1996년 01월 09일	−3.2500	121	X
2009년 01월 29일	−3.2400	7	금융위기
2009년 01월 07일	−3.2300	5	금융위기
2008년 10월 24일	−3.2300	8	금융위기
2001년 12월 13일	−3.2300	6	닷컴버블
2000년 12월 06일	−3.2300	6	닷컴버블
2000년 07월 05일	−3.2300	7	닷컴버블
2008년 09월 04일	−3.2000	6	금융위기
2002년 09월 05일	−3.2000	2	닷컴버블
2000년 10월 06일	−3.2000	2	닷컴버블
1998년 10월 07일	−3.2000	2	X
1988년 01월 08일	−3.2000	28	블랙먼데이
2000년 10월 03일	−3.1700	3	닷컴버블
2000년 01월 11일	−3.1700	3	닷컴버블
2002년 08월 27일	−3.1600	4	닷컴버블
2000년 04월 11일	−3.1600	1	닷컴버블

2001년 07월 10일	−3.1500	2	닷컴버블
2008년 12월 04일	−3.1400	4	금융위기
2002년 04월 02일	−3.1300	28	닷컴버블
2000년 09월 06일	−3.1300	19	닷컴버블
2000년 06월 22일	−3.1300	7	닷컴버블
2010년 07월 16일	−3.1100	13	X
2001년 04월 02일	−3.1100	1	닷컴버블
2014년 04월 10일	−3.1000	345	X
1989년 10월 13일	−3.0900	205	X
2008년 02월 05일	−3.0800	22	X
1998년 12월 14일	−3.0700	11	X
2009년 10월 01일	−3.0600	72	X
2018년 12월 07일	−3.0500	2	X
2003년 09월 24일	−3.0500	128	X
1999년 03월 23일	−3.0500	18	X
1996년 07월 11일	−3.0500	2	X
2019년 01월 03일	−3.0400	18	X
2015년 09월 28일	−3.0400	71	X
2001년 05월 23일	−3.0400	3	닷컴버블
2018년 11월 19일	−3.0300	19	X
2016년 01월 07일	−3.0300	5	중국위기
2001년 09월 06일	−3.0300	3	닷컴버블
2001년 08월 08일	−3.0300	7	닷컴버블
2002년 02월 19일	−3.0200	2	닷컴버블
2000년 02월 18일	−3.0200	16	닷컴버블
2010년 08월 11일	−3.0100	19	X
2009년 05월 13일	−3.0100	27	금융위기
2002년 05월 10일	−3.0100	14	닷컴버블
2001년 03월 02일	−3.0100	5	닷컴버블

지난 40여 년의 기간 중 −3%가 뜬 날은 9,874일 중 204일이었다. 일어날 확률은 약 2.06%다. 1년으로 따지면 약 7일 정도에 해당한다. 언뜻 보면 자주 일어나는 것 같지만 집중적으로 발생한 닷컴버블, 금융위기, 블랙먼데이 등을 제외하면 −3%가 한 번도 뜨지 않았던 해도 많았다. 그러니 분명 자주 일어나는 일은 아니다. 이 말은 곧 −3%가

떴다면 위험하다는 의미다.

표를 보면 날짜, 등락률, 딜레이, 이벤트로 구성하였다. 날짜는 −3%가 뜬 날짜, 등락률은 하루에 얼마나 떨어졌는지이다. 딜레이는 −3% 이상 발생하고 다음번 발생한 날짜가 얼마나 빨리 왔는지를 나타낸다. 예를 들어 1이라면 1일 후에 다시 −3%가 떴다는 뜻으로 거래일로 보면 오늘 내일 연속으로 떴다는 말이다. 만약 금요일이라면 금요일에 −3%가 뜨고 그 다음 주 월요일에 −3%가 떴다면 이것도 1일로 친다. 장이 열리지 않는 주말은 분석일에서 제외한다. 이벤트는 공황이나 특별한 일이 있을 때를 기준으로 써 놓았다.

만약에 딜레이가 X, 이벤트 X라면 갑자기 −3%가 뜬 경우이다. 물론 찾아보면 1등 주식 어닝 쇼크 등의 이유가 있을 테지만, 그것까지 분석할 필요는 없다. 공황으로 치닫지 않고, 단발로 끝나기 때문이다.

이제 본격적으로 분석해 보자.

−3%가 뜨고 22 거래일(한 달)이 지나도 더 이상 −3%가 올라오지 않는다면 위기는 거의 끝났다고 봐도 된다.

날짜	등락	딜레이	이벤트
1987년 11월 30일	−3.5700	23	블랙먼데이
2009년 05월 13일	−3.0100	27	금융위기
2009년 06월 22일	−3.3500	27	금융위기
1988년 01월 08일	−3.2000	28	블랙먼데이
2002년 04월 02일	−3.1300	28	닷컴버블
2002년 12월 09일	−3.8900	28	닷컴버블
2002년 10월 16일	−3.9000	29	닷컴버블

2003년 03월 24일	-3.6600	34	닷컴버블
1999년 07월 20일	-3.4700	47	X
1999년 09월 23일	-3.7900	47	X
2008년 06월 26일	-3.3300	49	X
1997년 10월 27일	-7.0200	52	동아시아 금융위기
1998년 01월 09일	-3.3600	52	X
2015년 09월 28일	-3.0400	71	X
2009년 10월 01일	-3.0600	72	X
2016년 06월 24일	-4.1200	98	중국위기
1995년 07월 19일	-3.6100	121	X
1996년 01월 09일	-3.2500	121	X
2003년 09월 24일	-3.0500	128	X
1989년 10월 13일	-3.0900	205	X
2007년 02월 27일	-3.8600	217	X
1986년 09월 11일	-3.6700	279	X
1991년 11월 15일	-4.2400	313	소련붕괴
1993년 02월 16일	-3.6400	316	X
2014년 04월 10일	-3.1000	345	X

　-3%가 뜬 204건 중 22거래일(한 달)을 넘어서 -3%가 뜨는 경우는 17일뿐이다. 22일을 넘더라도 거의 금융위기, 닷컴버블 등 위기상황과 겹친다. 그런 공황을 제외하고 특별한 이벤트 없이 단독으로 뜬 경우는 거의 22일(약 한 달)을 넘지 않는다. 왜냐하면 22거래일이 지나고 나서 이벤트(공황) 없이 가장 빠른 달은 47거래일 이후인데 이 정도 되면 거래일 특성상 공휴일 등을 제외하면 거의 3달 정도다.

　그런데 3달이라는 시간은 한 분기이므로 다음분기로 넘어가면 그것은 다음분기에 1등이 어닝 쇼크가 났을 수도 있다. 공황이 아닌 다른 이유가 될 가능성이 크다. 그러므로 −3%가 뜨고 한 달이 지나면 거의 39년 동안 예외 없이 안전했다는 얘기다. 물론 공황을 제외하고 말이다.

공황은 −3%가 두 달 연속으로 안 떴을 경우 끝이라고 정의한 바 있다. −3%가 뜨고 2달을 기다려야 한다. 하지만 공황 확정이 아니라면 두 달이 아닌 한 달만 기다리면 된다.

즉 −3가 최초로 뜨고 더 이상 −3% 없이 한 달이 지났다면 위기는 거의 지나갔다고 볼 수 있다. 위기상황에서 90% 이상은 −3%가 뜨고 한 달 안에 다시 −3%가 떴었다. 그러니 −3%가 뜨고 한 달이 지났는데 다시 −3%가 뜨지 않았다면 그것은 위기가 지났다고 봐도 된다.

공황이 아닌 상황에서 −3%의 의미를 매뉴얼로 만들 수 있다. 정리하면,

−3%가 뜨고 22거래일(약 30일)이 지나도 더 이상 −3%가 뜨지 않는다면 위기는 거의 끝났다고 봐도 된다.

49.

2008년 금융위기는
어떻게 시작되었는가?

사회주의에서 부족한 것은 수요가 아니라 공급이다. 자본주의와는 정
반대 현상이다. 사회주의에서 공급이 부족한 이유는 사람이 욕심을 부
릴 동기가 없기 때문이다. 자기 것이 아닌데 열심히 할 이유가 없지
않은가? 열심히 해서 결과물을 얻어도 세금으로 다 떼어 가는데 더 이
상 열심히 할 이유가 없지 않은가? 그래서 항상 공급은 부족하고 수요

는 많다. 물자부족이 일상화다. 그래서 사람들은 자본주의가 결점이 많음에도 불구하고 선호하는 것이다.

자본주의 결점이라고 했는데, 그 결점이란 무엇인가? 대표적으로 호황과 불황(공황)의 반복이다. 할 만하면 불황이 닥쳐서 맥이 빠지게 만든다. 애써 쌓아온 공든탑을 하루아침에 무너뜨려 놓는다.

자본주의에서 공황과 호황이 반복되는 이유는 다음 3가지다. 공황의 이유와 호황의 이유는 같다.

욕심(Greed)

낙관론(Optimism)

군중심리(Herd mentality)

먼저 욕심(Greed)이란, 사돈이 땅을 사면 배가 아프다는 데서 출발한다. 나랑 다를 것 없어 보이는 친구가 부자가 되는 과정을 지켜보는 것만큼 자신을 괴롭히는 일도 없다. 이처럼 욕심이란 비교하는 마음에서 잉태된다. 사람은 욕심이 한번 생기면 그 다음부터는 욕심을 부리게 되어 있다.

낙관론(Optimism)을 보자. 2000년 닷컴버블을 예측한 펀드 매니저는 지금 이 상황이 비정상적이라고 생각했다. 그래서 주식을 사지 않았다. 하지만 그는 닷컴버블이 진행되는 동안 해고를 당했다. 결국 닷컴버블이 붕괴되었으니 이를 예측하여 대처를 잘한 그 펀드매니저는 다시 취직이 되었을까? 아니다. 그는 실업자 신세를 벗어나지 못했다. 비관론자는 펀드매니저로서 적당하지 않다. 대학에서 교수를 하는 편이 낫다.

마지막 군중심리(Herd mentality)다. 풀숲에서 후드득하는 소리가 들린다. 풀을 뜯던 사슴은 어떻게 해야 할까? 일단 도망이다. 왜냐하면 남들도 뛰기 때문이다. 같이 뛰면 즐겁다. 그리고 운동도 된다. 혹시 후드득하던 숲 뒤에 토끼가 있었어도 괜찮다. 안전하다면 다시 와서 풀을 뜯어도 손해가 아니다. 그러나 만약 풀 뒤에 사자가 있었다면 사슴은 사자의 먹이감이 되었을 것이다. 그러니 뛰지 않는 사슴은 이 세상에 유전자를 뿌리내릴 수 없다.

이 세 가지가 공황과 호황을 유발한다.

사람들은 왜 휴식 없이 100시간씩 죽도록 일해 놓고, 그렇게 번 돈을 쓰지도 않고 저축을 할까? 왜 사람들은 실패 확률이 95%나 되는 사업을 하는가? 이유는 분명하다. 모두 부자가 되고 싶기 때문이다. 이처럼 모험심 강한 사람이 많은 나라는 성공하고 개인도 성공한다.

대항해 시대를 열었던 나라인 영국은 세계를 제패했고, 스스로 배를 불태우고 스스로를 안에 가뒀던 청나라는 식민지가 되었다. 한국도 큰일이다. 너도 나도 사업이 아닌 공무원이나 의사가 되려는 나라이기 때문이다.

지금이 호황인지 아니면 불황인지 아는가? 그러면서 투자는 투자대로 계속하고 있지 않은가? 어쩌면 무책임·무대응의 자세로 말이다. 어쨌든 투자는 지속되어야 하고, 위험을 피해가려면 앞서 소개한 불황의 시그널을 감지할 수 있어야 한다. 그리하여 시그널이 감지되면 그때 우리는 사슴처럼 뛰면 된다. 호황도 시그널을 준다. 그때는 풀을 뜯으면 된다.

2008년 금융위기는 월가의 탐욕 때문에 일어난 일이다. 탐욕을 먹고 버블은 성장했고, 그 끝이 바로 금융위기였다. 여기서 버블이 만들어지는 과정과 위기의 시작 상황, 원인 등을 살펴보자.

2008년 금융위기를 설명하기 위해서는 브레튼우즈 2가설을 들고 와야 한다. 브레튼우즈 2가설이란, 2008년 금융위기는 중국의 미국 재무성 채권(이하 미국국채 : US Treasury) 대량 매입과 관련이 있다는 설이다.

중국의 미국 국채 대량매입설을 설명하기 전에 채권의 가격 형성을 보자. 채권의 가격과 수익률은 반비례 관계다. 채권 가격이 떨어지면 수익률이 오르고 채권 가격이 올라가면 수익률이 떨어진다. 중국이 미국 국채를 대량 매입했다. 따라서 미국 국채의 가격은 올라가고 수익률은 떨어지게 된다.

중국이 미국 국채를 대량 매입한 이유는 미국에 대한 막대한 무역흑자 때문이었다. 무역에서 대량의 흑자가 나면 위안화 절상이 예상된다. 무역흑자로 막대한 달러가 중국으로 들어오면 위안화가 올라가지 않는가? 그런데 만약 이 달러가 들어오면 중국은 큰 어려움에 빠진다. 왜냐하면 중국은 제조업 대국이 아닌가? 그런데 달러가 들어오면 달러가 흔해진다. 달러가 흔해지면 상대적으로 위안화의 가치가 올라간다. 그러면 수출이 잘 되겠는가? 아니다. 절대 안 된다. 그래서 있는 힘을 다해 자국 돈의 가치를 내리려고 하는 것이다.

이런 문제에 직면한 중국은 적극적으로 미국 국채를 사게 되었고, 미국 국채의 수익률은 이 당시 3.9%까지 떨어지게 되었다. 사상 최저 수준이었다.

그런데 말이다. 미국 국채와 미국 모기지율(주택 담보대출 이자율)은 연동되어 있다. 따라서 주택 모기지 이자도 덩달아 사상 최저로 떨어진다. 그러자 사람들은 너도 나도 주택을 사게 되었고 이것이 거대한 유동성을 만들어내고 결국 금융위기를 촉발하였다.

이것이 브레튼우즈체제 2의 가설이다. 그러나 사실은 더 큰 원인이 있었다. 바로 아들 부시와 앨런 그린스펀 간 모종의 거래 때문이라는 것이다. 이들이 꾸민 모종의 거래란 무엇일까?

2000년 닷컴버블이 일어나기 전 1차 산업혁명은 방직기, 방적기 혁명이었고, 2차 산업혁명은 전기혁명, 3차 산업혁명은 컴퓨터로 인한 자동화혁명이었다. 컴퓨터는 산업의 공정을 효율적으로 만들었고, 엄청난 생산성 향상을 불러왔다. 예를 들어 이전에는 프레젠테이션 시 큰 종이에 차트와 도표를 그려서 설명해야 했다. 그러나 마이크로소프트의 PPT로 인해 작업시간이 혁신적으로 줄었고 한 사람이 여러 사람의 작업분을 충분히 감당할 수 있게 되었다. 공장에서의 작업공정은 말할 것도 없다.

자동화혁명으로 국가의 GDP는 크게 성장했고, 실업률도 줄어들었다. 그럼에도 불구하고 인플레이션이 일어나지 않았다. 닷컴버블은 비이성적으로 과열되었으며, 결국 폭락으로 종결되었다.

1996년 12월 5일 저녁, 앨런 그린스펀 의장은 한 모임에 참석, '비이성적 과열(irrational exuberance)'이라는 유명한 말을 남겼다. 컴퓨터에 의한 혁신적인 생산성 향상에도 불구하고 끝없이 오를 수는 없다는 의미였다. 2000년 아들 부시가 대통령에 당선되었고, 이는 닷컴버블이 붕괴된 해와 일치한다.

2000년 말 대선에서 승리한 조지 W 부시(아들 부시)는 닷컴 버블의 폭락을 보았다. 아버지 부시 이야기로 거슬러 올라가, 아버지 부시는 이라크전에서 승리했음에도 불구하고 미국의 경기침체(6개월 연속 GDP 마이너스 발생)를 경험해야 했다. 그는 경기침체를 당시 연준 의장이었던 그린스펀의 대처가 잘못이었기 때문이라고 탓을 돌렸다. 그린스펀은 금리를 너무 늦게 내렸고 미국은 더욱 깊은 경기침체에 빠졌다. 결국 민주당 클린턴 후보는 '바보야, 문제는 경제야'라는 구호로 당선되었다.

아들 부시는 아버지 부시처럼 닷컴버블의 붕괴로 재선에 실패할 수도 있다는 두려움을 갖게 되었다. 그래서 아들 부시는 앨런 그린스펀의 재선을 약속했고, 대신 금리를 사상 최저로 낮춰줄 것을 요구 및 거래하였다.

이 때부터 미국 금리는 빠른 속도로 떨어진다. 6.5%에서 시작한 미국채 금리는 2001년 1월부터 2001년 11월까지 매월 0.5%씩 떨어져 연 2%에 도달하였다. 연 2%는 실질금리가 마이너스다. 미국의 인플레이션이 연 3% 수준이었기 때문이다.

결국 미국국채금리(2%) - 미국의 인플레이션(3%) = 실질금리 -1%가 되었던 것이다. 그리고 그린스펀은 2004년까지 금리를 추가로 인하하여 1% 수준에서 유지했다.

그러자 미국의 주택과 자동차 시장에 거대한 버블이 만들어졌다. 2005년 4월 주택매매건수는 4.5% 증가했고, 단독주택은 평균 15% 상승했으며 콘도미니엄 가격도 18% 상승하였다. 이에 미국의 투자은행은 갈 곳 없는 유동자금을 부동산 쪽으로 돌린다. 이때 나온 것이 바로 CDOs[부채 담보부 증권(Collateralized Debt Obligation, CDO)이란 금융기관이 보유한 대출채권이나 회사채 등을 한데 묶어 유동화시킨 신용파생상품]다.

본래 CDOs는 전혀 위험한 상품이 아니다. 프라임 모기지를 넣었기 때문에 디폴트가 날 상황이 아니었다. 그런데 여기에 서브 프라임 모기지(비우량 주택대출 상품)라는 불량 상품을 투자은행에서 끼워 넣으면서 문제가 생긴다.

〈빅쇼트〉라는 영화를 보면 주인공이 집이 다섯 채 있는 사람을 찾아가는 장면이 나온다. 그런데 그 사람은 다름 아닌 스트리퍼(옷 벗고 춤을 추는 여자)였다. 그래서 깜짝 놀란 주인공이 도대체 어떻게 집을 샀냐고 물어보자, 여자는 대출을 110% 받아서 10%로 이자를 내고 집값이 오르면 되팔 것이라 얘기했다. 이 이야기를 들은 주인공은 버블이 터질 것을 직감한다.

그러면 왜 CDOs에 프라임 모기지가 아닌 서브 프라임 모기지(비우량 모기지 대출)가 다수 섞이게 되었을까? 서브 프라임 모기지 상품이 CDOs에 들어간다면 신용등급이 좋을 리가 없다. 그런데 아이러니 하게도 서브 프라임 모기지 대출이 낀 CDOs가 폭발적으로 팔려 나갔다. 이유는 미국 신용평가시장의 85%를 장악한 S&P, 무디스와 거래를 통해 CDOs에 신용평가 최고 등급을 제공하였기 때문이다.

이에 미국의 부동산과 주식은 기록적으로 상승한다. 이에 놀란 앨런 그린스펀은 2006년부터 2007년까지 다시 금리를 올리기 시작하지만 이미 때는 늦었다. 버블이 엄청나게 끼어버린 상태였다. 이때 2007년 2번에 걸쳐 장단기 금리차가 역전되기 시작한다. 장단기 금리차의 역전은 2008년 금융위기를 1년 앞서 예견했다.

결국 신용평가기업의 도덕적 해이와 투자은행의 탐욕 그리고 아들 부시 대통령과 앨런 그린스펀 Fed 의장의 뒷거래가 합쳐져 커다란 버블을 만들고 그 버블이 꺼지면서 2008년 금융위기가 발생했고 기록적인 폭락으로 종결되었던 것이다.

。50。

공황 시 주식도 싸게 사고,
환전도 하여 부자 되기 1
- 2008년 금융위기

앞서 공황 매뉴얼을 제시했다. 나스닥 일간지수 기준 한 달 동안 -3%
가 4번 뜨면 공황이다. 4번째 뜨는 날이 공황 확정일이다. 보유한 주
식은 이미 모두 처분한 상태다(첫 -3%에 일단 주식을 팔기 때문). 주식을 팔고
현금만 보유해야 할까? 이 상황에서 자산을 불릴 방법은 없는가? 있
다. 달러를 원화로 바꾸면 된다.

일단 공황이 시작되면 공황이 끝나기까지 1년이 걸리기도 하고 2000년 닷컴버블은 3년이 걸렸다. 이 기간 동안 현금이 잠자도록 방치해서는 안 된다. 다이나믹하게 투자해야 하는데, 바로 달러를 치솟는 원화로 바꿨다가 공황이 끝나면 다시 달러로 바꾼다. 그러니까 공황이 시작되면 기다렸다가 달러를 원화로 바꾼 다음(구체적인 방법은 뒤에 설명한다), 공황이 끝나는 날로 정의한 두 달 연속으로 나스닥 일간지수 −3%가 하루도 안 뜨면 다시 달러로 바꾸어 주식을 산다. 주식으로 수익을 낼 수는 없지만, 2번의 환전으로 그에 못지않은 수익이 가능하다.

2008년 금융위기

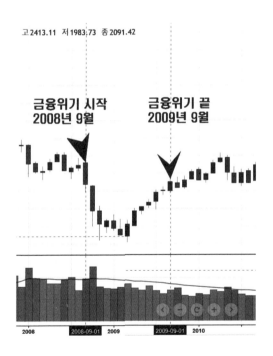

고 2413.11 저 1983.73 종 2091.42

금융위기 시작
2008년 9월

금융위기 끝
2009년 9월

날짜	등락	월간 -3% 발생 빈도	이벤트
2009년 9월	5.6400	0	금융위기 끝
2009년 8월	1.5400	0	금융위기
2009년 7월	7.8200	0	금융위기
2009년 6월	3.4200	1	금융위기
2009년 5월	3.3200	1	금융위기
2009년 4월	12.3500	1	금융위기
2009년 3월	10.9400	2	금융위기
2009년 2월	-6.6800	3	금융위기
2009년 1월	-6.3800	4	금융위기
2008년 12월	2.7000	3	금융위기
2008년 11월	-10.7700	6	금융위기
2008년 10월	-17.7300	9	금융위기
2008년 9월	-11.6400	5	금융위기 시작

공황은 2008년 9월 시작되어 2009년 9월 첫 거래일에 끝났다. 2009년 7월과 8월에 -3%가 한 번도 안 떴기 때문이다. 그러면 금융위기 시 달러를 원화로 환전하고, 금융위기가 끝났던 2009년 9월에 원화를 달러로 환전하면 된다. 좀더 구체적인 날짜로 확인해 보자.

날짜	등락	-3% 발생 횟수	이벤트
2008년 09월 22일	-4.1700	4	금융위기 시작
2008년 09월 19일	3.4000		
2008년 09월 18일	4.7800		
2008년 09월 17일	-4.9400	3	금융위기

날짜	값		
2008년 09월 16일	1.2800		
2008년 09월 15일	−3.6000	2	금융위기
2008년 09월 12일	0.1400		
2008년 09월 11일	1.3200		
2008년 09월 10일	0.8500		
2008년 09월 09일	−2.6400		
2008년 09월 08일	0.6200		
2008년 09월 05일	−0.1400		
2008년 09월 04일	−3.2000	1	금융위기
2008년 09월 03일	−0.6600		
2008년 09월 02일	−0.7700		

2008년 금융위기 당시 9월 4일 −3.2%를 시작으로 9월 22일에 −4.7%가 뜨면서 4번째 −3%가 발생했고, 공황이 확정되었다. 하지만 투자자는 공황이 확정되는 날까지 기다리지 않는다. 매뉴얼에 의하면 −3%가 뜨는 즉시 모든 주식을 매각한다. 1등 주식이라도 말이다. 그리고 한 달을 기다린다. 그런데 한 달을 기다리던 와중에 무려 4번의 −3%가 떴다. 그러니 2008년 금융위기로 돌아가서 투자를 했다 하더라도 금융위기 자체를 겪지 않는다.

그리고 2009년 7월, 8월 연속으로 −3%가 안 뜨면서 9월 첫 거래일이 금융위기 끝이 되었다.

날짜	등락	월간 -3% 발생 빈도	이벤트
2009년 9월	5.6400	0	금융위기 끝
2009년 8월	1.5400	0	금융위기
2009년 7월	7.8200	0	금융위기

7월과 8월에 −3%가 더 이상 뜨지 않았고, 9월 첫 거래일에 비록 −2%로 하락했지만 −3%는 넘지 않았기 때문에 금융위기는 종결되었다. 따라서 9월 1일(거래일 기준으로는 9월 2일이다)이 공황의 끝이며, 이 때의 공황은 1년 동안 진행되었다.

2009년 09월 01일	−2.0000		금융위기 끝

당시 시가총액 1등은 에너지 기업인 엑손모빌이었다. 공황이 확정된 2008년 9월 22일과 관계없이 매뉴얼에 의하면 −3%가 뜨는 첫날인 9월 4일에 엑손모빌을 전부 팔았으므로 9월 4일이 중요하다. 이날 엑손모빌의 가격은 76.14달러다.

날짜	주가	등락
2008년 09월 30일	77.66	4.8600
2008년 09월 29일	74.06	−8.1700
2008년 09월 26일	80.65	−0.0200
2008년 09월 25일	80.67	3.3800
2008년 09월 24일	78.03	0.4400

2008년 09월 23일	77.69	−1.5100
2008년 09월 22일	78.88	−0.9200
2008년 09월 19일	79.61	2.3900
2008년 09월 18일	77.75	3.2800
2008년 09월 17일	75.28	−1.5000
2008년 09월 16일	76.43	4.3400
2008년 09월 15일	73.25	−5.4800
2008년 09월 12일	77.5	2.5700
2008년 09월 11일	75.56	0.4100
2008년 09월 10일	75.25	2.7200
2008년 09월 09일	73.26	−4.5700
2008년 09월 08일	76.77	1.5200
2008년 09월 05일	75.62	−0.6800
2008년 09월 04일	76.14	−2.4100
2008년 09월 03일	78.02	0.9100

나스닥 일간지수가 −3%인 날이 하루도 없었던 2달 연속의 다음달 1일을 기준으로 한다. 9월 첫 거래일의 엑손모빌 주가를 보자.

날짜	주가	등락
2009년 09월 30일	68.61	−0.6700
2009년 09월 29일	69.07	−0.7500
2009년 09월 28일	69.59	1.3000
2009년 09월 25일	68.7	−0.3300
2009년 09월 24일	68.93	−0.1000

2009년 09월 23일	69	−1.1900
2009년 09월 22일	69.83	0.3700
2009년 09월 21일	69.57	−0.6000
2009년 09월 18일	69.99	0.2100
2009년 09월 17일	69.84	−0.7100
2009년 09월 16일	70.34	1.2200
2009년 09월 15일	69.49	−0.7300
2009년 09월 14일	70	0.0300
2009년 09월 11일	69.98	−0.9500
2009년 09월 10일	70.65	0.2100
2009년 09월 09일	70.5	−0.2100
2009년 09월 08일	70.65	2.1200
2009년 09월 04일	69.18	1.3500
2009년 09월 03일	68.26	0.1200
2009년 09월 02일	68.18	−0.3400

　이날 엑손모빌의 주가는 68.18달러였다. 결과적으로 76.14달러에
팔아서 68.18달러에 다시 산 것이다. 금액으로는 7.96달러, 수익률로
는 10.4% 싸게 샀다. 큰 수익률은 아니지만 공황을 지나오면서도 주
식을 더 싸게 샀다는 데 의미가 있으며, 무엇보다 주식이 떨어질 때
오르내리며 떨어지므로 이 때 패닉에 빠져 돈을 잃지 않았다는 사실이
중요하다. 보통 이런 구간에서 투자자들은 공포에 질려서 떨어지면 팔
고 오르면 본전 생각나서 사고 다시 떨어지면 공포에 팔고 오르면 사
고를 반복한다. 이 과정에서 자산이 빠른 속도로 줄어든다. 심지어 모

든 자산을 잃을 수도 있다. 따라서 공황 매뉴얼만 들고 있다면 이처럼
비정상적인 주식투자의 피해로부터 안전할 수 있다.

 환전의 실제 효과는 어느 정도였는지도 자세히 살펴보자.

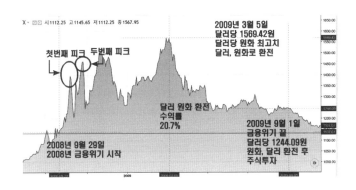

 금융위기의 시작일인 2008년 9월 22일 달러당 원화 환율은 1137.61
원이었다. 금융위기가 시작되었지만 환율이 곧바로 치솟지는 않았다.
공황이 확정되자마자 달러를 원화로 바꾸면 수익을 낼 기회를 가질 수
없다. 기다려야 한다. 기다렸다가 달러 가치가 극대화되는 시점에서
바꾸는 것이 이익이다.

 그날은 2009년 3월 5일이다. 이날 환율은 1569.42원이었다. 달러를
원화로 바꿔야 하는 날은 바로 이날이다. 하지만 이 시점을 아는 것은
불가능하다. 다만 공황으로 인해 환율이 심하게 요동칠 것이라는 감은
잡을 수 있다. 1997년 IMF 때는 원화는 달러당 2000원까지 치솟았다.

 어느 정도 감은 잡을 수 있지만, 어디까지 환율이 치솟을지 모르는

상황에서 어떻게 환율을 짐작할 수 있을까? 방법은 이렇다. 일단 첫 번째 피크가 오면 지나가기를 기다린다. 그리고 두 번째 피크가 오면 그 때 비슷한 시점에서 사는 방법이다. 시간이 지나고 보니 두 번째 피크가 환율의 최고점은 아니었다. 하지만 좋은 가격에 환전을 한 것은 틀림없는 사실이다.

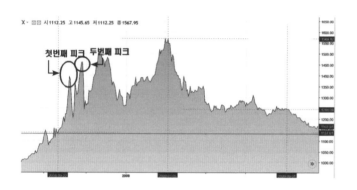

최고 시점에 사려고 해서도 안 되고, 최고 시점이 언제인지도 알 수 없다. 매뉴얼을 만들어 적당한 시점에 환전하면 된다. 첫 번째 피크를 기준으로 잡고 어느 정도가 피크인지를 감을 잡은 다음 첫 번째 피크 지점과 비슷하게 원화 환율이 올라오면 사는 것이다.

금융위기가 끝나는 날은 2009년 9월 1일이었고, 이날 환율은 달러당 1242.5이었다. 수익률은 약 20.7% 정도였다. 수익을 내고 다시 달러로 바꾸면 된다.

.51.

공황 시 주식도 싸게 사고,
환전도 하여 부자 되기 2
– 2000년 닷컴버블

닷컴버블 때 1등 주식을 팔고 환전까지 했다면 수익은 어땠을까?

닷컴버블의 시작은 언제인가? 2000년 1월 24일이다. 이날 한 달 -3% 이상이 4번째 뜬 날이었다.

날짜	등락	-3% 이상 발생 횟수	이벤트
2000년 01월 31일	1.3700		
2000년 01월 28일	-3.7700	5	닷컴버블
2000년 01월 27일	-0.7500		
2000년 01월 26일	-2.3400		
2000년 01월 25일	1.7400		
2000년 01월 24일	-3.2900	4	닷컴버블 시작
2000년 01월 21일	1.1000		
2000년 01월 20일	0.9200		
2000년 01월 19일	0.5000		
2000년 01월 18일	1.6400		
2000년 01월 14일	2.7100		
2000년 01월 13일	2.7800		
2000년 01월 12일	-1.8200		
2000년 01월 11일	-3.1700	3	닷컴버블
2000년 01월 10일	4.3000		
2000년 01월 07일	4.1700		
2000년 01월 06일	-3.8800	2	닷컴버블
2000년 01월 05일	-0.6200		
2000년 01월 04일	-5.5500	1	닷컴버블
2000년 01월 03일	1.5200		

당시 시가총액 1등은 GE였다. GE를 판 날은 2000년 1월 4일이다.

내일의 부

−3% 이상이 떴으니 일단 팔고 한 달을 기다리던 와중에 공황이 확정되었을 것이다.

2000년 01월 04일	48	−4.00%

처음으로 −3%가 떴던 날 GE의 종가는 48달러였다. 투자자는 48달러에 GE를 팔았다. 닷컴버블의 끝은 그로부터 3년 후인 2003년 6월 첫 거래일이었다.

날짜	월간 등락	월간 −3% 발생 빈도	이벤트
2003년 6월	1.6800	0	닷컴버블 끝
2003년 5월	8.9900	0	닷컴버블
2003년 4월	9.1800	0	닷컴버블

2003년 06월 02일	29	1.0500

첫 거래일인 2003년 6월 2일 1등 주식 GE의 주가는 29달러였다. 48달러에 팔고 다시 29달러에 산 것이다. 무려 39% 싸게 살 수 있었다. 그런데 이게 다가 아니다. 알다시피 하나가 더 있다.

닷컴버블 공황은 2000년 1월부터 2003년 6월까지다. 이 기간 동안 돈을 놀려야 하나? 당연히 아니다. 환전을 했다면 얼마나 벌었을지 살펴보자.

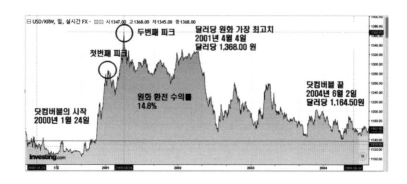

　첫 번째 피크에는 일단 기다렸다가 두 번째 피크가 왔을 때 첫 번째 피크를 염두에 두고 비슷한 가격에 바꾸면 된다. '아! 이 정도 올랐구나. 또 다시 비슷한 가격이 오면 사야지'하고 마음을 먹고 있다가 다시 랠리가 오면 첫 번째 피크와 비슷한 가격에 산다. 이 때는 주식에 투자할 때처럼 환율을 예의주시해야 한다. 당시 두 번째 피크는 2001년 4월 4일 1,368원이었다. 물론 이날 환전을 했다면 운 좋은 사람이지만, 어쨌든 이날 환전을 했다고 가정해 보자.

　이익은 14.8%가 나온다. 닷컴버블 공황이 시작되면서 GE를 매도한 후 닷컴버블이 끝났을 때 다시 매수하면서 거둔 수익은 39%였다. 두 개의 수익을 합하면 무려 53.8%다. 남들이 공황을 만나 반토막이 날 때 매뉴얼을 따른 투자자는 50%를 번 셈이다. 보다 정확히 말해 50% 수익을 거둔 효과를 봤다고 할 수 있다.

　　　　　　　　　　　　　　　　　　　　　　　내일의 부

。52。

공황을 피하는 방법_
1987년 블랙먼데이 때도 적용되는가

1987년 발생한 블랙먼데이
는 기록적인 폭락으로 익히
알려져 있다.

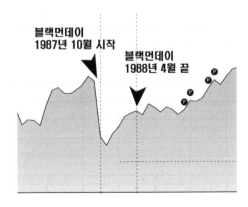

날짜	월간 등락	월간 -3% 발생 빈도	이벤트
1988년 4월	1.2300	0	블랙먼데이 끝
1988년 3월	2.1000	0	블랙먼데이
1988년 2월	6.4700	0	블랙먼데이
1988년 1월	4.2900	1	블랙먼데이
1987년 12월	8.2900	0	블랙먼데이
1987년 11월	-5.6100	1	블랙먼데이
1987년 10월	-27.2300	5	블랙먼데이 시작

블랙먼데이는 1987년 10월에 시작되어 1988년 2월, 3월 연속으로
두 달간 -3%가 안 뜨면서 1988년 4월 종결되었다. 이때도 -3% 대처
가 가능했을까? 물론이다. 일일 나스닥지수를 보자.

날짜	등락	-3% 발생 횟수	이벤트
1987년 10월 30일	5.2900		
1987년 10월 29일	5.2000		
1987년 10월 28일	-1.5100		
1987년 10월 27일	-0.8600		
1987년 10월 26일	-8.9900	5	블랙먼데이
1987년 10월 23일	-2.2800		
1987년 10월 22일	-4.4700	4	블랙먼데이 시작
1987년 10월 21일	7.3400		
1987년 10월 20일	-9.0000	3	블랙먼데이
1987년 10월 19일	-11.3500	2	블랙먼데이
1987년 10월 16일	-3.8300	1	블랙먼데이
1987년 10월 15일	-1.3500		

1987년 10월 14일	−1.5000		
1987년 10월 13일	0.4100		
1987년 10월 12일	−1.2300		
1987년 10월 09일	−0.3600		
1987년 10월 08일	−1.0400		
1987년 10월 07일	−0.6400		
1987년 10월 06일	−1.3500		
1987년 10월 05일	0.4500		
1987년 10월 02일	0.7000		
1987년 10월 01일	0.9400		

1987년 10월 16일 −3.8%를 찍은 날 바로 팔았다면 최악의 위기인 블랙먼데이를 피할 수 있었다. 그러니 항상 나스닥 종가를 모니터링해야 한다.

날짜	월간 등락	월간 −3% 발생 빈도	이벤트
1988년 4월	1.2300	0	블랙먼데이 끝
1988년 3월	2.1000	0	블랙먼데이
1988년 2월	6.4700	0	블랙먼데이

그리고 1988년 2월과 3월 연속으로 −3% 이상이 안 뜨면서 1988년 4월 첫 거래일에 블랙먼데이가 끝났다.

1988년 04월 04일	−0.7300		블랙먼데이 끝

하지만 아쉽게도 이 때의 정확한 자료는 찾을 수 없다. 당시 세계 시가총액 1등이 어떤 기업인지 알지 못해 기업 적용은 하지 못했다.

∘53∘

-3% 이후 공황으로 가는 경우,
단발성인 경우

이제는 응용편이다. 2018년 10월 10일부터 2019년 6월 4일까지 미국 나스닥 주가는 큰 폭으로 떨어졌다가 다시 회복되었다. 전문가가 아니라면 가진 돈을 모두 날릴 수 있었다. 사실 나스닥 종합주가지수로 보면 하락률은 20% 정도였지만, −3%가 꽤 자주 발생하였다. 투자자들은 떨어지면 공포에 질려 팔고 오르면 본전 생각 때문에 사고를 반복하다가 결국 20%가 아닌 자산의 90% 이상을 날리고 주식을 떠나게 된다. 이런 경우 −3%룰을 적용하여 투자를 했다면 어떤 결과를 가져오는지 시뮬레이션을 통해 알아보자.

날짜	등락	딜레이	이벤트
2019년 06월 03일	−1.6100		
2019년 05월 31일	−1.5100		
2019년 05월 30일	0.2700		
2019년 05월 29일	−0.7900		
2019년 05월 28일	−0.3900		
2019년 05월 24일	0.1100		
2019년 05월 23일	−1.5800		
2019년 05월 22일	−0.4500		
2019년 05월 21일	1.0800		
2019년 05월 20일	−1.4600		
2019년 05월 17일	−1.0400		
2019년 05월 16일	0.9700		
2019년 05월 15일	1.1300		
2019년 05월 14일	1.1400		
2019년 05월 13일	−3.4100		X
2019년 05월 10일	0.0800		
2019년 05월 09일	−0.4100		
2019년 05월 08일	−0.2600		
2019년 05월 07일	−1.9600		
2019년 05월 06일	−0.5000		

2019년 05월 03일	1.5800		
2019년 05월 02일	−0.1600		
2019년 05월 01일	−0.5700		
2019년 04월 30일	−0.8100		
2019년 04월 29일	0.1900		
2019년 04월 26일	0.3400		
2019년 04월 25일	0.2100		
2019년 04월 24일	−0.2300		
2019년 04월 23일	1.3200		
2019년 04월 22일	0.2200		
2019년 04월 18일	0.0200		
2019년 04월 17일	−0.0500		
2019년 04월 16일	0.3000		
2019년 04월 15일	−0.1000		
2019년 04월 12일	0.4600		
2019년 04월 11일	−0.2100		
2019년 04월 10일	0.6900		
2019년 04월 09일	−0.5600		
2019년 04월 08일	0.1900		
2019년 04월 05일	0.5900		
2019년 04월 04일	−0.0500		
2019년 04월 03일	0.6000		
2019년 04월 02일	0.2500		
2019년 04월 01일	1.2900		
2019년 03월 29일	0.7800		
2019년 03월 28일	0.3400		
2019년 03월 27일	−0.6300		
2019년 03월 26일	0.7100		
2019년 03월 25일	−0.0700		
2019년 03월 22일	−2.5000		장단기 금리차 역전 시작
2019년 03월 21일	1.4200		
2019년 03월 20일	0.0600		
2019년 03월 19일	0.1200		
2019년 03월 18일	0.3400		
2019년 03월 15일	0.7600		
2019년 03월 14일	−0.1600		
2019년 03월 13일	0.6900		
2019년 03월 12일	0.4400		
2019년 03월 11일	2.0200		
2019년 03월 08일	−0.1800		

2019년 03월 07일	−1.1300		
2019년 03월 06일	−0.9300		
2019년 03월 05일	−0.0200		
2019년 03월 04일	−0.2300		
2019년 03월 01일	0.8300		
2019년 02월 28일	−0.2900		
2019년 02월 27일	0.0700		
2019년 02월 26일	−0.0700		
2019년 02월 25일	0.3600		
2019년 02월 22일	0.9100		
2019년 02월 21일	−0.3900		
2019년 02월 20일	0.0300		
2019년 02월 19일	0.1900		
2019년 02월 15일	0.6100		
2019년 02월 14일	0.0900		
2019년 02월 13일	0.0800		
2019년 02월 12일	1.4600		
2019년 02월 11일	0.1300		
2019년 02월 08일	0.1400		
2019년 02월 07일	−1.1800		
2019년 02월 06일	−0.3600		
2019년 02월 05일	0.7400		
2019년 02월 04일	1.1500		
2019년 02월 01일	−0.2500		
2019년 01월 31일	1.3700		
2019년 01월 30일	2.2000		
2019년 01월 29일	−0.8100		
2019년 01월 28일	−1.1000		
2019년 01월 25일	1.2900		
2019년 01월 24일	0.6800		
2019년 01월 23일	0.0800		
2019년 01월 22일	−1.9100		
2019년 01월 18일	1.0300		
2019년 01월 17일	0.7100		
2019년 01월 16일	0.1500		
2019년 01월 15일	1.7100		
2019년 01월 14일	−0.9400		
2019년 01월 11일	−0.2100		
2019년 01월 10일	0.4200		
2019년 01월 09일	0.8700		

날짜	수치		
2019년 01월 08일	1.0800		
2019년 01월 07일	1.2600		
2019년 01월 04일	4.2600		
2019년 01월 03일	−3.0400	18	X
2019년 01월 02일	0.4600		
2018년 12월 31일	0.7700		
2018년 12월 28일	0.0800		
2018년 12월 27일	0.3800		
2018년 12월 26일	5.8400		
2018년 12월 24일	−2.2100		
2018년 12월 21일	−2.9900		
2018년 12월 20일	−1.6300		
2018년 12월 19일	−2.1700		
2018년 12월 18일	0.4500		
2018년 12월 17일	−2.2700		
2018년 12월 14일	−2.2600		
2018년 12월 13일	−0.3900		
2018년 12월 12일	0.9500		
2018년 12월 11일	0.1600		
2018년 12월 10일	0.7400		
2018년 12월 07일	−3.0500	2	X
2018년 12월 06일	0.4200		
2018년 12월 04일	−3.8000	11	X
2018년 12월 03일	1.5100		
2018년 11월 30일	0.7900		
2018년 11월 29일	−0.2500		
2018년 11월 28일	2.9500		
2018년 11월 27일	0.0100		
2018년 11월 26일	2.0600		
2018년 11월 23일	−0.4800		
2018년 11월 21일	0.9200		
2018년 11월 20일	−1.7000		
2018년 11월 19일	−3.0300	19	X
2018년 11월 16일	−0.1500		
2018년 11월 15일	1.7200		
2018년 11월 14일	−0.9000		
2018년 11월 13일	0.0000		
2018년 11월 12일	−2.7800		
2018년 11월 09일	−1.6500		
2018년 11월 08일	−0.5300		

2018년 11월 07일	2.6400		
2018년 11월 06일	0.6400		
2018년 11월 05일	−0.3800		
2018년 11월 02일	−1.0400		
2018년 11월 01일	1.7500		
2018년 10월 31일	2.0100		
2018년 10월 30일	1.5800		
2018년 10월 29일	−1.6300		
2018년 10월 26일	−2.0700		
2018년 10월 25일	2.9500		
2018년 10월 24일	−4.4300	10	X
2018년 10월 23일	−0.4200		
2018년 10월 22일	0.2600		
2018년 10월 19일	−0.4800		
2018년 10월 18일	−2.0600		
2018년 10월 17일	−0.0400		
2018년 10월 16일	2.8900		
2018년 10월 15일	−0.8800		
2018년 10월 12일	2.2900		
2018년 10월 11일	−1.2500		
2018년 10월 10일	−4.0800	10	X

나스닥 일간지수를 표로 모두 정리하였다.

−3% 공포지수 분석

매뉴얼: −3%가 뜨고 22거래일(한 달)이 지나도 더 이상 −3%가 뜨지 않는다면 위기는 거의 끝났다고 봐도 된다.

다음 표를 보면 −3%가 한 달 이내에 다시 떴을 경우에는 공황으로 이어졌고, 그렇지 않으면 아무 이벤트(블랙먼데이, 금융위기, 닷컴버블과 같은 공황)가 발생하지 않았다.

날짜	등락	딜레이	이벤트
1987년 11월 30일	-3.5700	23	블랙먼데이
2009년 05월 13일	-3.0100	27	금융위기
2009년 06월 22일	-3.3500	27	금융위기
1988년 01월 08일	-3.2000	28	블랙먼데이
2002년 04월 02일	-3.1300	28	닷컴버블
2002년 12월 09일	-3.8900	28	닷컴버블
2002년 10월 16일	-3.9000	29	닷컴버블
2003년 03월 24일	-3.6600	34	닷컴버블
1999년 07월 20일	-3.4700	47	X
1999년 09월 23일	-3.7900	47	X
2008년 06월 26일	-3.3300	49	X
1997년 10월 27일	-7.0200	52	동아시아 금융위기
1998년 01월 09일	-3.3600	52	X
2015년 09월 28일	-3.0400	71	X
2009년 10월 01일	-3.0600	72	X
2016년 06월 24일	-4.1200	98	중국위기
1995년 07월 19일	-3.6100	121	X
1996년 01월 09일	-3.2500	121	X
2003년 09월 24일	-3.0500	128	X
1989년 10월 13일	-3.0900	205	X
2007년 02월 27일	-3.8600	217	X
1986년 09월 11일	-3.6700	279	X
1991년 11월 15일	-4.2400	313	소련붕괴
1993년 02월 16일	-3.6400	316	X
2014년 04월 10일	-3.1000	345	X

2018년과 2019년에 매뉴얼대로 대처를 했다면 어떤 성적표를 받았을지 복기해 보자. 2018년 10월 10일 −4.08%가 뜨면서 일단 무조건 모두 팔고 한 달을 기다려야 했다. 그런데 10월은 어닝 시즌이다. 그러니 10월의 1, 2, 3등인 시가총액 상위 종목 애플, 아마존, 마이크로소프트의 실적을 보고 투자를 했어야 하는 달이다.

실적은 11월 1일 애플이 가장 마지막으로 발표되었기 때문에 애플의 실적을 보고 투자하는 것이 맞다. 비록 마이크로소프트가 어닝 서프라이즈를 달성하긴 했지만 당시 세계 1등이었던 애플의 어닝을 보고 들어가야 더 안전하다. 1등이 어닝 쇼크가 되면 시가총액이 큰 만큼 −3%가 다시 뜰 가능성이 크고, 그 전 다른 기업이 어닝 서프라이즈를 했어도 같이 쓸려 내려가기 때문이다. 대표적으로 넷플릭스다. 따라서 시가총액 1, 2, 3등은 어닝을 끝까지 확인한 후 들어가도록 하자.

다시 정리하면, 세계 1등의 어닝일을 기다린다. 애플 기준 11월 1일이었다. 그리고 10월 10일에는 다른 기업의 어닝 쇼크로 인해 −3%가 떴었다. 11월 1일 애플이 어닝 서프라이즈를 하더라도 11월 1일이 아닌 11월 11일에 들어가는 것이 맞다. −3% 이상이 뜨면 한 달은 무조건 기다려야 하니까 말이다.

그렇게 마음을 먹었는데 10월 24일에 −4%가 또 떴다. 그러면 다시 한 달이 연기된다. 11월 25일까지 기다려야 하는 것이다.

결국 애플도 어닝 쇼크가 발생했고 기다리는 와중에 다시 11월 19

일 −3%가 떴다. 원칙은 동일하다. 다시 한 달인 12월 20일까지 기다려야 한다.

이후 기다리는 와중에 12월 4일 다시 −3.8%가 떴고, 2019년 1월 5일까지 기다려야 하는 상황이 발생했고, 12월 7일에 −3.08%가 뜨면서 해를 넘겨 2019년 1월 7일까지 기다려야 했고, 1월 3일에 −3.04%가 뜨면서 2월 4일까지 기다려야 했다. 그리고 2월 4일까지 기다렸는데 더 이상 −3%가 뜨지 않았다. 드디어 공포 구간이 지나간 것이다.

2018년 10월 10일 −4%가 뜨는 순간 모든 주식을 정리하고 다음해인 2019년 2월 4일까지 달러만을 갖고 있어야 한다는 결론이 나온다. 매뉴얼대로 한다면 말이다.

만약 애플이 11월 1일 어닝 서프라이즈를 달성했다면 어땠을까? 그래도 −3%가 떴던 10월 24일로부터 한 달인 11월 25일까지 기다려야 한다. 그리고 세계 시가총액 1, 2, 3등의 실적발표를 모두 기다리고 세계 1등 기업이 누구든 어닝 서프라이즈를 달성하면 들어가야 한다.

−3%로 인한 공포는 2019년 2월 4일 끝났다. 만약 10월 10일 −4%가 뜨면서 전부 매도를 했다면 공포기간중이라도 2%를 벌었다. 그리고 이날 주식을 다시 사서 이 글을 쓰는 시점인 4월 24일 기준 수익은 12% 가까이 된다. 더불어 나스닥은 최고치를 경신하고 있다.

가장 최근의 경우를 보더라도 매뉴얼대로 행동했다면 공황이 올 수도 있는 위기를 손실 없이 무사히 넘겼고, 주식을 더 싸게 사는 효과와 위기 이후 랠리에 동참하는 효과를 거둘 수 있었다. 반드시 매뉴얼을 외우고 그대로 실천해야 하는 이유다.

중간 점검

세계 1등 주식을 매수하고 나스닥 −3%가 1번 떴을 때 팔아야 하는가?

공황이 발생했을 때는 세계 1등 주식이라도 당연히 파는 것이 맞다. 공황은 한 달에 나스닥 일간지수 −3%가 4번 떴을 경우다. 이는 연속이 아니다. 예를 들어 10월 30일, 31일, 11월 1일, 11월 2일 이렇게 4거래일 연속 4번 떴어도 이것은 공황이 아니다. 한 달에 4번이 떠야 한다. 달이 넘어가면 리셋이다. 공황이 되려면 10월이면 10월, 11월이면 11월 등 특정 한 달 동안 −3% 4번이 발생해야 한다. 10월 말과 11월 초 4번 연속 −3%가 떴어도 공황은 아니다. 연속과도 관계없다.

그런데 공황이 아니면서 갑자기 나스닥에 −3%가 떴고 내가 1등 주식을 보유하고 있다면 이때는 어떻게 해야 하는가? 아쉽게도 이때도 팔아야 한다. 이때까지 1등 주식의 수익률이 얼마인지 관계없이 일단 팔고 한 달을 관망해야 한다. 현재 수익률이 50% 이상이니 버틸 수 있다고 판단하지 말고, 소나기는 피해가는 것이 현명하다.

。54。

나스닥에 -3%가 떴을 때, 미국채로 손실 헤지하는 법

주가가 오르는 기간은 호황, 떨어지는 기간은 불황이다. 그런데 주가와 반대인 경우가 있다. 바로 미국 국채다.

　미국채가 주가와 반대로 가는 이유는 안전자산이기 때문이다. 주가가 떨어지는 기간에 투자자들은 주식을 팔고 미국채를 산다. 주식의 대체제로 안성맞춤이다. 2018년 10월 10일부터 2019년 9월 24일까지를 통해 나스닥에 −3%가 떴을 때 미국의 국채가 어떻게 움직였는지 살펴보자.

가장 많이 사는 미국채 TLT20년물을 기준으로 시뮬레이션을 해봤다. 상품명과 참조 사이트는 아래와 같다.

iShares Barclays 20+ Yr Treasury(TLT)
https://kr.investing.com/etfs/ishares-lehman-20-year-treas

우선 나스닥의 움직임은 다음과 같았다.

날짜	나스닥	미국채
2019년 02월 04일	1.15	−0.45
2019년 02월 01일	−0.25	−0.83
2019년 01월 31일	1.37	0.86
2019년 01월 30일	2.20	−0.07
2019년 01월 29일	−0.81	0.51
2019년 01월 28일	−1.10	−0.10
2019년 01월 25일	1.29	−0.48
2019년 01월 24일	0.68	0.66
2019년 01월 23일	0.08	−0.04
2019년 01월 22일	−1.91	0.68
2019년 01월 18일	1.03	−0.52
2019년 01월 17일	0.71	0.02
2019년 01월 16일	0.15	0.10
2019년 01월 15일	1.71	−0.37
2019년 01월 14일	−0.94	−0.37
2019년 01월 11일	−0.21	0.39

2019년 01월 10일	0.42	−0.64
2019년 01월 09일	0.87	−0.16
2019년 01월 08일	1.08	−0.26
2019년 01월 07일	1.26	−0.29
2019년 01월 04일	4.26	−1.16
2019년 01월 03일	−3.04	1.14
2019년 01월 02일	0.46	0.53
2018년 12월 31일	0.77	0.38
2018년 12월 28일	0.08	0.84
2018년 12월 27일	0.38	0.02
2018년 12월 26일	5.84	−1.07
2018년 12월 24일	−2.21	0.50
2018년 12월 21일	−2.99	−0.02
2018년 12월 20일	−1.63	−0.36
2018년 12월 19일	−2.17	1.32
2018년 12월 18일	0.45	0.36
2018년 12월 17일	−2.27	0.58
2018년 12월 14일	−2.26	0.35
2018년 12월 13일	−0.39	−0.24
2018년 12월 12일	0.95	−0.45
2018년 12월 11일	0.16	−0.02
2018년 12월 10일	0.74	0.41
2018년 12월 07일	−3.05	0.19
2018년 12월 06일	0.42	0.31
2018년 12월 04일	−3.80	1.67
2018년 12월 03일	1.51	0.48
2018년 11월 30일	0.79	0.37
2018년 11월 29일	−0.25	0.39
2018년 11월 28일	2.95	−0.49
2018년 11월 27일	0.01	0.11
2018년 11월 26일	2.06	−0.23
2018년 11월 23일	−0.48	0.10

2018년 11월 21일	0.92	−0.03
2018년 11월 20일	−1.70	0.03
2018년 11월 19일	−3.03	0.28
2018년 11월 16일	−0.15	0.58
2018년 11월 15일	1.72	−0.04
2018년 11월 14일	−0.90	0.06
2018년 11월 13일	0.00	−0.06
2018년 11월 12일	−2.78	0.65
2018년 11월 09일	−1.65	0.75
2018년 11월 08일	−0.53	−0.01
2018년 11월 07일	2.64	0.13
2018년 11월 06일	0.64	−0.06
2018년 11월 05일	−0.38	0.39
2018년 11월 02일	−1.04	−1.24
2018년 11월 01일	1.75	−0.15
2018년 10월 31일	2.01	−0.51
2018년 10월 30일	1.58	−0.50
2018년 10월 29일	−1.63	−0.23
2018년 10월 26일	−2.07	0.60
2018년 10월 25일	2.95	−0.42
2018년 10월 24일	−4.43	0.75
2018년 10월 23일	−0.42	0.32
2018년 10월 22일	0.26	−0.13
2018년 10월 19일	−0.48	−0.22
2018년 10월 18일	−2.06	−0.04
2018년 10월 17일	−0.04	−0.59
2018년 10월 16일	2.89	0.23
2018년 10월 15일	−0.88	−0.04
2018년 10월 12일	2.29	−0.35
2018년 10월 11일	−1.25	1.22
2018년 10월 10일	−4.08	−0.27
미국채 수익률		5.75

내일의 부

2018년 10월 10일에 발생한 나스닥 -4.08%로 위기가 시작되었다. 앞서 10월 3일, 파월은 금리를 더 올릴 것이라는 발언을 내놓았고, 그 영향으로 10월 10일에 -4%가 떴다.

파월 Fed 의장 "아직 금리인상 여지 남아있다"

(2018년 10월 3일, 금리 인상 발언)

파월 의장은 3일(현지시간) 워싱턴에서 열린 애틀랜틱 페스티벌에 참석해 "금리는 여전히 완화적"이라며 "중립금리 수준으로 넘어 설 수도 있지만, 아마도 현재는 중립 금리에서 먼 거리에 있다"고 말했다고 월스트리트저널(WSJ)과 CNBC 등이 보도했다.

_2018년 10월 4일자 중앙일보

10월 10일 이후 나스닥은 추락에 추락을 거듭하다가 2019년 1월 4일, 파월이 금리를 동결하겠다는 발표가 있고서야 상승 반전이 일어난다.

시장 긴축발작에 화들짝…파월, 올 금리인상 안 할 수도

(2019년 1월 4일, 금리 동결 발언)

'매파(통화 긴축 선호)'견해를 밝혔던 파월 의장은 이날 "경제 상황을 지원하기 위해 통화정책을 빠르고 유연하게 변경할 준비가 돼 있다"고 밝히면서 보유 자산 축소 문제에 대해서도 "만약 문제가 된다면 정책 변경을 주저하지 않을 것"이라고 기존 입장을 바꿨다.

지금 세계는 엄청난 빚더미에 짓눌려 있기 때문에 Fed의장인 파월의 발언 이외에는 주가를 반등 시킬 여지가 없다고 봐도 무방하다. 주가를 떨어뜨릴 요인은 많으나 주가를 올릴 수 있는 사람은 현재 파월뿐이다.

2018년 10월 10일 나스닥 -3% 이상이 뜨면서 나스닥은 고점 대비 거의 20% 가까이 추락했다. 하지만 파월의 이 발언을 접하고 1월 4일부터 다시 주식을 샀다면 이후 한 달 동안 반등이 일어나 20%를 회복했다.

투자자에게 가장 합리적인 선택은 1월 4일부터 달러를 주식으로 바꾸는 것이다. 하지만 바로 전날인 1월 3일 다시 -3% 이상이 떴으므로 매뉴얼대로라면 2월 4일에 주식을 살 수 있다. -3%가 뜨면 한 달을 기다려야 하기 때문이다.

그렇다면 국채는 어떻게 되는가? 1월 3일 -3%가 떴으니 2월 4일까지 국채를 가지고 있다가 2월 4일에 국채 매도 후 주식을 산다. 따라서 국채 수익률은 2018년 10월 10일부터 2019년 2월 4일까지를 계산해야 한다.

이 기간 국채 수익률은,

무려 5.75%다.

2019년 나스닥 일간지수 −3%가 떴을 때를 가정해서 미국 국채 20
년물 TLT를 사면 어떤 결과가 나오는지 시뮬레이션을 해보자.

날짜	나스닥	미국채
2019년 06월 14일	−0.52	0.25
2019년 06월 13일	0.57	0.34
2019년 06월 12일	−0.38	0.08
2019년 06월 11일	−0.01	0.06
2019년 06월 10일	1.05	−0.94
2019년 06월 07일	1.66	0.87
2019년 06월 06일	0.53	0.32
2019년 06월 05일	0.64	−0.57
2019년 06월 04일	2.65	−1.14
2019년 06월 03일	−1.61	0.46
2019년 05월 31일	−1.51	1.25
2019년 05월 30일	0.27	0.86
2019년 05월 29일	−0.79	0.23
2019년 05월 28일	−0.39	0.79
2019년 05월 24일	0.11	0.09
2019년 05월 23일	−1.58	1.12
2019년 05월 22일	−0.45	0.57
2019년 05월 21일	1.08	−0.16
2019년 05월 20일	−1.46	−0.21

날짜	나스닥	미국채
2019년 05월 17일	-1.04	0.22
2019년 05월 16일	0.97	-0.33
2019년 05월 15일	1.13	0.61
2019년 05월 14일	1.14	-0.29
2019년 05월 13일	-3.41	0.79
미국채 수익률		5.27

2019년 5월 13일 -3.41%가 뜨면서 주식을 팔아야 하는 상황이 발생했다. 5월 1일 트럼프는 중국에 2000억 달러에 대해 관세를 10%에서 25%로 올린다는 트윗을 날렸다. 이에 맞서 중국은 5월 13일 미국 상품 600억 달러에 대해 5~25%의 보복관세를 물리면서 -3.41%가 떨어졌다.

이 기간 국채 수익률은,

무려 5.27%이다.

2019년 8월에도 -3% 이상이 발생했다. 이 기간의 국채 수익률도 시뮬레이션으로 돌려보자.

날짜	나스닥	미국채
2019년 09월 24일	-1.46	1.21
2019년 09월 23일	-0.06	-0.02
2019년 09월 20일	-0.80	1.32
2019년 09월 19일	0.07	0.30
2019년 09월 18일	-0.11	0.42
2019년 09월 17일	0.40	0.54

2019년 09월 16일	−0.28	1.27
2019년 09월 13일	−0.22	−2.14
2019년 09월 12일	0.30	−0.66
2019년 09월 11일	1.06	−0.18
2019년 09월 10일	−0.04	−1.75
2019년 09월 09일	−0.19	−1.78
2019년 09월 06일	−0.17	0.71
2019년 09월 05일	1.75	−1.81
2019년 09월 04일	1.30	0.15
2019년 09월 03일	−1.11	−0.05
2019년 08월 30일	−0.13	0.03
2019년 08월 29일	1.48	−0.38
2019년 08월 28일	0.38	0.13
2019년 08월 27일	−0.34	1.54
2019년 08월 26일	1.32	−0.40
2019년 08월 23일	−3.00	1.64
2019년 08월 22일	−0.36	−0.66
2019년 08월 21일	0.90	−0.67
2019년 08월 20일	−0.68	1.03
2019년 08월 19일	1.35	−1.43
2019년 08월 16일	1.67	−0.80
2019년 08월 15일	−0.09	1.11
2019년 08월 14일	−3.02	2.25
2019년 08월 13일	1.95	−0.34
2019년 08월 12일	−1.20	2.08
2019년 08월 09일	−1.00	−0.20

3부 투자의 미래_확장편

2019년 08월 08일	2.24	0.21
2019년 08월 07일	0.38	0.04
2019년 08월 06일	1.39	0.80
2019년 08월 05일	-3.47	1.73
미국채 수익률		5.24

2019년 8월 5일 -3.47%가 하락하면서 위기가 왔다. 돌이켜보면 이 달에만 -3% 이상이 3번 발생하면서 공황 직전까지 갔었다. 매우 중대하고 초조한 나날들이었다. 하지만 더 이상 발생하지 않으면서 공황이 확정되지는 않았다. 8월 5일의 하락은 중국 상품 3000억 달러에 대해 관세 10%를 올린다는 트럼프의 발표 때문이었다.

이 기간의 국채 수익률은,

무려 5.24%이다.

우리는 여기서 또 하나의 중요한 매뉴얼을 얻었다. 주식 대체제로써 말이다.

나스닥 -3%가 뜨면 가만 있지 말고 달러로 미국 국채를 샀다가 -3% 위기가 지나면 다시 주식을 사는 것이 유리하다.

55

2011년 미국 연방 정부 신용 등급 강등 위기 미국채로 위기 극복하기

2011년 미국 연방 정부 신용 등급 강등 위기 분석

2011년 미국 연방 정부 신용 등급 강등은, 2011년 8월 5일, 미국의 신용평가기관 스탠더드 앤드 푸어스(S&P)가 미국이 발행하는 채권(**국채**)의 신용등급을 트리플A(**AAA**)에서 더블A플러스(**AA+**)로 한 등급 내린 사건으로, 기축통화인 달러화를 발행하는 유일한 국가인 미국의 달러패권에 금이 가는 상징적 사건으로 받아들여진다.

2011년은 가장 최근의 공황이다. 언제 위기가 왔고 지나갔는지 알 아보자.

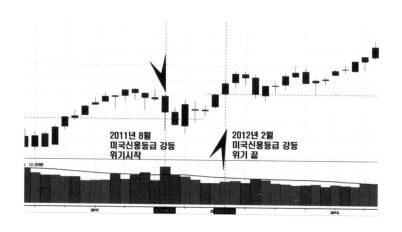

그래프에서 보는 바와 같이 2011년 8월에 와서 2012년 2월에 끝났 다. 생각보다 오래 갔다. 이때 버핏은 BOA(Bank of America)를 아주 싸 게 매입했고, 수익은 10배였다.

언제가 시작인가? 나스닥 일간지수를 보면 된다.

날짜	등락	-3% 이상 발생 횟수	이벤트
2011년 08월 31일	0.1300		
2011년 08월 30일	0.5500		
2011년 08월 29일	3.3200		
2011년 08월 26일	2.4900		
2011년 08월 25일	−1.9500		
2011년 08월 24일	0.8800		
2011년 08월 23일	4.2900		
2011년 08월 22일	0.1500		
2011년 08월 19일	−1.6200		
2011년 08월 18일	−5.2200	4	공황시작
2011년 08월 17일	−0.4700		
2011년 08월 16일	−1.2400		
2011년 08월 15일	1.8800		
2011년 08월 12일	0.6100		
2011년 08월 11일	4.6900		
2011년 08월 10일	−4.0900	3	미국신용등급위기
2011년 08월 09일	5.2900		
2011년 08월 08일	−6.9000	2	미국신용등급위기
2011년 08월 05일	−0.9400		
2011년 08월 04일	−5.0800	1	미국신용등급위기
2011년 08월 03일	0.8900		
2011년 08월 02일	−2.7500		
2011년 08월 01일	−0.4300		

2011년 8월 4일 미국의 신용등급 위기는 시작되었고 2거래일 2거

래일 2거래일 계속 −3%가 뜨면서 며칠 만에 −20% 가까이 급락한다. 투자자에게는 매우 공포스러운 상황이다.

가만히 넋놓고 있어야 하는가? 당연히 아니다. 예상할 수 없으니 대응하자. 2011년 8월 4일 −5%가 뜨자마자 모든 주식을 팔아야 한다. 그러면 이후 공포스럽게 전개되는 상황을 피할 수 있다.

월간지수를 통해 언제 끝났는지도 확인하자.

날짜	월간 등락	월간 −3% 발생 빈도	이벤트
2012년 2월	5.4400	0	미국신용등급위기 끝
2012년 1월	8.0100	0	미국신용등급위기
2011년 12월	−0.5800	0	미국신용등급위기
2011년 11월	−2.3900	1	미국신용등급위기
2011년 10월	11.1400	0	미국신용등급위기
2011년 9월	−6.3600	1	미국신용등급위기
2011년 8월	−6.4200	4	미국신용등급위기

2011년 8월에 −3% 이상이 4번 떴고 10월에 −3%가 안 떴지만 공황의 끝은 연속으로 두 달 뜨지 않아야 한다. 그러니 11월에 또 −3%가 뜨면서 다시 두 달을 기다려야 한다. 12월과 2012년 1월에 안 떴으니 바로 2012년 2월 첫 거래일이 공황의 끝이다.

공황이 끝나면 다시 1위 주식을 산다. 어닝 서프라이즈를 달성한 주식도 이때 사면 된다.

2012년 02월 01일	1.2200		미국신용등급 위기 끝

바로 이 날 2012년 2월 1일이다.

2011년 8월 4일 −5%가 뜨자마자 주식을 모두 팔고 SPTL(채권 ETF)을 샀다면 어떻게 되었을까?

날짜	수익률
2012년 02월 01일	−1.19
2012년 01월 31일	0.53
2012년 01월 30일	1.46
2012년 01월 27일	0.53
2012년 01월 26일	0.46
2012년 01월 25일	0.53
2012년 01월 24일	0.13
2012년 01월 23일	−0.65
2012년 01월 20일	−0.89
2012년 01월 19일	−1.47
2012년 01월 18일	−0.97
2012년 01월 17일	0.37
2012년 01월 13일	0.89
2012년 01월 12일	−0.17
2012년 01월 11일	1.30
2012년 01월 10일	−0.25
2012년 01월 09일	0.13
2012년 01월 06일	0.47
2012년 01월 05일	−0.26
2012년 01월 04일	−0.72
2012년 01월 03일	−1.30
2011년 12월 30일	−0.04

2011년 12월 29일	0.37
2011년 12월 28일	1.62
2011년 12월 27일	0.34
2011년 12월 23일	−1.13
2011년 12월 22일	0.09
2011년 12월 21일	−1.02
2011년 12월 20일	−1.95
2011년 12월 19일	0.92
2011년 12월 16일	1.00
2011년 12월 15일	−0.37
2011년 12월 14일	1.76
2011년 12월 13일	0.73
2011년 12월 12일	1.03
2011년 12월 09일	−1.50
2011년 12월 08일	0.78
2011년 12월 07일	0.50
2011년 12월 06일	−0.93
2011년 12월 05일	0.13
2011년 12월 02일	0.91
2011년 12월 01일	−0.75
2011년 11월 30일	−1.57
2011년 11월 29일	−0.57
2011년 11월 28일	−0.13
2011년 11월 25일	−1.44
2011년 11월 23일	1.45
2011년 11월 22일	0.74
2011년 11월 21일	0.70
2011년 11월 18일	−0.51
2011년 11월 17일	1.01
2011년 11월 16일	0.76
2011년 11월 15일	−0.26
2011년 11월 14일	1.47

2011년 11월 11일	−0.77
2011년 11월 10일	−1.11
2011년 11월 09일	1.83
2011년 11월 08일	−0.93
2011년 11월 07일	0.59
2011년 11월 04일	0.03
2011년 11월 03일	−1.27
2011년 11월 02일	−0.68
2011년 11월 01일	2.64
2011년 10월 31일	3.36
2011년 10월 28일	0.84
2011년 10월 27일	−3.02
2011년 10월 26일	−1.56
2011년 10월 25일	2.48
2011년 10월 24일	−0.26
2011년 10월 21일	−0.93
2011년 10월 20일	−0.30
2011년 10월 19일	−0.03
2011년 10월 18일	−0.49
2011년 10월 17일	1.51
2011년 10월 14일	−1.18
2011년 10월 13일	0.69
2011년 10월 12일	−1.34
2011년 10월 11일	−0.38
2011년 10월 10일	−1.34
2011년 10월 07일	−0.42
2011년 10월 06일	−1.52
2011년 10월 05일	−1.26
2011년 10월 04일	−0.51
2011년 10월 03일	2.04
2011년 09월 30일	2.07
2011년 09월 29일	0.68

2011년 09월 28일	−0.16
2011년 09월 27일	−1.24
2011년 09월 26일	−1.59
2011년 09월 23일	−1.40
2011년 09월 22일	2.90
2011년 09월 21일	2.71
2011년 09월 20일	−0.22
2011년 09월 19일	2.07
2011년 09월 16일	0.66
2011년 09월 15일	−1.24
2011년 09월 14일	0.33
2011년 09월 13일	−1.05
2011년 09월 12일	0.26
2011년 09월 09일	0.83
2011년 09월 08일	0.44
2011년 09월 07일	−0.96
2011년 09월 06일	0.84
2011년 09월 02일	2.54
2011년 09월 01일	0.66
2011년 08월 31일	−0.39
2011년 08월 30일	1.48
2011년 08월 29일	−1.13
2011년 08월 26일	0.52
2011년 08월 25일	0.95
2011년 08월 24일	−3.17
2011년 08월 23일	−0.35
2011년 08월 22일	0.28
2011년 08월 19일	0.23
2011년 08월 18일	1.58
2011년 08월 17일	1.46
2011년 08월 16일	1.16
2011년 08월 15일	−0.58

내일의 부

2011년 08월 12일	1.18
2011년 08월 11일	−3.80
2011년 08월 10일	2.95
2011년 08월 09일	−0.10
2011년 08월 08일	2.46
2011년 08월 05일	−1.74
2011년 08월 04일	2.80
수익률	14.70

수익률은 무려 14.7%다.

56

공황은 위기가 아니라
부자 될 기회다

공황은 준비하지 못한 사람에게는 무시무시한 재앙과도 같지만, 준비한 사람에게는 물반고기반 기회의 장이다.

자본주의에서 공황이 발생하는 원인은 물건이 넘치기 때문이다. 반면 물건이 항상 모자라는 사회주의에서는 공황이 발생하지 않는다. 자기 것이 아닌데 열심히 만들 리가 없으므로 공급과잉이 일어나지 않고, 공급과잉의 필연적 결과인 공황도 일어나지 않는 것이다.

자본주의에서는 반드시 공황이 오게 되어 있다. 시기의 문제일 뿐, 필수적으로 발생하는 운명과도 같다. 따라서 반드시 일어날 그 일을 대비하고 준비해야 한다.

공황이 오면 어떤 일이 일어나는가? 1997년 IMF위기와 2008년 금융위기를 돌이켜 보자.

개인

공황을 만나면 개인은 상상하기 어려울 정도로 힘든 상황으로 빠져든다. 멀쩡히 회사 잘 다니던 사람 중 상당수가 실업상태로 들어간다. 회사가 통째로 사라지거나, 명예퇴직 바람이 불면서 개인은 회사 밖으로 내몰린다. 따라서 공황이 오면 개인은 돈을 벌기는커녕 실업자가 되어 당장 6개월, 1년치의 생활비를 걱정해야 한다.

IMF 당시 나는 건설회사에 다니고 있었다. 위기가 발생하자 90% 이상의 직원이 잘렸다. 필수 인원을 제외하고는 모두 나가야 했다. 그 중에는 이제 막 결혼한 직원도 있었다. 회사에서 내몰린 후 이들이 주로 향한 곳은 보험회사 등이었다. 몇 개월이 지나자 퇴직한 직원들이 보험을 팔기 위해 회사를 방문한 경우가 많았다.

만약 지금 공황이 닥친다면 보험회사보다는 배달이나 물류업 등을 비롯한 서비스업 쪽에 들어갈 것으로 보인다. 공황 때는 보험을 해약

하지 새로 보험에 들지 않기 때문이고, 보험은 저금리 상태가 지속되면 적자가 쌓이기 때문에 지금은 IMF 때처럼 뽑지 않을 것이다.

공황을 만나 개인에게 가장 중요한 문제는 최소 1년치의 생활비를 마련할 수 있느냐 없느냐일 것이다.

부동산

부동산으로 현금흐름을 만든다는 말을 하지만 알고 보면 모두 허황된 말이다. 왜냐하면 주택의 월세입자들은 공황으로 인해 퇴직한 경우가 많다. 따라서 월세가 밀리는 경우가 더 잦아진다. 내가 주택에 월세를 놓고 있다면 월세를 받지 못할 가능성이 있고 월세 중 절반이 들어오지 못하는 상황이 된다면, 나머지 절반으로는 월세 못 받은 주택 이자를 갚기에도 버거울 것이다. 그러니 생활비는 고사하고 이자 앞에 무릎을 꿇어야 한다.

내가 월세입자나 전세입자라면 주인과 연락이 안 될 가능성이 있다. 갭투자를 많이 해놓은 집주인이라면 이 현상은 더욱 심해진다. 집값이 떨어지면서 집주인은 월세입자나 전세입자의 전화에 시달려 전화기를 꺼 놓고 잠적했을 가능성이 높다.

따라서 월세를 살고 있다면 집주인이 이자를 안 내서 경매에 들어가거나, 전세라면 전세가가 떨어지고 있음에도 불구하고 더 싸고 좋은 집 전세로 옮기지 못하는 상황이 벌어진다. 게다가 집값이 떨어지면서 전세가격도 같이 떨어져서 전세자금 대출 만기가 왔을 때 전세자금을 오히려 갚아야 하는데 집주인이 연락이 안 돼 난감한 경우가 생긴다. 집을 수십 채 가지고 있는 집주인이라면 잠적하는 경우가 비일비재하며 심지어 자살을 하기도 한다.

공황의 시기, 집값이 떨어지는 이유

그런데 공황 때 집값이 떨어지는 이유는 무엇일까? 집값이 공포상황에 놀라 저절로 떨어지는 것일까? 물론 아니다. 거기에는 그만한 이유가 있다.

공황이 닥치면 달러가 빠져 나가고 환율이 오른다. 이때 사업을 하는 사람들이 가장 큰 어려움에 빠진다. 사업가들은 달러와 엔화 대출을 했을 것이고, 환율상승으로 달러가격이 오르고 이자율도 같이 오르니 죽을 맛이다. 사업이 잘 나간다 하더라도 흑자 도산할 가능성이 있다. 내가 받은 어음은 부도가 나고 내가 줄 돈을 주지 않으면 나도 연쇄부도를 맞을 수밖에 없기 때문이다. 따라서 나는 돈을 주고 내가 받은 어음은 부도가 났으니 돈이 모자라는 상태가 된다. 그렇다면 할 수 있는 방법은 무엇인가? 좋은 부동산을 파는 것이다. 안 좋은 부동산은 아예 팔리지 않는다. 그래서 좋은 부동산인 강남 부동산부터 처분을 한다. 그것도 헐값에 말이다.

이들이 좋은 부동산을 싼 값에 처분하면 어떤 일이 생기는가? 당연히 집값이 떨어진다. 강남부터 시작해 강북 그리고 1기 신도시, 수도권, 지방으로 쓰나미처럼 집값이 추락하기 시작한다.

집주인들은 빌린 돈이 문제가 된다. 주택담보 대출과 전세다. 주택담보대출은 KB시세가 떨어지는 만큼 떨어지게 되어 있다. 따라서 강남부터 우량 물건들이 떨어지는데 은마아파트는 14억 하던 것이 2008년에는 8억7000만 원까지 떨어졌고, 압구정 현대아파트는 27억 5천만 원 하던 것이 2010년에는 무려 10억이 떨어진 18억까지 떨어졌다. 이렇게 떨어지면 주택담보대출의 1년 연장되는 만기가 돌아오는 순간 KB시세를 반영해서 은행에서는 떨어진 만큼 대출금을 갚으라는 통보를 한다.

나도 인천에 라이프 아파트라고 있었다. 매가는 1억 8천만 원이었으나 대출금이 1억 3200만 원이었다. 그런데 시세가 9천만 원으로 하락했고 은행에서는 1년이 지나 대출만기가 돌아오자 1억 원을 갚으라 했었다.

이렇게 된 이유는, 은행은 KB시세를 보고 있고 이는 지점이 아닌 대출을 한 은행원이 관할을 하고 있기 때문이다. 이 은행원은 자신이 빌려준 대출금의 KB시세를 항상 모니터링하고 있으며 만기가 돌아올 때 자신이 일으킨 대출이 문제가 되지 않도록 담보조정을 한다. 그런데 만약 KB시세가 떨어졌는데 대출금 회수를 하지 않으면 직무유기가 되고 은행원은 퇴직과 함께 대출금을 자신이 갚아야 하는 의무도 지게 된다.

은행원 입장에서는 곧바로 대출 상환에 들어가고, 만약 대출금 상환이 되지 않으면 경매에 넘기는 것이 자신을 지키는 길이다. 따라서 공황이 오면 많은 아파트가 경매로 들어가는 것이다.

그런데 부동산의 특성상 급매로 판다고 팔리지 않는다. 특정지역 특히 강남과 같은 선호도가 높은 지역에서나 일부 거래가 될 뿐이지 강북, 수도권, 지방 등은 어림도 없다.

지방은 더욱 심각한데 2008년 금융위기 당시 나는 충남에 아파트 30채 정도를 보유하고 있었다. 월세는 30만 원 정도로 저렴했었는데 삼성전자와 가까워 삼성전자 협력업체 직원들이 주로 숙소로 이용했었다. 금융위기가 닥치자 삼성전자는 공장건설을 중단하고 바로 라인을 뜯어서 중국으로 들어갔다. 그러자 1000세대 아파트 단지에 500세대가 공실로 남게 된다. 엘리베이터는 30만 원에서 10만 원으로 떨어진 월세 전단지로 도배가 되었고, 살고 있던 세입자들도 방을 빼달라고 악다구니를 썼다. 집주인들은 단지 내 부동산에 아예 진을 치고 앉아 자기 집부터 월세를 넣어 달라고 아우성이었다.

2008년에는 재개발, 재건축이 유행이었다. 이때 많은 사람들이 단기매매를 하려고 무리하게 대출을 끌어들여 여러 채의 집을 샀었다. 이들은 이자를 감당 못해 경매로 넘어가거나 파산하였고 심지어는 자살하는 경우도 있었다.

부동산은 공황이 닥치면 대처가 되지 않는다. 도대체가 팔리지 않고 높은 레버리지가 독으로 작용하여 한순간에 전재산을 날리는 최악의 상황을 불러온다. 따라서 공황이 오면, 부동산을 가지고 있는 사람이 돈을 버는 것이 아니라 부동산을 가지고 있지 않는 사람이 돈을 번다.

주식

주식은 국내주식과 해외주식으로 나눌 수 있다.

국내주식

국내주식은 삼성전자 등 일부 우량주를 제외하고는 모두 안 팔린다고 보면 된다. IMF 때 주가는 70% 이상 떨어졌으며 상장폐지 된 종목도 허다했다. 2008년 금융위기 때는 한국이 아닌 미국이 망했는데도 불구하고 한국주식이 폭락했다. 증권회사 직원들은 할 일이 없었다. 왜냐하면 장 시작하자마자 전종목 하한가를 맞고 아예 거래가 안 되기 때문이다.

내가 아는 지인 중 하나는 당시 부실주에 투자했는데 무려 30일 후에 주식을 팔았다. 사줄 사람이 없었기 때문이다. 외국인과 기관이 엄청난 물량을 쏟아 붓기 때문에 30일 동안 아무리 싸게 내놓아도 아예 팔리지 않았다. 결국 30일 후 외국인, 기관이 모든 물량을 다 팔고 나서 고점대비 80% 떨어진 가격에 매도를 하고 빠져 나왔다고 한다. 그러니 국내주식은 공황이 닥치면 일부 종목을 제외하고는 거래 자체가 안 된다고 볼 수 있다.

그리고 심각한 문제가 하나 더 있는데, 대부분의 사람들이 공황이 무엇인지 언제가 공황인지를 알지 못한다는 사실이다. 공황이 닥쳤는데도 불구하고 기준이 없으니 코스피가 50% 떨어진 다음에나 그제서야 '아 공황이구나' 탄식하며 겨우 알 수 있다는 것이다. 따라서 국내 주식은 공황이 오면 팔 수도 없으며 원금을 회복하기는커녕 파산하는 기업이 속출해서 모든 투자금을 잃을 수도 있다.

해외주식

해외주식은 공황이 왔을 때 가장 안전하게 손실을 헤지하며 오히려 돈 벌 수 있는 기회를 제공한다. 위기를 피하고 기회를 얻으려면 공황에 대한 정의가 필요하다. '나스닥 일간지수가 -3% 이상 한 달에 4번 뜨면 공황이다.'

이 책의 5장(공황 시 주식도 싸게 사고, 환전도 하여 부자 되기 1- 2008년 금융위기)에서 소개한 바와 같이 공황을 알면 공황이 오기 전 대비할 수 있고, 공황이 언제 끝나는지도 예상할 수 있다. 더하여 위기를 기회로 활용할 수도 있다.

공황이 오면 한국의 환율은 어떻게 되는가? IMF 때는 700원대에서 2000원대로 무려 3배 가까이 올랐고, 2008년 금융위기 때는 1100원에서 1600원대로 30% 가까이 올랐다. 따라서 공황이 왔을 때 미국 주식을 가지고 있으면 부자 될 기회가 생기는 것이다. 왜냐하면 달러 자산이기 때문이다.

미국의 1등 주식을 비롯한 우량주식을 가지고 있다면 좀 더 안전하다. 공황이라 하더라도 미국주식은 다른 나라에 비해 거래량이 많기 때문에 팔면 팔린다는 얘기다. 그리고 '−3%의 법칙'을 알면 공황이 오기 전에 공황을 피할 수 있다. 나스닥 일간지수에 −3%가 한 번이라도 뜨면 모든 주식을 팔고 미국의 국채 ETF(나스닥 : TLT)로 갈아타면 되기 때문이다.

−3%가 한 달에 4번 뜨면 공황 확정이다. 하지만 투자자는 −3%가 한 번만 떠도 보유한 주식을 모두 팔고 미국 국채 ETF로 갈아탄다. 공황이 확정되기 전 주식시장에서 빠져 나왔기 때문에 공황을 피해갈 수 있다.

결론적으로 개인은 미국주식에 투자를 하고 있다가 공황이 오는 징조를 보고 미국 국채로 빠져 나오면 부자의 길이 열린다는 얘기가 된다. 2008년 금융위기를 예로 들어 어떻게 부자가 되는지 보다 구체적으로 알아보자.

2008년 금융위기는 미국주식이 50%나 빠지는 대폭락의 시기였다.

2008년도 금융위기

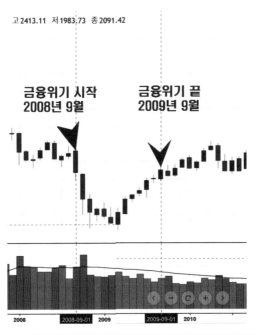

고 **2413.11** 저 **1983.73** 종 **2091.42**

날짜	등락	월간 −3% 발생 빈도	이벤트
2009년 9월	5.6400	0	금융위기 끝
2009년 8월	1.5400	0	금융위기
2009년 7월	7.8200	0	금융위기
2009년 6월	3.4200	1	금융위기
2009년 5월	3.3200	1	금융위기
2009년 4월	12.3500	1	금융위기
2009년 3월	10.9400	2	금융위기
2009년 2월	−6.6800	3	금융위기
2009년 1월	−6.3800	4	금융위기

2008년 12월	2.7000	3	금융위기
2008년 11월	−10.7700	6	금융위기
2008년 10월	−17.7300	9	금융위기
2008년 9월	−11.6400	5	금융위기 시작

2008년 9월에 시작된 금융위기는 2009년 9월에 종료되었다. 세상 어디에도 공황에 대해 설명한 책이 없다. 공황이 그처럼 위험한데도 불구하고 공황에 대한 연구가 없다는 것은 아이러니다.

1987년 블랙먼데이, 2000년 닷컴버블, 2008년 금융위기, 2011년 미국 신용등급 위기를 분석한 결과 공황은 한 달에 4번의 나스닥 −3% 가 뜨면 온다는 것이 나의 일치된 연구결과였다. 이렇게 한 달에 나스닥 일간지수에 −3%가 4번이 뜨면 공황이니 2008년 금융위기는 9월에 시작되었다.

날짜	등락	−3% 발생 횟수	이벤트
2008년 09월 22일	−4.1700	4	금융위기 시작
2008년 09월 19일	3.4000		
2008년 09월 18일	4.7800		
2008년 09월 17일	−4.9400	3	금융위기
2008년 09월 16일	1.2800		
2008년 09월 15일	−3.6000	2	금융위기
2008년 09월 12일	0.1400		
2008년 09월 11일	1.3200		

내일의 부

2008년 09월 10일	0.8500		
2008년 09월 09일	−2.6400		
2008년 09월 08일	0.6200		
2008년 09월 05일	−0.1400		
2008년 09월 04일	−3.2000	1	금융위기
2008년 09월 03일	−0.6600		
2008년 09월 02일	−0.7700		

　−3%가 한 달에 4번 떴던 9월 22일이 공황의 시작이었다. −3%가 한 번이라도 뜨면 미국주식이건 국내주식이건 모두 정리하고 미국 채권을 사는 것이 가장 안전하며 돈을 많이 버는 방법이다.

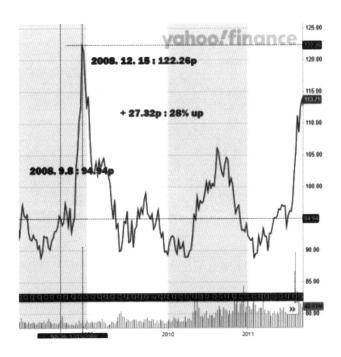

만약 2008년 9월 4일에 −3%가 떠서 주식을 팔았다면 곧바로 9월 8일에 미국 국채 ETF(나스닥 : TLT)를 사면 된다. 국채시장이 9월 8일에나 열렸기 때문에 달러를 조금 보유하고 있다가 9월 8일에 TLT를 사면 된다.

이 당시 TLT는 98.94 달러에서 12월 15일 122.26 달러까지 2달 조금 넘는 시점에 무려 28%나 치솟는다. 남들은 주식으로 망하고 부동산으로 돈 줄 막혀 있을 때 나는 28%의 수익을 2달 만에 거둘 수 있는 것이다.

이것이 끝이 아니다. 한국의 달러 원 환율은 급등락을 하면서 춤을 춘다.

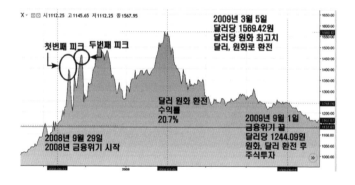

이 그래프는 2008년 금융위기 당시 달러 원 환율을 나타내고 있는데 고점에 원화를 사고 금융위기가 끝나는 시점에 판다면 20.7%의 수익을 올릴 수 있다는 것을 보여준다.

그런데 말이다. 투자를 한 번만 하고 말아야 할까? 원화는 1200원에서 1600원 구간을 오고 가면서 25%씩 움직이는 것을 볼 수 있다. 따라서 1200원일 때는 원화를 달러로 바꾸고 1600원일 때는 달러를 원화로 바꾼다면 등락으로 인한 25%의 수익 기회가 1년 동안 무려 4번 생긴다.

해외증권 HTS에서 환전만 한 번 클릭하면 된다. 아무것도 필요 없다. 그러면 1.25X1.25X1.25X1.25=약 2.44배가 오르게 된다.

물론 이론과 실제는 다르다. 바닥에 사서 꼭대기에서 팔기란 여간 어려운 일이 아니다. 미국 국채로 30%, 한국의 원화로 2.44배의 수익을 온전히 벌 수는 없다. 다만 대부분의 사람들이 공황을 만나 직장을 잃고 파산으로 노숙자가 될 때 나는 미국주식과 미국채권, 달러와 원을 오가며 엄청난 수익을 거둘 수 있는 것이다.

평소 신기에 가까운 투자실력을 발휘했다 하더라도 공황을 만나면 순식간에 모든 재산이 휘발유처럼 증발해 버린다. 투자에서 환금성이 없다면 10년에 한 번 꼴로 오는 공황의 시기에 10년 공든탑이 무너진다.

따라서 재테크에 있어서 가장 중요한 것이 바로 환금성이다. 공황이 언제 오고 끝나는가를 알고, 나아가 환금성이 높은 미국 주식과 미국 채권의 속성까지 꿰뚫는다면, 공황은 더 이상 공황이 아니다. 비로소 위기가 기회의 장으로 바뀌는 것이다.

.57.

-3%가 뜨면
왜 반드시 팔아야 하는가?

극도로 적은 확률이지만 그 날이 온다면 한 번에 파산한다

연간	수익률	-3% 횟수	이벤트
2008년	−47.40	26	금융위기
2000년	−39.57	43	닷컴버블
2002년	−33.09	16	닷컴버블

1990년	−16.58	3	
2001년	−13.62	34	닷컴버블
1984년	−10.71	0	
1994년	−2.63	0	
1981년	−1.81	1	
2011년	−0.64	6	미국신용등급위기

1980년부터 2019년까지 38년간 나스닥이 떨어진 해는 단 9번밖에 없었다. 확률로는 23%다. 게다가 10% 이상 떨어진 해는 단 6번이다. 확률로는 16%다. 거꾸로 얘기하면 77%의 확률로 올랐다는 얘기이고 치명적인 하락을 빼면 무려 84%나 올랐다는 말이 된다.

이 사실은 무엇을 뜻하는가? 매일 올랐으나 만약 치명적으로 떨어질 때는 한 해에 무려 50%까지 떨어졌다는 말이다. 이를 평균값의 비대칭성이라 한다.

얼마나 극단적일까? 2008년 금융위기의 경우 AIG는 파산 직전까지 간다. 1200달러가 넘던 AIG의 주가는 서브프라임 모기지에서 파생상품인 CDO(주택담보부증권)를 잘못 팔았다가 0.46센트까지 떨어져 99.99%나 떨어진다. 지금도 50 달러 정도에 머물고 있으니 장단기 모두 큰 손해를 끼쳤다.

이 외 시티은행도 폭락을 면치 못했고, 파산한 기업도 부지기수다. 만약 전재산을 AIG에 걸었다면 공든탑이 한 번의 바람에 와르르 무너져 내린 격이다.

극도로 낮은 확률이지만 그 날이 온다면 파산하고야 만다. 따라서 위험을 잘 회피해야 한다. 그런데 대부분의 사람들은 회피보다는 버티기를 택한다. 그러다가 나락으로 떨어지는 것이다. 주가가 1000일 동안 올라도 며칠 만에 50%가 떨어지고 나면 투자는 실패다. 그러니 위험은 철저히 피해가는 습관을 들이도록 해야 한다. .

인공지능 트레이더 시대, 공포는 더욱 강화된다

주식트레이더 600명→2명…그 자리 AI엔지니어가 꿰차

펀드매니저 · 변호사 · 의사 등 전문직 일자리 위협 받아 AI · 빅데이터가 수사 돕고 인공지능 작곡 음반도 나와 예측불허 '일자리 충격파'…직장인 10명 중 7명 "어떻게 대비할지 몰라 막막"

2000년 600명이던 골드만삭스의 주식 트레이더는 2018년 두 명까지 줄었다. 그 대신 200명의 컴퓨터 프로그래머들이 고용됐다. 현재 약 3만5000명에 달하는 골드만삭스 전체 임직원 중 4분의 1가량이 컴퓨터 엔지니어인 것으로 알려졌다.

펀드매니저는 "투자는 결국 데이터와 심리 분석이 좌우하게 돼 있다"며 "시장 구조가 크게 변하지 않는다면 점점 더 AI의 강점이 두드러질 것"이라고 했다.

_2018년 1월 17일자 매일경제

왜 골드만삭스는 주식트레이더를 잘라내고 컴퓨터 프로그래머를 앉혔을까? 사람보다 인공지능이 훨씬 투자를 잘 하기 때문이다. 투자라는 영역은 아무리 공부해도 늘지 않는다. 새해만 되면 올해의 주식이 떨어진다, 오른다 주장도 많고, 책도 많지만 시간이 지나고 보면 모두 틀린 예상일 뿐이다.

공부를 통해 혹은 경험이 쌓이면서 기술이 느는 영역은 목수, 배관공, 의사 등과 같은 기술직이다. 경제학자, 애널리스트 등은 아무리 투자공부를 해도 내일 아침 주가를 맞히지 못한다. 따라서 골드만삭스는 전망도 틀리고 주가도 맞히지 못하는 트레이더들을 쓰느니 차라리 인공지능을 트레이더로 쓰는 것이 낫다고 생각한 것이다.

인공지능의 투자방식

그렇다면 인공지능의 특징은 무엇인가? 살 때는 지속적으로 사서 주가를 올리고 한 번 팔기 시작하면 마음먹은 물량을 다 털어 낸다. 즉 매뉴얼화 되어있기 때문에 오른다고 포지션을 잡으면 사려는 물량을 끝까지 따라가서 마지막 한 주까지 전부 사들이고, 팔려고 포지션을 잡으면 마지막 한 주까지 전부 팔아버리는 특성이 있다. 따라서 오를 때는 끊임없이 오르고 떨어질 때는 하염없이 떨어진다.

그래서 앞으로 공황이 온다면 인공지능 때문에 더 확실하게 −3%가 뜰 것이다. 한 달에 4번이 아니라 10번이라도 뜰 것이다. 이것이 인공지능의 특징이다.

사람의 투자방식

반면 사람은 어떻게 투자하는가? 트레이더는 7년 동안 2억 달러를 회사에 벌어주고 공황이 온 단 며칠 만에 6억 달러의 손해를 입히고 쫓겨나며 그를 고용한 기업은 파산하고야 만다.

왜 이 트레이더는 6억 달러의 손해가 났을까? 7년 동안 주식시장이 올랐기 때문에 공황이 왔어도 공황이 온 줄 모르고 그전처럼 단기조정인줄 알고 더 많은 돈을 물타기 했기 때문이다.

트레이더도 사람이다. 손해를 일으키면 자신의 경력에 치명적인 오점이 생긴다는 사실을 잘 안다. 따라서 손해보고 팔기가 쉽지 않다. 그래서 모든 자금을 끌어 모아 손해를 만회하려고 한다. 이런 이유로 트레이더는 공황에서 엄청난 손해를 입고 파산하고야 마는 것이다.

그런데 이제는 인공지능이 인간을 대신한다. 'AI 자산관리'라는 말을 들어 봤을 것이다. AI 자산관리를 실행하는 주체는 당연히 인공지능이고 인공지능은 떨어질 때 매도하고 공매도까지 감행한다. 결국 −3%가 떴을 때 팔지 못하면 공황이 왔을 때 치명적인 손해를 볼 수 있다. 대부분의 사람들은 −3%가 떴을 때 트레이더처럼 행동하는 경향이 있다.

사건	확률	결과
A	999/1000	1
B	1/1000	−10,000

매일 1을 벌었지만 1000번에 한 번 오는 공황에서 −10,000을 까먹는다. 매일 벌어들인 1을 다 합해봐야 1000밖에 되지 않는다.

파생상품 시장이 커졌다

2008년 금융위기 당시 세계를 거의 파산시킬 뻔했던 파생상품의 규모가 700조 달러였다면 2018년 기준 파생상품의 규모는 무려 1200조 달러로 늘어났다. 다음 번에 공황이 온다면 다시 금융위기로 올 것이다. 왜냐하면 이 정도로 큰 파생상품 시장이 붕괴된다면 금융위기는 반드시 닥치기 때문이다. 그래서 언젠가는 반드시 공황이 오고 공황이 온다면 바닥을 모르고 추락할 것이다. 따라서 −3%가 뜨면 반드시 팔고 채권으로 갈아타야 한다.

그렇다면 우리가 투자상품을 고를 때 어느 것을 골라야 가장 안전한가? 무엇보다 위험헤지가 우선이다.

한국 주식 − 위험하다

2008년 금융위기 당시 한국 주식을 갖고 있었는가? 대형주라도 하한가를 피하기 힘들었을 것이다. 대부분의 중소형 주식은 팔고 싶어도 팔지 못한다. 장이 시작하자 마자 바로 하한가를 맞고 대기 물량이 엄청나게 쌓여 있다. 외국인과 기관이 엄청난 물량을 털어내서 결국은 30일 동안 폭락을 경험하고 80% 이상 빠진 금액에서 정리가 된다. 첫날부터 팔고 싶었는데 개인은 안 팔리고 외국인과 기관의 물량이 다 털린 다음에서야 겨우 팔 수 있다.

주식은 팔기 쉽다고들 하지만 공황이 닥치면 그마저도 여의치 않다. 미국의 우량주에나 해당하는 말이다. 따라서 한국의 주식은 위험헤지가 전혀 되지 않는다.

한국 부동산 – 위험하다

2008년 금융위기 당시 강남의 은마아파트는 2006년 14억에서 2008년 11월 8억 7000만 원까지 떨어진다. 그나마 강남이어서 팔렸고, 실거래가도 찍힌 것이다. 강남이 아니었다면 역전세난이 일어나고 대출금을 못 갚아 경매로 넘어가는 일들이 비일비재하기 때문에 한국의 부동산 위기는 2008년이 아닌 2012년에 일어난다. 2012년은 하우스푸어 관련 뉴스가 미디어를 휩쓸었다.

팔고 싶어도 팔리지 않고 팔린다 하더라도 50%씩 떨어진 가격에나 겨우 팔린다. 부동산은 한 채 당 가격이 높기 때문에 레버리지를 이용할 수밖에 없고, 이 레버리지는 평소에는 돈을 벌어주는 것처럼 보이나 공황과 같은 일이 닥쳤을 때는 한번에 파산으로 몰고 간다.

이 또한 평균값의 비대칭성이라 할 수 있다. 매일 1을 버나 한 번에 −10,000이 되는 구조. 부동산에서 한 번에 −10,000은 돌아오는 대출금 상환기일에 한꺼번에 모든 대출금을 갚거나, 이자에 대출원금을 더한 금액을 매달 내는 조건으로 바뀌는 상황을 말한다. 따라서 공황이 오는 순간 레버리지를 일으켜 구매한 사람들은 파산이라는 막다른 길로 내몰리고 만다. 즉, 한국의 부동산 또한 위험헤지가 되지 않는다는 의미다.

미국주식 – 안전하다

미국 주식은 안전하다. 단 −3%가 떴을 때 팔았을 경우다. 특히나 우량주식, 세계 시가총액 1등 주식은 −3%가 떴을 때 안 팔릴 이유가 없다. 아직 공황이 오지도 않았다. −3%가 뜨자마자 그날 판다면 말이다. 그러다가 한 달에 −3%가 무려 4번이나 뜬다면 그날이 공황 확정이다.

곡소리가 울려퍼질 때는 AIG처럼 파산 지경까지 떨어진 주식이 없는가 살펴봐야 한다. AIG가 0.46센트까지 떨어진 시점은 2009년 1월이었다. 2008년 9월 금융위기가 터지고 겨우 5개월 만에 일어난 일이다. 0.46센트까지 떨어진 AIG는 최근 66달러까지 오르며 무려 143배가 올랐다. 만약 금융위기 당시 0.46센트까지 떨어진 AIG를 1000만 원어치 샀다면 지금은 14억 3천만 원이 되었다는 얘기다.

공황이 오면 돈 버는 사람은 따로 있다. 그러나 한국 주식과 부동산을 갖고 있었다면 이러한 기회조차 잡을 수 없다. 위험헤지가 안 되므로 그 전에 자산시장에서 퇴출되고 말기 때문이다.

미국채권, 금선물 - 더 안전하다

미국의 채권과 금선물은 완전한 위험헤지 상품이다. 금융위기 당시 미국채권은 9월 말부터 12월까지 단 2개월만에 30%가 폭등했다. 따라서 위험헤지로는 좋은 수단이다. 하지만 평소에 채권을 계속 들고 있었다면 얼마 벌지 못한다. 평소에는 매일 주식을 가지고 있다가 −3%가 떴을 때만 주식을 팔고 채권을 사는 것이 좋다. 위험을 피할 뿐 아니라 추가 수익도 낼 수 있기 때문이다.

나는 어느 하나의 자산이 좋다 나쁘다는 편견을 갖고 있지 않다. 한때는 부동산에 올인했었고, 여러 투자자산에 개입했었다. 그러나 연구를 하면 할수록 결론은 항상 한 지점으로 모였다. 위험하지 않으면서 오랫동안 안전하게 큰 이익을 거둘 수 있는 투자상품을 찾다 보니 결국 미국 주식과 채권에 도달하게 되었고, 언제 주식을 팔아야 하고, 환율의 차이를 어떻게 이용해야 하는지 깨닫게 되었다. 공황은 위기가 아닌 기회라는 사실도 알게 되었다. 안전을 생각하다 보면 위험한 상품은 피하게 되며, 수익 극대화를 위해 노력하다 보면 남들이 보지 못했던 길이 보인다.

나는 이 책을 통해 그 동안 연구했던 결과물을 아낌없이 그리고 가

감 없이 공개하고 있다. 선택은 당신의 몫이다. 다만 의심에 빠져 실행을 미루기보다는 한 발씩 들여놓으면서 부의 꿈을 꾸고, 또 이루기를 바랄 뿐이다.

.58.

반드시 외워야 할 '공황 매뉴얼'

−3%가 뜨면 팔고 무조건 한 달을 기다린다

−3%가 뜨면 어떤 주식이든 판다. 그리고 한 달을 기다린다. 그리고 한 달 동안 한 번도 −3%가 안 뜨면 그 때는 위기가 지나갔다고 볼 수 있다.

−3%가 한 달에 4번 뜨면 공황이다

한 달에 4번의 마이너스가 뜨면 환전을 준비하자. 2008년 금융위기, 2000년 닷컴버블, 1987년 블랙먼데이 등이었다. 한 달에 4번이라는 기준은 '달(月)'기준이다. 8월 말에 2번 뜨고 9월 초에 2번 떴다고 해서 공황은 아니다. 한 달에 무조건 4번이 떠야 공황이다.

−3%가 2달 연속으로 안 뜨면 공황 끝이다

일단 공황이 시작되면 두 달 연속으로 −3%가 안 떠야 공황 끝이다. 블랙먼데이와 미국신용등급 위기가 여기에 해당하는데, 바닥에 사는 것은 힘들다. 언제가 끝일지 알 수 없으므로 매뉴얼대로 두 달 연속으로 −3%가 안 뜨면 공황 끝이라고 판단하는 것이 좋다.

VIX지수가 15 이하라면 완연한 평화의 시기가 맞다

VIX지수로 공포를 판가름하는 평균 수치는 15이다. 15 이하라면 투자를 해도 무방한 시기다.

이것이 매뉴얼이다. 공포가 닥쳤을 때 매뉴얼을 모른다면 내릴 때 팔고 오를 때 사면서 모든 자산을 까먹을 수 있다. 그러니 외우고, 나아가 반드시 실천하여 귀중한 자산을 지키길 바란다. 매뉴얼을 요약하여 휴대하거나 모니터 옆에 붙여두는 것도 좋다.

。59。

어닝 서프라이즈 주식 투자법

어닝 서프라이즈 주식을 판별하기 위해 먼저 어닝 시즌이 무엇인지 알아야 한다.

이윤을 추구하는 기업에는 어닝시즌(실적 발표 달)이 있다. 어닝일(실적 발표일) 오르면 어닝 서프라이즈(실적이 좋은 것), 어닝일에 떨어지면 어닝 쇼크(실적이 안 좋은 것)다. 어닝일은 발표일 그날 당일이거나 아니면 다음

날이다.

왜 차이가 나는가? 어닝일이 1월 27일이라면 27일이 어닝일이다. 그런데 아닐 수도 있다. 왜냐하면 27일 증권시장이 시작할 때 기업이 실적을 발표하면 27일에 실적이 반영되어 주가가 오르거나 떨어질 것이다. 그러나 만약 27일 시장이 끝나고 기업이 실적을 발표하면 그 다음날인 28일자에 실적이 반영되는 것이다.

어닝 반영일이 27일인지 28일인지 헷갈릴 수 있는데, 거래량을 보면 문제가 해결된다. 거래량이 더 많은 날이 어닝일이라 보면 된다. 그래도 더 확인하고 싶다면 뉴스를 찾아본다.

https://finance.yahoo.com

위의 사이트에는 모든 미국기업의 뉴스가 나온다. 당연히 영어이므로 크롬과 같은 인터넷 브라우저를 쓰고 플러그인으로 구글 번역기를 깔면 한글로 전환된다.

어닝 서프라이즈 기업이란 실적이 좋은 기업을 뜻한다. 1등 이외의 주식은 모두 어닝 서프라이즈 주식이다. 예외적으로 시가총액 세계 1등 기업과 시가총액 10% 이내의 2등 기업이라면 이것도 1등 기업과 동일하게 취급한다. 이 경우에는 1, 2등 기업을 제외한 기업이 어닝 서프라이즈 기업이다.

세계 1등 기업은 장기투자만이 답이다. 반면 어닝 서프라이즈 기업은 방식이 다르다. 이런 기업은 어닝 서프라이즈를 달성했을 때만 투자하고 어닝 쇼크가 나면 투자하지 않는다. 즉, 장기투자가 아니며, 단기로 그것도 분기별로 아주 짧게 단기투자를 한다.

어닝 서프라이즈 기업에 단기로 투자하는 이유는 어떤 주식도 믿지 못하기 때문이다. 예를 들어 삼성전자가 있다. 5만 원에서 3만 원까지 주가가 떨어졌다. 그렇다면 팔아야 하나? 말아야 하나? 기준이 없다. 그런데 세계 1등 주식은 기준이 정확히 정해져 있다. 2등으로 떨어지면 판다.

1등의 가장 큰 장점은 2등으로 순위가 바뀌었을 때 판다'는 명확한 기준이 있다는 점이다. 그러나 1등 이외의 주식은 이러한 기준이 없다. 앞의 삼성전자처럼 기업실적이 나빠진 것인지 아니면 정말 회사가 망할 지경인지는 내부자가 아니면 알 수 없고, 심지어 내부자도 모르는 경우가 많다.

피처폰 세계 1등이던 노키아는 스마트폰이 나오고 2년 반 만에 망했다. 세계 1등이었는데도 불구하고 말이다. 어떤 기업도 언제 팔아야 하는지 알 수 없지만 시가총액 1등 기업은 팔아야 하는 타이밍이 정확하다. 그러니 장기간 가져갈 수 있고 큰돈도 벌 수 있다. 반면 1등 이외의 기업은 언제 팔아야 할지 알 수 없고, 따라서 1등 이외의 기업은 모두 어닝 서프라이즈를 달성했을 때만 투자하는 어닝 서프라이즈 기업이다.

그러면 어떤 기업이든 어닝 서프라이즈 투자가 통할까? 아니다. 한국, 중국, 일본, 유럽 등의 기업은 어닝 서프라이즈를 달성했다고 하여 모두 오르지 않는다. 오히려 어닝 서프라이즈 발표가 나오고 기관이나 외국인이 물량을 털어 개미들만 손해를 보는 경우가 많다.

그러나 미국만큼은 예외다. 어닝 서프라이즈를 했다면 반드시 오르는 것은 아니지만 대부분 오른다. 정직하다는 얘기다. 그래서 미국기업만 통한다고 봐야 한다. 아무래도 미국은 증권거래에 있어서 관리감독이 투명하고 주가조작을 하다가 발각되면 몇 십 년의 징역을 살 수도 있다. 더구나 시가총액이 커서 작전을 하기에도 부적합하다. 그래서 미국기업만 투자해야 한다.

미국의 어닝 서프라이즈 기업에 투자하려면 아래 인베스팅 닷컴을 적극 활용하자.

https://kr.investing.com

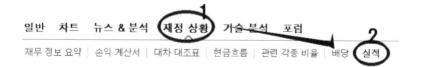

여기에서 개별기업을 찾아 실적을 확인한다. 그 기업의 '재정상황→실적'순으로 누르면 실적이 표시된다. 내용으로 들어가 보자.

출시 날짜	기말	주당순이익 / 예측	수익 / 예측
2020년 02월 24일	12/2019	-- / 0.42	-- / 184.31M
2019년 05월 07일	03/2019	-- / 0.34	-- / 151.43M
2019년 02월 26일	12/2018	0.34 / 0.32	174.36M / 173.76M
2018년 11월 06일	09/2018	0.28 / 0.24	136.66M / 126.1M
2018년 08월 09일	06/2018	0.34 / 0.31	140.55M / 130.99M
2018년 05월 08일	03/2018	0.27 / 0.27	121.33M / 115.58M

위의 표에서 실적 발표일은 2019년 2월 26일이다. 과거데이터도
확인할 수 있다.

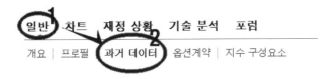

'일반→과거 데이터'순으로 누르면 달력 화면이 나온다.

달력에서 숫자를 직접 기입하거나 2월 26일 날짜를 마우스로 클릭
해도 된다. 그러면 일자별 자료가 뜬다.

내일의 부

2019년 03월 19일	68.07	67.72	68.46	67.17	1.20M	1.22%
2019년 03월 18일	67.25	67.54	67.86	66.73	987.90K	-0.07%
2019년 03월 15일	67.30	67.68	67.99	67.02	1.47M	-0.69%
2019년 03월 14일	67.77	67.08	67.93	66.88	1.00M	1.06%
2019년 03월 13일	67.06	66.90	67.79	66.60	1.67M	0.74%
2019년 03월 12일	66.57	65.84	66.81	65.78	1.21M	1.28%
2019년 03월 11일	65.73	64.50	65.74	64.47	1.26M	2.64%
2019년 03월 08일	64.04	63.40	64.13	62.70	1.32M	0.23%
2019년 03월 07일	63.89	63.66	64.43	63.07	1.46M	0.17%
2019년 03월 06일	63.78	63.87	64.50	63.07	2.09M	0.25%
2019년 03월 05일	63.62	61.93	63.93	61.40	2.27M	3.05%
2019년 03월 04일	61.74	61.55	61.94	60.57	2.28M	0.93%
2019년 03월 01일	61.17	59.41	61.23	59.36	1.99M	4.07%
2019년 02월 28일	58.78	58.28	59.08	57.38	1.94M	0.56%
2019년 02월 27일	**58.45**	**60.90**	**61.90**	**58.25**	**3.81M**	**2.74%**
2019년 02월 26일	56.89	56.90	57.55	56.21	2.52M	0.30%

| 최고: 71.77 | 최저: 56.21 | 차이: 15.56 | 평균: 66.07 | 변동 %: 26.00 |

앞서 이 주식의 실적발표일은 2월 26일이었다. 그러나 실제 실적이 주가에 반영된 날은 2월 26일이 아니라 2월 27일이다. 2월 27일 맨 끝으로 가면 2.74%라는 상승률이 표시되어 있다. 바로 앞쪽에는 3.81M이라는 수치가 보인다. 26일 2.52M보다 높다. 거래량이 더 많았다는 의미다. 어닝 서프라이즈 반영도 26일이 아닌 27일에 일어났다. 그러면 언제가 진짜 어닝일인가? 투자자 입장에서는 27일이다.

복잡하게 여러 수치를 판단할 필요는 없다. 단순한 게 최고다. 실적을 발표하고 주가가 오르면 어닝 서프라이즈, 떨어지면 어닝 쇼크, 이렇게 판단하면 된다. 위에 예를 든 주식도 전형적인 어닝 서프라이즈 주식이다.

이후 주가가 어떤 방향으로 움직였는지 살펴보자일. 어닝 서프라이즈 달성 후 주가는 지속적으로 오르고 있다. 2월 28일(0.56%), 3월 1일

(4.07%), 3월 4일(0.93%) 이렇게 계속 말이다. 그러다가 3월 15일쯤 가서 −0.69% 떨어졌다. 계산하면 어닝일 포함 12거래일 연속으로 올랐다. 바로 이런 종목이 어닝 서프라이즈를 한 후 큰 수익을 주는 종목이다. 표의 맨 아래 동그라미를 표시를 보면 '변동 % : 26'을 확인할 수 있다. 이 수치는 수익률이다. 어닝일 이후 현재까지의 수익률이다. 2달이 채 안 된 시점이었다.

이러한 방식으로 어닝 서프라이즈 기업에 투자하면 소위 '대박'의 수익률이 가능하다. 1억 원을 투자해서 분기당 20%씩의 수익률을 기록했다고 하자. 수익률은 복리로 가기 때문에 10년 후에는 1,470억 원이 된다. 즉 1,470배의 수익률이다.

1억 원을 투자해서 분기당 수익이 10%라 하더라도 대단한 투자다. 10년 후에는 약 450억 원이 되기 때문이다. 첫술에 배부를 수는 없지만 매번 적지 않은 밥을 뜨기 때문에 소화불량이 걸릴 정도로 많은 양을 배불리 먹을 수 있다.

1분기당 수익률이 20%만 넘어도 대성공이다. 한 기업에 투자했는데 분기당 수익이 20%가 넘었다면 20% 아래로 떨어지는 순간 팔아야 한다. 그것으로 만족해도 충분하다.

나의 경우 2018년 실수를 한 적이 있다. 어닝 서프라이즈 기업에 투자해 수익률이 35%까지 갔었다. 수익이 좋으니 '다음 어닝일까지 가지고 가야지.' 이렇게 생각하다가 계속 미끄러져 결국에는 2% 수익에 만족하고 팔아야 했다.

그러니 항상 10% 또는 20% 정도의 분기수익률을 정해 놓고 있다가 그 이상의 수익을 거둔다면 언제든지 팔고 나올 수 있어야 한다. 이 역시도 매뉴얼을 정해놓고 그대로 실천하면 된다. 또 어닝 서프라이즈 주식은 많다. 한 종목에 목맬 이유가 없다. 다음 어닝시즌에 또 들어가면 된다.

대박이 있으면 쪽박도 존재한다. 쪽박 종목(일반 종목)을 살펴보자.

출시 날짜	기말	주당순이익 / 예측	수익 / 예측
2019년 04월 25일	03/2019	-- / 0.56	-- / 185M
2019년 03월 04일	12/2018	0.26 / 0.2	177.23M / 177.2M
2018년 11월 05일	09/2018	0.6 / 0.58	177.21M / 177.2M
2018년 08월 07일	06/2018	0.35 / 0.27	149.37M / 149.4M
2018년 05월 08일	03/2018	0.51 / 0.49	171.77M / 171.8M
2018년 03월 13일	12/2017	0.14 / 0.11	149.53M / 149.6M

이 종목은 3월 4일이 어닝일이다.

2019년 03월 25일	76.00	74.99	76.52	74.51	94.78K	1.16%
2019년 03월 22일	75.13	76.74	77.19	75.05	94.75K	-2.25%
2019년 03월 21일	76.86	75.75	77.92	75.08	137.58K	0.88%
2019년 03월 20일	76.19	76.94	76.97	75.70	157.28K	-1.00%
2019년 03월 19일	76.96	77.46	77.46	76.26	116.95K	-0.44%
2019년 03월 18일	77.30	76.87	77.69	76.18	142.16K	0.70%
2019년 03월 15일	76.76	76.59	77.87	76.59	212.38K	0.64%
2019년 03월 14일	76.27	75.84	76.52	74.96	691.46K	0.95%
2019년 03월 13일	75.55	77.68	78.34	75.31	517.64K	-2.58%
2019년 03월 12일	77.55	78.24	78.29	77.18	232.66K	-0.53%
2019년 03월 11일	77.96	78.70	78.84	77.72	164.74K	-0.41%
2019년 03월 08일	78.28	78.31	79.10	77.82	77.96K	-0.05%
2019년 03월 07일	78.32	78.87	78.99	78.06	72.40K	-0.71%
2019년 03월 06일	78.88	78.78	79.10	77.84	176.55K	0.47%
2019년 03월 05일	78.51	76.30	78.85	75.20	181.67K	2.23%
2019년 03월 04일	76.80	80.15	80.99	75.56	224.73K	2.07%
최고: 80.99	최저: 74.39	차이: 6.60	평균: 76.72	획득 %: 2.05	

투자자 입장에서는 4일인가, 5일인가? 4일 당일이다. 4일이 5일보다 거래량이 더 많기 때문이다. 그런데 이 종목은 맨 아래 '변동 %'를 보면 2.05로 수익률이 크지 않다.

우리는 여기서 중요한 사실을 알 수 있다. 어닝일 이후 10일간의 추이가 중요하다는 점이다. 대박종목은 내리 12일이 오른 반면 일반종목은 2일 오르고 내리 5일 떨어지고 다시 오른다. 평균을 내면 별 볼일이 없다.

지금까지 어닝 서프라이즈 두 종목을 살펴보았는데, 패턴이 발견되지 않는다. 그런데 최근 어닝 서프라이즈 주식을 40종목 이상 살펴본 결과 한 분기 동안 대박을 치려면 어닝 서프라이즈 후 10일 동안 1번이나 2번 정도만 떨어지고 나머지 날은 상승하였다. 수익률을 살펴보니 최소 수익률 10%~45%까지다. 반면 사흘 연속으로 떨어지는 경우가 있다면 최소 대박은 아닐 수 있다.

요약하면, 어닝 서프라이즈 후 투자할 때 내리 오르면 가져가고, 떨어지는 날이 훨씬 많으면 그냥 팔고 다른 어닝 서프라이즈 주식을 사는 것이 낫다. 어닝 서프라이즈 주식 투자를 정리하면 다음과 같다.

어닝 서프라이즈 주식 매수 · 매도 매뉴얼

매수조건

꾸준히 오르는 종목 – 그래프가 안정적이며 오르는 종목

예를 들어 –3%의 횟수가 1년에 20번 이하인 종목

①어닝 서프라이즈 이후 5일 중 4일 오른 주식은 4일 오른 날 산다.

②어닝 서프라이즈 이후 10일 중 6일 이상 오른 주식은 6일 오른 날 산다.

조금 더 복잡하고 디테일한 매수 매뉴얼이 나온 이유는, 수없이 많은 종목을 모두 판단하기 어렵기 때문이다. 어닝 서프라이즈 주식은 가이던스, 기업의 펀더멘털, 향후 발전성, 다음 분기까지의 실적추이 등 여러 가지 항목을 보고 종합적으로 판단해야 한다. 그런데 투자자가 이 모두를 모니터링하기란 사실상 불가능하다. 그래서 보다 까다로운 매뉴얼을 만들어 실수를 줄이고자 하였다. 또한 이와 같은 방식으로 투자하면 성공률이 높아질 뿐, 대박을 보장하지는 않는다. 따라서 어닝 후 최초 10일 중 오르는 기세를 보고 판단한다.

③자산의 3/10 정도를 10개로 나누어 산다. – 나머지 7/10은 1등 주식을 산다.

급격히 오르는 종목 – 그래프가 불안정하며 급격히 많이 오르는 종목

1년에 –3%의 횟수가 20번 이상이면서 1년 수익률이 100% 이상 인 종목

④어닝 서프라이즈 후 무조건 많이 떨어진 것(최소 5% 이상)을 확인 후 오를 때 종가에 산다. 급격히 오르는 주식은 아래 매도조건 ④번에 해당하지 않는다.

매도조건

①나스닥 일간지수에 –3%가 뜨면 팔고 한 달 기다린다.

②다음 어닝일 전날에는 무조건 판다 – 어닝 쇼크가 날 수 있기 때문이다.

③매수 가격에서 수익률이 –10% 이상 떨어진다면 판다(손절매 기준).

④어닝 서프라이즈 이후 10일 중 6일 오르지 않았다면 판다.

⑤분기 수익률이 20% 이상이라면 20% 아래로 떨어지면 판다.

인베스팅 닷컴에서 실적발표일 알람 생성하는 법

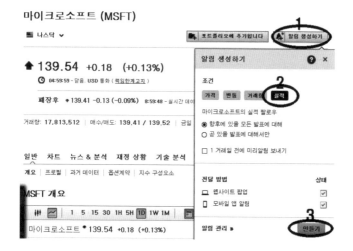

주식 〉 알람생성하기 〉 실적 〉 만들기

이 순서대로 눌러 놓으면 알람이 생성된다. 실적발표 하루 전에 인베스팅 닷컴의 앱, 이메일, 인터넷으로 알람이 온다. 어닝 서프라이즈 주식은 실적 발표 전날 팔면 된다. 실적발표 후 어닝 쇼크가 날 수도 있으니 말이다. 어닝 서프라이즈를 확인하고 잘 오르는지 보고 들어가도 충분하다.

.60.

주식은 시가에 사는가?
종가에 사는가?

사고 싶은 주식이 생겼다. 더구나 오늘 어닝 서프라이즈를 기록했다. 호재가 떠서 확실히 오를 것으로 판단된다면 장 시작 후 바로 사야 하는가? 아니면 장이 끝나기 전에 사는가?

결론은 장이 끝나기 전이다. 시가는 호재로 인해 이미 오른 가격에서 시작할 확률이 높기 때문이다.

만약 사고 싶은 주식이 어제 100달러였고, 장이 끝나고 실적발표를 했다. 그런데 장외에서 15% 올라서 115달러에 거래되고 있다. 그러면 마음이 급해진다. 다음날 장이 시작하기를 기다렸다가 116, 117달러, 혹은 그 중간 어디쯤에서 살 확률이 높다.

미국 주식시장은 평소에는 밤 11시 30분에 시작해 다음날 새벽 6시에 끝난다. 섬머타임 적용 기간에는 한 시간씩 앞당겨진다. 총 6시간 30분이다. 정말 그 주식이 좋았을 때는 시가보다 종가가 높을 수 있다. 하지만 떨어져서 끝날 확률이 조금 더 높다.

이유는, 15% 상승은 매우 많이 오른 수치다. 여기서 더 오르려면 매수세가 지속적으로 붙어야 한다. 6시간 30분 동안 내리 말이다. 많이 올랐을수록 높은 상승세를 지속하기 힘들다. 어차피 다음날까지 오를지 말지 확실하지 않은 미미한 상승률이라면 그렇게 서둘러서 사지도 않았을 것 아닌가? 그래서 종가에는 떨어질 확률이 높다. 만약 종가에 시가보다 올라서 끝났다 하더라도 이 정도 기세면 다음날 시가에 다시 오를 확률이 높다.

그리고 기분 문제인데 사놓고 자고 다음날 새벽에 일어나 보니 떨어져 있다면 그날은 기분이 나쁘다. 그러나 종가 근처에서 사면 어차피 장 끝나기 직전이므로 사고 나서 많이 오르거나 떨어질 확률이 거의 없다. 그러니 기분이 나쁘지 않다.

뿐만 아니라 어닝 서프라이즈라고 생각해서 사놓고 잤는데 다음날 전날보다 주가가 오히려 떨어져서 어닝 쇼크가 되는 낭패를 겪을 일이 없다. 물론 실적발표 후 떨어진다고 무조건 어닝 쇼크는 아니다. 이를 딛고 다음 분기까지 오히려 오를 수도 있다. 그렇지만 실적발표 날 떨어지면 어닝 쇼크일 확률이 높으므로 팔아야 하나 말아야 하나 고민이 된다.

그리고 어닝일이 아니더라도 한 분기는 3개월이다. 결코 짧은 시간이 아니니 오를 주식은 3개월 동안 오를 것이고 오르지 않을 주식은 어닝 서프라이즈를 달성했어도 며칠 만에 상승분을 모두 반납할 수도 있다. 그러니 급할 게 없다. 시간을 두고 천천히 관찰하면서 사도 늦지 않는다.

이러나 저러나 오르는 주식은 종가에 사는 것이 맞다.

.61.

어닝 서프라이즈 참고 사이트

인베스팅 닷컴 https://kr.investing.com

개별종목 ▶ 재정상황 ▶ 실적으로 검색하면 된다.

나스닥 어닝 캘린더 - 구글로 검색 nasdaq earning calendar

https://www.nasdaq.com/earnings/earnings-calendar.aspx

날짜별로 종목을 찾을 수 있다.

야후 파이낸스 – 구글로 검색 https://finance.yahoo.com
오른쪽 아래 프로필에 기업 소개가 자세히 나와 있다. 나도 새로 찾은 기업은 이곳에서 어떤 일을 하는 기업인지 확인한다. 기업뉴스를 볼 수 있고, 뉴스로 어닝 서프라이즈 확인이 가능하다. 영어를 모르면 크롬에서 번역기를 설치한 후 확인하면 된다.

62

시가총액 1등 이외의 주식은
어닝일 이전에 모두 매도

기대주 넷플릭스에서 어닝 쇼크가 발생했다. 이유는 8년 만에 가입자가 감소했기 때문이다. 이 여파로 넷플릭스 주가는 당일 시간외 거래에서 10% 넘게 폭락했다.

한 기업에 대한 지나친 신념은 잘 풀리면 나를 부자로 만들어주기도 하지만, 잘못 풀리면 큰 대가를 치러야 한다. 기대주 넷플릭스처럼 말이다.

1등 이외의 주식은 기준이 없으므로 본인의 판단 하에 투자해야 한다. 넷플릭스와 같은 주식은 이후 더 빠질 수도 있고 심지어 반토막이 날 수도 있다. 물론 이후 낙폭을 줄이며 다시 반등할 수도 있다.

만약 반토막이 난다면 비자발적인 장기투자자가 되어야 한다. 또는 큰 손실을 보고 빠져 나와야 한다. 만약 반등을 했다면 팔지 않고 보유했을 경우에는 문제가 없지만, 팔았다면 땅을 치고 후회할 일이다.

애초에 이런 문제가 발생한 이유는 무엇일까? 어닝일 이전에 팔지 않았기 때문이다. 어닝일 이전에 팔았다면 이런 고민 자체가 있을 수 없다.

1등이 아닌 주식은 언제나 어닝 서프라이즈를 확인한 후 들어가도 된다. 많이 올랐겠지만 어차피 어닝 서프라이즈 주식이니 한 분기를 보고 들어가는 것이다. 수익은 그 후에 내도 적지 않다. 그리고 안전하다.

만약 어닝 쇼크가 났다면 어떻게 하는가? 다른 어닝 서프라이즈 주식을 사면 된다. 고민할 필요가 없다. 주식을 믿지 말고 매뉴얼을 따르면 된다. 1등 주식 이외에는 모두 단타 개념이다.

1등 주식의 어닝일 대처법

1등 주식은 어닝일 이전에 팔아야 하는가? 아니다. 팔 필요가 없다. 1등 주식은 장기투자다. 그래야 부자가 될 수 있다. 좋은 주식이므로 단기적으로 사고팔 필요가 없다. 오래 보유할수록 유리하다.

그런데 1등 주식에서 어닝 쇼크가 났다면 어떻게 해야 하는가? 1등 주식이 팔아야 할 조건에 부합하는지를 보고 팔면 된다.

①어닝 쇼크가 나서 2등으로 순위가 밀렸는가?
②2등으로 떨어졌다면 시가총액이 새로 올라온 1등 주식과 10% 이상 차이나는가?

이 두 조건이 맞아야 판다. 어닝 쇼크가 났어도 2등으로 떨어지지 않았다면 팔 필요가 없다. 만약 1등 주식이 어닝 쇼크가 나서 2등으로 떨어졌다 하더라도 아직 1등과 시가총액이 10% 이내라면 팔 필요가 없다.

이 2가지 조건에 부합하면 당연히 팔아야 하고, 아니면 보유다. 2등으로 떨어지고 시가총액도 새로 올라온 1등과 10% 이상 벌어졌다면? 당연히 팔아야 한다. 그리고 새로 올라온 1등으로 갈아타면 된다.

시가총액 1등 주식은 이렇게 팔 타이밍을 확실히 알려준다. 그러나 1등 이외의 주식은 팔 타이밍을 알려주지 않는다. 그래서 1등 이외의 주식은 떨어졌을 때 본인이 판단해야 하는데, 쉽지도 않고 매우 까다롭다.

그러니 1등 주식 이외에는 믿을 주식 없다고 생각하고 일단 어닝일 이전에 팔자.

63

음성혁명의
파괴적인 미래

[필동정담] 번역기의 진화

"이러려고 통역대학원 나왔나. 자괴감이 들고….."

최근 구글 번역 서비스의 업그레이드에 감탄한 한 네티즌이 인터넷에 올린 글이다. 과거 구글 번역기를 몇 차례 시도해 봤지만, 뒤죽박죽 어순과 오인공지능이 점점 똑똑해지고 있다. 번역 실력도 일취월장했다. 스마트폰만 있어도 통번역이 쉽게 된다. 아마존의 에코나 구글의 구글홈은 말로 하면 음악도 틀어준다.

이런 기기들은 번역가들을 없애버리기 위해 나왔을까? 당연히 아니다. 결과적으로 번역가들의 설 땅을 잃게 만들고 있지만, 이들의 목적은 거기서 그치지 않는다. 핵심은 '이 기계들이 우리 말을 알아듣는다는 데' 있다.

기계는 먼저 말을 알아들어야 반대급부의 행동을 할 수 있다. 지금이야 음악을 틀어주거나 번역을 하는 정도지만, 이들이 바꿀 미래는 지금으로써는 상상하기 힘들만큼 거대하고 광범위할 것이다.

스마트폰이 나오기 전까지 사람들은 지하철에서 책이나 신문을 보았다. 포커스, 벼룩시장과 같은 무가지 신문의 종류도 다양했다. 그런데 지금 누가 지하철에서 신문을 펼쳐놓고 뉴스를 보는가? 이미 상당히 어색한 풍경이 되었다. 스마트폰이 나오기 전 음식배달을 시키려면 상가수첩이라는 책을 찾아 사진을 보고 전화로 주문을 했다. 하지만 지금은 배달의 민족, 요기요 등 배달앱을 이용한다.

변화를 열거하자면 끝이 없다. 우리는 여기서 스마트폰이 일으킬 후폭풍에 주목하고자 한다. 앞으로는 터치의 시대가 아닌 음성의 시대가 열린다. 귀찮고 눈 아프게 좁은 스마트폰 안을 들여다볼 필요가 없어진다.

어떤 이는 2020년 이후에는 일상적으로 쓰는 앱이 5000개가 넘을 것이라 했다. 하지만 이 예상은 빗나갈 확률이 높다. 앱은 스마트폰 전용이다. 앞으로는 모든 것을 음성으로 컨트롤 하기 때문에 앱이 필요없어진다.

그러면 앱을 대신할 주체는 무엇인가? 바로 음성을 잡는 기업이다. 이들 기업이 음성 생태계를 지배한다.

나는 한때 LG폰을 썼다. LG폰의 단점은 음성비서가 없다는 점이다. 그래서 네이버에서 나온 네이버 클로바 앱을 깔아서 썼다. 이 앱을 쓰면서 깨달은 바가 있다. 예를 들어 "홍대에서 강남역까지 어떻게 가야 해?"라고 물으면 두 가지 방법을 가르쳐 준다. 하나는 대중교통으로 가는 방법, 다른 하나는 자동차로 가는 방법이다. 그런데 자동차로 가는 방법을 보다가 깜짝 놀랐다. 나는 평소 SKT의 T맵을 쓰는데, 네이버 지도로 길을 가르쳐 주는 것이다. 그렇다고 다시 T맵을 켜서 목적지를 손으로 누를 수는 없지 않은가? 운전을 해야 하니 말이다. 결국 네이버 지도를 쓸 수밖에 없었다.

이것이 뜻하는 바는 무엇인가? 아마존이든 구글이든 음성 플랫폼을 잡는 순간 그 기업이 음성 생태계를 장악할 것이라는 사실이다.

쇼핑을 예로 들어보자. 지금은 네이버 쇼핑과 같은 인터넷 가격비교 사이트를 이용한다. 만약 노트북을 사고 싶다면 인터넷 창에는 약 43개 정도의 판매 상품이 뜬다. 거기서 일일이 가격과 성능을 비교한다. 그런데 만약 아마존 에코나 구글의 구글홈에게 노트북 좀 골라달라고 하면 어떤 결과가 나올까? 인터넷처럼 수많은 쇼핑리스트를 말해줄까? 아니다. 3가지만 말해준다.

대세는 음성 쇼핑인데… 'AI 스피커'에 고민 커진 유통기업들

지난달 28일(현지시간) 월스트리트저널(WSJ)은 알렉사 등 음성 비서들이 수십 년 된 소비재 마케팅 모델을 위협하고 있다고 보도했다. 음성 비서 시장의 70%를 장악하고 있는 아마존 알렉사는 주인이 물으면 한 가지, 많아야 두 가지 상품을 추천한다. 수많은 제품과 브랜드를 배열해놓은 상점이나 온라인쇼핑몰과 다르다. 아마존에서 일했던 세바스천 슈페파니아 네슬레 SA 전자상거래 총괄 임원은 "음성 검색 시장에서는 1위나 2위가 아니면 미래가 없다"고 말했다. _2018년 3월 1일자 한국경제

내일의 부

기사 내용처럼 음성혁명 시대에는 리스트가 단 세 가지뿐이다. 그러면 나머지 기업들은 어떻게 하라는 말인가? 한 마디로 음성쇼핑의 시대가 온다면 음성 플랫폼에 종속될 수밖에 없다는 얘기다.

다가올 음성혁명 시대에는, "듀라셀 건전지 좀 주문해줘", "크리넥스 휴지가 떨어졌네?" "질레트 면도기 중 어떤 것이 괜찮을까?"와 같이 구체적인 브랜드가 없다면 회사가 망할 수도 있다는 뜻이다. 따라서 제조업체들은 음성쇼핑 플랫폼에 종속될 수밖에 없다. 그리고 신제품을 홍보할 길은 음성비서밖에 없다. 신제품을 출시하는 기업은 거액을 주고서라도 음성비서에게 자신의 상품홍보를 부탁할 수밖에 없다.

그런데 문제가 또 있다. 내가 건전지 주문을 했다. 그런데 음성비서가 추천하는 물건은 3가지 종류뿐이다. 그런데 아마존의 알렉사가 가격이 가장 싼 아마존의 PB상품(Private Brand : 자체 개발 상품이란 어떤 기업이 생산하거나 제공하는 제품에 다른 기업의 상표를 붙인 제품을 말한다)을 추천한다면 어떻게 될까? 혹은 아무거나 주문해달라고 했을 때 음성비서의 PB상품을 배달해 준다면 어떻게 될까? 쇼핑의 판이 바뀐다. 브랜드 네임을 알아야 그나마 음성혁명에서 살아남는다.

그런데 문제가 더 있다. 패키지로 시킬 때다. 여러 가지 물건을 한꺼번에 시키는데 그럴 때는 그냥 음성비서에 맡길 가능성이 크다. 예를 들어 휴지, 비누, 생수, 샴푸, 기저귀, 물티슈, 계란, 우유 등을 묶어서 시킨다면? 브랜드 네임을 일일이 얘기할까? 아니면 기존에 시켰던 그대로 시킬까? 그리고 음성비서로부터 어떤 제품인지 일일이 확인을 받을까? 기존에 시켰던 제품을 반복하거나 음성비서가 추천하는 제품으로 넣을 가능성이 크다. 이쯤 되면 음성비서에 종속된다고 볼 수 있다. 음성비서 기업은 거대 제조업체가 될 수 있다. 조짐은 이미 나타나고 있다.

> **조성진 "아마존 세탁기도 나올 텐데…어떻게 살아남을지 고민"**
> 조 부회장은 이날 "신년사를 준비하면서 '아마존이 과연 전자레인지만 만들겠냐' 하는 생각이 들었다"며 "세탁기도 냉장고도 가능할 것"이라고 말했다. 가전에 탑재되는 각종 소프트웨어(SW)를 아마존클라우드서비스(AWS) 서버에 저장하면 코딩을 통해 어떤 가전제품이든 성능 업그레이드가 지속적으로 가능하다는 분석이다.
>
> _2019년 1월 11일자 중앙일보

즉 아마존이 냉장고, 세탁기를 직접 만들어 홍보한다면 기존 가전제품기업은 강력한 경쟁자를 만나게 되는 것이다. 게다가 경쟁에 밀린 기업은 아마존, 구글 등의 기업 PB상품 개발업체로 전락할 수도 있다. 마진은 매우 박하고, 그 모든 마진은 음성비서 기업이 독식하는 애플 모델이 될 수도 있다.

> **美 '反기업 정서' 폭주…민주당 후보 "아마존·구글·페북 해체해야"**
> 예를 들어 미국 전자상거래 시장의 절반 가까이를 차지하는 아마존이 자

체브랜드(PB) 제품을 아마존닷컴에서 판매하는 것을 막아야 한다는 것이다.

_2019년 3월 10일자 한국경제

미국에서는 기업 PB상품을 만들지 못하도록 해야 한다는 주장까지 나오고 있다. 인터넷 시대에도 이 정도인데, 음성혁명 시대가 오면 요구는 더 거세질 것이다. 현재 가장 강력한 음성비서 투탑은 아마존과 구글이다.

구글홈, 아마존 에코 턱밑 추격

CIRP는 지난해 4분기 미국 스마트 스피커 시장에서 50달러 아마존 에코 닷이 판매량의 절반 이상, 49달러 구글홈 미니가 40% 가량 차지했던 것으로 관측됐다.

_2018년 1월 29일자 아이뉴스24

아마존고라는 아마존 매장이 있다. 미국에 매장을 새로 오픈하고 있는데 이 매장들의 특징은 직원이 없다는 점이다. 계산대와 계산원이 없는 무인 편의점 방식이다.

이런 무인매장을 가리켜 언택트라고 한다. 언택트란 로봇 카페, 로봇 레스토랑처럼 사람과 직접 대면하지 않고 서비스하는 방식이다. 아마존고도 있지만 중국의 F5 미래상점(未來商店)은 식음료와 생필품을 판매한다.

매장 안은 자판기처럼 운용된다. 고객은 물건을 직접 만지거나 보지 못하고 대신 벽면에 붙은 터치스크린이나 키오스크에서 상품을 선택하고 결제하면 내부 자판기에서 물건을 보내준다.

언택트를 도입하는 이유는 컴퓨터 비전, 머신러닝 등을 통해 쇼핑의 동선을 확보하고 고객의 상품선호도와 선택패턴을 파악하기 위해서다. 그리고 아직은 시행 초기이기 때문에 고객들도 SNS를 통해 이용자 경험을 공유하면서 입소문이 난다.

또한 청년층의 특징은 카카오톡과 같은 메신저 서비스에 익숙해져 있어 사람들과 말을 나누는 직원 대면 서비스를 두려워하거나 꺼려하는 경향이 있다. 따라서 이들은 언택트 매장을 오히려 편안해 할 수도 있다.

다음 이유는 무엇일까? 캐셔를 없애는 것인데, 단순히 직업 하나 없애려는 목적은 아니다.

https://www.youtube.com/watch?v=YzlltkfTsVM

이 영상을 보면 한 시민이 스마트폰을 아마존고 매장 입구에서 찍고 들어간다. 그리고 물건을 가방에 넣고 그냥 나오면 스마트폰에 내가 가져 나온 물건의 목록이 뜨고 자동으로 결제된다. 이 영상을 더 자세히 보면 처음 매장에 들어갈 때 QR코드를 스캔한다. 이것이 포인트다.

우리는 인터넷 쇼핑 시 '삼성 페이', '네이버 페이' 등을 애용한다. 그

내일의 부

런데 카드가 반드시 있어야 한다. 비밀번호 6자리를 누르기는 하지만 먼저 카드를 등록해야 한다.

그러나 아마존고에서는 결제도 자사의 고객이어야만 가능하다. 아마존이 만약 가상화폐를 만든다면 카드마저 없어지지 않을까?

아마존 사용자 12.7% "아마존 브랜드 암호화폐 원해"

아마존 브랜드의 암호화폐가 발행된다면 일정량의 수요가 있을 수도 있다고 코인텔레그래프는 지적했다.

_2019년 2월 7일자 중앙일보

이런 요구가 있었다. 그래서 먼저 치고 나온 것이 페이스북의 리브라다.

가상화폐 리브라 좌초하나…파월 "보안에 심각한 우려"

제롬 파월 미국 중앙은행(Fed) 의장이 페이스북의 가상화폐 '리브라(Libra)' 출시 계획에 대해 일시 중단할 것을 촉구했다. 돈세탁, 개인정보 보호 등과 관련한 '심각한 우려'를 먼저 해결해야 한다는 것이다. 정보기술(IT)업계에서도 리브라 출시가 어려울 것으로 보는 시각이 확산되고 있다.

_2019년 7월 11일자 한국경제

그러나 페이스북의 리브라를 얘기하자마자 미국의 Fed의장 파월은 페이스북의 리브라를 견제했다. 그러나 페이스북이 리브라를 하려는 이유는 따로 있다. 인터넷 은행이다. 왜냐하면 사용자의 나이가 몇 살인지부터 남자인지 여자인지 등 개인정보뿐 아니라 그 사람의 취향이나 쇼핑정보까지도 알 수 있고, 사는 집까지 올린다면 그 사람의 개인적인 부(富)까지도 알 수 있게 된다. 그렇다면 은행을 만들어도 잘될 것이다.

인터넷 은행으로 성공한 예가 하나 있다. 그 은행은 중금리 대출로 성공했다. 중금리 대출이란 신용도가 좋은 사람들은 시중은행을 이용할 테니 제외하고, 신용도가 극악인 사람은 저축은행이나 사채를 이용할 테니 이들을 제외하면 중금리를 받을 사람들이 필요한데 이들을 어떻게 구별할 것인가가 문제다.

성공한 은행은 중국의 알리바바다. 중국의 알리바바는 자금을 조달할 창구가 있었다. 그 창구란 바로 알리페이다. 알리페이는 직불카드 개념이다. 먼저 돈을 적립하고 그것을 알리페이를 통해 쓴다. QR코드만 비추면 노점에서도 음식을 사먹을 수 있다. 현금거래를 하지 않고 말이다. 그리고 알리바바 쇼핑몰에서 쓸 수도 있다. 알리페이는 정말쓸 데가 많다.

알리페이를 쓰려면 일단 돈을 알리페이에 넣어야 한다는 뜻인데, 그것이 알리바바 인터넷 은행 조달자금으로 일부 쓰인다. 그리고 알리바바가 어디에 돈을 빌려주나? 중금리 대출로 알리바바의 수많은 입점업체다. 시중은행에서 보면 이들 기업의 신용도는 낮은데 알리바바는 누가 돈을 잘 벌고 매출이 많은지 이미 알고 있다. 알리바바는 이런 정보를 이용해 중금리 대출이 가능하다.

만약 돈을 빌려줬는데 이자를 안 갚는다면 해결책은 무엇일까? 어차피 나중에 상품 판매대를 그 업체에게 줘야 하니, 그 돈만큼 차감하면 된다. 얼마나 안정적인 틈새시장인가? 이러니 페이스북이 알리페이와 같은 도구로 리브라를 쓰려고 추진했던 것이다.

쇼핑은 더 발전할 수도 있다. 페이스북과 아마존의 콜라보레이션 말이다. 아마존은 쇼핑이고 페이스북은 SNS다. 가장 난감한 경우가 여자친구가 생일일 때 아닌가? 선물을 사줘야 하니까 말이다.

예를 들면, 어느 날 페이스북에서 당신이 아는 사람의 생일이 며칠 남았다고 메시지가 뜬다. 그래서 확인해 보니 여자친구의 생일이다. 그런데 여자친구가 무엇을 좋아하는지 모른다. 그렇다고 현금을 줄 수도 없다. 현금은 당신의 진심을 아는 부모님에게 주는 것이다. 여자친구에게 현금을 줬다가는 뺨을 맞고 헤어질 수도 있다. 반드시 그의 마음을 뒤흔들 선물을 줘야 한다.

선물에는 강력한 팁이 하나 있다. 가장 비싼 선물이 최고다. 그것을 누가 모르나? 문제는 돈이다. 하지만 요령은 있다.

만약 당신이 여자친구에게 선물을 한다고 하자. 예산은 10만 원이다. 마침 겨울이라 따뜻한 패딩이 떠올랐다. 좋아할까? 좋아할 수도 아닐 수도 있다. 10만 원짜리 패딩은 아주 비싼 것은 아니기 때문이다. 그러면 무엇이 좋을까? 비싼 선물이 요령이라 했다. 10만 원짜리 가죽장갑은 어떨까? 꽤 고급이다. 동종 레벨 중 비싼 축에 속한다.

이렇게 고민해서 선물을 선사해도 여자친구가 좋아할지는 알 수 없다. 그렇다고 물어볼 수도 없다. 그런데 페이스북은 여자친구가 아마존 쇼핑몰에서 주로 이런 상품들을 본다고 알려준다. 그러면 생일선물로 무엇이 좋을지 금방 알 수 있다. 이것이 바로 페이스북과 아마존의 콜라보레이션이다.

이런 시대가 열리면 당신은 무엇을 봐야 하는가? 강남 아파트를 보러 다녀야 할까, 아니면 음성혁명의 미래를 봐야 할까? 사물인터넷 시대는 세상 모두를 컨트롤하는 시대다. 집뿐 아니라 자동차에도 음성비서가 깔리고 내가 가는 곳은 모두 음성으로 제어된다. 그래서 그 모든 것들이 하나로 합쳐진다. 마치 아이언맨의 자비스처럼 말이다. 이 거대하고 중대한 변화의 물결을 결코 놓쳐서는 안 된다.

.64.

세상을 바꿀 클라우드가 온다

생태계기업의 바탕은 클라우드에 있다.

지금까지의 정보처리는 주로 내 컴퓨터에서 이루어졌다. 그런데 예를 들어 엄청난 양의 영화가 있다고 하자. 내 컴퓨터에 모두 저장할 수 없다. 너무 많은 메모리가 필요하다. 그래서 메모리 용량을 늘리느니 저장공간을 제공하는 기업을 찾게 되었고, 그곳에 클라우드가 있었다.

그 최초의 기업이 아마존이다. 아마존은 인터넷 쇼핑몰이다. 그런데 왜 그들이 클라우드 컴퓨팅 사업을 시작했을까? 그들이 영위하는 사업 자체가 엄청난 데이터 공간을 필요로 했기 때문이다. 고객과 상품의 데이터를 저장해야 했고, 이들이 잘 돌아갈 수 있도록 소프트웨어도 개발해야 했다. 세일 기간에는 일시적으로 사람들이 몰려 트래픽(과부하)이 많이 걸릴 때도 있다. 이런 데이터 저장과 운용에 관한 노하우가 쌓인 곳이 바로 아마존이다.

게다가 통신 속도가 점점 빨라지면서 인터넷으로 다운을 받아서 쓰는 것이 더 유용해졌다. 그래서 지금은 USB와 같은 저장매체를 들고 다니지 않는다. 웬만한 파일은 클라우드에 올려놓고 그때그때 접속하여 파일만 내려 받으면 된다. 이러한 빠른 통신환경이 어우러지면서 클라우드가 대세가 된다.

마침내 클라우드 DB의 시대가 열리고 있다

아마존웹서비스(AWS)는 지난 2년간 6만 4000개 데이터베이스를 자사 클라우드로 이전했다고 밝혔지만, 아직도 수백만 개가 기업 데이터센터에서 운영중이다.

그러나 이런 상황은 오래가지 않을 것으로 보인다. 최근 유럽 최대 항공사인 라이언에어(Ryanair)가 대규모 클라우드 전환 계획을 발표했다. 인프라스트럭처를 모두 AWS로 이전하는 것으로 문자 그대로 '클라우드 올인'이다. 이번 발표에서 가장 주목해야 할 부분은 "WS 데이터베이스로 표준화한다"는 대목이다. 마이크로소프트 SQL 서버를 아마존 오로라(Aurora)로 완전히 대체한다는 것이다.

_2018년 5월 14일자 CIO Korea

아마존에서 시작한 클라우드 서비스는 이제 기업 클라우드 시대를 열고 있다. 앞은 유럽의 최대 항공사 라이언 에어가 클라우드로 전환을 하는데 기존의 서버인 마이크로소프트의 SQL 서버를 버리고 아마존의 클라우드로 바꾸고 있다는 기사다.

제주항공의 파격 실험!… 이익 40%를 IT에 투자

제주항공의 기술력은 지난 1월에도 한 차례 입증됐다. 제주항공 서버는 지난달 5일 열린 초특가 이벤트 '찜(JJim) 항공권'판매 당시 30분간 쏟아진 70만여 명의 동시 접속을 성공적으로 버텨냈다. 비슷한 시기 접속자가 몰려 홈페이지가 마비된 경쟁사와 상반된 모습이었다. 김 전무는 "클라우드 서비스를 제공하는 아마존과 손잡고 최적의 구조를 만들어낸 결과"라며 "최대 100만 명이 동시에 접속해도 끄떡없다"고 자신했다.

_2018년 2월 14일자 한국경제

국내도 예외가 아니다. 제주항공도 아마존 클라우드를 이용한다. 안정적이면서 저렴하기 때문이다. 예를 들어 기사와 같이 30분간 70만 명이 동시에 접속을 하면 어떻게 될까? 웬만한 서버는 다운이다. 그런데 아마존 클라우드는 다운이 되지 않는다. 동시접속을 하더라도 트래픽을 분산할 AI를 가지고 있기 때문이다.

그런데 만약 제주항공이 이 정도의 데이터 서버를 만들려면 천문학적인 돈이 들어간다. 거기에 관리 인력도 필요하고, 사무실도 임대해야 한다. 그리고 그 많은 컴퓨터는 어떻게 살 것인가? 더구나 컴퓨터는 시간이 지나면 버리거나 교체해야 한다. 원가를 뽑기도 전에 말이다.

그래서 차라리 클라우드를 이용하면 가격적인 측면과 운용의 측면에서 유리해진다. 제주항공은 효과를 보자 이익 40%를 IT에 투자한다고 했다. LCC항공사(저비용항공사)로서 메이저 항공사와 대등하게 싸우려면 IT 특히 클라우드에 투자를 해서 고객과의 소통을 늘려야 한다.

그런데 제주항공의 이익 40%는 제주항공을 살찌울까? 아니다. 왜냐하면 모든 항공사가 따라 하는 순간 제주항공이 쏟아 부은 클라우드 정책은 그리 큰 힘을 발휘하지 못한다. 그러나 앞으로는 클라우드를 하지 않으면 망하는 시대다. 이익은 되지 않지만 그렇다고 안 하면 망하는 그런 시대 말이다. 그렇다면 모든 이익은 어디로 가나? 바로 클라우드 서비스를 제공하는 업체로 빨려들어간다.

에어부산, 항공권 최대 99% 할인 행사

저비용항공사(LCC) 에어부산이 8일부터 초특가 항공권 판매 이벤트인 '플라이앤세일'을 운영한다. 정가 대비 최대 99%까지 대폭 할인하는 행사다.

에어부산은 8일 오전 11시부터 11일 오후 4시까지 플라이앤세일 이벤트를 한다. 이 회사는 예매 성공률을 높이는 노하우까지 소개했다. 에어부산 모바일 앱(응용프로그램)을 내려받고 자동 로그인 설정을 해놓아야 한다. 또 앱에 있는 '즐겨 찾는 탑승자'메뉴를 활용해 여권 등 기본 정보를 미리 저장해 두면 시간을 절약할 수 있다.

_2019년 7월 7일자 한국경제

에어부산도 제주항공과 마찬가지로 항공권을 99% 싸게 파는 행사를 시작했다. 물론 클라우드 서비스를 이용한 마케팅이다. 이 행사로 많은 사람들을 모을 것이다. 그래서 항공사는 팁을 하나 제공한다. 앱에 있는 '즐겨 찾는 탑승자'메뉴를 활용해 여권 등 기본 정보를 미리 저장해 두면 시간을 절약할 수 있다.

그렇다. 미리 여권을 등록해 놓아야 한다. 동시접속자는 70만 명이다. 이들의 정보는 이벤트로 인해 항공사로 들어가게 된다. 항공사는 남는 장사 아닌가? 후발 항공사로서 메이저 항공사만큼의 고객정보를 한 번의 이벤트로 가져올 수 있다. 저렴한 비용으로 말이다. 이 모든 것이 클라우드로 인해 벌어지는 일들이다.

클라우드의 미래는 과연 이벤트에서만 있을까? 당연히 아니다.

클라우드 전면 도입한 대한항공…"머신러닝으로 엔진소리 분석해 고장 예측"

"앞으로는 비행기 엔진소리를 머신러닝(기계학습)으로 분석해 엔진이 고장

머신러닝으로 엔진소리를 분석해 고장을 예측한다. 어떻게 이런 일이 가능할까? 엔진에 수많은 센서를 달았기에 가능한 일이다. 예를 들어 런던에서 뉴욕까지 가는 비행기가 이륙을 했다. 그런데 원래 엔진 속의 온도는 약 5000도 정도가 적당한데 비행 내내 6000도의 온도로 올라왔다면 고장일 확률이 높다. 미리 정비사를 뉴욕에 파견하여 엔진을 손본다면 비행기 연착시간을 획기적으로 줄일 수 있다.

그리고 비행기마다 런던에서 뉴욕까지의 기류를 파악해서 여러 경로로 가보게 하고 연료 소모가 가장 적은 항로를 찾으면 연료 소모를 줄일 수 있다.

이 모든 과정에 클라우드가 쓰인다. 앞으로 기업은 너나없이 클라우드를 쓸 것이고 따라서 클라우드는 대세가 된다. 기업은 이제 컴퓨터를 사는 대신 화면과 최소한의 CPU 그리고 인터넷 연결과 입출력만 되는 컴퓨터를 살 것이다. 지금보다 훨씬 저렴한 가격으로 말이다. 그 밖에도 기업이 클라우드를 써야 하는 이유는 다양하다.

대한항공 사내업무 시스템, 클라우드 기반 'G스위트'로 전환

대한항공[003490]은 다음달부터 사내업무 시스템을 구글의 클라우드 기반 소프트웨어 'G스위트'(G Suite)로 전환한다고 30일 밝혔다.

'G 스위트'는 지메일, 캘린더, 드라이브, 문서 도구, 채팅 등 서비스를 이용해 온라인 공동 문서 작성 등 협업이 가능한 서비스다.

이 서비스를 이용하면 장소에 구애받지 않고 협업을 통한 문서 작성과 결재 등이 가능하다. 높은 수준의 보안 표준과 암호화를 적용해 개인정보 및 데이터 보호 등 보안도 강화한다.

_2019년 6월 30일자 매일경제

대한항공이 도입한 구글의 G스위트란, 온라인으로 문서를 작성하는 서비스다. 구글이 제공하는 클라우드 서비스로 이전보다 보안과 암호화에 더 유리하다.

CGV도 '워너크라이'에 당했다…랜섬웨어 피해 현실화

월요일을 맞아 '워너크라이' 랜섬웨어 피해가 현실화되고 있다.

_2017년 5월 15일자 파이낸셜뉴스

CJ CGV는 워너크라이라는 랜섬웨어에 감염되어 고객의 모든 데이터가 날아가고 서버가 복구되기까지 영업의 방해를 받았다. 클라우드는 이런 보안 사태도 방지해 준다.

.65.

클라우드,
어떻게 세상을 바꾸어 가는가?

마이크로소프트의 예를 통해서 어떻게 클라우드가 발전되어 왔고 앞으로 어떻게 나아갈 것인지 가늠해 보자.

> **MS, 애플 제치고 16년 만 글로벌 시총 1위**
>
> 외신들은 마이크로소프트가 사티아 나델라 최고경영자(CEO) 취임 이후

기업고객을 겨냥한 클라우드 사업 등으로 안정적인 사업 포트폴리오를 구축해온 점 등이 시총 1위 등극의 배경이 된 것으로 분석했다.

_2018년 12월 1일자 중앙일보

2019년 7월 현재 전세계 시가총액 1위 기업은 마이크로소프트다. 어떻게 마이크로소프트는 애플을 제치고 시가총액 1위에 올랐을까? 바로 클라우드 때문이다.

2007년 스마트폰이 나오자 마이크로소프트의 주력인 PC는 사양길로 접어든다. PC 출하량이 급격히 떨어진 시기는 2012년부터다. 어느 기업이나 성장을 멈추면 주가는 하락하거나 정체한다. 앞으로는 이러한 현상이 더 극심해질 것이다.

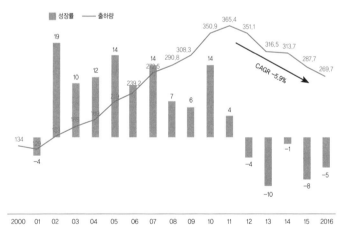

자료: '03~ 가트너, '02 이전은 업계 자료

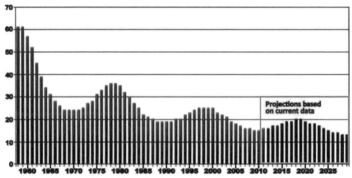

Average company lifespan on S&P 500 index (in years)

Projections based on current data

Year (each data point represents a rolling 7-year average of average lifespan)
DATA: INNOSIGHT/Richard N. Foster/Standard & Poor's

　표에서처럼, S&P500 기업에 들어가 있는 기업의 평균 수명이 1960
년대에는 60년이었다면 앞으로는 15년 정도로 줄어들 전망이다. 그만
큼 기업의 흥망성쇠가 빠르게 변한다. 따라서 한 기업에 오랫동안 묻
어놓고 투자한다는 것은 1960년대 방식이고 앞으로는 빠르게 잘 적응
하는 기업을 바꿔가면서 투자해야 한다.

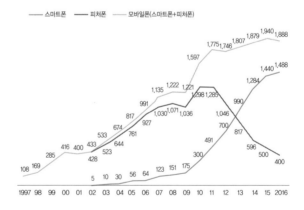

── 스마트폰 ── 피처폰 ── 모바일폰(스마트폰+피처폰)

PC와는 달리 스마트폰은 2012년을 기점으로 생산량이 증가한다. 이 때 마이크로소프트의 CEO인 스티브 발머는 어떤 생각을 가지고 있었을까? 그는 이렇게 평가했다.

"아이폰, 너무 비싸고 키보드도 없잖아!"

사실 스티브 발머의 생각도 크게 틀리지는 않았다. 키보드도 없고 입력은 불편하고 화면도 조그맣고 플레이 되는 어플리케이션도 거의 없는데 가격은 PC와 똑같은 200만 원이었으니 말이다. 당시에는 말이 안 되는 가격이었다.

그러나 발머의 생각과는 달리 스마트폰은 온 세상을 변화시켰다. 마이크로소프트도 피처폰 업체인 노키아를 인수했지만 대실패로 끝나고 만다.

그리고 새롭게 CEO로 들어온 자가 바로 사티아 나델라다. 그는 마이크로소프트 내에서 엔터프라이즈와 클라우드 담당 수석부사장을 맡고 있었다. 즉 클라우드 전문가가 CEO가 된 것이다.

이후 마이크로소프트는 본격적으로 클라우드 사업을 시작한다. 왜 클라우드 사업이었을까? 원래 마이크로소프트가 클라우드와 비슷한 SQL서버 등에 사업을 해본 적이 있고 서버 쪽에 강점이 있었기 때문이다.

현재 클라우드 1등은 누구인가? 바로 아마존의 AWS다. 아마존의 AWS가 클라우드 서비스를 거의 최초로 시작했고 과감한 투자로 현재 1등이 되었다.

AWS의 강점과 약점을 알아보자.

강점은 가장 먼저 시작했다는 점이다. 따라서 데이터 센터 용량이 최고다. 나머지 업체를 다 합쳐도 AWS의 용량을 따라가지 못한다. 다음으로 많은 기업들이 쓰고 있으니 풍부한 써드파티(소프트웨어)가 있다는 점이 장점이다.

반면 단점은 대형화다. 무슨 뜻이냐면, AWS는 클라우드라는 개념조차 없을 때 시작되었다. 그래서 아마존의 AWS 언어를 새로 배워야 한다. 신규로 들어오는 기업은 AWS라는 체계에 맞춰서 새로운 설계를 해야 한다. 그러니 번거롭다. 그리고 옮기는 데 시간이 많이 든다.

넷플릭스는 왜 데이터센터를 버리고 클라우드로 갔나

넷플릭스는 지난 2008년 8월부터 클라우드 이전 작업을 준비했다. 갑작스럽게 클라우드 서비스 이전을 결정한 건 아니란 얘기다. 당시 넷플릿스는 데이터베이스(DB) 손상으로 3일간 DVD 배송이 지연되는 문제를 겪었고, 이 일을 계기로 클라우드로 서비스를 이전해야 할 필요성을 느꼈다.

넷플릭스는 7년이라는 시간을 들인 끝에 2016년 1월, 스트리밍 서비스를 위한 데이터센터 운영을 중단하면서 사내 모든 컴퓨팅 인프라를 클라우드 환경으로 옮겼다.

2008년 대비 스트리밍 서비스 이용 회원 수가 8배 증가하고, 지난 8년간 월간 스트리밍 시간이 무려 1천배 가량 증가했음에도 무리없이 탄력적으로 시스템을 운영할 수 있게 됐다.

스트리밍에 소요되는 클라우드 비용이 데이터 센터 운영 비용의 극히 일부에 불과해 비용 절감 효과까지도 얻을 수 있게 됐다.

_bloter

넷플릭스는 옮기는 데 무려 7년이나 걸렸다. 그러니 한 번 옮기면 다시 옮길 일이 없다. 더구나 앞으로는 데이터가 더욱 늘어날 것이므로 시간도 더욱 늘어날 것이다.

이런 구조적인 이유 때문에 지금 상위권을 차지한 기업이 앞으로도 계속해서 상위권을 차지할 것이다. 그리고 아마존이 새로 들어가는 곳마다 새로운 영역을 파괴하기 때문에 아마존을 싫어하는 기업들이 있다. 전통적인 쇼핑 기업인 월마트, 코스트코, 타겟 등과 보험업이나 제약업 등 아마존이 뛰어드는 곳마다 아마존에 대한 거부감이 더해진다.

그래서 아마존보다는 마이크로소프트를 택했다. 비록 아마존에 비해 클라우드에 진입하는 시기는 늦었지만 마이크로소프트는 아마존의 약점을 알고 파고들었다. 아마존의 약점은 무엇인가?

언어

새로 언어를 배워야 한다. 클라우드 서버는 원래 SQL서버와 같이 비용문제 등 때문에 인트라넷 서버를 인터넷으로 옮긴 것이다. 가격도 싸고 효율도 높다.

그런데 회사 서버를 클라우드로 옮기려면 작업은 누가 하나? 바로 프로그래머들이다. 프로그래머들은 자신이 쓰던 프로그램 언어를 기반으로 클라우드 서버 설계를 하고 싶어 한다. 한국 사람이 소설을 쓴다면 영어보다는 한국말이 좋다. 익숙하기 때문이다.

맞다. 서버 프로그래머는 리눅스를 쓰는 경우가 많은데 이 리눅스 프로그램 언어로 클라우드에 올리고 싶어 하지 않을까?

그리고 원래 마이크로소프트가 하던 사업은 서버 사업이다. 따라서 마이크로소프트의 서버를 관리하던 프로그래머는 새로운 언어를 배울 필요가 없다. 마이크로소프트는 사용자에 맞게 자신을 바꿔 사용자가 새로운 언어를 배울 필요가 없게 하였다.

"기존 쓰던 언어로 설계도를 가져와서 그대로 여기로 옮기면 된다"고 얘기하는 것이다.

보안

마이크로소프트가 사업에 뛰어들면서 수많은 업체를 필요로 하게 되었다. 클라우드 업계에서 M&A가 수시로 일어나는 이유가 여기에 있다.

마이크로소프트, 대형 보안 업체 M&A까지 나설까?

지난해 5월 인공지능 기반 네트워크 보안 업체인 헥사다이트를 인수했고 2015년에는 데이터 보호 기술을 주특기로 하는 시큐어 아일랜드 테크놀로지스를 인수했다.

이외에도 마이크로소프트는 IT시스템 접근에 대한 모니터링 소프트웨어를 제공하는 아오라토, 클라우드 보안 업체 아달롬을 손에 넣었다. 시큐어아일랜드는 8000만달러, 아달롬은 3억2000만달러, 헥사다이트는 인수에는 1억달러를 쏟아부었다.

_2018년 1월 2일자 TECH M

마이크로소프트는 보안 업체를 수시로 인수하고 있다. 보안을 더 강화하면 각종 관공서도 클라우드 서버로 옮길 수 있다. 국방부, CIA, FBI처럼 최고의 보안이 필요한 곳도 클라우드로 편입될 수 있다. 은행도 마찬가지다.

오픈소스

MS의 8조짜리 깃허브 인수가 의미하는 것은?

마이크로소프트(MS)가 세계 최대 오픈소스 저장소 깃허브(GitHub)를 거액에 인수한 것은 무엇보다도 MS 윈도운영체제(OS)를 오픈소스 위주로 전환하겠다는 의지를 반영한다. 또한 전세계 개발자들이 급성장하는 클라우드 시장에서 MS 클라우드인 애저를 더욱더 인기있게 만들 서비스와 앱을 만들도록 하겠다는 의미로도 읽힌다. 심지어 MS가 개발중인 인공지능(AI)제품 개발에서도 깃허브의 데이터의 도움을 받을 수 있게 된다. 따라서 이번 인수를 가장 긴장하며 바라보는 업체는 AWS 클라우드와 알렉사 AI로 깃발을 날리고 있는 아마존이라는 분석까지 나온다.

_2018년 6월 7일자 Digital Today

프로그래머들은 처음부터 끝까지 코딩을 새로 짜지 않고, 비슷한 명령어가 있다면 가져다 쓴다. 마이크로소프트는 프로그래머들이 많이 쓰는 위키피디아와 같은 사이트인 깃허브를 인수했다. 프로그래머에 친화적이고 프로그래밍하는 데 시간을 엄청나게 단축 시켜준다. 웬만한 소스는 여기에 다 있기 때문이다.

인력관리, 회의

어떤 시너지 가능할까?… MS가 링크드인을 인수하는 5가지 이유

나델라는 "현재 작업 중인 프로젝트와 관련 있는 피드가 나타난다고 생각해보라. 일정 정보가 나타날 수도 있다. 마이크로소프트의 머신러닝과 AI가 관련성 수준을 더욱 높여주기까지 할 것이다"라고 말했다.

"회의실에 들어가고 있는데, 코타나가 미팅 상대방에 대해 적절한 정보를 알려주는 상황을 생각해보라. 코타나가 링크드인 전문가 네트워크에 접근할 수 있게 되면 충분히 가능해지는 경우다"라고 말했다.

_2016년 6월 14일자 CIO Korea

마이크로소프트는 인력관리 사이트인 링크드인도 인수했다. 앞으로는 기업이 일반적으로 쓰는 회계관리 프로그램 등도 전부 클라우드에서 할 수 있을 것이다. 이런 기업들을 인수하거나 만들어서 클라우드 사용업체가 이용할 수 있도록 해준다.

인공지능

MS, "인텔리전트 클라우드로 진화"

작업 현장 곳곳에 설치된 CCTV는 사물을 인지하는 컴퓨터 비전 머신러닝 시스템에 연결된다. 이 시스템은 모든 공구가 실시간으로 파악되고, 작업자들의 움직임도 읽는다. 등록되지 않는 방문객이 위험한 공구를 만지거나 안전을 해칠 수 있는 기계가 제대로 관리되지 않는 상황들을 파악해서 관리자에게 알려준다.

"윈도우 안에, 오피스365 안에, 또 애저 안에 어디에나 인공지능과 관련된 요소가 자연스럽게 더해진다"

_2017년 5월 11일자 동아사이언스

인공지능도 집어넣어서 기업 고객의 사용자 분류, 취향, 성향까지도 파악할 수 있을 것이다.

마이크로소프트는 아마존을 따라잡기 위해 클라우드와 관련된 여러 기업을 인수합병하고 있다. 현재 클라우드 세계시장 점유율 1위는 아마존이지만, 점유율보다 중요한 것이 있다.

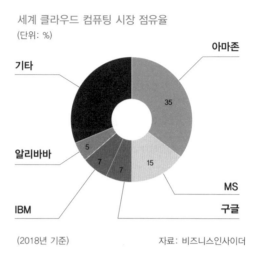

세계 클라우드 컴퓨팅 시장 점유율
(단위: %)

기타

아마존
35

알리바바
5
7
7
15

IBM

MS
구글

(2018년 기준)

자료: 비즈니스인사이더

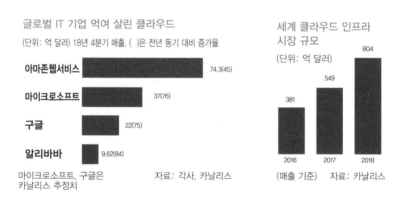

글로벌 IT 기업 먹여 살린 클라우드

(단위: 억 달러) 18년 4분기 매출. ( )은 전년 동기 대비 증가율

아마존웹서비스　74,3(45)

마이크로소프트　37(76)

구글　22(75)

알리바바　9,62(84)

마이크로소프트, 구글은
카날리스 추정치

자료: 각사, 카날리스

세계 클라우드 인프라
시장 규모
(단위: 억 달러)

804

549

381

2016　2017　2018

(매출 기준)　자료: 카날리스

바로 매년 늘어나는 클라우드 인프라의 규모다. 점유율도 늘어나지만 시장 자체가 커지고 있다. 이와 반대의 기업이 있다. 2012년 마이크로소프트를 위험으로 몰아넣었던 애플이다.

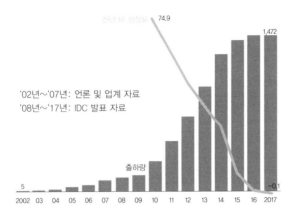

전년 대비 성장률 74.9

'02년~'07년: 언론 및 업계 자료
'08년~'17년: IDC 발표 자료

1,472

출하량

5

−0.1

2002 03 04 05 06 07 08 09 10 11 12 13 14 15 16 2017

현재 스마트폰 출하량은 정체 상태다. 마켓이 정체하거나 줄어들면 주가가 오르지 않는다. 앞으로 애플은 애플TV를 통해서 동영상 분야로 나아가려고 하지만 문제는 넷플릭스, 디즈니 등 영상 쪽에서도 만만찮은 경쟁자들이 즐비하다. 그런 면에서 마이크로소프트와 아마존, 구글 등은 커나가는 시장을 잘 잡은 케이스라 하겠다.

유통 · 제조 · 콘텐츠…전산업 파괴적 혁신

구글은 최근 게임을 PC로 내려받거나 CD나 칩을 사서 전용 게임기로 돌리는 형태가 아닌 인터넷 접속만으로 게임을 즐길 수 있는 '스트리밍 게임' 서비스인 '스타디아'를 공개했다.

이렇게 되면 소비자로서는 게임을 즐기기 위해 플레이스테이션, 엑스박스, 스위치와 같은 비싼 가격의 게임 전용 콘솔이나 고사양 PC를 살 필요가 없게 된다.

게임이 저장된 클라우드상 서버가 자체적으로 고화질 그래픽을 사용자 디바이스로 전송하기 때문이다. 게임을 내려받거나 타이틀을 별도 구매할 필요도 없다. 모바일게임, PC게임, 콘솔게임 등 디바이스에 따라 구분됐던 게임 플랫폼의 경계도 허물어진다. PC·모바일·콘솔로 삼분화됐던 1600억달러 글로벌 게임 시장이 하나로 통합되는 셈이다. 구글이 스트리밍 게임 서비스를 발표한 후 콘솔 회사인 소니·닌텐도 주가가 줄줄이 하락하고 있다.

_2019년 3월 15일자 매일경제

클라우드는 게임시장도 노리고 있다. 인터넷 접속만으로 게임이 가능하다. 지금 게이밍 PC는 엄청난 고사양인데 만약 이렇게 된다면 입출력 정도만 되는 컴퓨터라도 온라인 고사양의 게임을 즐길 수 있다는 얘기다. 구글이 스타디아라는 플랫폼을 발표하자 마이크로소프트도 곧바로 엑스클라우드를 발표한다.

MS 스트리밍 게임 서비스 '엑스 클라우드' 10월 개시
마이크로소프트의 스트리밍 게임 서비스는 서버에서 원격 구동되는 엑스클라우드와 사용자가 보유한 엑스박스 원 기기를 활용해 스마트폰 등으로 게임을 즐기는 '콘솔 스트리밍' 두 가지 방식으로 나뉜다.

_2019년 6월 10일자 매일경제

이 곳도 구글보다는 마이크로소프트가 유리해 보인다. 왜냐하면 마이크로소프트는 엑스박스라는 콘솔게임 플랫폼을 운영하고 있기 때문에 게임업체와의 협업이 구글보다 유리하다.

클라우드 호황, 얼마나 지속될 것인가?

그렇다면 앞으로 클라우드의 호황은 얼마나 지속될까? 이제야 시작단계다.

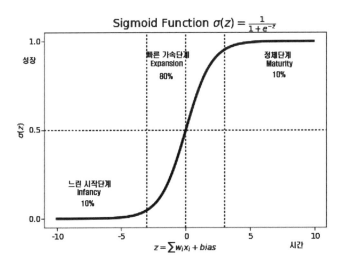

위의 그림은 시그모이드 곡선이다. 아메바는 2분법으로 무성생식을 한다. 10번 분열하면 1,024개가 된다. 그리고 22번 분열을 하면 100만 이상으로 늘어난다. 이렇게 기하급수적으로 늘어나면 세상은 아메바로 뒤덮인다. 그러나 일정 개수 이상이면 개체수가 증가하다가 정체하는 현상이 벌어진다.

이러한 현상은 현실세계에서도 일어난다. 시장점유율이 10%까지는 아주 천천히 늘어나다가 10%가 넘는 구간을 지나면 폭발적으로 늘어나 80%까지 가고, 그 후 정체된다.

자동차는 1900~1914년까지 14년이 10% 구간이었다. 이후 폭발적인 성장을 하면서 1928년에 80%까지 도달했고 그 기간은 14년이었다. 그리고 이후 정체 시기를 맞는다. 정체시기를 맞는 때가 하필 1929년 대공황이었다.

스마트폰은 10% 구간까지는 16년(1992~2008년)이 걸렸다. 그리고 2017년인 이후 9년 동안 80% 구간까지 도달했다. 그리고 정체되었다. 애플은 2018년 1위 자리를 마이크로소프트에게 빼앗기게 된다.

마이크로소프트와 아마존 클라우드가 현재 전체 시장의 10%를 점유하고 있다고 하면, 앞으로 10년간은 폭발적인 성장의 시기다. 그래서 지금은 시그모이드 곡선의 10%에서 80%가 되는 출발점이다.

결국 클라우드가 성장하고 커나가다가 2029년 정도가 되면 성장이 정체될 것이다. 물론 그 때는 또 새로운 먹거리를 찾는 기업이 시가총액 1등으로 치고 나갈 것이다. 그러나 지금은 클라우드의 시대다. 빅데이터를 가공하고 구현하는 시대로의 전환이다.

따라서 클라우드는 앞으로 최소 10년 이상 주가 상승을 기대할 수 있다.

.66.

자율주행차의 시대가 온다

최근 자동차 판매량이 감소하고 있다. 전기차와 자율주행차 개발에 투여되는 자본은 많고, 판매는 감소하면서 감원 이야기가 자주 나온다. 전기차 개발에 성공해도 감원은 필수다. 부품 수가 3만 개에서 5천 개 정도로 줄어들기 때문에 부품 수만큼 필요한 인력도 줄어든다.

그리고 자동차가 안 팔리는 가장 큰 이유는 차량공유서비스 때문이다. 이는 '구매' 대신 '이용'만 하는 사람들의 증가를 불러왔다. 특히 앞으로 자율주행차가 상용화되면 비싸고 외관은 별로인 자율주행차를 굳이 살 필요가 없어진다. 그래서 이미 유럽은 물론이고 대중교통이 불편한 미국에서도 차량공유서비스인 우버를 이용한다. 운전면허 자체가 필요 없는 시대로 진입하고 있는 것이다.

과연 자율주행차 시대는 언제 올까? 예상 시기는 2021년 5G 통신이 되면서다. 물론 좀 더 빨라질 수도 있다. 5G가 중요한 이유는, 5G가 되어야 1초당 20기가바이트 송신이 가능해지고 송수신도 끊기지 않는다. 현재 기술은 어느 정도 완성 단계다. 다만 송수신이 끊기기 때문에 사고의 위험성이 크다.

현실화된 자율주행은 어떤 변화를 몰고올까?

자율주행차는 사람 대신 기계가 스스로 운전하기 때문에 인건비가 들지 않는다. 수많은 일자리가 사라질 것이다. 뿐만 아니라 기존 자동차 기업들도 존망을 걱정해야 한다. 판이 바뀌면서 기존 자동차는 껍데기만 남기 때문이다. 껍데기만 만들어서는 현재의 비대한 산업을 유지하기 어렵다.

자율주행차는 2가지 종류로 나뉜다. 5G 통신을 쓰는 차와 5G 통신을 쓰지는 않지만 엄청나게 많은 센서가 달린 차다. 핵심은 두 가지 모두 많은 비용이 들어간다. 1초당 20기가바이트를 가정해 보자. 스마트폰 사용자가 한 달 동안 쓰는 데이터는 보통 6기가바이트다. 그런데 자율주행차는 초당 20기가바이트다. 개인이 통신요금을 감당할 수 있을까? 현재의 요금체계로는 어림없는 일이다. 요금을 조금 깎아준다고 하더라도 해결될 수준이 아니다.

요금이 두려워 센서가 많이 달린 차를 탄다고 가정해 보자. 엔비디아가 추구하는 차종이다. 자율주행차에는 값비싼 센서(카메라, 라이다, 레이다, 온도감지 등)와 프로그램(엔비디아가 만든 프로그램)이 다수 들어간다. 차 가격은 거의 3억 원에 육박한다. 상용화 되면서 가격이 떨어지기는 하겠지만, 이 역시 개인이 감당하기에는 너무 비싸다.

따라서 초기 자율주행차 모델은 사람을 고용하는 택시, 트럭, 버스 등의 형태가 될 것이다. 그 중 택시는 앱으로 잡는다. 대신 택시를 잡기 위해 길가에 서서 손을 흔드는 풍경은 역사 속으로 사라질 것이다. 지금까지는 구글, 애플 등 인공지능 업체가 중요하다고 생각했지만 택시는 플랫폼의 문제다. 결국 어떤 앱을 누르느냐가 관건이다. 아마도 우버와 같은 카셰어링 업체가 될 것이다. 따라서 패권은 인공지능이 아닌 카셰어링 업체로 돌아간다.

그렇다면 카셰어링 업체의 순위와 존망을 가르는 요소는 무엇일까? 결국 택시는 얼마나 빨리 잡히느냐가 관건이다. 빨리 잡히려면 거리를 활보하는 차도 많아야 하고, 앱 사용자도 많아야 한다. 미국의 경우 1위는 우버, 2위는 리프트다. 중국은 디디추싱, 인도는 올라, 브라질은 99, 동남아시아는 그랩이다. 결국 이처럼 저변을 확대해 놓은 카셰어링 업체들이 패권을 가져가게 될 것이다.

카셰어링에서 트래픽이 가장 높은 시간은 아무래도 출퇴근 시간이다. 그런데 차 가격이 높고, 출퇴근 시간 외에는 손님이 줄어든다. 따라서 차는 앞으로 여러 가지 형태로 쓰일 것이다. 출퇴근 시간에는 택시로 활용하고, 낮 동안에는 피자배달, 영화관, 쇼핑, 앰블런스 등의 형태로 바뀔 것이다. 바로 도요타가 추구하는 이팔레트라는 차다. 박스카 형태로 여러 가지 업무를 수행 할 수 있다. 아래 링크로 들어가면 확인 가능하다.

Toyota e-Palette Concept - [Ai] World Premiere at CES 2018
https://www.youtube.com/watch?v=HwUUdXfU6Xg&t=100s

그렇다고 하더라도 자율주행차 시장의 핵심은 카셰어링 업체다. 그런데 대표적인 카셰어링 업체인 우버가 직접 자동차를 만들겠다고 선언하였다. 그러자 기존 자동차 업체는 껍데기만 만드는 기업으로 남지 않을까 하는 걱정에 비상이 걸렸다. GM은 카셰어링 업체인 리프트를 인수하면서 이 분야로의 진출을 선언했다. 이 말은 곧 경쟁이 본격화되고 있다는 의미이며, 자율주행 택시의 시점이 예상보다 빨라질 수 있다는 예상을 할 수 있다.

카셰어링이 본격화되면 자원의 효율적인 분배가 가능해진다. 사람들은 내 차를 95%의 시간 동안 주차장에 방치하는 대신, 차를 사지 않고 로봇택시를 이용하게 될 것이다. 그러면 차량의 수는 자연스럽게 줄어든다. 또한 과연 비싸고 럭셔리한 차가 거리에 그대로 남을지도 의문이

내일의 부

다. 차가 개인의 소유라면 브랜드를 따지겠지만, 택시라면 이야기가 달라진다. 쉽게 잡히고 타기 편하면 그만이다. 앞서 도요타의 이팔레트처럼 박스형 차량 형태가 되지 않을까 예상된다. 결국 미래의 시장은 자동차 수는 줄어들고 카셰어링 업종은 전성기를 맞이할 것이다.

한국GM의 모회사인 글로벌GM이 인수한 리프트는 시장 점유율 2위 업체다. 이 업체 인수 후 2021년부터 로봇택시를 선보일 예정이다. 그런데 쉽지 않다. 점유율 차이가 너무 크기 때문이다. 현재 우버가 70%, 리프트가 14.5%다. 우버가 압도적인 점유율을 자랑하고, 더구나 직접 차까지 만들 예정이다. 이런 상황에서 리프트가 살아남을 수 있을까?

카셰어링은 2등이 매우 불리한 사업구조다. 예를 들어 우버와 리프트를 동시에 호출했는데 누가 더 먼저 오겠는가? 당연히 우버다. 더 많은 차가 돌아다니기 때문이다. 리프트가 도착했을 즈음 호출자는 이미 우버 택시를 타고 목적지를 향해 가고 있을 확률이 높다. 결국 리프트는 우버의 뒷꽁무니를 쫓아다니며 빈 차로 돌아다니게 되어 있다.

따라서 자율주행차 시대의 초창기에는 로봇택시의 수가 폭발적으로 늘어나고, 빈 차도 많아질 것이다. 자동차 업체인 GM이나 포드는 시장을 선점하기 위해 수많은 차들을 시중에 배치할 것이고, 동시에 사람이 운전하는 택시까지 혼용되면서 시장 쟁탈전이 벌어진다. 일시적으로 자동차 생산량도 늘어난다.

지금은 판이 바뀌는 중요한 시기이다. 춘추전국시대처럼 지속적인 지각변동이 일어날 것이다.

각 나라마다 카셰어링 업체가 있다. 미국은 우버, 중국은 디디추싱 등이다. 그런데 모든 카셰어링 업체에 지분을 가지고 있는 기업이 있다. 바로 ARM을 소유한 소프트뱅크다. 소프트뱅크의 손정의 회장은 이들을 모두 한 곳에 모았다. 마치 비행기 동맹인 스타 얼라이언스처럼 말이다.

예를 들어 중국의 유커가 LA공항에 내려서 디디추싱 앱을 켜면 우버가 잡힌다. 포인트로 결제도 할 수 있다. 그래서 이 얼라이언스에 들어가지 못하면 자율주행 플랫폼 사업 자체가 되지 않을 수 있다. 소프트뱅크는 가장 중요한 로봇택시의 생태계 구축을 이미 끝내 놓은 상황이다.

그러나 더 먼 미래를 본다면 차량공유 서비스인 우버도 사라질 운명이라 생각한다. 곧이어 음성으로 차량을 부르는 시대가 올 텐데 그 시대가 오면 우버는 설 자리가 없다. 만약 집에서 차량을 부른다면 구글 홈이나 아마존 에코를 이용한다. 이용자가 스마트폰 앱을 실행시켜 행선지를 입력할까? 아니면 "구글, 강남역 가는 택시 좀 불러줘"라고 말할까? 후자가 아닐까?

결국 자율주행차가 불러올 지각변동의 끝에는 '음성'이라는 끝판왕이 자리잡고 있다.

RICHES of

TOMORROW

4부

미중전쟁의 미래

▼

위기는 무엇이고,
기회는 무엇인가?

.67.

미중 전쟁,
그 전쟁의 서막이 열리기 전

20세기에 발생한 2번의 세계대전은 물리적 전쟁이었다. 전쟁의 원인은 서로 다른 민족의 도덕적 가치 때문이었다. 도덕은 공동의 이해관계에서 나온다. 그래서 니체는 "종래의 도덕은 민족의 것이다"고 말했다.

왜 도덕은 민족의 것인가? 서로 충돌하기 때문이다. 예를 들어 중국의 한족은 농경민족이었고, 북쪽에는 기마민족들이 포진하고 있었다. 북쪽은 농사를 짓기 척박한 땅이다. 그래서 기마민족은 가을이 되면 남쪽으로 넘어와 농경민족이 1년을 공들여 거두어들인 곡식을 약탈한다. 농경민족은 그에 대항해 기마민족과 충돌한다. 농경민족과 기마민족의 도덕이 서로 다르기 때문에 이처럼 전쟁을 벌이는 것이다.

2차 세계대전 당시 세계의 질서는 유럽 중심이었고, 유럽의 열강들이 식민지를 구축한 상태였다. 그런데 기존 질서에 균열이 발생한다. 식민지 대열에 늦게 합류한 나치 독일과 전체주의 이탈리아, 제국주의 일본, 이들이 대공황으로 촉발된 경제위기를 극복하기 위해 식민지 쟁탈전에 나선다. 기존 질서와 신질서가 충돌하면서 거대한 전쟁이 발발한다.

2차 세계대전 이후에는 소련을 중심으로 한 공산진영과 미국을 중심으로 한 자유민주주의 진영으로 나뉘면서 대립은 계속된다.

그런데 자유민주 진영은 기존에 쌓아올린 도덕의 틀을 허문다. 미국은 식민지의 개방형 무역을 통해 배타적 식민지를 없앴다. 배타적 식민지란 예를 들어 영국이 지배하고 있는 인도에서는 영국만이 교역을 할 수 있고, 이외의 나라들은 발을 붙이지 못하는 방식이다. 반대로 개방형 식민지는, 예를 들어 중국처럼 영국, 미국, 프랑스, 러시아, 독일 등 세계열강이 동시에 들어와서 장사를 해도 되는 방식이다.

세계 최대의 개방형 시장인 중국이 공산주의로 편입되면서(1949년 이후) 미국은 스스로 개방형 식민지가 되기를 자처한다. 미국은 마셜플랜으로 서유럽을 지원하고 스스로 개방형 식민지가 되어 자유민주 진영의 상품을 받아준다.

그런데 또 하나의 역사적 사건이 발생한다. 1991년 12월 소련 붕괴다. 공산주의는 무너졌으며 전세계는 자유시장경제로 편입된다. 이로써 세계는 인류공영의 공통된 윤리코드를 만든다. 현재를 살아가는 데 있어서 무역의 플랫폼은 무엇인가? 바로 자유민주주의와 자유시장경제다.

.68.

중국은 미국의 무엇을 건드렸나?

미국이 만들어 놓은 세계가 있다. 자본주의 세계 말이다.

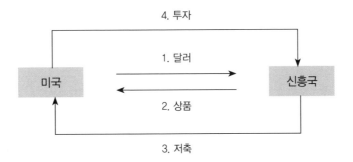

미국은 ①달러를 주고 신흥국으로부터 ②상품을 사온다. 신흥국은 미국에서 받아온 달러를 다시 저축한다. 신흥국이 달러를 저축하는 이유는, 신흥국에 달러가 들어오면 안 되기 때문이다. 달러가 들어오는 순간 달러는 흔해지고 자국통화는 귀해진다. 그러면 화폐가치가 올라가면서 수출이 힘들어진다.

중국은 미국에 스마트폰을 판다. 미국이 지불한 달러는 중국으로 들어간다. 변동환율제에서는 달러가 많이 들어가면 갈수록 중국돈인 위안화 가치가 높아진다. 위안화 가치가 높아지면 미국으로의 스마트폰 수출이 애를 먹게 된다. 가격이 높아지기 때문이다. 그래서 중국은 달러가 들어오지 못하도록 만든다.

달러 유입을 막는 방법은 2가지 정도다. 가장 일반적인 방법은 미국 국채를 사는 것이다. 달러의 중국 유입을 차단하여 위안화의 가치가 올라가지 않는다. 또 한 가지 방법은 미국의 자산을 사는 것이다. 부동산이나 M&A를 통해 기업을 사들인다. 또한 부동산을 일시에 사들이면 수요가 폭발하면서 부동산 가격이 폭등한다. 자산이득까지 챙길 수 있는 것이다.

신흥국은 위의 방법으로 ③저축을 하고, 미국은 신흥국에서 받은 달러로 다시 신흥국 자산 시장 등에 ④재투자를 하는 것이다.

삼성전자의 외국인 지분은 60%에 가깝다. 전세계에 막대한 양의 물건을 수출하는 우량 기업이고 미래도 밝기 때문이다. 미국은 이렇게 달러를 이용해 한국의 삼성전자 등을 사서 배당을 받는다.

그런데 중국기업은 외국인 지분을 30% 이하로 제한하고 있다. 이에 미국은 중국에 자산시장 개방 압력을 행사한다. 그래야 중국의 자산을 간접 지배함으로써 물고기를 잡아두는 가마우지 경제효과를 노릴 수 있다. 가마우지 효과란 예를 들어 한국의 기업이 수출을 많이 하면 할수록 소재와 부품을 제공하는 일본도 덩달아 이익을 보는 경제효과다.

중국이 자산시장을 개방하면 미국은 중국기업에 투자하여 우선 배당을 받을 수 있다. 삼성전자만 하더라도 주주 환원정책을 해야 한다. 핵심은 배당을 많이 하면서 주가도 올리는 것이다. 그러면 누가 이 돈을 가져가는가? 바로 삼성전자에 투자한 외국인들이다.

미국은 이런 방식으로 선순환 구조를 구축한다. 이를 '신비로운 길'이라 한다. 찰스 A 쿱찬이 저술한『미국시대의 종말』에 따르면 1990년대 후반 미국에서 흑자를 기록한 나라들의 70%에서 다시 미국으로 돈이 들어왔다고 한다.

미국은 신비로운 길을 유지하기 위하여 무엇을 해 놓았나? 바로 바다를 통한 무역항로를 개척했다. 그리고 호르무즈 해협부터 남중국해에 이르기까지 무역항로를 보호하기 위해 곳곳에 해군기지를 설치하였다. 신흥국이 이러한 무역항로를 통해 손쉽게 무역을 해야 미국도 신흥국도 이익이다. 또한 결제통화는 미국의 달러다.

신흥국이 달러로 결제를 해야 하는 이유는 무엇일까? 그것은 미국이 사우디아라비아와 맺은 페트로 달러 시스템(Petro Dollar System) 때문이다. 미국의 국무장관 헨리 키신저는 사우디 왕가와 비밀 계약을 맺어 사우디 왕가를 지켜주는 대신 사우디의 원유는 반드시 달러로만 결제하도록 만들었다. 따라서 신흥국은 현대의 황금인 석유를 사려면 반드시 달러가 필요하다. 이를 통해 미국과 신흥국의 선순환 구조가 생긴 것이다.

자, 그렇다면 미국의 시스템을 근간부터 흔들려면 어떻게 하면 되는가? 달러가 아닌 자국통화로 결제통화를 만든다. 그래서 페트로 달러 시스템을 무력화 시킨다. 또한 새로운 무역항로를 장악하고, 군대를 파견해 지킨다.

그런데, 중국은 상하이 원유선물거래소를 통해 페트로 달러 시스템을 무너뜨리고, 자국통화로 상품결제를 하고, 일대일로를 통하여 새로운 무역항로를 만들고 지부티, 스리랑카, 파키스탄 등에 군대를 파견하고 항구를 조성해서 자국의 일대일로를 지킨다.

이대로 두었다가는 미국이 지금까지 이뤄 놓았던 신비로운 길은 깨지게 된다. 미중 무역전쟁이 단순히 상품교역에 관한 관세전쟁으로 보이는가? 아니다. 목숨을 건 패권전쟁이며 어느 하나가 완전히 쓰러져서 다시는 일어나지 못하도록 만드는 데 목적이 있다. 따라서 전쟁이 끝나려면 다른 한쪽이 인사불성이 되어 녹다운되어야 한다. 양국 간의 피할 수 없는 전쟁 그 자체인 것이다.

69

미국은 왜 지적재산권 보호에
목숨을 거나?

미국은 지적재산권을 보호하기 위해 목숨을 건다. 왜일까?

　미국은 세계에 달러를 공급한다. 물건을 받고 대금으로 달러를 지급하는 방식이다. 앞서 살펴본 대로 달러를 받은 국가가 미국에 다시 저축을 하면서 달러가 미국으로 회귀한다. 미국은 회귀한 돈을 다시 신흥국에 투자한다.

곰곰이 생각해 보라. 예를 들어 중국의 경우, 미국은 중국에서 달러를 무상으로 가져온 것이 아니다. 사실은 중국에 빚을 진 것이다. 중국이 미국의 채권을 샀으니 중국은 미국에게 이자를 받는 채권자의 입장이다. 이것만 보면 미국이 손해다.

미국은 중국에 일방적으로 빚만 지고 있다. 그렇다면 미국도 중국에서 온전히 달러를 가져와야 한다. 빚지는 형태가 아닌, 정당하게 물건을 주고 말이다.

그런데 미국이 중국에 줄 수 있는 물건이 무엇인가? 지적재산권뿐이다. IT, 생명공학, 영화, 서비스 등이다. 그런데 이런 지적재산권은 베끼기가 쉽다는 데 약점이 있다.

영화는 상영되자마자 파일공유 사이트에서 실시간으로 내려 받을 수 있다. 마이크로소프트의 윈도우즈 CD도 카피되어 뿌려지고 있다. 이러니 미국은 지적재산권에 목숨을 걸 수밖에 없다.

게다가 중동의 국가들은 원유 대금으로 받은 미국의 달러로 미국 국채를 사고는 있지만, 필요한 물건은 주로 동아시아 국가들에게서 산다. 스마트폰, 가전제품, 자동차 등 말이다. 즉, 동아시아 국가들에게는 달러를 온전히 넘겨주지만, 미국에게는 돈을 빌려주는 형태다. 미국 채권을 샀으니 말이다. 미국은 채권을 발행하면 할수록 더 큰 이자 비용이 나가야 한다. 그나마 최근에는 미국에서 셰일가스가 나오면서 대중동 적자가 오히려 흑자로 돌아섰다.

미국은 지적재산권을 지키지 못하면 지속적으로 적자 국가가 될 수밖에 없다. 그런데 미국의 지적재산권이 왜 이리 강해졌을까? 그것은 미국이 선진국이기 때문이다. IT 등 특허 관련은 제하더라도 맥도날드, 스타벅스로 대변되는 외식 서비스 문화나 할리우드 영화 등은 미국의 힘에 의해 선망의 대상이 되었고, 그 와중에 생긴 소프트파워다.

우리가 겨울에 동남아로 여행을 가야 정상인데, 왜 추운 파리의 에펠탑 앞에서 사진을 찍는가? 잘 사는 나라에 대한 선망 때문이 아닌가?

그러나 미국은 이제 제조업 국가로 변신하고 있다. 강력한 소비력과 관세를 무기로 세계의 공장이 미국으로 들어오도록 하고 있다. 게다가 셰일혁명으로 에너지 가격이 낮아지는 만큼 혁신적으로 물가를 낮추고 있다. 뿐만 아니라 공장자동화를 통해 인건비까지 낮춘다면 기업주들에게 미국은 매력적인 곳이 될 것이다. 소비와 제조가 한 나라에서 동시에 일어나면 물류비용이 감소한다. 그리고 미국은 자유시장경제 제도가 잘 정비되어 있어 각종 인허가와 물건 생산에 어려움이 없다.

미국에서 제조업의 부활은 미국 국민들에게 가장 큰 이익이다. 바로 일자리를 만들어주기 때문이다. 미국이 세계의 제조업 공장을 성공적으로 유치한다면 그래서 내수뿐 아니라 수출까지 잘 되는 나라가 된다면, 미국은 앞으로 더 큰 슈퍼파워를 가지게 될 것이다.

70

현대전은 소프트파워 전쟁

과거에는 침략전쟁이 주를 이루었다. 남의 땅을 더 많이 빼앗아 생산 수단인 토지를 확보하고 그곳에 정주하고 있는 주민을 노예로 삼아 농사를 대신 짓게 한다. 그래서 힘만 키우면 무조건 쳐들어갔다.

중국 북방의 여진족, 만주족, 훈족 등은 가을이면 중국의 남쪽 땅으로 쳐들어갔다. 잘만 하면 한 번의 약탈로 1년을 먹고살 수 있기 때문이다. 이에 중국은 명나라 때 만리장성을 완성한다. 만리장성은 높지 않다. 말이 넘어오지 못하게만 하면 되기 때문이다. 가을을 뜻하는 천고마비는 한족의 두려움을 표현한 4자성어다. 하늘이 높고 말이 살찌니 방비하라는 의미다.

그런데 산업혁명으로 부의 중심이 농업에서 산업으로 옮겨갔다. 판이 바뀌어버린 것이다. 산업은 부가가치가 높다. 왜인가?

농업시대에는 모두가 가난했다. 인간의 힘으로 농사나 농기구, 물품을 만들어내니 항상 모자랐다. 만들면 만드는 대로 팔리는 셰이의 법칙이 그대로 들어맞는 시기다. 그러나 산업혁명이 일어나면서 농기구와 화학비료가 생산되고, 농업이 획기적으로 발전했다. 농업생산물이 폭발적으로 증가하자 먹고 사는 문제가 해결되었다.

사람들은 여기서 멈추지 않고 새로운 욕구를 찾기 시작한다. 면직물, 자동차, 가전제품 등이 그것이다. 2차 세계대전 이후 폭발적인 산업화는 정복전쟁이 아닌 경제전쟁을 불러온다. 자유시장경제가 융성하면서 이 추세는 더욱 강화된다.

미국의 남북전쟁이 왜 일어났다고 생각하는가? 링컨은 정말 노예를 해방시키기 위해 남북전쟁을 일으켰을까? 아니다. 철저한 경제전쟁이었다. 남북전쟁이 일어나던 시기 미국의 남쪽은 농업 기반 체제였고 북쪽은 제조업 기반이었다. 노예는 남쪽에만 있었다. 농업에는 노예가 최적화 되었기 때문이다.

농업생산물인 옥수수, 면화 등은 햇볕을 잘 받으면 스스로 성장한다. 사람이 할 일이 없다. 그러나 씨를 뿌리는 일과 수확, 잡초 제거는 사람이 해야 한다. 그런데 이제 사람이 했던 이 모든 일을 기계가 대신한다. 기계의 일과 노예의 일이 중복되었던 것이다.

노예의 입장에서 바라보자. 일을 더하나 덜하나 자신에게 돌아오는 것은 똑같다. 농장에 갇혀 식량을 축내는 일밖에 없다. 일을 열심히 할 이유가 없고, 밥은 최대한 많이 먹고 최대한 많이 쉬는 것이 남는 장사다. 어차피 농업에서 생산성 향상이란 거의 발생하지도 않는다. 열심히 일했다고 하여 일한 만큼 수확물이 눈에 보이게 늘지 않는다는 의미다. 그저 태양빛을 잘 받으면 농작물은 잘 자란다.

그러나 제조업은 다르다. 임금노동자가 필요하고, 생산성 향상도 일어나야 한다. 그래야 다른 기업을 이긴다. 삼성전자가 반도체를 만들면서 더 작은 면적에 더 많은 회로를 넣으려고 노력하는 이유가 무엇인가? 뒤쳐지면 생존경쟁에서 탈락하기 때문이다. 그러니 임금노동자는 더 열심히 일해야 할 이유가 충분하고, 기업 입장에서도 자신의 능력을 최대한으로 발휘할 자유인이 필요하다.

그들을 유혹하는 것은 바로 돈이다. 돈을 더 줘서 더 열심히 일하게 만드는 것이 제조업의 핵심이다. 그런데 제조업에 노예를 투입했다고 하자. 물건은 잘 나르겠지만 거기까지다. 더 열심히 일하지 않는다. 열심히 하나 대충 하나 밥만 먹을 수 있는데, 어떤 노예가 열심히 일하겠는가?

그리고 노예는 소비하지 않는다. 주인의 채찍을 피해 쉬고 더 많이 먹는 것만이 그들의 존재 이유다. 그러나 임금노동자는 다르다. 그들은 열심히 일해 번 돈으로 소비를 해야 한다. 소비를 해야 제조업 공장이 잘 돌아가고 다시 고용이 되는 선순환이 일어난다. 그래서 임금노동자는 생산의 주체인 동시에 소비의 주체다.

링컨은 이점을 간파했다. 노예가 도시로 몰려와 자유인이 되어야 하며, 그래야 자동차 공장에서 더 열심히 일하고, 소비도 할 수 있다. 노예가 해방되어야 하는 것이다. 이유 없이 남부의 농장주들과 싸운 것이 아니라 북부의 입장을 대변하고 패러다임의 전환 시기(제국주의에서 자유무역으로 변경되어야 하는 새로운 시기)에 꼭 필요한 일을 한 것이다. 사실 미국은 필리핀을 제외하면 식민지가 없었다. 식민지를 더 확보하는 것도 불가능했다. 자유무역 체제에서 제조업으로 세계를 지배하는 것이 더 합리적인 선택이었다.

2차 세계대전 이후 세계대전이 일어나지 않고 있는 이유는, 더 이상 침략전쟁의 의미가 없기 때문이다. 다른 나라를 침략한들 얻을 것이 무엇인가? 땅을 빼앗아 농산물을 착취할 이유도, 금은보화를 가져올 이유도 없다. 대신 무역전쟁이 발생한다. 미국은 이미 달러를 가지고 있다.

달러는 현대의 황금이다. 그러니 미국은 중국을 침략할 이유가 없다.

중국도 미국을 침략할 이유가 없다. 중국의 항공모함이 LA에 상륙한다 해도 할리우드에서는 아무것도 가질 수 없다. 미국의 황금은 컨텐츠 즉 문화 소프트 파워에서 나온다. 영화, 소프트웨어, 지식재산권 등이다. 그러니 중국도 미국도 침략전쟁을 할 이유가 없다. 그래서 무역전쟁을 하는 것이다. 현대에서는 무역전쟁, 금융전쟁이 알파이자 오메가다.

왜 소프트파워가 대세인가?

소프트파워에 주목하는 이유는 소프트파워를 가진 나라가 못 가진 나라를 지배하기 때문이다. 애플은 하드웨어를 생산하지 않는다. 중국에는 하드웨어 생산공장 폭스콘이 있다. 죽어라 일해도 폭스콘은 애플 스마트폰 영업이익의 4%밖에 가져가지 못한다. 나머지 96%는 소프트파워를 가진 나라들의 차지다. 애플이 어플리케이션과 브랜드 몫으로 가장 많이 가져가고 한국, 일본 등이 반도체, 카메라 모듈 등을 통해 이익을 나눈다.

그러니 소프트파워가 없는 나라는 노예가 되고 소프트파워가 있는 나라는 부자가 된다. 중국은 바로 이 소프트파워를 탈취하려고 해킹을 하거나 시장을 내주고 기술을 넘겨받으려 하는 것이다. 그러나 소프트파워의 핵심을 아는 미국이 중국을 가만 놔둘 리가 없다. 그래서 결국 현대전은 소프트파워 전쟁인 것이다.

.71.

미중 전쟁의 전장 5곳

미중 전쟁의 5개 전장은 ①무역 ②환율 ③금융 ④석유 ⑤전쟁이다. 지금은 무역과 환율 전쟁 단계다. 향후 금융, 석유 그리고 나중에는 전쟁으로까지 갈 수 있다. 미국이 무역전쟁에서 중국을 이긴다면 그것으로 끝나겠지만 그렇지 않으면 실제 전쟁으로까지 갈 수 있다는 것이다.

실제 전쟁까지 불사하는 이유는 중국을 소련처럼 만들기 위해서다.

소련은 미국과의 군비경쟁으로 치명적인 국력 소모를 겪다가 결국 1991년 붕괴되고 말았다. 중국도 마찬가지다. 군비경쟁으로 치달으면 중국은 미국과의 균형을 유지하기 위해 엄청난 군비를 쏟아부어야 한다. 이것이 미국의 작전이다. 이 작전에 앞서 무역전쟁을 통해서 중국의 힘을 빼 놓을 필요가 있다.

예를 들어 미국이 중국에 25%의 관세를 부과하면 중국의 대미국 수출은 어려움을 당할 수밖에 없다. 중국 기업은 무거운 관세를 피하기 위해 중국 이외의 국가로 생산기지를 옮기게 될 것이고 이로 인해 중국은 달러를 벌어들일 수 없는데다가 생산기지 이전으로 중국 내에 실업까지 발생한다. 실업은 실업급여를 포함한 복지비용의 증가를 불러오고, 은행은 부채가 증가하면서, 현재 많은 빚으로 허덕이는 중국정부는 치명적인 손상을 입는다.

이렇게 먼저 무역으로 힘을 빼 놓고 환율을 감시한다. 그 다음은 금융공격, 그래도 해결이 안 되면 결국 전쟁까지 불사할 것이다. 미국은 전쟁도 안 해보고 무기력하게 패권을 넘겨주는 나라가 아니기 때문이다.

현재 무역전쟁의 핵심은 다음과 같다.
①국영기업의 보조금 관행 철폐
②비관세 장벽 해제
③기술이전 강요 금지
④클라우드 컴퓨팅 개방

하나같이 중국이 받아들일 수 없는 항목들이다. 중국에는 국영기업이 많다. 국영기업은 보조금을 받는다. 이미 효율이 많이 떨어져 보조금 없이는 도산의 위험이 높다. 이러한 국영기업은 대부분 공산당이나 인민해방군의 소유다. 따라서 국영기업이 망하면 공산당과 인민해방군의 자산이 날아가는 것이다. 사회주의인 중국이 어떻게 받아들이겠는가.

또한 중국은 비관세 장벽을 통해 자국의 기업을 키워왔기 때문에 비관세 장벽도 해제할 수 없다. 기술이전을 강요하는 것도 중국이 시장을 내주고 선진기술을 받아 선진국으로 도약하는 발판으로 삼아왔기 때문이다. 만약 기술은 받지 못하고 생산공장만 지어질 경우 노동력만 제공하다가 나중에 인건비가 올라가면 결국은 생산공장 이전으로 일자리까지 감소할 가능성이 다분하다. 생산공장 이전을 막으려면 인건비도 올리지 못하고 1인당 국민소득도 제자리에 멈춰야 한다. 게다가 생산공장의 과다로 인해 공급을 늘리지도 줄이지도 못하는 딜레마에 빠진다. 대규모 실업이 발생할 것이기 때문이다.

마지막으로 클라우드 컴퓨팅 개방이다. 그러나 클라우드 개방도 어려운 형국이다. 중국이 현재 진행하고 있는 인터넷 만리장성[중국 공산당에서 실시하는 자국민 정보 검열 시스템이다. 여기서 시행하는 검열 및 감시 시스템을 만리장성에 빗대어 'Great Firewall of China(방화장성, 만리방화벽)'라고 칭한다]이 무너지기 때문이다. 공산주의는 자유민주주의의 사상이 스며들면 걷잡을 수 없이 무너진다. 만약 클라우드를 개방하면 기업 단위의 클라우드에서 틈이 생긴다. 아무리 인민을 감시해도 자유민주주의 사상의 유입을 막을 수 없다.

이처럼 다양한 이유들로 인해 중국은 미국의 요구를 받아들일 수가 없다. 미국도 협상 결렬을 염두에 두고 제안했다 할 수 있다.

결국 미국은 무역과 환율전쟁으로 중국을 약화시키고 부동산, 주식 등의 자산을 키우도록 만들어 버블을 키우고 석유와 군사적 압박을 통해 중국의 자산을 고갈시키는 전략을 취한다. 중국을 잃어버린 20년에 빠뜨리고자 하는 미국의 노림수가 숨어 있다.

미중 전쟁은 몇 년 안에 끝날 단기전이 아니다. 장기전이며 소모전이다. 무역전쟁은 시작점이다. 좀 더 넓고 길게 봐야 이 현상의 본질이 보인다.

내일의 부

.72.

중국은 붕괴될 것인가?

중국의 상황이 매우 좋지 않다. 먼저 얼마나 안 좋은지 살펴보자.

"美 관세 확대시 中 경상수지 적자 전환 가능성"

경상수지 흑자 규모가 계속 줄어들면서 기반이 약화됐다는 우려가 나온

다. 2015년 중국의 경상수지 흑자 규모는 3042억달러였지만, 2016년 2022

억달러, 2017년 1659억달러로 감소했고, 올해 1~9월에는 128억달러 적자 전환했다.

_2018년 11월 20일자 조선일보

2018년 1월에서 9월까지 중국은 128억 달러 경상수지 적자를 냈다. 충격적인 소식이다. 중국은 그동안 미국에 엄청난 흑자를 내고 있었다. 그러나 그 규모는 급속도로 줄어들고 있으며 2018년 1월부터 9월까지 128억 달러 적자, 12월까지 합하면 겨우 흑자로 전환했다. 중국은 흑자전환을 위해 미국 국채와 자국의 국채를 팔아야 했다.

'무역전쟁' 中의 반격?…美국채 보유량 줄이자 채권금리 급등

미국과 중국 간 무역갈등이 고조되는 가운데 중국이 지난 7월 한 달 동안 미국 국채 보유량을 77억달러나 줄인 것으로 나타났다. 이에 따라 중국이 미국을 압박하는 카드로 미국 국채를 팔 수도 있다는 우려가 고조되면서 미국 시장에서 채권금리가 급등했다.

_2018년 9월 19일자 매일경제

이 기사가 나온 시점 이후 중국은 경상수지 적자를 개선하기 위해 미국 국채를 내다 팔았다. 중국이 미국에 대해 무력시위를 한 것이 아니라 디폴트 위기를 벗어나려는 자구책이었다. 중국 입장에서는 미국과의 대결이 아닌 자신의 생존 문제다. 이 정책으로 중국의 외환보유고는 1조 3000억 달러에서 1조 1000억 달러로 2000억 달러나 줄어들었다. 매년 이 정도 줄어든다면 어떻게 될 것인가? 6년이면 바닥이다. 그것도 적자가 현재 수준이라는 가정에서 말이다. 만약 적자 규모가 더 커지면 속도도 더 빨라질 수 있다. 그래서 중국 당국은 일단 미국 국채 매입은 중단하고 차라리 중국 국채를 팔아 달러를 확보하려 하고 있다.

홍콩에서 거래하는 중국 채권 규모, 1년 만에 185% 급증

홍콩에서 거래하는 중국 채권의 하루 평균 거래액이 10억 달러에 육박한 것으로 나타났다. 1년 사이 두 배 가까이 급등한 성장세다.

_2019년 3월 7일자 연합뉴스

중국 채권까지 팔고서야 겨우 2018년 경상수지 흑자를 달성했다. 경상수지 적자가 나는 가장 큰 이유는 미국의 관세 부과를 들 수 있고, 그 외 저축률 하락과 서비스 수지 악화 때문이다.

"美 관세 확대시 中 경상수지 적자 전환 가능성"

국제금융센터는 "미국이 중국의 대미(對美) 수출 전체에 관세를 부과하면 중국의 무역수지 흑자 규모가 최대 820억달러 축소될 것으로 추정된다"며 동시에 "중국의 해외 여행수요가 꾸준히 증가하는 가운데 미국의 지적재산권 보호 조치가 강화되면 로열티 지급이 늘어나면서 서비스수지 적자도 확위 기사를 보면 미국이 중국에 관세를 부과하면 820억 달러의 흑자가 축소될 것이라는 전망이다. 128억 달러 때문에 중국이 국채까지 발행하며 악전고투를 벌였는데, 820억 달러라니 중국으로서는 악몽의 시나리오다.

기사를 보면 중국의 적자 요인 중 하나로 꾸준히 증가하는 해외여행 수요를 들고 있다. 해외여행으로 엄청난 외화가 빠져나가고 있다는 것인데, 이는 아마도 중국 부자들의 돈세탁이 아닐까 생각한다. 중국의 현재 상황은 누가 가장 잘 아는가? 바로 부자들이다. 그들이 왜 해외로 돈을 빼돌리는지 의심하지 않을 수 없다.

중국은 왜 부채가 증가할 수밖에 없는가?

국가발전에 필요한 생산의 4요소는 토지, 노동, 자본, 기술이다. 중국이 막 개방을 했을 때는 토지와 노동은 거의 무한대에 가까웠다. 토지는 가격이 없었고, 노동은 세계에서 알아주는 저임금이었다. 중국은 화교들의 자본을 들여와 중국 내 투자를 했고 높은 성장률을 지속했다. 그런데 2000년이 넘어가면서 기록적인 성장률에 조금씩 한계가 드러난다. 임금이 올라 노동비용이 크게 증가했기 때문이다.

올라버린 노동비를 상쇄하면서 생산성 향상을 이루려면 방법은 '기술'뿐이다. 세계에서 기술로 생산성을 향상시킬 수 있는 나라는 미국이 유일하다. 기술은 창의적인 개인과 지식재산권을 인정하는 풍토에서만 자란다. 하지만 동양적인 사고는 개인보다 집단을 강조한다. 교과서를 뒤져봐도 개인이라는 말은 없고, 국가와 집단만이 있을 뿐이다. 교육 단계부터 노출되는 동양의 한계라고 볼 수 있겠다.

세계 시가총액 1등부터 10등까지 기업을 보라. 모두 미국 기업이다. 그 중 아마존, 페이스북, 구글 등은 생긴 지 20년도 되지 않은 신생기업들이다. 그러나 동양에서는 최근 이렇게 큰 대기업이 거의 나오지 않고 있다.

따라서 생산성 향상에 기술은 기대할 수 없고, 방법은 임금을 줄이는 것뿐이다. 임금이 싼 이머징 국가로 공장을 이전하거나 자동화로 노동력을 줄여야 한다. 그런데 이 방법은 실업을 발생시킨다는 치명적인 단점을 갖고 있다.

따라서 사람을 자르지 않으면서도 GDP를 올려야 하는데, 방법은 바로 자본을 늘리는 방식이다. 자본, 즉 부채를 늘리는 방법으로 그 예를 보자.

임금이 올라가면서 과거에는 100을 투입하면 산출물이 100이 나왔다. 그런데 이제는 임금이 올라 100을 투입하면 산출물은 25밖에 나오지 않는다. 중국은 이 문제를 해결하기 위해 빚을 4배로 늘려 생산하기로 한다.

설명의 편이성을 위해 하나의 예를 더 들기로 한다. 편의점이 있다. 예전에는 1억을 투입해서 1000만 원을 가져갔다. 그런데 갑자기 최저임금(노동)이 오르고 건물주가 임대료(토지)를 올리는 바람에 똑같이 1억을 투입해도 가져갈 수 있는 돈은 250만 원뿐이다. 매출은 동일하다. 다만, 월급(노동)과 임대료(토지)를 주고 나니 순이익의 75%가 사라졌다.

해결방법은 무엇인가? 가장 쉬운 방법은 자본을 늘리는 것이다. 즉, 3억 원을 더 투자해서 총 4억 원으로 편의점 4개를 운영하면 된다. 결국 이전 순이익과 같아졌다. 그러나 문제가 있다. 대출이 3억 원 늘었다. 그럼에도 불구하고 현상을 유지할 수만 있다면 큰 문제가 되지는 않는다. 다만 문제는 성장률이 떨어졌을 때 발생한다.

성장률이란 곧 매출이다. 성장률 반토막은 매출이 1000만 원에서 500만 원이 됐을 때 발생한다. 그러면 자본(빚)을 더욱 늘려야 한다. 도대체 편의점을 몇 개나 더 늘려야 하는가?

바로 이것이 한국과 중국이 당면한 문제다. 한국은 2% 미만의 성장을 목전에 두고 있고, 중국도 머지않아 6% 아래로 떨어질 전망이다. 성장을 하지 않으니 매출이 점점 떨어지고, 매출이 떨어지니 현상유지조차 힘들다.

이 문제를 해결할 방법이 무엇이겠는가? 구조조정뿐이다. 이익을 못 내는 기업은 과감하게 정리하고 신산업으로 체질을 바꿔야 한다. 그러나 말처럼 쉽지 않다.

구조조정은 대규모 실업사태를 불러온다. 민주주의 국가에서는 정

내일의 부

권이 바뀔 수도 있는 문제다. 중국과 같은 공산주의 국가에서는 정권 자체가 붕괴될 수도 있다. 따라서 정치권에서는 해결방법을 알면서도 실행하기 어렵다.

이런 이유로 자발적으로 구조조정을 하는 나라는 얼마 되지 않는다. 곪고 곪아 종국에는 썩어서 터지는 수밖에 없고, IMF사태처럼 스스로 붕괴하여 외부의 힘에 의해 강제로 구조조정 되는 수밖에 없는 것이다.

성장률 하락은 이처럼 심각한 문제다. 그런데 부동산이 왜 그렇게 많이 올랐고 뭐가 문제일까? 중국은 노후보장이 안 되는 국가다. 중국의 기준금리는 6% 정도지만 개인이 은행에 저축을 하면 1.5% 정도의 이자밖에 받지 못한다. 그래도 돈을 맡겨 놓을 곳이 은행뿐이니 할 수 없이 은행에 맡겨 놓는다고 한다.

이 돈은 누가 컨트롤 하는가? 공산당이다. 개인들로부터 저렴하게 돈을 빌려 산업에 직접 투입한다. '중국제조2025'란 이러한 자본을 첨단산업에 빌려주는 정책이다.

하지만 이런 식의 경제는 초기에는 통할지 모르나 근본적으로는 비효율이 발생한다. 미국은 기업이 은행에서 돈을 빌린다. 미국이나 중국이나 은행에서 돈을 빌리는 것은 동일하다. 그러나 미국은 돈을 빌릴 때 다수의 은행과 다수의 기업이 경쟁하는 구도다. 비효율이 발생할 가능성이 없다. 또한 이 시스템이 몇 백 년 간 유지되어 엄청난 서비스 노하우가 있다.

예를 들면 영국은 산업혁명 초기 신문에 '오늘의 발명'이라는 코너가 있었다고 한다. 기업가를 우대하는 영국다운 인식이라 할 수 있다. 오늘의 발명이란, 산업혁명 초기 돈이 될 만한 발명을 하면 신문에 실어주는 것이었다. 그러면 소위 엔젤투자자가 발명가에게 전화를 걸어서 자신이 돈을 댈 테니 사업을 하자고 몰려들었다고 한다. 민간에서 발명가에게 투자자금을 대고 발명가는 발명의 산업화를 통해 돈을 벌면 그것이 벤처투자, 주식시장이 아니고 무엇인가? 서구의 이러한 민간 자본의 효율적인 유치는 은행과 기업을 가장 효율적으로 돌아가게 만들었다.

그러나 반대로 동양에서는 일본, 한국 등이 부채로 성장하는 전철을 밟았다. 관료가 중심이 된 계획경제였다. 여기에는 4개의 축이 필요하다. ①관료 ②은행 ③기업 ④국민이다.

①관료는 국가의 경제개발 계획을 짠다. 그래서 중화학 공업, 반도체, 조선, 철강 등 중진국으로 갈 수 있는 업종을 선정해서 집중적으로 밀어준다.

②은행은 관료의 지시를 받아 경제개발 계획으로 입안 된 업종에 대출을 해 준다.

③기업은 관료의 지시대로 은행에서 경제개발 계획에 따라 자금을 대출하고 사업을 실행한다.

④국민은 저금리로 저축한다.

이 4개의 축 중에서 가장 큰 손해를 보는 주체는 바로 국민이다. 계획경제가 한창일 때는 이자를 높게 책정할 수 없다. 선진국과의 금리 차이를 이용해 물건을 싸게 만들어 수출해야 경쟁력이 있기 때문이다. 이 시기에는 국민연금과 같은 노후보장보험도 없기 때문에 저금리라 하더라도 돈을 은행에 맡길 수밖에 없다.

대표적인 나라가 일본이다. 일본 우정국(한국의 우체국)은 고객에게 예금이자로 2%를 지급하고, 기업에는 5% 정도에 빌려주었다. 기업은 5%라는 낮은 금리를 이용해 미국에 수출을 하였다.

1980년대 초 미국의 국채금리는 20%를 기록하기도 했다. 따라서 저금리로 자금을 빌리는 일본 기업과 경쟁이 될 리 없었다. 한편 일본 기업은 가파르게 성장한다.

하지만 부작용도 있었다. 은행이 IB(투자은행)를 하지 못한다. 미국이나 영국 등은 '오늘의 발명'의 예처럼 기술을 보고 대출을 하기에 기술을 보는 눈이 있다. 그러나 동양에서는 엘리트 관료들의 압력에 의해 대출을 하기 때문에 기술을 볼 필요가 없다. 단지 그 기업에 믿을 만한 부동산 담보가 있는지를 확인한다. 부동산 담보로 대출을 하다 보니 은행의 기업 실사 능력은 현저히 떨어진다. 마찬가지로 기업인들도 증권시장에 신경 쓸 필요가 없다. 엘리트 관료에게만 잘 보이면 자금을 은행으로부터 융통할 수 있기 때문이다.

국민은 국민대로 손해였다. 저축을 통해 노후자금을 마련해야 하는데 이자율이 인플레이션도 따라가지 못했다.

이러한 사회적 분위기에서는 새로운 기술과 독창적인 아이디어가 나올 수 없다. 기업에 기술이 있어도 대출해줄 은행을 구할 수도 없다. 기술을 믿고 대출을 해왔던 은행이 없기 때문이다. 한국도 중국도 마찬가지다. 따라서 한중일은 부동산을 중시하고, 개인도 부동산 자산비중이 주식에 비해 월등히 높다.

중국의 부자들이 이러한 부채의 위험을 모를 리가 없다. 부채가 기하급수적으로 늘면서 중국의 부자들은 위험을 감지하고 자금을 해외로 빼돌리고 있는 중이다. 그들이 감지한 위험이란, 작게는 저축률 하락에 의한 위안화 가치 하락, 크게는 경상수지 적자에 의한 디폴트 상황이다.

중국의 저축률 하락은 위기의 근원이다. 저축률 하락의 이유는 통화량 증가에 있고, 실제 금리 하락이 일어났다. 즉 통화량이 증가하면 시중에 돈이 흔해진다. 은행에 돈을 맡겨도 금리가 예전만 못하다. 통화량 증가는 금리의 하락을 불러오고, 돈의 가치를 떨어뜨린다.

그렇다면 왜 통화량 증가가 일어났을까? 바로 자산관리상품(이하 WMP) 때문이다.

〈시사금융용어〉 자산관리상품(WMP)

자산관리상품(WMP)는 2008년 금융위기 이후 중국에서 급속히 팽창한 금융상품이다. WMP는 연 7%에서 최대 15%에 이르는 높은 확정 수익률로 폭발적인 인기를 끌었다. WMP의 고수익은 모집한 자금이 은행 문턱을 넘을 수 없는 이들에게 고리로 대출되기 때문에 가능하다.

내일의 부

WMP는 2008년 금융위기 이후 중국에서 나온 금융상품으로 말도 안 되게 높은 연 7%~15%의 수익률을 보장한다. 은행 예금금리가 3%인데 WMP는 3개월만 맡겨도 연 5%를 지급한다. 2018년 현재 WMP 상품의 규모는 22조 3천 억 위안(약 3600조원)으로 2019년 한국 예산 470조 원의 7배가 넘는 금액이다. 은행은 이 자금으로 부동산 투자신탁을 하고 최근에는 경기부양을 위해 주식투자도 하고 있다. WMP의 투자설명서에 보면 '손실이 날 수 있는 상품'이라는 문구가 들어가 있지만, 대다수 중국인들은 안전한 예금 정도로만 알고 있다.

개인 입장에서는 고수익 상품이고, 정부의 부동산 규제로 은행대출을 받을 수 없는 부동산 개발업자에게는 자금을 조달하는 창구다.

2008년 금융위기가 일어나자 전세계는 대규모 구조조정에 나섰다. 그러나 중국은 달랐다. 구조조정은 실업을 발생시킬 것이고 그로 인해 사회불안이 가속화 된다. 그래서 중국은 구조조정이 아닌 대규모 경기부양으로 위기를 돌파했다. 등소평 시절부터 시행해 온 정책으로 도시화를 통한 대규모 경기부양책이다.

중국은 등소평 시절 외국인들을 끌어들여 공장과 사업체를 열게 하는 과정에서 난관에 부딪혔다. 도로, 철도, 하수도, 전기 등 사회기반

시설이 열악했기 때문이다. 그래서 등소평의 오른팔인 자오쯔양은 이렇게 말했다.

"우리는 도시에 필요한 도로를 건설하거나 물이나 전기를 끌어올 만한 자금이 전혀 없습니다."

이 문제를 어떻게 극복했을까? 홍콩의 한 부동산 개발업자의 머리에서 아이디어가 나왔다.

"토지가 있는데, 왜 돈이 없다고 하십니까?"

아이디어는 이렇다. 19세기 중반 파리를 빛의 도시로 만든 오스만 남작이 활용한 방식이다. 파리 중심에는 빈민가가 많았다. 오스만 남작은 수용권을 행사해 비용을 지불하고 도로 옆 개발지역을 포함해 이를 전부 수용해 버렸다. 그리고 미로처럼 얽혀있는 도시에 도로를 놓고 전기를 연결했다. 사회기반시설이 좋아지자 부동산 가격이 폭등하였고, 개발업자에게 10배가 넘는 금액으로 되팔았다.

중국의 중앙정부와 지방정부는 오스만의 방식을 차용해 자금을 모았고 이 자금을 일대일로에 투입했다. 이 방법으로 중국은 도시화와 일대일로 정책을 실행할 수 있었다.

하지만 결국 탈이 난다. 말이 좋아 수용이지 사실은 모두 빚으로 쌓아올린 탑이다. 처음 중앙정부는 일대일로를 통해 엄청난 개발이득을 거뒀고, 지방정부는 도시화를 통해 엄청난 개발이득을 거뒀다. 하지만 지금 중앙정부는 일대일로 지방정부는 유령도시로 빚더미에 앉았다.

그런데 왜 지방정부는 유령도시를 건설했을까? 금융위기의 시작은 2008년이다. 2008년 중국의 부채는 6조 달러에서 2017년 말 28조 달러로 5배 커졌다. 게다가 2008년 162%였던 부채는 2017년 266%까지 폭증하게 된다. 폭증을 불러온 원인은 지방정부 간의 과도한 경쟁 때문이었다. 중앙정부가 경제 실적으로 지방정부를 평가하자 좋은 평가를 받기 위해 각종 수단과 방법을 가리지 않았다. 이러한 개발의 와중에 지방 간부는 각종 이권 사업에 개입하여 뇌물이나 개발이익을 빼돌렸다. 지방정부가 부채를 보증해 주거나 정부 소유의 은행으로부터 막대한 대출을 제공하는 방법으로 기업을 지원했다. 이는 지방정부 간부와 기업 양쪽 모두의 이익에 부합했다. 지방정부는 개발로 점수를 따서 좋은 평가를 받고, 간부는 승진이 가능했다. 개발하는 와중에 각종 이권에 끼어들어서 재산 축적도 가능했다.

지방정부는 농민에게서 강제로 빼앗은 토지를 거의 무상으로 기업이 불하 받게 해준다. 공짜나 다름없는 땅을 불하 받게 된 기업은 이후 더 많은 땅을 요구한다. 그리고 은행으로부터 대출을 받아 개발하여 분양하면 아파트는 얼마든지 분양이 되었기 때문에 막대한 이익을 거둔다. 중앙정부는 이를 뒤늦게 파악하고 규제에 나섰으나, 지방정부는 중앙정부의 지시를 따르지 않고 자신에게 더 유리한 개발사업을 진행한다. 온갖 편법을 동원해 더 큰 대출을 기업에게 일으켜 준다. 허술한 중앙정부의 감독 체제에서 지방정부가 일으킨 이처럼 거대한 부채를 '그림자금융'이라 부른다. 그리고 그 규모는 짐작조차 하기 힘들다.

이제 문제는 중국의 부채가 드러나는 시기에 발생할 것이다. 그 시기란 중국의 경제성장률이 떨어지는 시점이다. '바오류'라는 말 자체가 6% 성장을 지킨다는 의미다. 그만큼 6% 이하로 성장이 떨어지면 부채에 대한 부담 때문에 스스로 무너질 수 있기 때문이다.

다시 WMP로 돌아가 보자. 이렇게 부실한 자산관리상품을 팔았다면 원금을 떼였다는 기사가 줄을 이어야 정상 아닌가? 이렇게 높은 금리를 주는데 원금을 안 떼이는 게 더 비정상이다.

그래서 허베이금융투자보장(Hebei Financing Investment Guarantee)이 파산지경에 이르렀다. 그런데 파산지경에 이른 허베이금융투자보장에 2015년 5월 4조 위안을 투입하여 붕괴를 막았다. 그러자 어차피 은행에 맡겨도 이자를 거의 안 주는 마당에, 이자를 많이 주는 금융사를 공적자금으로 파산을 막아주니 얼마나 좋은가? 그래서 더 많은 돈이 몰리게 되었다. 자금의 규모는 무려 22조3천억 위안(약 3600조원)이며 중국 GDP의 1/3에 달한다.

그렇다면 이 자산관리상품에 4조 위안이라는 큰돈을 집어넣은 곳은 어디인가? 바로 자산관리상품을 설계한 곳에 돈을 빌려준 시중은행이다. 그러면 시중은행의 부채가 엄청나게 늘어야 정상이다. 하지만 민간은행의 부채가 늘어나면 재무제표가 나빠지고 은행의 주가는 급락할 것이다. 그래야 정상이다. 그런데 이 은행들이 어떻게 돈을 자산관리상품에 넣었는지 아는가? 바로 영구채권을 발행해서였다.

영구채권(perpetual bond)은 만기가 없어 원금 상환을 계속해서 연장할 수 있는 채권을 말한다. 일반채권과 달리 만기가 없어서 투자자에게는 이자만이 지급된다.

영구채란 형태는 채권이지만 속성은 자본에 가까운 신종자본증권(하이브리드채권)이다. 즉, 부채가 아닌 자본이다. 그렇다면 재무제표는 오히려 깨끗해졌다는 뜻이다. 이제 문제가 되는 것은 몇 십조 위안에 달하는 이자를 시중은행이 메울 수 있는가다. 앞서 언급한 대로 자산관리상품의 규모는 22조 위안을 훌쩍 넘었고, 중국 GDP의 1/3에 육박하였다. 그런데 이자가 얼마인가? 7%에서 15%다. 빚도 빚이지만 이자도 만만치 않다. 과연 은행이 버틸 수나 있는 규모인지 의심이 들지 않을 수 없다.

결국 중국의 은행은 이자 때문에 파산하고 말 것이다. 와중에 파격적인 뉴스가 나왔다.

"영구채 늘려라" 중국 인민은행 중앙어음 스와프 도입

중국 중앙은행인 인민은행이 24일 새로운 통화정책수단인 '중앙어음 스와프(Central Bank Bills Swap, CBS)'를 신설했다. 중앙어음 스와프란, 공개시장에서 1급 거래상(금융기관)이 보유한 영구채를 인민은행 중앙어음으로 교환할 수 있도록 하는 것이다. 경기 하방 압력 속 실물경제에 자금을 더 잘 지원하기 위한 조치로 해석된다.

중국 매일경제신문에 따르면 인민은행은 24일 저녁 웹사이트에 올린 공고문에서 "은행 영구채 유동성을 높이고, 은행들의 영구채 발행을 통한 자본 기반 보충을 위해 중앙어음 스와프를 신설한다"고 밝혔다.

최근 경기 하방 압력에 직면한 중국 금융당국은 올초 은행권의 영구채 발행을 처음 허용했다. 그림자금융 규제가 강화된 가운데 경기 부양을 위한 신용대출을 늘려야하는 상업은행들의 자본 부족 문제를 해소하기 위해서다. 영구채는 만기가 없어 원금을 상환하지 않고 투자자에게 이자만 지급하는 채권이다. 자본으로 인정돼 부채가 줄고 자본이 증가하는 효과를 낸다.

_2019년 1월 25일자 아주경제

인민은행이 시중은행의 쓸모없는 영구채를 안전한 중국국채로 무제한 교환해 준다는 기사다. 시중은행으로서는 망할 일이 없게 되었다. 이로 인해 현재 중국의 위안화는 무한팽창을 하고 있다. 위안화의 통화량이 늘어나고 이자는 완전 바닥까지 떨어진 것이다.

일반인들이야 아무것도 모르니 자산관리상품에 들어서 7~15%의 이자만 받으면 그만이다. 하지만 부자들은 다르다. 그 속사정을 아는 부자들은 바보가 아닌 이상 이곳에 돈을 맡기지 않는다. 그러니 해외여행 한답시고 해외로 나가서 돈세탁 과정을 거쳐 자금을 은닉하는 중이다. 중국에서 달러가 급격히 빠져나가는 이유가 바로 여기에 있다.

자 그런데 2018년에는 경상수지 적자를 겨우 흑자로 돌려 놨는데 2019년부터는 어떻게 되는가? 앞서 만약 미중무역전쟁에서 트럼프가 관세를 부과하면 820억 달러의 적자가 발생한다고 하였다. 따라서 트럼프가 관세 부과를 결정하는 순간 중국은 지옥문이 열린다. 게다가 이렇게 된다면 부자들은 더 많은 달러를 해외로 빼돌릴 것이고 중국의 외환보유고도 급격히 줄어들게 된다.

그리고 또 한 가지, 이처럼 통화팽창이 급격히 이루어지는데도 왜 위안화 가치는 급속도로 떨어지지 않는가? 그것은 일대일로를 통해 해외로 위안화 수출을 하고 있기 때문이다. 즉, 일대일로로 철도를 깔고 항구를 만들면서 해외로 위안화를 수출하니 그나마 위안화 가치가 줄어드는 분산효과가 생기는 것이다.

미국도 2008년 금융위기 이후 3조5천 억 달러의 돈을 풀었지만, 세계의 모든 나라가 미국국채를 흡수해 줘서 달러화가 급속도로 떨어지는 것을 방지할 수 있었다. 마찬가지로 중국도 일대일로를 하면서 중국의 위안화 급락을 막고 있다. 다만 미국과 달리 일대일로는 여기저기서 공사가 안 되거나 연기되는 등 파열음이 나타나고 있다.

대표적으로 중국이 파키스탄, 베네수엘라 등에 돈을 빌려줬는데, 파키스탄은 인도와의 전쟁 때문에 공사 진행이 안 될 수 있는 상황이고, 베네수엘라는 과이도와 마두로 두 명의 대통령이 나타나면서 정국이 매우 시끄럽다. 과이도가 대통령이 되면 중국은 돈을 떼일 수도 있고 공사대금으로 받으려던 석유도 받지 못할 수 있다.

이 모든 문제의 근원은 결국 중국 자신 때문이다. 성장을 멈췄으면 구조조정을 통해 과잉 투자 부분을 걷어내고 기술 위주로 성장을 지속해야 한다. 그러나 중국은 구조조정을 하게 된다면 인민들이 혁명 수준으로 봉기할 것이다. 게다가 자산관리상품을 구조조정 한다면 돈 떼인 분노한 인민들이 내전으로 몰고 갈 수도 있다. 다음은 중국의 현재 상황을 알려주는 기사다.

먹구름 낀 中경제… 적극적 경기부양책 카드 꺼내 들다

중국의 2월 제조업구매관리자지수(PMI)는 49.2로 3개월 연속으로 50을 밑돌았고, 1월 자동차판매대수는 전년동월대비 15.8% 감소, 휴대전화출하대수도 12.8% 감소했다.

_2019년 3월 6일자 아시아타임즈

중국이 대대적인 경기부양책을 폈다. 감세와 함께 인프라 투자도 늘린다. 그러나 기사에서 보듯이 중국경기는 하락하고 있다. 뿐만 아니라 중국의 자산관리상품과 같은 그림자 금융이 중국의 하락 뇌관으로 작용할 수 있다는 것이다.

2019년 중국은 경상수지 적자를 피하기 어렵다. 적자문제를 해소하려면 어떻게 해야 하는가?

첫째, 중국이 보유하고 있는 미국 국채를 팔아서 경상수지를 흑자로 만들어야 한다.

그러나 한계가 있다. 적자가 지속되어 더 이상 팔 국채가 없어진다면 어떻게 되는가? 디폴트 또는 IMF다.

둘째, 중국국채를 외환시장에서 팔아서 달러를 확보한다.

그러나 2018년 말부터 미국인 투자자들은 중국국채를 더 이상 사지 않고 있다. 인민은행은 2018년 11월 중국국채 판매를 중단했다. 따지고 보면 중국국채를 살 이유도 충분치 않다. 수익률이 3.166%밖에 되지 않기 때문이다.

중국 10년 채권수익률 링크
https://kr.investing.com/rates-bonds/china-10-year-bond-yield

미국국채 수익률은 2.645%다. 중국국채와 별 차이가 없는데다가 특히 안정성이 뛰어나다. 굳이 중국국채를 살 필요가 없다. 그렇다면 결국 중국은 경상수지 적자에 의해 큰 어려움에 빠질 것으로 예상된다.

셋째, 내수를 부양하고 서비스 수지 적자를 최대한 줄인다.

그러나 그것이 쉬우면 중국은 미국국채를 팔지도 않았을 테고 외국에서 중국국채를 팔지도 않았을 것이다. 그러니 확률이 적은 게임이라고 볼 수 있다.

마지막으로 미국은 중국의 이런 상황을 일부러 만들고 있는 것은 아닌가 생각된다.

미중무역전쟁으로 관세를 매기자 중국에서 외국기업이 빠져 나가고 일자리가 줄어들자 대규모 부양정책으로 맞받고 있다. 그러나 이는 중국의 부동산 버블을 스스로 키우는 자충수다. 미국의 관세를 이기려면 금리를 낮춰 경기를 부양해야 한다. 금리를 낮추면 낮은 이자율 효과로 망해야 할 좀비 기업이 살아남고 경매처분 되어야 할 부동산 투자자들도 살아남는다. 그리고 이 과정에서 은행의 부실도 커진다. 급기야 인민은행이 중국의 민간은행을 인수하기에 이른다. 인민은행이 인수한 민간은행은 바오샹 은행이 최초다.

> **신용위험 中 바오샹은행, 인민은행·은보감회 인수관리 개시**
>
> 중국 내몽고자치구 바오터우시 소재 바오샹은행(包商銀行)이 심각한 신용위험으로 중국 인민은행과 은보감회의 인수 관리를 받게 됐다.
>
> _2019년 6월 3일자 파이낸셜신문

미국의 관세는 중국 내에서 외국기업은 물론이고 중국기업도 탈출하도록 만든다. 이러면 중국 내의 일자리가 줄어들고 실업자가 다수 양산되어 내수소비가 침체되고 실업자가 아파트 분양이라도 받았다면 은행은 연체율이 올라갈 수밖에 없다. 외국기업이 탈출할 때 달러로 바꿔 나가니 은행도 달러가 마르게 된다. 은행에서 모자라는 달러를 바꿔줄 수 없다면 은행은 파산이다. 그래서 모자라는 달러를 메우려고

내일의 부

중국 당국은 지속적으로 달러표시 국채를 발행하고 있다.

5월 중국 '무역전쟁' 미국 국채 보유액 28억 달러 감소

CNBC 등에 따르면 미국 재무부는 16일(현지시간) 5월 국제자본수지 통계를 발표하고 중국의 미국채 보유액이 전월 대비 28억 달러 감소한 1조1101억 달러(약 1311조281억원)를 기록했다고 전했다.

_2019년 7월 17일자 한국무역신문

미중무역전쟁으로 중국이 미국에게 손해를 입히려고 일부러 미국채를 매각하고 있다고 보는 시각도 있지만, 말도 안 된다. 미국에게 손해를 입히려면 한꺼번에 팔아야지 몇 십억 달러씩 팔아서는 미국에게 치명적인 손해를 입힐 수 없다.

게다가 미국의 10년물 국채는 오히려 수익률이 떨어지고 있다. 왜냐하면 세상이 불안하니 미국채로 더 몰리고 있기 때문이다. 한 마디로 미국채는 시장에서 인기다. 따라서 중국이 미국채를 내다 파는 이유는 비쌀 때를 이용한 수익실현 차원이라고 보는 것이 맞다.

그러나 이대로 끌고 갈 수는 없는 노릇이다. 미국은 중국의 이런 상황을 즐기고 있는 것은 아닌지 의심이 된다. 스스로 붕괴 될 중국을 더욱 압박하면서 버블을 키우고 있는 것은 아닌지 말이다.

그 근거로 미국은 2019년 7월, 10월 미연준(Fed)에서 금리를 인하하였다. 이제 세계는 유동성 파티가 시작된다. 돈이 안전자산에서 투기

자산으로 옮겨간다. 주식으로 자금이 유입되면서 주식 가격이 오르게 되어 있다. 이러한 투기자금은 중국으로도 들어갈 것이다. 중국은 구조조정 대신 유동성을 더 키우면서 경제발전을 할 것이다. 한편 미국은 중국에 관세 품목과 세율을 시간이 지날 때마다 올리면서 미국 기업 및 다국적 기업의 중국 탈출 러시를 도울 것이다.

이러면 중국의 경제성장률은 떨어지면서 일자리도 사라진다. 이에 중국은 내수부양에 더욱 박차를 가해 일자리를 만들어내야 한다. 모두 부채로 말이다. 구조조정은 꿈도 꿀 수 없고, 버블만 자꾸 더 커진다.

2020년에는 미국에서 대선이 치러진다. 트럼프는 미국 증시를 끌어올려 자신의 재선에 유리한 상황을 만들 것이다. 그리고 만약 재선에 성공한다면 그 다음은 무엇인가? 증시를 더욱 끌어올릴까? 아마도 아닐 것이다. 증시 상승은 좋은 일이지만, 트럼프의 선거공약을 생각해봐야 한다.

'MAGA(Make America Great Again : 다시 미국을 위대하게)'말이다. 다시 위대하게란 어느 시점인가? 바로 레이건 전대통령을 추종한다는 의미다.

레이건의 가장 큰 업적 중 하나는 바로 소련 해체다. 그래서 그는 위대한 대통령이 되었다. 트럼프는 레이건을 뛰어넘는 위대한 대통령이 되고 싶을 것이다. 주가를 많이 올리면 위대한 대통령으로 남는가? 아니면 소련에 준하는 위협인 사회주의 국가, 인권 탄압국가인 중국을 없애서 세계평화를 가져오고 슈퍼파워 미국을 만드는 것이 위대한 대통령으로의 길인가?

당연히 후자다. 그러니 지금은 버블을 키우고 2021년이 되면 트럼프는 금리를 올려 유동성을 흡수해서 부채가 목 끝까지 차오른 중국의 머리를 물속으로 쑤셔 박을 수 있다. 중국도 일본처럼 부동산과 주식 버블이 꺼지면서 끝없는 나락으로 빠지게 된다.

중국 내 버블 붕괴는 어떤 결과를 가져오는가?

중국에서 버블이 붕괴되면 어떻게 될까? 부동산 버블이 터지면 일본처럼 대차대조표 불황으로 빠지게 된다. 대차대조표 불황이란 빚을 갚느라 소비를 하지 못해 내수 경기가 망가지는 현상이다. 예를 들어 10억 원짜리 아파트를 자신의 돈 3억 원과 대출 7억 원을 일으켜서 샀다고 하자. 그런데 갑자기 부동산 가격이 떨어져 5억 원이 되었다면 어떻게 해야 하는가? 일단 자신의 돈 3억 원이 날아갔기 때문에 자산을 잃어버리고 자산이 있는 중산층에서 빚을 갚아야 하는 하류층으로 떨어진다. 게다가 대출금 2억에 이자까지 모두 갚아야 한다.

원리금을 같이 갚아야 하니 월급을 타도 은행에 줄 돈을 주고 나면 생활비도 빠듯하다. 그런데 지속적으로 디플레이션이 일어나 아파트 가격이 더 떨어지거나 정체되면 어떻게 되는가? 원리금을 갚는 노예가 된다. 디플레이션(자산가격 하락)이 되면 이런 일이 벌어진다. 중국 상하이의 웬만한 아파트는 10억이 넘어간다. 그러나 이런 아파트가 만약 반토막이 났을 경우는 집단적으로 대차대조표 불황으로 빠지게 된다. 그리고 한번 빠진 소용돌이에서 헤어 나오는 기간은 10년일 수도, 20년일 수도 있다. 잃어버린 10년이나 잃어버린 20년이 될 수 있다는 말이다. 게다가 중국은 아직 선진국 문턱도 넘지 못했다. 그럼에도 불구하고 부동산이 붕괴하면서 대차대조표 불황에 빠진다면 잃어버린 100년이 될 수도 있다.

73

미중 무역전쟁 연착륙 시나리오 1
_미중 무역전쟁과
30년에 한 번 오는 대박의 기회

미중 무역전쟁은 투키디데스의 함정으로 설명할 수 있다. 투키디데스의 함정이란 2위 국가가 1위인 패권국가와 치르는 전쟁이다.

'투키디데스 함정'(Tuchididdes Trap)은 빠르게 부상하는 신흥 강국이 기존의 세력판도를 뒤흔들고 이런 불균형을 해소하는 과정에서 패권국과 신흥국이 무력충돌하는 경향이 있다는 걸 일컫는 용어다. 역사학자들은 1500년 이후 신흥 강국이 패권국에 도전

하는 사례가 15번 있었고, 이 가운데 11차례가 전쟁으로 이어졌다고 말한다. 1, 2차 세계
대전도 신흥국 독일이 당시 패권국인 영국에 도전하면서 일어났다.

투키디데스 함정으로 일컫는 역대 전쟁에서 20세기 초 미국이 영국
에 대항한 예 빼고는 거의 패권국의 승리로 끝난다. 패권국은 동맹을
한 국가가 많기 때문에 홀로 싸우는 신흥국보다 훨씬 유리한 환경에서
전쟁을 치르기 때문이다. 그렇다면 과연 미국과 중국의 대결은 어떻게
진행될 것인가? 크게는 이런 순서를 예상할 수 있다.

무역전쟁 → 금융전쟁 · 환율전쟁 → 석유전쟁 · 실제전쟁

무역전쟁으로 해결이 되지 않으면 금융전쟁과 환율전쟁으로, 여기
서도 해결이 안 되면 석유전쟁과 실제전쟁으로 비화될 것이다. 그렇다
고 하여 지금 석유전쟁과 금융전쟁, 환율전쟁이 전혀 일어나지 않는
것은 아니다. 그저 메인이 아닐 뿐이다. 우리는 이 순서대로 끝까지
진행되지 않기를 바란다. 전적으로 중국이 언제 백기를 드느냐에 달려
있다.

미국은 왜 중국에게 무역전쟁을 선포했는가?

미국은 항상 미국 다음의 경제력 국가가 미국 GDP의 40%선까지 쫓

내일의 부

아오면 전쟁을 선포했고 현재까지는 매번 이겨왔다.

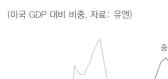

세계 경제 패권 역사

(미국 GDP 대비 비중, 자료: 유엔)

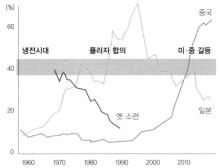

최근 전쟁은 1980년대였고, 그 대상은 소련과 일본이었다. 소련과 일본은 각각 다른 전쟁의 대상이었다. 일본은 제조업으로 미국을 쫓아왔다. 그래서 경제전쟁이었고 무역전쟁을 통한 금융전쟁으로 마무리되었다. 그 여파로 일본 닛케이지수는 버블이 붕괴 되기 전 21,000포인트에서 겨우 최근에야 22,000포인트에 진입하면서 90년대, 2000년대, 2010년대를 거쳐 잃어버린 30년을 겪었다.

소련과의 전쟁은 군사적·이념적 대립 때문이었다. 또한 경제력도 미국을 위협할 수준까지 쫓아왔기 때문에 미국은 무역전쟁을 통해 소련을 해체시켰다.

과거는 미래를 보여주는 거울이다. 미국이 치른 위 2개의 전쟁에서 어떤 전술을 썼는지 살펴보면 중국과의 전쟁도 예상 가능하다.

무역·경제 전쟁의 소용돌이에 휘말려들면 미국도 내상을 입는다. 너 죽고 나 죽자는 자세로 임했고, 그 결과 미증시가 50%나 빠지는 1987년 9월 블랙먼데이를 겪었다. 그럼에도 불구하고 두 개의 태양이 공존할 수는 없으므로 살을 내주고 뼈를 취하는 전략을 써서라도 상대를 철저히 무너뜨려야 한다.

미국은 소련을 어떻게 굴복시켰는가?

소련은 공산주의, 미국은 자본주의를 대표했다. 미국은 공산주의의 위협을 방어하기 위해 1945년 제2차 세계대전 이후 줄곧 자본주의 진영이 이탈해 공산주의로 가는 것을 막는 데 국력을 쏟는다. 이 정책으로 인해 대한민국과 대만, 홍콩과 싱가폴 등이 수혜를 입었고, 그 중 가장 큰 수혜국가는 독일과 일본이었다.

2차 세계대전 이후 미국의 본래 계획은 일본과 독일을 제조업이 없는 나라로 만드는 것이었다. 그러나 독일의 전차군단을 깨부순 소련이 두려웠던 미국은 일본과 독일을 산업화로 이끌어 서쪽으로는 독일로 하여금 서유럽을 지키고 동쪽으로는 일본으로 하여금 동아시아와 태평양을 방어케 하는 전략으로 수정한다. 미국이 군사력을 동원해 이 두 나라를 지켰으므로 독일과 일본은 경제개발에 전념할 수 있었고, 엄청난 경제성장을 달성한다. 소련이 붕괴된 1991년까지, 세계는 이

데올로기(이념)의 시대였다.

한편 1970년대에는 중동에서 4차에 걸친 중동전쟁이 발발한다. 이로 인해 전세계는 스테그플레이션이라는 경제공황을 겪게 된다.

스테그 플레이션은 경기침체와 물가상승이 동시에 오는 것으로 원인은 석유가격이 올라서 물가가 올랐고 급격히 오른 석유가격 때문에 석유를 통한 경제발전을 하고 있던 전세계는 급격한 석유가격인상으로 경기가 후퇴하는 공황을 맞게 된다.

1973년 6월 욤키푸르 전쟁(제3차 중동전쟁)이 발생한다. 이집트와 시리아 연합군이 이스라엘을 공격했고 소련은 이집트, 시리아를 지원했으며 미국은 이스라엘을 지원했다. 10월 25일 휴전이 되었고 전쟁에서 패한 중동국가들은 패전의 원인을 미국과 서방국가로 규정하고 석유 금수조치를 단행한다. 1973년 6월 배럴당 3.6달러였던 유가는 1974년 1월 10.1달러까지 오르면서 석유파동이 시작되었다. 일명 '오일쇼크'다.

석유는 20세기를 지배한 에너지다. 산업혁명 이후 인류발전에 가장 중요한 원천이었다. 이전 농업시대에는 식량에너지의 시기였다. 따라서 땅을 빼앗기 위한 전쟁이 주를 이루었다. 하지만 산업혁명 이후 석유의 중요성이 크게 부각되자, 석유를 두고 벌이는 전쟁이 잦아졌다. 생산 주체가 사람과 가축에서 기계로 바뀌면서 석유가 없으면 전산업이 가동을 멈출 수도 있기 때문이다. 산업뿐인가. 비행기, 자동차, 선박, 기차 등 이동수단을 비롯해, 가정에서 사용하는 전기불, 냉장고,

가스레인지 등 인류의 생존에 석유는 그 대체재를 찾기 힘들 정도로 중요하게 되었다. 따라서 20세기에는 석유에너지 패권을 잡는 자가 100년을 지배했다.

그런데 그 석유가 쏟아지는 곳이 중동이다. 미국도 정책노선을 바꿀 수밖에 없다. 미소 냉전 시대에 가장 중요한 곳은 독일, 일본이었고 그 다음이 한국과 터키였다. 그런데 오일쇼크가 발생하면서 중동지방의 정치적 중요도가 커지는 계기로 작용한다. 미국도 중동의 전략적 가치를 새롭게 깨닫는다.

이에 미국은 석유금수조치를 취한다. 조금 엉뚱한 전략으로 보일 수도 있으나, 당시에는 당연한 결과였다. 석유를 계속해서 수출하다 보면 언젠가는 석유가 고갈될 수도 있다. 지금이야 석유 탐사기술의 발달로 석유의 매장량이 늘어나고, 더구나 셰일가스까지 발견되면서 석유 고갈론이 쏙 들어갔지만, 당시에는 석유를 이런 식으로 캐내다 보면 언젠가는 바닥날 것이라는 우려가 팽배했다.

만약 미국이 전쟁에 휘말린 상황에서 미국 내 석유마저 고갈된다면 미국은 석유를 수입해서 전쟁을 치러야 한다. 미국은 소련과의 전쟁 시뮬레이션에서 소련의 잠수함이 대서양을 장악해 해상에서 미국의 석유보급로를 차단한다면 끔찍한 결과로 이어질 수 있음을 우려했다. 이런 전략적 이유 때문에 금수조치를 단행한 것이었다. 뿐만 아니라 중동은 최근까지 미국의 핵심지역으로 유지되었다.

미국은 수출을 금지하는 대신 수입국가로 전환하여 최근 셰일가스를 수출하기 전까지 매년 700만 배럴 이상의 석유를 수입해 왔고, 오일쇼크 이후에도 석유는 더욱 큰 폭으로 상승했다.

그런데 이 과정에서 우리가 예상하지 못한 나라가 막대한 이익을 취한다. 보통 OPEC의 중동국가들이 돈을 벌었을 것이라 생각하기 쉽다. 그러나 사실 중동국가들은 석유를 감산했기 때문에 시장점유율이 떨어졌고 그로 인해 석유가격은 올랐지만 실질적으로 번 것은 거의 없었다.

그렇다면 이 당시 누가 석유로 돈을 벌었는가? 바로 소련이다. 소련은 중동이 석유감산과 동시에 유가를 올리자 석유를 팔아 막대한 이익을 거두었다.

1970년대까지만 해도 북한이 남한보다 더 잘 살았다는 얘기가 있다. 막대한 석유이익을 바탕으로 소련이 북한을 비롯한 위성국가들을 원조했기 때문이다. 구소련은 1980년 모스크바 올림픽을 통해 자신의 경제력을 대외에 자랑하기에 이른다.

미국은 이에 위협을 느껴 소련 제거 시나리오를 가동한다. 시기로는 1980년대 초반이며 레이건[미국 제40대 대통령(1981년 1월 20일~1989년 1월 20일)] 행정부 시절이었다.

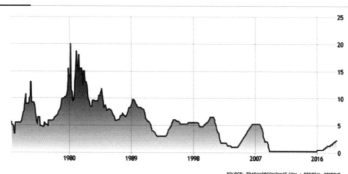

SOURCE: TRADINGECONOMICS.COM | FEDERAL RESERVE

오일쇼크는 미국 내에 극심한 물가상승을 불러왔다. 미국의 연준의 장인 폴 볼커(연방준비제도이사회 의장 재임 기간 : 1979년 8월 6일~1987년 8월 11일)는 인플레파이터라는 별명답게 미국의 기준금리를 20%까지 올려버린다. 그리고 레이건 행정부는 신자유주의 정책을 시행한다. 신자유주의 정책의 특징은 작은정부를 지향하고 시장친화적이다.

美상원, 트럼프 감세안 가결… 법인세 35%에서 20%로 기업 불러들인다

미국 연방 상원 의회가 도널드 트럼프 미국 대통령이 핵심 공약으로 추진해온 대대적 감세 법안을 2일(현지 시각) 전격 통과시켰다. 현행 35%인 법인세를 20%로 조정, 거의 '반토막'으로 깎아주는 내용이 담겼다. 개인소득세 최고세율도 39.6%에서 38.5%로 인하한다.

미 언론들은 이를 1986년 공화당 레이건 정부의 감세 이래 31년 만의 최대 규모 세제 개편으로 평가하고 있다. 당시 미 의회는 48%였던 법인세율을 36%로 낮추고, 소득세율도 최고세율을 70%을 50%로 낮췄다. 이번 트

내일의 부

럼프표 감세는 이보다도 감세 규모가 훨씬 크고 전방위적이다.

_2017년 12월 2일자 조선일보

레이건 행정부 시절 48%인 법인세를 36%로 낮추고 소득세율도 최고세율을 50%로 낮췄다. 최근 트럼프의 행보와 일치한다. 트럼프는 법인세를 20%로 파격적으로 깎고 소득세율도 38.5%로 낮춘 바 있다. 그리고 그 정책은 효과를 발휘한다.

'래퍼 곡선' 실험한 레이건처럼 … 트럼프, 감세로 경제 살릴까

'레이거노믹스'(Reaganomics)를 가동했다. 당시 미국은 두 차례의 오일쇼크로 물가 상승을 동반한 경기침체인 스태그플레이션 양상이 나타나던 시기다. 레이거노믹스 덕분에 미국의 연평균 성장률은 지미 카터 대통령 시절의 두 배가 넘는 1.8%로 치솟았다. 실업률은 80년 7.0%에서 88년 5.4%로 떨어졌고, 인플레이션은 10.4%에서 4.2%로 내려왔다

당시 미국은 소련과의 국방비 경쟁을 벌이며 재정 지출이 대폭 늘었다. 국내총생산(GDP) 대비 공공부채 비중은 레이건이 취임한 81년 1월 14.5%에서 퇴임한 89년 1월 31.5%로 두 배 이상 커졌다.

_2017년 4월 28일자 중앙일보

그렇다면 레이건 정부 당시 기준금리를 올리고 세금을 낮춰 경기부

양을 한 결과 어떤 일이 일어났는가? 1980년 멕시코와 1982년 브라질의 모라토리엄을 시작으로 중남미 국가 거의 전체가 모라토리엄을 선언할 정도로 위기를 겪었다. 근본적인 원인은 미국이 금리를 올림으로써 달러 유동성의 씨를 말려 버렸기 때문이다.

즉, 미국이 기준금리를 올려 세계에서 가장 안전한 국채로 엄청난 수익을 거둘 수 있도록 만들었고 게다가 세금정책과 재정정책을 같이 써서 미국이 성장한다는 사실을 보여줬다. 그러니 미국으로 돈이 몰릴 수밖에 없었다. 굳이 위험한 신흥국에 투자할 필요가 없었고 달러는 모두 미국으로 말머리를 돌리게 된다.

그런데 문제가 있다. 달러가 없으면 석유와 식량을 살 수 없다. 그러니 달러 유동성이 마른 남미국가들은 모두 모라토리엄을 선언할 수밖에 없었던 것이다.

그리고 모라토리엄 선언 배경에는 과도한 빚이 한몫했다. 남미는 철광석 등 원자재가 풍부하다. 그러나 이것으로는 국민소득을 올릴 수 없다. 제조업을 발전시켜야 하는데, 두 가지 방향이다.

첫째, 외자를 많이 유치해서 기술을 도입하고 수출을 하는 방법

둘째, 자국에서 수입대체화 전략을 쓰는 방법

남미국가들은 두 번째 방법으로 국가의 발전모델을 계획한다. 첫 번째 방법인 외자를 유치하면 세계의 경기변동에 민감해질 수밖에 없다. 세계경제에 종속되는 것이므로 착취적인 자본주의의 수렁에 빠지게 된다. 이를 종속이론이라 한다.

내일의 부

남미국가들이 채택한 수입 대체화 전략이란, 공산품(신발, 재봉틀 등)을 스스로 만드는 자급자족 경제다. 그런데 수입대체화 전략은 근본적인 한계가 있다. 예를 들어 재봉틀은 조립해서 만들 수 있지만 재봉틀의 원재료인 철강을 얻으려면 중공업이 뒷받침되어야 한다. 즉, 어떤 물건을 만들기 위해서는 자원과 자본, 기술이 모두 있어야 하는데 쉽지 않은 일이다.

결국 수입대체화 전략도 외자가 필요하게 된다. 그런데 이 때가 언제인가? 오일쇼크가 발생했던 시기다. 중동은 오일쇼크로 돈을 벌었다. 그리고 그 돈을 서방은행에 맡겼다. 하지만 서방은행은 난감했다. 한두 푼도 아니고 엄청난 오일 머니에 이자를 줘야 하는데 만만치 않다. 고심 끝에 수입대체화 전략을 쓰는 남미 국가들에게 돈을 빌려주기로 한다. 엄청난 오일머니가 남미로 쏟아져 들어 왔다. 그런데 폴볼커가 스테그플레이션을 잡겠다고 금리를 20%까지 올려 버리니 외자를 유치했던 남미 국가들은 모두 국가부도 상황으로 내몰렸던 것이었다. 결국 IMF에 구제금융을 신청했고 혹독한 구조조정을 통해 국부를 팔아야 했고 허리띠를 졸라매야 했다.

달러 유동성을 해결하는 길은 세 가지다.
①미국에 수출을 해서 달러를 받아오는 방법
②미국이 달러를 투입하는 방법(원조, 투자 등)
③IMF에 구제금융을 신청하는 방법.

남미국가들이 부도에 직면할 때, 달러 유동성에서 해방된 국가들도 있었다. 한국과 대만 등 미국의 우방국들이다. 달러라는 기축통화의 유동성을 말리는 정책으로 미국이 노리는 바는 무엇인가? 미국의 반대편 제거다. 당시 남미국가들은 소련과는 친하고 미국과는 적대적이었다. 두 그룹의 결과가 극명하게 갈린 데에는 미국의 의도가 숨겨져 있다.

만약 이런 식의 전략을 쓰면 미국은 자신의 입맛대로 상대를 고를 수 있다. 즉, 미국이 수입을 해주면 달러 유동성이 생기니 그 나라는 살고, 수입을 해주지 않으면 구제금융을 받으면서 나라 곳간이 털리고 만다.

이때 미국은 과도하게 경기부양을 했고 그 결과 동아시아의 대만, 한국, 일본은 살리되 소련과 친한 남미와 소련연방 국가들은 완전히 빈털털이로 만들었다. 물론 미국도 과도한 오버슈팅 때문에 후에 미국 주식 전체가 폭락하기도 한다.

남미 국가들은 모라토리엄 선언 이후 경기가 되살아나나 싶더니 1980년대 후반 또 다시 경제위기가 찾아온다. 그래서 이들은 90년대 들어오면서 Crawling Peg제(고정환율제 외에 자국통화를 달러화 등 기축통화에 연계시키고 주기적으로 환율을 조정하는 제도)를 폐기하고 대대적으로 금융 개방에 나선다. 남미 대표국들의 정책은 다음과 같다.

①브라질

−1990년 금융기관의 외화증권 발행을 허용하였으며 1991년 외국인의 국내주식 투자를 자유화하고 외국인 투자자에 대해서는 자본이득세를 면제

−자본자유화 이후 외화유입이 급증하자 1993년 중반부터 1994년 말 멕시코 위기 이전까지 외채의 최저만기 연장 등 규제를 강화

②멕시코

−1986년 외채가 적은 중소기업에 대해 외자도입 승인을 면제하였고 1989년에는 주식시장 개방

−1989~92년 중 국채에 대한 비거주자의 투자를 단계적으로 허용하였고 1993년에는 외자기업에 내국민대우를 부여하여 규제를 더욱 완화

③아르헨티나

−1989년 외국인 투자자에 대한 자본이득세를 면제하고 외국인 투자에 대한 사전승인제도를 폐지하는 등 자본시장에 대한 규제를 대폭 완화

그 밖에 칠레, 콜롬비아 등도 금융 및 주식시장을 외국인에게 개방한다(투자 관점에서 우리는 이러한 사례를 반드시 기억해야 한다. 왜냐하면 중국이 미국에게

백기를 들고 나면 이런 식의 개방을 할 것이기 때문이다). 이를 통해 소련과 친했던 남미국가들은 소련과의 교역이 거의 끊기고 만다.

이외에도 1960~70년대 서양에서 돈을 끌어온 소말리아, 이집트 등 수많은 제 3세계 국가들도 높은 이자를 감당하지 못하고 국가파산에 이르렀다. 뿐만 아니라, 유럽에서 돈을 끌어다가 공장을 지었던 동유럽국가들도 엄청난 타격을 받아 넉다운 되었다. 당시 한국도 굉장히 어려운 터널을 지나야만 했다.

미국은 이처럼 공산세계의 수요공급체계를 망가뜨리는 방법으로 자신에게 협조하지 않는 나라들을 무너뜨렸다.

미국은 일본을 어떻게 굴복시켰는가?

소련 이후 다음 차례는 일본이었다. 일본의 GDP는 이미 미국의 40%까지 육박하였다. 더 이상 두고 볼 수 없는 수준에 이르렀던 것이다.

일본은 미국의 강달러 환율로 인해 가장 큰 이득을 취한 나라 중 하나다. 미국은 강달러로 소련의 위성국을 죽이고 자국의 무역수지 적자가 일어나게 만들어 달러를 끌어들였다. 그런데 일본은 이러한 강달러 환경에서 상대적으로 약한 엔화 포지션을 갖게 되었다. 그러니 일본 제품은 미국으로 수출이 잘 될 수밖에 없었다.

자동차의 예를 들어보자. 오일쇼크가 일어나기 전까지만 하더라도 미국에서 가장 인기 있는 모델은 트럭이었다. 미국 가정은 주로 주택에 거주한다. 스스로 집을 고쳐야 할 일이 많다. GM이나 포드의 트럭은 적재함에 집을 고칠 자재를 싣기 편리했다. 그러나 트럭은 기름 먹는 하마다. 기름값이 쌀 때는 연비를 신경 쓰지 않았다. 그러나 석유가격이 10배나 뛰는 오일쇼크의 시기에는 아무래도 엔진효율을 따지게 된다. 그런데 일본의 승용차(세단)는 엔진효율이 좋았다.

석유가격이 높을 때는 세단이 인기를 끌고, 석유가격이 떨어지면 SUV나 트럭의 인기가 올라간다. 이러한 전통은 현재도 마찬가지다. 오일쇼크로 미국에서 일본의 자동차가 날개 돋친 듯 팔린다. 자동차뿐 아니라 수많은 일본 제품이 미국에 공습을 가한다. 소련을 죽이려는 정책에서 일본이 가장 큰 혜택을 본 것이다. 당시 일본의 무역흑자 대부분은 미국 때문이었다. 이러다 보니 미국이 일본을 손보지 않을 수 없었다.

폴 볼커 FED 의장의 고금리 정책은 어느 정도 효과를 발휘하여 물가를 잡는 데 성공하였다. 그러나 미국의 중소기업을 비롯한 기업들은 고금리로 인해 설비투자를 미뤘고 그로 인해 대부분을 수입에 의존할 수밖에 없었다.

독일과 일본의 제조업은 고금리로 망가진 미국의 제조업을 뚫고 미국 내에서 경쟁력을 갖추게 되었다. 독일과 일본은 대표적으로 프리드리히 리스트의 이론을 따랐다. 유치산업 보호정책을 밀어붙인 나라라는 뜻이다. 자국의 산업을 보호하기 위해 수입 관세를 올리고 각종 보조금과 각종 세액공제 등을 통해 수출기업을 보호한다. 경쟁력을 키워

세계시장에서 선두에 서겠다는 전략이다.

이 전략은 현재 중국의 전략과 유사하다. 물론 우리나라도 이 전략을 썼다. 그래서 우리나라의 60년대 서울대 경제학과는 아담스미스의 국부론이나 리카르도처럼 자유무역을 강조하는 책보다는 리스트의 책들이 훨씬 주류를 이루고 있었다.

이후 미국은 플라자 합의를 통해 독일과 일본의 환율을 강제로 올린다. 플라자 합의가 채택되자 독일 마르크화는 1주 만에 약 7%, 엔화는 8.3%가 각각 상승했고, 이후 2년 동안 달러는 30% 이상 급락하게 된다.

이후 엔화는 달러화 대비 두 배까지 치솟게 된다. 일본의 수출이 어려워져야 정상인데, 정말 어려워졌을까? 그렇지 않았다. 일본은 생산성 향상과 원가절감 그리고 급여동결, 파업금지의 형태로 노사합의를 이루고 혁신을 이루어 일본의 엔고를 뚫고 승승장구한다.

이전까지 일본은 미국으로의 제조업 수출로 인해 엄청난 무역흑자를 이뤄냈다. 그러면 일본에 엄청난 달러가 들어오는데 당연히 달러가 넘칠 테고 달러가 넘치면 엔화가 절상이 되어야 정상이다. 그러면 일본은 수출이 힘들어진다. 일본의 돈 가치가 뛰어서 관세를 매긴 것과 같은 효과를 발휘하기 때문이다.

그러니 일본은 물밀 듯이 들어오는 달러를 밖으로 빼내야 한다. 방법은 일본 기업들이 받은 달러로 미국 국채를 사거나, 혹은 투자를 통해 해외기업 인수합병을 하거나 미국의 부동산을 산다. 그러면 달러가 일본 내로 들어오지 않고, 해외로 돌아서 결국 엔화 가치가 낮은 상태로 유지된다. 그 여파로 미국의 부동산이 치솟았고, 미국은 일본을 향해 환율조작국이라는 비난을 하였다.

그런데 결국 일본의 엔화가 뛰었고, 이후에도 일본은 활발한 M&A를 통해서 소니가 할리우드 영화사를 사고 미국의 부동산을 사는 등 이전의 행태를 더욱 가속화 시켰다.

미국은 이때 엔고뿐 아니라 일본 자동차에 대해서도 수출 쿼터를 걸어서 일정량 이상은 수출을 하지 못하도록 막았다. 그러나 일본은 미국이 친 장벽을 생산성 향상으로 뛰어넘는다. 대표적으로 가격이 싼 자동차를 많이 파는 전략에서 비싼 차를 소량 파는 방향으로의 전환이다. 도요타의 고급 브랜드 렉서스는 고급차량 시장을 싹쓸이하였다. 반면 저가형 자동차 시장은 한국의 현대 차인 포니가 미국으로 수출되면서 미국의 자동차업계는 더욱 큰 어려움에 봉착한다. 오일쇼크로 소련이 컸듯이 미국의 일본 규제로 한국이 어부지리를 얻었던 셈이다.

미국은 일본의 반도체 기술은 불량률이 높아 자신들과 경쟁이 되지 않는다고 판단했다. 그러나 현실은 달랐다. 일본은 기술향상으로 에러율을 확연히 줄이고, 더 좋은 제품을 저가에 제공하면서 미국 내 점유율을 크게 올렸다. 그러자 1985년 9월 30일 인텔, AMD, 내셔널세미컨덕터 등 미국 기업들은 일본산 메모리인 EP롬에 대한 반덤핑 제소장을 제출했다.

내용은,

"히타치, 미쯔미시, 후지쯔 등이 EP롬을 원가 이하로 팔고 있으니 조사해 주시기 바랍니다."

청원서엔 ▲일본 시장 진입 장벽 ▲외산 반도체 차별 ▲일본정부의 반개방적 보조금 지원 ▲일본정부의 반도체 투자 및 생산설비 지원 확대 등 4가지가 담겼다. 그리고 세계적 시장점유율을 자랑하는 미국 반도체(미국 내 83%, 유럽 55%, 아시아 47%)가 유독 일본에서만 11%를 보인 것은 제품차별과 진입장벽 때문이라고 주장했다.

미국은 3차에 걸쳐 일본의 반도체 업체를 압박했다. 미국에서 일본의 반도체 업체들은 쿼터를 줄여야 했고, 이 반도체 직권조사로 인해 1996년까지 일본과 미국 업체들은 R&D 투자에 나설 수 없었고 반도체 가격을 높여야 했다.

그리고 그 틈을 비집고 들어간 기업이 있었다. 바로 삼성전자다. 저렴한 가격과 연구개발로 일본을 바로 따라 잡았고 미국이 일본을 신경 쓰는 동안 한국은 반도체 강국이 되었다.

당시 주가는 어떠했을까? 1980년부터 1987년까지 지속적으로 오르던 미국 주식시장이 검은 월요일이라는 주가 대폭락을 맞이한다.

검은 월요일(Black Monday)은 1987년 10월 19일 월요일에 뉴욕증권시장에서 일어난 주가 대폭락 사건이다. 이 대규모 폭락 사태는 홍콩에서 시작하여 서쪽을 향해 유럽으로 퍼졌고, 다른 증권 시장이 폭락한 이후 미국에도 영향을 미쳤다. 이날 다우 존스 산업평균지수는 508포인트(22.61%) 하락한 1,738.74포인트로 장을 마쳤다.

나스닥 평균적인 등락폭이 0.2% 정도임을 감안할 때 22.61%의 폭락은 완벽한 재앙에 가깝다. 이후 회복에 걸린 시간은 약 2년이다. 1989년 10월에 1987년 블랙먼데이 당시 최고점 주가지수인 454포인트를 회복한다. 또한 이후에도 주가는 닷컴버블 전인 2000년대 초반까지 하락 없이 꾸준히 오른다.

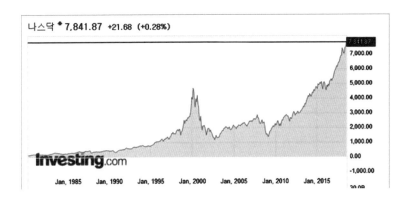

블랙먼데이와 그 이후의 주가, 다시 정리해 보자. 위기는 레이거노믹스로 인한 과도한 경기부양의 결과였다. 물가를 잡기 위해 금리를 무리하게 상승시켰고 재정적자는 엄청나게 높아지는 상황이었다. 그러니 미국은 과도한 경기부양과 강한 금리인상으로 일본의 엔화를 높이는 플라자합의를 이끌어냈고 그 후 미국경기는 추락했다. 그러나 주가는 다시 꾸준히 올라 닷컴버블이 발생한 2000년대 초반까지 거의 10년 이상을 상승했다. 결국 1980년부터 시작된 미국의 금리인상과 더불어 경기부양은 1987년에 일시적인 하락을 이끌어 냈으나 그 후 미국은 주가에 있어서 더 승승장구했다. 반면 일본은 어땠을까?

닛케이　22,518.00 +121.01 (+0.54%)

1987년 블랙먼데이 발생 시점, 일본 증시는 크게 하락하지는 않았다. 오히려 곧이어 폭등 장세가 이어졌다. 그러다가 미국이 블랙먼데이를 극복한 1989년에 극적으로 폭락장세가 찾아왔다. 블랙먼데이를 경험한 미국은 경기를 살리기 위해 저금리를 택했고, 일본에게도 저금리 지속을 요구했다. 일본은 미국의 요구를 받아들였고 1987년 2월부터 1989년 5월까지 2년 3개월 동안 금리 2.5%를 유지했다. 이로 인해 일본의 부동산 버블은 더욱 심해졌다

일본의 부동산 버블은 1970년대 다나카 내각부터 시작되었다. 1970년대 후반부터 1990년대 초까지 미국 무역수지 적자의 30~40%는 일본과의 무역에서 발생하였다. 일본도 무역수지 흑자 대부분이 미국과의 무역에서 발생하였다.

다나카 수상(1972~1974년 재임)은 일본열도 개조론을 들고 나왔고, 플라자합의로 일본을 버블경제로 이끌었던 나카소네 수상(1982~1986년 재임

중 1985년 플라자 합의)은 이 개조론을 계속 밀어붙였다.

다나카 내각의 부동산 정책으로 1970년대부터 일본 내 부동산 활성화가 이루어진다. 그런데 이들의 부동산 정책은 정부재정을 취약하게 만들었고 이후 1980년대 등장한 나카소네 내각이 오일쇼크로 내수 활성화를 할 때 즈음이면 벌써 재정이 바닥나기에 이른다. 결국 GDP 대비 정부부채는 1970년 12%에서 1982년 62%까지 증가한다.

나카소네 내각은 정부재정을 망가뜨리지 않으면서 내수경제를 활성화 할 수 있는 묘책을 찾는데, 바로 민간이 부동산을 개발하는 민활 정책이다. 당시 조류도 레이건, 대처의 신자유주의 정책에 따라 정부 최소 · 민간활성화가 대세였다.

일본은 국공유지 불하를 통해 도시재개발을 활성화 하고 국공유지 불하자금을 국가의 재정건전성에 투입했다. 그러나 이 민활 정책은 1970년부터 1989년 버블이 꺼질 때까지 부동산 투기 붐을 이루는 계기가 되었다. 은행은 부동산 담보대출 확대 정책의 일환으로 LTV를 최고 110%~120%까지 상향하여 담보를 인정해줬다. 일본의 부동산 광풍은 1983년 도쿄 중심부부터 불기 시작해 지방으로 확산되면서 1991년 버블이 꺼질 때까지 미친 듯이 올랐고, 오름세가 꺾이면서 붕괴하기에 이른다.

한편 일본 증시는 1989년 12월 29일 최고점 38,915p를 기록한 후 2003년 4월 28일 7,607p까지 급전직하해 최대 80%가 폭락한다.

우리는 역사의 교훈을 투자에 적용해야 한다. 앞으로 미중무역전쟁 하에서 투자를 해야 할 텐데, 매우 중요한 포인트다. '만약 내가 이때 이 그래프를 참고하여 투자를 했다면 어떻게 했을 것인가?' 자문해 봐야 하고, 투자에 대입해봐야 한다.

그리고 이런 투자 시나리오를 그려볼 수 있다. 미국이 금리인상과 재정정책, 환율정책을 실시했던 1980년대 초부터는 미국에 투자하다가, 1985년 플라자 합의로 일본 자산에 거품이 끼기 시작하면 일본으로 전 재산을 옮긴다. 1989년 블랙먼데이로 미국이 붕괴한다면 붕괴 후 회복되는 상황을 주시하면서 다시 일본에서 자산을 빼서 미국으로 갈아타고 2000년대까지 미국투자를 계속하면 된다. 이것이 포인트다. 미중무역전쟁에 그대로 대입해서 투자하면 된다.

일본의 잃어버린 30년

그런데 일본은 왜 잃어버린 30년을 겪어야 할 정도로 철저히 무너졌을까?

첫째, 바젤1의 도입

사실 현재 바젤3까지 왔는데 왜 바젤이 처음 왔는지에 대해 알 필요가 있다. 그것은 누가 그냥 정하는 것이 아니라 철저한 국제관계에 따라 어느 한 나라를 죽이려고 만든 정책일 수 있다는 얘기다.

설계자는 금융강국인 미국이나 영국이 될 테고 이후 몇 년의 시간이 지난 다음에야 혹은 몇 십 년이 지난 다음에야 그 비사가 국제금융 전문가 등의 책을 통해 밝혀진다. 그러니 현재의 IFRS17도 그냥 도입되었다고 생각하면 안 된다. 어떤 나라를 설계해서 해체하려는 의도가 분명히 있다.

바젤1의 도입 과정을 보면, 1985년 플라자 합의로 일본은 엔화를 급격히 올리게 되었다. 그런데 엔화만 올려서는 솔직히 일본의 추락을 장담할 수 없었다. 그래서 FED 의장인 폴 볼커는 바젤을 도입하며 일본을 겨냥했다. 당시만 하더라도 일본은 국제은행 순위에서 탑 10에 8개의 은행이 있을 정도로 약진하고 있었다.

그런데 바젤을 통해 BIS 비율 규제를 도입한다. BIS 비율은 지급준비금이라고 해서 사람들이 돈을 찾으러 올 때를 대비해 일정비율을 은행에서는 가지고 있어야 하는 비율이다. 지금은 평균 8% 정도다. 과거 유대인이 전당포에서 금 보관증을 주고 금을 빌려줄 당시 금을 맡긴 사람과 소송이 붙었을 때 8% 정도는 괜찮다는 판례가 있어서 이를 근거로 삼았다.

미국은 갑자기 바젤을 도입하면서 자기자본 비율이 8%에 미치지 못하는 은행은 국제업무에서 퇴출시킨다고 발표하였다. 일본 겨냥이 분명했다. 일본은 부동산 담보대출 비율이 높아서 자기자본비율이 턱없이 낮았기 때문이다. 미국은 위험에 빠진 일본을 구한다는 구실을 내세웠지만, 핑계일 뿐이고 사실은 플라자합의와 함께 묶어 일본을 철저히 가라앉히려는 의도가 있었던 것이 아닌가 생각된다.

일본은 자기자본비율을 높이려고 두 가지 방법을 쓴다.

먼저 대출액을 줄이는 방법이다. 신규대출을 최대한 억제하고 기존 대출을 회수하였다. 그러니 기업은 대출 회수 때문에 부실화되고, 어디서도 돈을 빌릴 수 없게 되자 멀쩡한 기업도 파산한다.

다음은 자기자본 비율을 높이는 방법인데, 은행은 자기자본비율을 높이기 위해 유상증자를 감행한다. 그러나 좋지 않은 상황에서의 유상증자는 주가를 끌어내리는 작용을 한다. 은행이 부실을 막기 위해 유상증자를 하는데 주가가 올라갈 리 없다. 그래서 자기자본비율을 높이려 유상증자를 했는데 주가가 떨어지면서 자기자본 비율이 더 떨어지는 결과로 나타난다.

결국 기업과 은행이 동시에 파산하고 만다. 일본은 플라자합의로 엔고 시대를 맞이하고, 바젤 도입으로 BIS 비율을 높인 결과 은행 부실 파산, 기업 대출 회수 파산이 이어지며 90년대 초반 버블이 무너져내리는 상황에 직면한다.

둘째 파생상품

일본을 잃어버린 30년으로 몰아넣은 두 번째 원인은 파생상품이다.

1989년 무렵 일본은 수출이 주춤해지고 엔고로 인해 자산버블이 심해졌다. 일본의 닛케이지수는 하늘 높은 줄 모르고 폭등하였다. 그때 미국의 모건스탠리와 살로몬 브러더스 같은 투자은행들은 주가지수 콜옵션이라는 투자상품을 만들어 일본으로 넘어왔다. 간단히 말하면 일본의 주가 상승에 베팅하는 옵션상품이다. 연일 사상 최고치를 갈아치우는 일본증시에서 떨어지는 상황은 상상하기 어려웠다. 일본인들은 이를 믿고 엄청나게 많은 콜옵션을 매수했다.

그리고 모건스탠리, 골드만삭스 등 미국의 투자은행들은 다시 닛케이지수 풋 워런트라는 금융상품 즉, 풋옵션을 덴마크에 팔았다. 풋옵션은 콜옵션과 반대로 니케이지수가 폭락하면 돈을 버는 상품이다.

결국 닛케이지수 풋 워런트(NPWs)가 인기를 끈 지 한 달 만에 닛케이지수는 완전 폭락했다. 유럽인들은 막대한 수익을 거뒀고, 일본인들은 상상하기 어려운 손실을 입고 말았다. 미국 투자은행은 양쪽에 상품을 팔아서 엄청난 수수료를 챙겼다.

4만 포인트를 찍었던 닛케이지수는 1992년 1만5천 포인트까지 추락했다. 가히 재앙급이다. 일본 대형은행은 철저히 무너졌고, 1995년 일본의 불량자산은 50조 엔을 넘었다.

셋째 일본 정부의 삼중규제

일본 정부의 규제도 일본을 30년의 어두운 터널로 몰아넣은 원인으로 작용했다. 일본은 국토이용계획법에 의한 3종 규제를 실시한다.

①토지거래신고제를 실시한다.

②토지거래중과제도로 양도소득세(최대 39%=소득세 30%+주민세 9%)를 실시한다.

③총량규제를 실시한다.

이 규제를 버블 붕괴의 3종 신기(神器)로 불린다. 부동산 규제로 시장은 크게 얼어붙는다. 이 당시 도입한 총량규제가 우리나라에서 적용하고 있는 DSR(고위험 총부채원리금상환비율)의 원조 격이다. 기준을 얼마나 빠듯하게 잡느냐에 따라 부동산 시장에 공급되는 유동성을 급격하게 차단하는 효과를 낼 수 있다.

종합하면 미국이 일본을 무너뜨린 마지막 카운터 펀치는 무역공격이 아닌 금융공격이었다.

소련과 일본의 교훈, 중국에 적용하라

소련은 어떻게 무너졌는가? 1980년대 전반에 걸쳐서 동유럽 국가들과 남미 국가들이 미국의 금리인상으로 무너지면서 소련이 무역을 할 수 있는 상대국이 전부 무너져 내렸다. 소련 붕괴의 가장 결정적인 이유였다.

그리고 1985년 프라자합의 이후 미국은 20%까지 올랐던 기준금리를 5%선까지 급격히 내린다. 그리고 소련의 약점을 찾아 공격한다. 지금 러시아의 수출품이 무엇인가? 석유, 천연가스를 비롯한 원자재뿐이다.

그렇다. 미국은 사우디아라비아와 공조해서 원유가격을 내린다. 미국은 증산으로 인한 사우디아라비아의 손해를 유럽과 미국의 시장점유율로 보장해준다. 미국이 사우디아라비아로부터 전략비축유로 매년 엄청난 양의 석유를 사주기로 하자 사우디 입장에서도 나쁠 것이 없었다. 그래서 유가를 대폭 낮춰버린다.

유가의 하락으로 물가도 떨어졌고 1985년 이후 '3저호황' 시대가 열린다. 우리나라는 3저호황의 최대수혜국이었다. 1960년대~1980년대 초반까지 대한민국의 물가는 기본 10% 상승이었다. 수출이 호조를 보이면 30%를 찍기도 했다(실제로 1975년 10월에 30.5%를 찍었다). 그런데 3저호황 시절에는 평균 물가상승률이 4.3%였다. 이 얼마나 낮은 물가상승률인가?

게다가 높은 경제성장률을 달성하면서 안정된 물가를 바탕으로 주가가 폭등했다. 3년 동안 각각 69.9%, 92.6%, 72.8% 상승하면서 연평균 77.1%라는 놀라운 폭등세를 연출했다.

대한민국에 축복으로 작용한 3저호황 시대

당시 3저란 다음 3개를 말한다.

저유가: 석유값이 1980년에 배럴당 40달러를 찍고 하락을 시작한다.

저금리: 1980년대 우리나라는 외국에 진 빚이 눈덩이처럼 불어난 상태였다. 그런데 국제금리가 하락하였다.

저달러 : 1985년 '1달러=260엔'까지 갔던 엔/달러 환율이 1988년에는 '1달러=123엔'까지 하락한다. 엔/달러환율이 이렇게 하락하자, 미국의 수입업자들은 당황한다. 이전에는 1달러를 가지고 일본에 가면 260엔짜리 물건을 살 수 있었는데 이제는 123엔짜리 물건밖에 살 수 없다. 이에 미국의 수입업자들은 일본에서 방향을 틀어 한국을 찾았다. 덕분에 한국은 수출 전성시대가 열린다.

미중무역전쟁의 결과로 어느 나라에는 큰 기회의 장이 열릴 수 있다. 일본이 될 수도 한국, 대만이 될 수도 있고, 아니면 베트남이 될 수도 있다. 다만 베트남은 기술적인 축적을 비롯해 여러 가지 조건에서 미흡하다.

아무튼 소련은 이런 3저호황과는 별개로 국내사정은 더욱 안 좋아졌다. 고유가의 수혜를 톡톡히 보아왔기 때문이다. 게다가 국가에서 계획하는 경제의 비효율은 극치를 달리고 있었다. 그러다가 유가가 급속히 떨어지자 경제가 치명상을 입었고, 끝내 1991년 12월 26일 해체 수순을 밟는다.

미국 입장에서 소련은 일본보다 쉬운 상대였다. 일본보다 생산성과 기술력이 낮았기 때문에 굳이 금융전쟁까지 가지 않고 무역으로 얼마든지 끝낼 수 있었다.

지금은 미중무역전쟁이 한창이다. 앞으로 우리는 어떤 식으로 대처를 해야 하는가? 미국은 앞으로 무역전쟁→금융전쟁→실제전쟁의 수순을 밟을 것이다. 최근 일어나는 일들은 무역전쟁의 일환이다. 그러나 무역전쟁만으로 중국을 끝장낼 수는 없다. 장기적으로 봐야 하며, 따라서 중국투자는 상대적으로 위험하다. 중국이 무릎을 늦게 꿇을수록 중국이 잃는 것이 더 많아지므로 그 점을 주시해야 한다.

미국은 앞으로 중국을 어떻게 압박할까? 미국은 레이건 행정부 시절과 비슷한 정책을 펼치고 있다.

트럼프는 달러화 강세 프로젝트를 실행중인데, 최근 기사 제목 "美상원, 트럼프 감세안 가결… 법인세 35%에서 20%로 기업 불러들인다", "트럼프가 주고…'인프라에 1조7천억弗 투입'", "美연준, 이르면

6월 금리인상 시사…'물가, 2% 목표 근접'"등에서 볼 수 있듯이, 미국 연준은 금리를 올리다가 미증시가 2018년 10월부터 폭락하자 2019년 금리를 동결하고 7월, 10월 연달아 금리를 내린다. 미국은 어떤 정책 목표가 있으면 찰떡공조를 하는 모양새다.

레이건 행정부가 일본을 플라자 합의로 이끄는 데 걸린 시간은 1980년부터 1985년까지 5년이었다. 중국은 과연 몇 년이 걸릴까? 5년이든 10년이든 중요하지 않다. 관건은 미국이 자신이 목표한 바를 이룰 수 있느냐다.

지금 중국은 미국에게 일방적으로 두드려 맞고 있다. 그러니 중국증시는 안 좋고 미국증시는 최대치를 경신하며 상승중이다. 이러한 기조는 중국이 플라자합의로 나올 때까지 이어질 것이다. 만약 중국이 미국의 요구를 받아들인다면 말이다.

미국의 요구는 금융시장 개방이다. 만약 중국이 시장을 개방하면 미국은 중국에 최대한 버블을 키울 것이다. 그리하여 도랑 치고 가재 잡는 미국식 셈법에 맞는 이익을 취할 것이다.

중국은 1980년대 일본, 소련보다 훨씬 좋지 않은 상황에 놓여 있다. 일본과 소련 두 가지 경우와 비교하여 지금의 중국을 바라보자.

중국은 일본보다 기술력이 낮다. 세계 1위 품목은 많지만 첨단제품은 거의 없다. 게다가 첨단제품도 미국이 제재를 가하면 한순간에 망할 수 있다는 것도 미국이 보여줬다. 대표적으로 ZTE사태다.

중국 2위 통신장비업체이자 미국 내 스마트폰 판매 4위에 오른 ZTE

는 국제사회의 이란과 북한 제재를 위반했다는 이유로 2018년 4월 7년 동안 미국 기업과의 거래를 금지당하는 제재를 받았다. 그런 ZTE가 벌금을 내고 경영진을 교체하는 조건을 다 수용하고 미국에 무릎을 꿇었다. 그만큼 중국기업은 미국과 한국, 일본의 부품이 없으면 순식간에 파산할 수도 있다. 그리고 2019년에는 화웨이가 제재 대상에 올랐다.

나머지 중국기업들은 그다지 두렵지 않다. 어차피 지식재산권이 거의 없어서 해외로 수출이 되지 않는다. 만약 제3국에 수출했다가 지식재산권 위반에 걸리면 제소를 당할 수도 있다.

반면 일본은 엔화가 두 배로 오른 상황에서도 생산성 향상과 제품의 질로 승부하여 세계 1위 기술을 다수 보유하고 있다. 그리고 일본제품을 이기려고 해도 도요타처럼 그 당시 미국은 이기지 못한다는 증거도 보여줬다.

그러나 현재 중국은 미국에 비하면 기술력이 형편없는 수준이다. 어쩌면 무역전쟁으로도 얼마든지 중국을 꺾을 수 있다. 그러나 중국이 장기전으로 시간을 끌면서 계속해서 미국의 요구를 들어준다면 어떻게 될까? 증시는 등락을 하겠지만 결국 미국이 원하는 것을 얻어낼 때까지 미국은 멈추지 않을 것이다. 원하는 것은 중국의 금융시장 개방이다.

만약 중국이 금융시장을 개방하면 어떻게 되는가? 중국 본토로 막대한 자금이 들어갈 것이고, 중국 내 부동산, 주식 등에 엄청난 버블이 형성된다. 그러나 그리 오래가지는 않을 것이다. 다만 그 버블이 커지는 동안 미국경기는 블랙먼데이와 같은 증시 급락이 올 것이다. 과거 미국은 누군가와 싸울 때면 증시가 좋았다. 전쟁을 할 때는 특히 더 올라간다. 그러나 전쟁이 끝나면 증시는 과도한 부양 여파로 추락한다.

미중무역전쟁을 바라보는 투자자의 포지션

자 그렇다면 투자자인 우리는 어떻게 시나리오를 짜고 행동해야 가장 큰 돈을 벌 수 있을까?

현재는 미국에 들어가는 것이 맞다. 미국은 기준금리를 내리면서 계속해서 경기부양 신호를 보내고 있는 중이다. 미국으로 들어오라는 신호다. 그러다가 중국이 위안화 절상에 이어 금융시장을 개방하게 되면, 이는 중국으로 들어가라는 신호탄이다. 이때는 미국에 들어갔던 자금 중 일부를 빼서 중국으로 옮겨야 한다. 그러다가 미국은 오버슈팅의 결과로 1~2년 안에 금융시장 폭락을 맞이할 것이다.

그러면 지켜보고 있다가 미국 경기가 좋아지는 신호가 보이면 중국의 상품을 전부 팔고 미국주식을 다시 사면 된다. 왜냐하면 바닥에서 산 중국의 부동산, 주식이 버블붕괴와 함께 꺼질 것이기 때문이다. 그리고 그 후로 중국기업들이 폭락하고 새로운 G2가 나올 때까지는 미국의 자산에 투자하면 된다.

74

미중 무역전쟁 연착륙 시나리오 2
_중국 연착륙의 조건

현재로써 중국의 미래는 두 가지 시나리오로 압축할 수 있다.

　①**연착륙**

　②**경착륙**

둘 다 미국에게 망하는 시나리오다.

①연착륙은 미국의 관세, 환율 공격에도 불구하고 중국이 살아남아 증시가 더 올라가다가 결국 미국의 공격에 쓰러지는 시나리오다. ②경착륙은 별 힘도 써보지 못하고 그대로 주저앉는 시나리오다.

환율이 오르고, 외국인이 빠져 나가고, 자국의 달러까지 빠져나가면 남는 것은 IMF행이다. 경착륙은 미국의 관세와 환율 공격에 무너져 바로 망하는 시나리오다. 그러니 조건이랄 것이 없다.

그렇다면 미국의 환율·관세 공격을 이겨내고 연착륙으로 가다가 고꾸라진 나라는 어디인가? 바로 일본이다. 일본은 1985년 플라자합의 이후 달러당 230엔이던 엔화 환율이 1년 만에 120엔 대로 떨어졌음에도 불구하고 1989년 버블이 꺼질 때까지 일본 증시가 오르다가 붕괴되었다. 플라자합의 후 약 5년간 올랐다는 얘기다. 이 시기 일본증시가 상승한 이유는 고급화전략과 생산성 향상에 성공했기 때문이다.

①고급화 전략

미국은 일본 자동차가 대거 수입되는 것을 막으려고 일본의 자동차 수입쿼터를 줄였다. 그리고 미국은 일본의 대미흑자 규모를 개선하지 않을 경우 현재의 수입쿼터도 더 줄일 수 있음을 경고했다. 그러자 일본은 저가 자동차를 줄이고 고가 자동차를 늘렸다. 저가는 박리다매 방식인데, 마진은 얼마 되지 않는다. 반면 고가의 자동차를 팔면 마진이 많이 남기 때문에 같은 한 대를 팔아도 영업이익률은 올라간다. 예를 들어 애플의 스마트폰이 삼성전자의 스마트폰보다 적게 팔리는데도 불구하고 한 대당 가격이 비싸기 때문에 영업이익률이 높은 경우와 같다.

그래서 도요타는 저가 자동차 위주의 정책을 버리고 고급자동차인 렉서스를 채택했다. 닛산도 닛산이라는 브랜드를 떼어내고 인피니티라는 고급자동차 브랜드를 런칭한다. 결과는 대성공이었다. 미국에서는 렉서스 등이 메가 히트를 한다.

②생산성 향상

도요타 자동차 '저스트 인 타임'현장을 가다

'저스트 인 타임'(Just-in-Time) 생산 방식

필요한 것을 필요한 때에 필요한 양만큼 만들어내 재고를 최대한 줄이고 비용을 낮추는 이 방식은 지난 수십년간 세계의 수많은 기업의 생산 방식에 영향을 미쳤다

_2015년 7월 2일자 연합뉴스

일본은 도요타의 생산방식을 통해서 비용을 획기적으로 낮춘다. 이러한 비용절감은 일본 자동차의 영업이익률을 높였고 그로 인해 일본의 주가는 1989년까지 수직상승할 수 있었다.

현재 미국은 중국에 관세를 매기고 있다. 이는 원래 미국의 수순이다. 중국은 이에 대응하여 보복관세를 매긴다거나 위안화 환율을 인위적으로 낮춘다. 그러나 중국의 이러한 전략은 이미 미국의 생각 범위 내에 들어가 있는 방식이다.

美 "통화가치 낮추면 보복 관세"…한국도 사정권

미 상무부는 23일(현지시간) 미 달러화 대비 통화가치를 절하하는 국가에 상계관세를 부과할 방침이라고 발표했다. 윌버 로스 상무부 장관은 성명에서 "미국 산업에 피해를 줄 수 있는 '통화 보조금'을 상쇄하기 위한 것"이라며 "다른 나라들이 미국 노동자와 기업을 불리하게 만들기 위해 더 이상 환율정책을 사용할 수 없게 될 것"이라고 말했다.

_2019년 8월 22일자 한국경제

중국의 행동은 미국의 생각 범위 내에 있다. 그러니 결국 일본처럼 플라자합의로 갈 것인지 아니면 그전에 중국의 증시가 폭락할 것인지는 중국이 생산성 향상과 고급화 전략을 성공하느냐에 달렸다고 볼 수 있다.

그러나 일본과 중국을 단순비교하기에는 무리가 있다. 미국과 일본은 자유민주주의와 자유시장경제를 공유하는 협력국이었고, 중국은 자유민주주의의 적이기 때문이다.

여기서는 미국의 의도가 중요하다. 미국은 연착륙을 유도하되 경착륙하는 전략을 짜고 있다고 생각된다. 무슨 말인가 하면, 세계경제는 연착륙을 유도한다. 그래서 최대한 시간을 끈다. 미국이 시간을 끄는 이유는 중국에서 미국으로 수출하는 외국기업이 중국 이외의 나라로 공장을 옮길 시간을 벌기 위해서다. 그래서 관세를 조금씩 올리면서 시간을 버는 중이다. 만약 관세를 급격히 올리면 미국의 소비자, 기업이 피해를 받으니 속도를 조절하는 전략이다.

이러면 세계경제와 미국경제는 연착륙을 한다. 그리고 세계경제와 미국경제가 중국이 폭락해도 문제가 없다고 생각하면 그 때는 중국에 무지막지한 공격을 가할 수도 있다. 예를 들면 환율조작국 선정, 북한과 이란의 핵무기 프로그램 지원 및 유엔제재 위반 등으로 인민은행 등 중국은행 세컨더리 보이콧과 같이 말이다.

뿐만 아니라 신용평가사 신용등급 하향, 외국인 자금 한꺼번에 빼기 등 쓸 방법은 얼마든지 많다. 이러면 중국은 한순간에 망한다.

결론적으로 중국은 일본의 경우처럼 생산성 향상, 고급화 전략으로 미국 시장을 공략할 수 있으나 상황은 그리 좋지 않다.

중국에 금융위기가 닥치면 해야 할 일

중국에 금융위기가 닥치면 일단 미국의 주식시장이 털썩 주저앉을 것이다. 그러나 곧 회복될 것이다. 나스닥에 -3%가 뜬다면 바로 팔고 한 달 동안 기다리고, 중간에 정치인들이 무슨 말을 하던지 꼭 한 달을 채우고 투자해야 한다. 게다가 지금은 세계의 모든 은행 시스템이 연결되어 있다. 그러니 위기의 여파는 한국까지 올 것이다. 따라서 여유자금은 반드시 미국 국채를 사야 한다.

예를 들어 중국에 금융위기가 와서 -3%가 떴다. 그러면 일단 미국 주식을 팔았을 것이다. 그러나 이 상황에서는 한국의 증권사 계좌에 넣어 놓는 것이 아니라 꼭 달러로 미국채를 사야 한다. 왜냐하면 중국에 금융위기가 왔을 때 중국에 투자했던 한국의 증권사가 망할 수 있기 때문이다. 따라서 바꿔 놓은 달러를 계좌에 넣어 놓는 것이 아니라 반드시 미국 국채를 사놓아야 한다. 다시 파는 한이 있더라도 말이다.

특히 RP같은 상품은 사지 말아야 한다. 왜냐하면 증권사에서 달러자금이 모자라면 얼마 안 되는 이자를 주면서 RP로 돌려막기 할 수도 있기 때문이다. 따라서 미국채가 답이다.

중국의 위기가 온다는 보장은 없다. 하지만 위기는 갑자기 올 수 있으므로 대응책을 미리 세워 놓아야 한다. 중국의 금융위기는 미국의 관세 압박으로 촉발되며, 외자기업 이탈과 부동산 가격 폭락 후 은행, 부동산기업 부도로 이어지고 한국까지 영향이 미친다. 이때 -3%가 뜨면 반드시 미국 국채를 사놓아야 한다(위기 대응 매뉴얼로 중요하므로 반복·강조한다).

시험 삼아 미리 미국국채를 사보는 것도 좋다. ETF가 가장 편리하다.

미국채 매수 – 상장지수펀드 ETF

미국채 1년~3년 물
iShares 1–3 Year Treasury Bond **(SHY)**

미국채 2년 물
Vanguard Extended Duration Tre. **(EDV)**

미국채 7~10년 물
iShares 7–10 Year Treasury Bond **(IEF)**

미국채 20년 물
iShares Barclays 20+ Yr Treasury **(TLT)**

미국채 20년 물 – 3배 레버리지
Direxion 20–Yr Tr. Bull 3X Shrs **(TMF)**

위 ETF는 증권사 HTS에서 주식처럼 쉽게 살 수 있다.

75

세계 환율전쟁의 시작

유럽에서 시작된 환율전쟁은 미국이 가세하면서 세계적인 환율전쟁으로 번지고 있다.

ECB, 이달 말 양적완화 종료…정책금리 동결

유럽중앙은행(ECB)은 13일(현지 시각) 계획대로 이달 말 2조6000억유로(약

위의 기사가 나온 날짜(2018년 12월 13일)가 중요하다. 이 날로 유럽중앙은행은 계획대로 2조6000억 유로(약 3328조원) 규모의 양적완화(QE · 중앙은행이 채권을 사들여 자금을 시중에 푸는 조치)를 중단한다고 공식 발표했다.

양적완화를 종료한다는 의미는 더 이상 돈을 풀지 않겠다는 말이다. 이와 같은 발언이 나온 배경은 2018년 12월 미국 주식 폭락과 관련이 있다. 당시 미연준 의장 파월이 지속적인 금리인상을 시사하면서 미증시는 연일 내리막길이었다. 그러자 미국의 채권금리가 높아지면서 모든 돈이 미국으로 빨려 들어가던 시기다. 유럽은 이를 막기 위해 경기가 좋지 않음에도 불구하고 양적완화를 종료했던 것이다.

앞서 ECB는 2018년 6월 통화정책회의 후 양적완화 프로그램의 단계적 축소와 종료를 예고하고, 9월까지 월 300억 유로 채권 매입 규모를 유지하고, 10~12월에는 월 150억 유로로 매입 규모를 줄인 후 연말까지 양적완화 프로그램을 완전히 중단하겠다고 했다. 더불어 물가목표치도 달성했다고 발표했다.

ECB가 양적완화 종료를 결정한 이유는 유로존(유로화를 사용하는 19개국)의 경제가 회복되고 있다는 판단에서다. 실제 6월 이후 유로존의 인플레이션(물가상승률)은 매달 ECB의 목표치(2.0%)를 달성했다.

ECB의 발표 이후 세계 증시는 패닉에 빠졌다. 미국 증시는 12월 26일까지 지속적으로 빠졌고 결국 파월이 금리를 동결하겠다는 2019년 1월 발언이 나오고 나서야 본격적으로 반등하기 시작한다. 미국이 금리를 동결하면서 주가가 반등하자, 유럽중앙은행 총재인 마리오 드라기는 슬그머니 다시 양적완화 재가동 검토에 나선다.

"예상보다 심각"‥2개월만에 양적완화 검토 나선 ECB

"경제상황 예상보다 저조" 한목소리 우려

수출 부진한 독일‥10년물 국채 수익률 0.1% 밑으로

ECB, 작년말 종료 양적완화 프로그램 재가동 만지작

_2019년 2월 18일자 이데일리

재가동 기사가 나온 시점은 2019년 2월이다. 마리오 드라기의 속셈은 '사실 우린 안 좋았어. 사실 내가 거짓말 한 거야'였다. 돈이 미국으로 다 빨려 들어가는 상태에서 양적완화를 종료하겠다는 발표라도 없었으면 유럽은 과연 어떻게 되었겠는가?

사실 유로존 성장률은 최악이다. 국제통화기금(IMF)은 2019년 유로존 경제성장률 전망치를 기존 1.9%에서 1.6%로 내린 상태다. 유럽연합(EU) 집행위원회는 1.9%였던 성장률 전망치를 1.3%로 더 낮췄다. 민간 투자은행인 BNP파리바는 심지어 1.0%로 전망하고 있다.

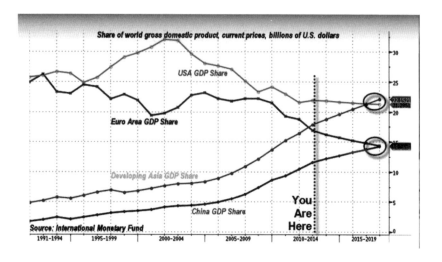

Share of world gross domestic product, current prices, billions of U.S. dollars

USA GDP Share

Euro Area GDP Share

Developing Asia GDP Share

China GDP Share

You Are Here

Source: International Monetary Fund

1991-1994 | 1995-1999 | 2000-2004 | 2005-2009 | 2010-2014 | 2015-2019

글로벌 산업구조가 변하면서 유로존의 성장률이 곤두박질을 쳤다. 앞의 차트에서 미국을 보라. 전세계에서 차지하는 GDP 비율이 30% 대에서 하락하기는 했지만 그래도 22%는 유지한다. 반면 유로존은 20%대에서 14%까지 급격히 하락하였다.

유로존의 빈자리는 누가 메웠는가? 바로 동아시아 국가들인 일본, 한국, 대만, 홍콩, 싱가폴 등이다. 또한 중국이 2001년 WTO에 들어오면서 급격히 점유율을 높이고 있다.

유럽 경제가 빙하기로 접어든 이유는 세계 경제질서 속에 중국이 등장했기 때문이고, 유로존 맏형격인 독일마저 경제가 좋지 않기 때문이다. 특히 유로존의 최대 경제국인 독일이 흔들리고 있다는 점은 치명적이다. 독일연방 통계청은 2018년 4분기 국내총생산(GDP) 성장률이 0%를 기록했다고 밝혔다. 3분기 마이너스 성장(-0.2%)에서는 벗어났지만 성장세를 회복하는 데는 실패한 것이다.

잘나가던 독일 경제가 주춤하는 이유는 무엇인가? 독일의 주력산업은 자동차다. 그런데 미국과 유럽 등지에서 자동차 판매가 감소하고 있다. 우버와 같은 차량공유서비스 때문이다.

미국 자동차 총판매량

https://kr.investing.com/economic-calendar/all-car-sales-886

위의 링크는 미국의 자동차 총판매량 지표인데, 매우 빠른 속도로 감소하고 있음을 알 수 있다. 원래 미국의 자동차 총판매량 지수는 불황의 지표로 사용되어 왔는데 차량공유서비스 때문에 떨어졌다면 이 지표를 더 이상 불황을 측정하는 데 사용할 수는 없다. 이제는 미국 잠정주택판매지수만을 써야 할 것 같다.

미국 잠정주택판매지수

https://kr.investing.com/economic-calendar/pending-home-sales-index-902

자동차와 주택을 불황의 지표로 보는 이유는, 자동차와 주택이야말로 중산층이 소유하면서 할부로 이자를 내고 있는 대표적인 두 가지 물건이기 때문이다. 그러니 이 지표가 떨어지면 공황이 오곤 했다. 2008년 금융위기 때도 그랬다.

유럽은행총재 마리오 드라기는 이 상황을 인식하고 2019년 2월에 양적완화 재가동을 발표한 것이었다. 그러자 독일의 10년 채권 수익률은 더 하락한다.

독일 10년 채권수익률
https://kr.investing.com/rates-bonds/germany-10-year-bond-yield

2019년 11월 4일 현재 수익률은 −0.370%로 마이너스를 기록하고 있다. 마리오 드라기 총재의 발표로 유럽 채권에 투자되어 있던 돈은 다시 미국으로 들어가게 된다. 그리고 글로벌 자금이 유럽 채권을 팔고 미국의 채권을 사면서 장단기 금리차 역전 현상이 발생한다.

날짜	10년-3개월 금리
2019년 03월 24일	−0.003
2019년 03월 22일	−0.025

그런데 드라기 총재가 이번엔 금리를 먼저 내리겠다고 했다.

드라기의 추가 금리인하 가능성 발언에 유럽 증시 오름세

마리오 드라기 유럽중앙은행(ECB) 총재가 18일 둔화된 유로존 경제를 위해 추가 금리인하 및 채권매입 재개 가능성을 언급하자 유럽 주식시장이 상당한 오름세를 보였다.

이날 오전장에서 프랑스의 CAC 40은 1.4% 올랐고 독일의 DAX는 1.2%

상승했다. 영국의 FTSE 100는 0.8% 올랐다.

_2019년 6월 18일자 뉴시스

드라기 총재의 금리 인하 발언은 2019년 6월 18일이었다. 그리고 파월이 드디어 금리인하에 준하는 발언을 한다.

'인내심' 버린 파월, 금리인하 강력 시사…연내 2회 내릴 듯

앞서 지난 3월 FOMC 회의에서는 11명이 연내 금리 동결을 요구했다. 4명은 한 차례, 2명은 두 차례 인상을 각각 주장했다. 이에 대해 투자은행 골드만삭스는 "예상보다 많은 8명의 FOMC 위원이 올해 중 0.25~0.5%포인트 금리 인하를 전망하는 등 연준의 금리 인하 가능성이 증대됐다"고 평가했다. 시카고상품거래소(CME) 페드워치에 따르면 미국 연방기금 금리선물 시장은 7월 말 FOMC에서 정책금리가 인하될 가능성을 100% 반영하고 있다.

_2019년 6월 20일자 매일경제

드라기에 이어 파월까지 왜 이런 발언들이 계속되는 것일까? 상황을 정리해 보자. 누가 먼저 도발을 했는가? 마리오 드라기 총재였다. 파월 의장이 1월 금리동결을 하자 드라기 총재는 기다렸다는 듯이 양적완화와 금리인하 발언을 하면서 독일 채권은 마이너스로 갔다. 이에 따라 유럽 채권에 투자했던 자금이 모두 미국으로 몰렸다. 그런데 이게 왜 도발인가?

바로 '이웃나라 거지 만들기 게임'이기 때문이다. 디플레이션 우려, 즉 경기가 좋지 않아서 누구도 주택, 주식 등을 안 사려고 할 때 국가에서 할 수 있는 방법은 무엇인가? 바로 자국의 돈 가치를 낮춰서 수출을 늘리는 방법이다. 즉, 물건을 더 많이 팔아서 흑자가 되니 이웃나라의 부를 빼앗아 오는 효과가 발생한다. 그러면 상대국도 가만 있지 않는다. 덩달아 자국 돈의 가치를 낮추면서 방어한다.

돈의 가치를 낮추는 방법은 두 가지인데, 하나는 이자율을 낮춰서 자금들이 더 많은 이자를 주는 나라로 떠나게 하여 상대적으로 자국 돈의 가치가 떨어진다. 또 한 가지 방법은 돈을 찍어내면서 양적완화를 하면 돈이 흔해지면서 가치가 떨어진다.

유럽이 이 두 가지 방법을 사용했고, 글로벌 자금이 미국으로 가는 와중이었는데 미국도 이자율을 낮추면서 이웃나라 거지 만들기에 동참한 것이다.

그러면 글로벌 자금은 어디로 향하는가? 신용등급도 좋고 안전하면서 돈을 벌 만한 나라다. 그곳이 바로 일본이다.

JPY/KRW - 일본 엔 한화
10.8542엔이다.

일본 돈의 가치는 떨어지지 않고 있다. 글로벌 자금이 일본으로 몰리는 이유는 경상수지 흑자 때문이다. 일본이 불황이기는 하지만 상대적으로 다른 나라보다 경상수지 흑자 규모가 크기 때문에 안정적으로 판단하며, 위기 시에는 글로벌 자금이 일본으로 몰린다.

그리고 한국도 마찬가지로 달러 원 환율이 다시 급락하고 있고, 중국도 함께 떨어졌다.

USD/KRW - 미국 달러 한화
1,162.66원이다.

USD/CNH - 미국 달러 중국 위안
6.8532위안이다.

6.9위안을 넘어갔던 위안화는 6.8대에서 움직이고 있다. 이러면서 중국은 가장 안 좋은 경우이다. 왜냐하면 중국은 미국이 매긴 관세를 무력화 시키기 위해 환율을 6.3위안에서 6.9위안으로 급격히 10%를 올렸다. 그런데 미국이 기준금리를 인하하자 다시 6.8대로 진입하면서 환율이 떨어지고 있는 것이다. 그리고 미국이 추가로 금리를 내리면 중국은 강제로 다시 환율이 더 떨어질 수 있다.

금리를 내리면 리세션(경기후퇴)만 아니라면 주가는 올라간다. 금리를 내리는 나라 중 경기부양 효과가 있는 나라는 어디인가? 경기가 좋으면서 금리까지 내려 채권 자금이 주식으로 이동하게 할 수 있는 나라는 바로 미국이다. 미국은 소매판매지수, 실업률, 주택판매지수 등 눈에 보이는 지표가 좋다. 그러니 미국은 금리까지 내리면 주식으로 자금이 이동해 주가가 올라갈 가능성이 크다.

반면 금리를 내리는 나라 중 경기부양 효과가 없는 나라는 어디인가? 한국, 유럽, 일본, 중국 등이다. 각종 경제지표가 안 좋기 때문이다. 아무리 금리를 내리고 양적완화를 해도 좋아지지 않는다. 특히 중국은 부채비율이 사상 최대이기 때문에 가장 위험한 나라다.

.76.

세계 환율전쟁의 시작 2

그린스펀 "美 국채금리 마이너스 시간문제"

앨런 그린스펀 전 미국 연방준비제도(Fed · 연준) 의장이 4일(현지시간) CNBC와 인터뷰하면서 "미국에서도 마이너스 금리 현상이 나타나는 건 시간문제"라고 말했다.

> 미국 국채는 저출산 고령화 때문에 마이너스로 가고 있다. 그린스펀 전
> 의장은 "최장기물인 30년 만기 국채 추이에 주목해야 한다. 고령화에 따른
> 채권 수요 증가로 금리가 계속 낮아질 것"이라면서 "이미 벨기에, 독일, 프
> 랑스, 일본 국채는 마이너스 금리"라고 언급했다.
>
> _2019년 9월 5일자 매일경제

그린스펀이 언급한 벨기에, 독일, 프랑스, 일본은 모두 2차 세계대
전 참전국이다. 전후 태어난 세대를 베이비붐 혹은 단카이 세대라고
한다. 1945년에 전쟁이 끝났으니 48년생부터 시작이고 이미 70세가
넘어가기 시작했다.

고령화 사회로 나아가면 국민연금과 의료보험에 막대한 자금이 필
요해진다. 선진국은 저출산국가이므로 출산율이 반토막 이상인 젊은
세대가 노인 세대를 부양해야 한다. 하지만 턱없이 부족하다. 따라서
부족한 재원을 마련하기 위해 국채를 찍어 낼 수밖에 없다.

경기부양도 쉽지 않다. 많이 태어난 세대가 나이가 들면서 소비를
하지 않기 때문이다. 그래서 금리를 낮춰 자국 돈의 가치를 떨어뜨리
는 방법을 쓴다. 금리를 낮추면 외국으로 돈이 빠져나가고, 수출은 잘
된다. 이런 이유로 전세계가 경쟁적으로 돈의 가치를 낮추고 있으며,
채권의 수익률은 점점 더 낮아지고 있다.

따라서 벨기에, 독일, 프랑스, 일본 등과 같은 나라들의 국채 수익
률이 마이너스를 보이고 있다. 그에 비해 미국은 플러스다. 그러니 갈

내일의 부

곳 없는 돈들이 유럽과 일본에서 빠져 나와 미국으로 들어가고 있다. 미국으로 들어가니 미국의 국채수익률이 떨어지고 있고 장단기 금리차도 역전이 되고 있는 것이다. 이미 3개월물과 10년 물은 역전된 지 오래고 2년물과 10년물도 역전 현상이 발생한다.

그나마 경기가 좋은 미국은 금리를 올렸다가 증시가 급락하자 다시 금리를 내리고 있다. 금리에는 추세가 있다. 한 번 방향을 잡으면 지속성을 띤다. 방향을 바꾸면 돌이킬 수 없는 일이 발생한다(금리 방향을 바꿨던 EU는 재정위기에 빠진 바 있다). 그래서 결국 마이너스 금리로 갈 것이라 예상된다.

EU는 경제공동체고 일본, 미국은 단일국가다. 경제공동체는 한 나라에서 재정위기가 발생했다고 하여 다른 나라에서 무조건 지원하는 시스템이 아니다. 반면 한 나라는 한 지역이 재정위기에 빠지면 다른 지역에서 지원하는 시스템이다.

예를 들어 EU의 그리스는 재정위기에 빠진 적이 있었고, 당시 독일의 수출 실적은 좋은 상황이었다. 독일이 선뜻 그리스를 도울까? 개미처럼 열심히 일해서 베짱이처럼 놀고먹는 나라를 돕기는 어려운 일이다. 반면 미국에서 자동차 공업이 몰락한 러스트벨트 지역을 월가가 있는 뉴욕주에서 세금을 걷어 지원한다면 반발이 있을까? 반발이야 있을 수도 있지만, 돕지 않을 수 없는 관계다. 미국과 달리 유럽에서 재정위기가 발생한 이유가 바로 여기에 있다.

EU는 1999년 탄생했다. 1991년 12월 소련이 해체되었고, 1995년에는 WTO 자유무역이 실시되었다. 단일시장으로는 세계에서 가장 큰 슈퍼파워 미국에 대항하기 위해 유럽 각국이 뭉쳐 경제공동체를 만들었다. 단일 통화를 쓰는 꽤 단단한 경제공동체라 할 수 있다.

하지만 거기에는 한계도 명확하다. 독일과 그리스를 보자. 제조업 국가인 독일은 수출로 먹고 산다. 자동차, 기계류, 생활용품 등 독일 제품은 경쟁력이 있어 경제도 탄탄하다. 하지만 문제는 마르크화의 가치가 높다는 점이다. 마르크화의 가치가 높으니 미국으로의 수출 경쟁력이 떨어진다. 미국시장에서는 미국차, 일본차, 한국차 등 온갖 나라의 차들이 다 팔리는데 독일의 마르크화가 비싸다면 경쟁력이 떨어질 수밖에 없다.

그런데 EU가 이 문제를 해결해 주었다. EU는 여러 나라가 모인 공동체다. 그렇기 때문에 여러 나라의 돈 가치를 섞으면 독일 돈의 가치는 상대적으로 떨어지게 되어 있다. 게다가 EU 나라들끼리는 관세가 없기 때문에 독일은 EU에 독일차를 팔 수 있다. 그러니 EU의 유로화를 쓰면 세계적으로도 더 많이 팔 수 있고 EU 내에서도 더 많이 팔 수 있다. 때문에 EU 출범 후 독일의 재정은 더욱 탄탄해졌다.

이에 반해 그리스는 사정이 조금 다르다. 그리스의 수출품목은 기껏해야 선박이나 올리브 등이고, 대부분의 수입은 관광에 의존한다. 관광은 속성상 돈의 가치가 떨어져야 유리하다. 그러나 독일과는 달리 그리스는 EU에 가입하면서 돈의 가치가 떨어지지 않고 오히려 국격에 비해 올라가 버렸다. 당연히 관광으로 먹고 살기가 더 힘들어져버렸다.

그리스도 성장을 하기는 해야 하는데, 방법은 수출과 내수다. 세계적인 품질이 없기 때문에 수출은 패스다. 남은 것은 내수, 즉 소비뿐이고, 소비로 먹고 살려면 돈이 있어야 한다. 그것은 유로화가 될 것이다.

그런데 그리스가 EU에 들어오면서 좋은 일이 하나 생겼다. 그리스 국채를 아주 낮은 이자율로 발행할 수 있게 된 것이다. EU의 특성상 신용등급도 섞여서 중간등급으로 가게 된다. 그러니 재정이 나쁜 그리스는 10%가 넘는 이자를 주면서 국채를 발행했어야 하지만 EU에 들어온 이상 국채 이자율을 높일 수 없다.

그리스 입장에서는 EU가 깨지지 않으려면 그리스 국채가 디폴트가 나도, 재정이 좋은 국가들이 도와주리라는 믿음이 있었을 것이다. 그 믿음 하에 낮은 이자로 국채를 발행해서 독일의 자동차 등을 싸게 사면서, 즉 빚으로 소비를 하면서 발전할 수 있었다.

그런데 문제가 생겼다. 2008년 금융위기다. 금융위기가 터지자 무역흑자국인 독일의 국채는 여전히 3% 정도로 낮았지만 재정적자가 심한 그리스는 무려 30% 가까이 치솟았다. 더 이상 국채를 발행할 수도 없고 지금까지 빌린 돈에 대한 이자를 내기도 버거웠다. 이럴 경우 한 나라라면 유로화를 더 찍으면 될텐데 EU의 큰형님인 독일이 그리스의 재정지원에 반대를 했다. 왜 개미처럼 일한 우리들의 돈을 가져다가 베짱이처럼 논 그리스를 도와주냐고 말이다.

이것 때문에 유럽의 재정위기가 시작되었다. 독일이 이렇게 반대를 하니 포르투갈, 스페인, 이탈리아와 같은 남부유럽의 재정적자 국가들도 결국 돈을 안 갚는 것이다.

이 시기에는 EU뿐 아니라 미국, 일본도 위기였다. 그러나 미국과 일본은 무제한으로 양적완화를 실시하고, 제로금리까지 떨어뜨리면서 일관성 있게 밀고 나갔다.

그런데 제로금리가 되면 무엇이 좋은가? 미국의 AIG와 같은 보험사는 천문학적인 손실로 파산위기에 처했다. 미국은 재정지원을 통해 AIG에 천문학적인 돈을 지불한다. 그런데 만약 이자가 3%였다면 AIG는 기업이 정상화 되기도 전에 이자 때문에 다시 파산하고 말 것이다. 하지만 이자가 0%라면 이야기가 달라진다. 1000년을 빌려도 이자가 0%이니 전혀 부담이 되지 않는다. 따라서 구조조정을 하고 자산을 팔고 영업을 해서 정상화가 되었을 때 돈을 다시 갚으며 기업이 살아날 수 있다.

그리고 제로금리까지 가면 자국의 돈 가치는 어떻게 되는가? 떨어지게 되어 있다. 떨어지면 수출이 잘 된다. 그러니 일본과 미국은 2008년 금융위기 이후 양적완화와 제로금리로 자국의 기업을 지원해주면서 위기를 헤쳐 나왔고 미국은 제로금리에서 벗어났다.

반면 EU는 어떻게 대응했을까?

EU가 양적완화를 하려면 가맹국들의 승인이 있어야 한다. 그런데 만약 재정흑자가 가장 많고 건전한 독일이 반대를 하면 어떻게 되는가? 정책에 혼선이 생긴다. 실제 독일은 무제한 양적완화를 반대했다. 왜냐하면 독일은 바이마르 공화국 시절 돈을 무제한 찍어 냈다가 하이퍼 인플레이션 때문에 고생한 경험이 있기 때문이다.

결국 독일의 반대로 재정확장이 아닌 재정긴축을 하게 된다. 그리고 2011년에는 아직 경기가 회복되지도 않았는데 금리를 1% 이상으로 올리게 된다. 그러자 EU의 이자부담이 늘어나서 경기는 다시 가라앉는다. 게다가 미국과 일본이 제로금리에 양적완화를 하는 데 비해 EU는 긴축정책을 펴니 갈 곳 없는 돈들이 EU로 몰려들어 유로화의 가치가 상승했고, 수출마저도 힘들게 된다. 이에 EU는 2014년 이후 금리를 마이너스로 전환하면서 무제한 양적완화를 하게 된다.

갈팡질팡하는 EU의 정책은 위기를 벗어나지 못하게 하는 암초로 작용했으나, 그 사이 일관된 정책을 펼쳤던 미국과 일본은 위기에서 벗어나게 된다. 특히 미국은 2012년부터 본격적으로 셰일가스가 나오면서 제2의 전성기를 맞게 되고 실업률도 낮아지고 소비도 좋아지면서 오히려 금리를 올리게 된다.

그러나 2019년 현재 경기가 좋은 미국으로 세계의 돈이 쏟아져 들어오자 미국의 달러가치는 다시 올라 수출경쟁력이 떨어지게 되었다. 그리고 미국도 서서히 물가, 실업률, 소비, 주택판매 등에서 경기침체 기미를 보이자 양적완화 축소를 끝내고 금리를 낮추기 시작한 것이다.

결국 미국도 경기침체가 본격화되기 전에 금리를 낮춰 선제적으로 대응한다면 다행이지만 그럼에도 불구하고 향후 경기가 꺾이게 된다면 미국도 결국 마이너스 금리를 쓸 수밖에 없을 것이다. 그러면 미국, EU, 일본 등이 모두 마이너스 금리와 양적완화를 하게 될 수도 있다.

여기서 누가 가장 유리할까? 역시나 미국이다. 내구재, 비내구재, 서비스 중 내구재 소비는 지속적으로 감소하고 있다. 내구재는 자동차, 선박, 가전제품, 건축물 등인데 이런 소비는 공유경제와 인공지능, 빅데이터 등으로 인해 효율적인 소비붐이 일어난다. 앞서 예로 들었다시피 인공지능, 빅데이터, 자율주행, 우버와 같은 공유경제가 만나면 현재의 차량 5%만 가지고도 충분히 효율적으로 사용이 가능하다는 얘기가 된다.

그런데 이런 우버와 같은 공유경제를 이끄는 기업은 미국에 있다. 이를 서비스기업이라 한다. 인공지능이나 빅데이터, 클라우드 등도 마찬가지다. 모두 미국이 앞서는 분야다. 따라서 재정확장과 마이너스 금리로 환율전쟁이 시작된다면 가장 유리한 나라는 미국일 수밖에 없다.

∘77∘

중국의 현재 문제점

제조업

철강, 조선, 정유, 석탄, 자동차 등의 공급과잉과 경영부실로 좀비기업이 증가하고 있다. 제조업 공급과잉은 지금까지 세계의 공장 역할을 해왔던 여파다. 중국은 그동안 막대한 대미국 수출로 유지되었는데, 미국이 관세를 올리자 물건들이 갈 곳이 없다. 대규모 실업에 대한 우려 때문에 구조조정을 하지 않으면서 중국경제에 크나큰 악영향이 미쳤고, 신용등급과 경제성장률이 떨어지면서 그대로 주저앉을 수도 있다.

수출

정체되고 있다. 유럽시장은 침체되었고, 호황국면인 미국은 관세 때문에 수출이 막혔다. 미국을 대체할 신흥국도 침체다.

투자

부동산 부채가 높고 부동산 버블이 심하다. 지방정부에서 유령도시를 만들면서 GDP를 끌어 올리고 있으나 오히려 지방정부의 부실화와 함께 은행도 동시에 부실화 되고 있는 상황이다.

부채

세계 2위 규모(총부채는 GDP 대비 260%, 2015년 현재 전세계의 40%)이며 2007년부터 2015년까지 전세계 부채 증가액의 43%가 중국 때문에 발생했다. 2008년 금융위기 기간 동안 중국이 부채로 경기를 끌어 올려 발전했기 때문이다.

인구구조 변화

중국도 베이비부머의 은퇴가 시작되면서 심각한 노령화에 시달리고 있다. 일본과 한국은 선진국이 되면서 노령화가 진행되었으나, 중국은 선진국이 되지도 못했는데 국가가 늙어가고 있다.

부의 양극화 심화로 내수 부양 불가능

중국인 0.4%가 중국 전체 자산의 70%를 소유(중국 주간지 '스다이저 우바오')하고 있으며 하층민의 불만이 극에 달해 있다.

저축

2015년 현재 55%는 제로 수준이고 상위 10%가 총 저축의 74.9%를 차지하고 있다. 하층민 55%는 제대로 된 노후 준비도 안 되어 있는 상황이다.

중국의 노동생산성 약화

선진국 수준으로 오른 中 인건비

17일 블룸버그는 옥스퍼드 이코노믹스 최신 보고서를 인용해 "중국의 생산성 대비 노동비용은 미국과 비교해 겨우 4% 낮은 수준"이라고 보도했다.

보고서는 "미국 업계는 세계 최고 생산성과 유연한 노동시장, 값싼 에너지, 거대한 국내시장 등으로 혜택을 보고 있다"고 지적했다. 블룸버그에 따르면 미국의 1인당 제조업 생산성은 2003~2016년 40% 올랐다. 이는 독일(25%), 영국(30%)을 뛰어넘는 수치다.

같은 기간 중국 생산성도 2배 넘게 증가했지만 미국 생산성은 중국보다

80~90% 높은 것으로 나타났다.

_2016년 3월 17일자 매일경제

중국의 노동비용은 이미 미국과 4% 정도의 차이로 좁혀졌다. 이 와중에 관세 25%까지 현실화되면 중국에서 공장을 돌릴 이유가 사라진다.

미국 관세부과에 따른 기업들의 중국 탈출 러시

샤프·파나소닉···日 기업들도 中 현지공장 속속 철수

샤프, 리코 등 복합기 생산 업체들은 이미 중국 내 생산 거점 이전을 확정했다. 샤프와 리코는 미국 수출용 복합기를 올여름부터 중국 대신 태국에서 제조하기로 했다. 샤프는 지금까지 전량을 중국 내 공장에서 생산하던 노트북PC 등 일부 라인도 베트남으로 옮기기로 했다.

교세라는 미국 수출용 복사기·복합기 생산을 중국 대신 베트남에서 하는 방안을 검토하고 있다. 중국에서 미국 수출용 디지털카메라를 생산하는 파나소닉 역시 동남아시아를 비롯한 타 지역으로 이전을 타진하고 있다. 세이코는 중국 다롄 공장에서 조립한 뒤 광저우 공장에서 최종 마무리했던 시계 제품의 생산을 일본으로 복귀시키는 방안을 고민하고 있다. 유니클로를 운영하는 패스트리테일링 역시 중국 위탁생산 물량을 베트남 방글라데시 등 동남아로 이전하는 방안을 추진하고 있다. 중저가 시계를 생산하는 시티

즌은 "미·중 무역갈등 진행 상황에 따라 중국·태국 공장 생산 물량 조절에 나서는 방안도 검토하고 있다"고 설명했다.

_2019년 6월 11일자 매일경제

이에 비해 미국은 유연한 노동시장과 값싼 에너지 그리고 거대 내수시장으로 경쟁력이 상승하고 있다. 선진국 기업은 베트남, 인도네시아 등 동남아로 공장을 이전하거나 미국으로 리쇼어링(공장 본토 이전)하고 있다.

중국 외국환 표시 채권의 80%가 미국 달러화와 연동

미국의 기준금리 인상으로 위안화 가치가 하락할수록 중국 기업은 빚 갚기가 더 힘들어진다. 위안화 가치의 하락이 지속될 경우 외국자본과 중국 자국 내 자본의 탈출이 가속화될 것이다.

.78.

중국의 경착륙 시나리오 1

IMF "中, 개도국 빌려준 돈 공개하라"…차이나머니 정조준

중국은 지난 15년간 개도국 100곳 이상에 차관을 제공한 것으로 알려져 있다. 남미의 베네수엘라부터 아시아의 파키스탄, 그리고 아프리카 대다수 국가까지 전 세계 개도국들이 중국에서 큰돈을 빌렸다.

선진국들은 이를 중국의 '부채-함정 외교(debt-trap diplomacy)'라고 부르면서 문제를 공론화하겠다는 계획이지만 중국의 반발이 만만치 않다.

중국의 '일대일로 정책'에 적극 동참해 무리한 인프라스트럭처 투자를 하다가 디폴트 위기에 내몰린 파키스탄은 일단 중국, 사우디아라비아, 아랍에미리트(UAE) 등에서 추가로 급전을 빌리고 있다. 동시에 IMF와 60억~80억달러 규모의 구제금융 협상도 진행 중이다. IMF는 구제금융 조건으로 대출 정보를 투명하게 공개하라고 요구하고 있다. 파키스탄은 중국에 20년간 400억달러의 빚을 갚아야 하는 상황으로 전해졌다.

IMF와 세계은행의 1대 주주인 미국의 문제의식은 바로 이 대목에 있다. 중국에서 돈을 빌린 나라들이 빚을 못 갚을 처지가 되자 IMF나 세계은행에 손을 벌리고 있다는 것이다. 만약 국제기구가 긴급 수혈을 해 주면 이 돈이 도로 중국에 들어갈 것이란 우려도 크다.

_2019년 4월 3일자 매일경제

중국을 향한 미국의 포위·압박 전략이 하나둘씩 드러나고 있는 가운데, 중국도 여러 가지 위기 상황에 놓여 있다. 그동안 중국은 일대일로를 통해 인플레이션을 수출해 왔다.

현재 중국은 중진국 함정에 빠져 있다. 중진국 함정이란 1인당 GDP 1만 달러가 넘어가면 그 다음부터 임금과 토지의 사용료가 폭등하기 때문에 자본이나 기술발전을 통해 더 높은 생산성 향상이 되어야 하는데 그것을 극복하지 못하고 1만 달러에서 정체되거나 그 이하로 주저앉는 현상을 말한다.

중국은 지금까지 저렴한 인건비와 싼 토지 이용료를 이용해 선진국이 버린 기술과 국가에서 일으킨 부채를 활용해 경제성장을 해왔다. 그러나 중진국 함정에 빠진 이후부터는 이러한 공식이 통하지 않는다. 국가부채를 더욱 늘려보지만, 결과는 제조업 공급과잉으로 나타난다.

예를 들어 중국에 A라는 철강회사가 있다. 토지 가격과 노동자의 인건비가 올라가면서 국제적인 상품 경쟁력이 떨어져 있는 상태다. 이 철강회사가 살아남으려면 기술향상을 통해 더 좋은 특수철강을 만들거나 신소재를 만들어 새로운 시장을 개척해야 한다. 하지만 말이 쉽지 아무나 할 수 있는 일이 아니다. 또 만약 이대로 방치하면 사업을 접을 수밖에 없다. 그동안 경쟁력으로 작용했던 가격 싼 철강을, 인건비와 자재비 등의 상승으로 더 이상 만들지 못하기 때문이다.

A철강회사 사장의 고민이 시작된다. 그런데 잘 생각해보니 중국의 대출이자가 매우 낮다. 그래서 철강회사를 네 개 더 짓기로 한다. 이자 부담이 거의 없는 상황에서 더 저렴한 가격으로 철강을 만들어 박리다매로 팔면 죽지는 않겠다고 판단한다.

빚을 내면서까지 무리하게 사업을 늘리는 이유는 업황이 좋아서가 아니다. 만약 사업을 계속하면 대규모 실업도 발생하지 않을뿐더러 그저 좀비기업으로 살아남는 편이 자신에게도 유리하다고 생각하기 때문이다.

2008년 금융위기 이후 중국은 이러한 방법을 적극 사용했다. 그 결

내일의 부

과 대규모 실업사태는 발생하지 않았으나, 세계는 중국 상품이 쏟아져 나오면서 거대한 디플레이션이 일어났고, 중국 자신도 300%가 넘는 국가부채를 떠안으면서 스스로 위험을 자초하고 있는 것이다.

중국 부채 비상, 규모 GDP 대비 300% 넘어선 듯

숨겨진 지방, 기업 부채 더하면 600% 초과했을 수도

하지만 국제금융협회(IIF) 트란 황 이사를 비롯한 다수 해외 금융 전문가들의 최근 주장을 고려하면 상황은 달라진다. 아무리 긍정적 시각으로 봐도 300% 돌파가 유력하다는 것이 정설이다.

_2018년 12월 26일자 아시아투데이

여기서 중국은 묘수를 하나 찾아낸다. 기술 발전 없이 발전하는 '일대일로'가 그것이다. 거대한 토목공사만 하면 GDP를 획기적으로 올릴 수 있다. 시나리오는 이렇다.

일대일로를 통해 해상과 육상에 실크로드를 만든다는 사실을 대외에 공표하고, 그 통로에 있는 국가들에게 항구와 도로, 철도 등을 놓아준다. 그 대상국은 아프리카나 아시아의 최빈국들이다. 그들에게 "당장은 돈을 받지 않을 테니, 추후 항구나 철도를 이용해 자금을 마련하고 그때 빚과 이자를 갚으라"는 것이다.

거의 공짜나 다름없다고 여긴 대상국가들은 무상으로 인프라를 구축해주겠다는데, 당연히 오케이다. 그러나 그들 나라는 사업성이 없

다. 수출량이 보잘것없는데, 항구와 도로가 무슨 소용인가? 내전으로 폭파나 안 되면 다행이다.

그런데 중국은 왜 거의 공짜나 다름없는 그리고 자금을 회수할 수 있을지도 미지수인 사업을 하는 것일까? 왜냐하면 위안화를 수출해야 하기 때문이다. 중국은 끊임없이 일자리를 만들어내야 한다. 그래야 사람들이 돈을 벌 수 있고 공산당에 협조도 할 수 있다. 만약 일자리가 없다면 사회불만이 커져 내부로부터 폭동이 일어날 수도 있다.

따라서 일대일로 프로젝트는 중국이 자국의 건설회사와 인민을 데리고 와서 위안화 결제를 통해 이들의 일자리를 만들고 이들의 불만을 잠재우며 동시에 GDP도 끌어올릴 수 있는 해법인 것이다. 즉 미국에 수출을 하지 않고도 엄청난 일자리와 경제발전을 이룰 수 있는 것이다.

결국 일대일로에 참여했던 국가들은 중국에 지불불능을 선언한다. 그에 대해 중국은 이들 국가들에게 "디폴트를 선언하거나, IMF 혹은 세계은행에서 돈을 빌리면 돼"라고 말한다. 결국 중국은 일대일로 참여국들이 디폴트로 가져온 IMF, 세계은행의 달러를 가지고 빚을 메우면 되는 것이다.

하지만 중국의 꼼수를 뻔히 아는 트럼프가 이를 가만두고 볼 리가 없다. 일대일로 참여국가에게는 IMF 지원을 금지했으며, 자신의 사람인 맬패스를 세계은행 총재로 임명하였다. 맬패스의 역할은 달러가 중국으로 들어가지 못하도록 막는 일이다.

미국의 향후 전략을 다시 정리해 보자.

①중국이 일대일로를 통해 저개발국에게 돈을 빌려줬다.

②중국은 신용등급이 좋은 상태에서 세계은행 등에서 싼 이자로 자금을 빌려 일대일로의 저개발국에게 고금리로 재차 빌려줬다.

③현재는 일대일로에 참여한 저개발국이 고금리로 망해나가고 있다.

그런데 중국이 ③번처럼 저개발국이 고금리를 감당할 수 있다고 생각했을까? 당연히 아니다. 그래서 ④번을 생각하지 않았나 하는 의문이 든다. ④번은 앞서 설명한 방식이다.

④저개발국은 IMF, 세계은행에 디폴트를 선언하고 IMF, 세계은행이 저개발국에게 돈을 빌려주면 그 돈이 다시 중국으로 들어간다.

이러한 구조 말이다. 하지만 중국의 예상은 빗나가고 말았다. 세계은행과 IMF가 중국의 의도대로 움직일 생각이 없기 때문이다. 그렇다면 ④번의 시나리오는 어떻게 펼쳐질까? 이렇게 생각해 볼 수 있다.

④저개발국이 디폴트로 손을 벌릴 때 IMF나 세계은행에서 채무삭감을 조건으로 혹독한 구조조정을 시킨다.

이렇게 되면 중국의 계획은 틀어진다. 저개발국이 중국에게 채무삭감을 얘기할 것이기 때문이다. 중국이 채무를 삭감해준다면 회수되는 돈은 1/10 정도에 머무를 것이다. 중국이 망하는 이 카드를 받을 리 만무하다.

그러면 세계은행과 IMF 또는 미국은 공작을 통해 이들 저개발국들이 공동성명을 발표하도록 이끈다.

'중국은 못 갚는다는 사실을 뻔히 알고도, 저개발국에게 과도한 채무를 지게 해서 토지와 항구 등을 빼앗으려 한다.'

중국의 이런 말도 안 되는 주권유린행위를 비난함과 동시에 돈을 갚을 의무에서 벗어난다. 전세계는 때를 맞춰 저개발국을 지지하는 성명을 발표한다.

'너희들의 처지를 역이용한 중국에게는 채무를 이행할 의무가 없다. 채무삭감이 정당하다.'

그러면 중국은 1/10이라도 받아야 하는가? 아니면 국제사회의 비난을 받고 채무삭감을 해줘야 하는가? 결과가 무엇이든 중국의 전략은 부메랑으로 돌아올 것이다.

◦79◦

중국의 경착륙 시나리오 2

내가 생각하는 중국의 경착륙에 따른 향후 시나리오는 다음과 같다.

※미중 무역전쟁이 앞으로 1~2년 더 진행되고, 중국 경제성장률(6% 이하)의

둔화가 더욱 가속화되어 5% 이하로 지속된다.

※미국이 금리를 올려 달러가 미국으로 회귀하도록 만든다.

※신흥국 중 일부는 달러 부족으로 디폴트를 선언하고 IMF에 구제금융을 신청한다.

※자산을 신흥국 시장에서 안전자산 쪽으로 이동시키는 것이 대세가 된다.

※수출 둔화와 미국기업의 중국투자 감소로 인해 달러가 말라가는 중국은 외환보유고를 헐어서 탈출하는 외국기업에 달러를 내주게 된다.

※중국의 외환보유고가 급격히 고갈되고 있다는 사실을 알게 된 미국의 헤지펀드는 중국을 공격한다. 돈을 빌려 위안화 약세에 베팅한다.

※이에 중국 당국은 달러를 풀어 위안화를 사들이는 방법으로 위안화 강세를 이끌며 반격한다.

※중국 내부의 외국인들은 중국자산의 하락을 염려해 위안화를 달러화로 환전한 후 자국으로 회귀한다.

※중국이 본국이나 제3국으로 달러를 들고 나가려는 외국기업을 막아서면 투자가 안 될 뿐 아니라 중국에 남아있으려던 기업들마저 중국을 탈출하게 만드는 역효과를 낸다.

※이에 중국 금융시스템은 달러 환전으로 달러부족사태를 겪고 이로 인해 일부 은행, 증권사, 보험사 등이 파산하게 된다.

※중국 당국은 금융시스템 파산을 막기 위해 외환보유고를 써서 금융시스템을 살린다.

※중국 당국의 외환보유고가 급격히 줄어든 것을 기화로 미국의 S&P, 무디스 등 신용평가사들은 중국 및 금융당국 신용등급을 하락시킨다.

※중국에 들어와 있던 외국계 국부펀드들은 신용등급 하락으로 인해 투자

손실을 회피하려고 중국에서 자금을 빼서 다른 신흥국으로 이동시킨다. 신용등급 하락이 있었는데도 자산을 옮기지 않으면 배임혐의를 받을 수 있기 때문이다.

※위안화의 급격한 하락에 중국 내부에서도 기업이나 자산가, 고위 공직자들은 사태의 심각성을 알고 위안화 자산을 달러화로 바꿔 해외로 유출한다.

※결국 중국은 디폴트에 빠지고 IMF행을 선언한다.

※IMF의 구조조정 권고에 따라 중국의 국영기업들은 민간에 헐값에 팔리고 중국은 국부 유출이 심화된다.

※대차대조표 불황으로 잃어버린 30년에 빠진다.

투자의 관점에서 갑작스러운 경착륙은 투자시점을 찾기 힘들다. 그럼에도 투자시기를 찾는다면, 바닥까지 추락한 내수주 투자라 하겠다.

중국의 주식시장은 얼마가 바닥일까? 2008년 금융위기 당시 미국의 주가지수는 고점대비 50% 빠졌고, 한국 50%, 일본 60% 정도였다. 그리고 중국의 하락률은 70%였다. 본래 자국이 망하면 70%, 미국이 망하면 50%인데 중국은 2008년 당시 무려 70%나 빠진 것이다. 이 사실을 토대로 중국이 향후 스스로 붕괴된다면 주가지수가 고점대비 80% 이상 빠질 수 있다.

일본의 경우 잃어버린 20년 동안, 1989년 12월 29일 최고점 38,915p를 기록한 후 2003년 4월 28일 7,607p까지 최대 80% 떨어졌다. 주가가 무려 14년 동안 떨어졌다. 중국과 일본을 직접 비교할 수는 없으나, 비슷하다고 가정하더라도 이렇게 긴 기간 동안 주가가 떨어지면 중국에 투자할 시점을 잡기 정말 힘들다고 볼 수 있다.

중국의 경착륙 징후

중국의 경착륙 징후는 다음으로 알 수 있다.

중국의 위안화 급등

중국의 위안화가 급등하게 된다. 한국도 IMF 당시 700원이었던 환율이 2000원을 넘기면서 3배가 올랐다. 중국을 여기에 대입해 본다면 현재 달러 위안이 6.9위안에서 형성되고 있기 때문에 환율이 급등해서 최소 8위안을 넘어갈 수도 있다. 만약 3배까지 높아진다면 24위안도 가능하다.

중국 정유사의 정유 덤핑

1997년 석유시장정보국(Oil Market Intelligence) 보고서를 보면 한국은 IMF 당시 국내시장이 붕괴되었다. 이에 따라 한국의 정유사는 달러를 확보하기 위해 필사적으로 수출에 매달렸다. 결국 한국의 정유사들 때문에 현물 경유가격은 1996년 1월 배럴당 32.5달러에서 10월 13.80달러로 폭락한다. 싱가포르에서는 1996년 10월부터 1998년 10월까지 경유가격이 58% 하락하였고, 미국의 Gulf Cost Market은 1996년 12월부터 1999년 2월까지 58%, 유럽도 51% 하락하였다. 따라서 중국의 경기침체는 정유제품 소비를 줄어들게 만들고, 반면 아시아 정유제품 홍수로 이어질 것이다.

。81。

미중 무역전쟁 이후

미중무역전쟁이 발발한 이유는 중
국의 GDP가 미국 GDP의 40% 이
상으로 따라왔기 때문이다.

1985년 미국이 일본과 플라자 합
의를 한 이유도 일본이 미국 GDP

세계 경제 패권 역사
(미국 GDP 대비 비중, 자료: 유엔)

의 40%에 육박했기 때문이다. 소련도 마찬가지다. 소련은 1980년 초반 미국 GDP의 40%에 도달했다. 이에 미국은 소련과의 전쟁을 선포하고 1980년 모스크바 올림픽에 불참했고 소련을 포함한 동구권은 1984년 LA 올림픽에 불참했다. 이후 1991년 소련은 붕괴되었고, 일본도 1989년 부동산버블이 꺼지면서 잃어버린 20년을 넘어 30년을 지나고 있다. 역사를 통해 패권국인 미국이 소위 '손을 보는'시점은 경쟁국가가 자신의 GDP 40%선까지 올라왔을 때임을 알 수 있다.

현재 진행중인 미중무역전쟁의 당사자 중국은 언제 40%선에 도달했을까? 바로 2008년이다. 이 시점에 미국은 중국에 본격적인 전쟁을 선포하고 중국을 손 봤어야 했다. 그러나 그 때는 금융위기 와중이었다. 미국은 양적완화로 돈을 풀고 기업을 살리는 데 여념이 없었다. 덕분에 중국은 까다로운 관문을 무사통과할 수 있었고, 미국 GDP의 40%를 넘어서 이제는 미국을 모든 면에서 위협하는 나라가 되었다. 따라서 미중무역전쟁은 어차피 시작될 수밖에 없는 필연이었다.

미국이 힘들게 일본, 소련, 중국과 싸우는 이유는 그 자신이 강력한 슈퍼파워를 가지지 못했기 때문이다. 1945년 2차 세계대전 이후부터 1960년에 들어서기 전까지 미국은 슈퍼파워를 가진 나라였다. 이 시기는 그야말로 미국의 황금기였다. 레이건을 따라하는 트럼프의 선거 구호는 무엇이었는가? "Make America Great Again"(다시 미국을 위대하게)였다. 슈퍼파워를 가졌던 1950년대로 돌아가자는 외침이었다. 이때의 미국은 달러와 관련하여 국제금융위기를 상상할 수도 없었다.

내일의 부

1966년 발간한 '대통령 경제백서 1966 Economic Report of the President'를 보면, 미국의 위기는 미국 내부의 위기일 뿐, 외부는 고려 대상이 아니었다. 왜냐하면 미국은 석유 수출국이었고 경상수지 흑자 국이었기 때문이다. 또한 마셜플랜을 통해 2차 세계대전으로 폐허가 된 유럽에 엄청난 원조까지 해주던 시기였다.

유럽부흥계획(유럽復興計劃, European Recovery Program, ERP) 또는 마셜플 랜(Marshall Plan)은 제2차 세계대전 이후 황폐화된 유럽의 동맹국을 위 해 미국이 계획한 재건, 원조 계획이다. 미국의 국무장관 조지 마셜이 제창했기 때문에 마셜플랜 또는 마셜계획이라 불리며, 황폐해진 유럽 을 재건축하고, 미국의 경제를 복구시키며, 공산주의의 확산을 막는 것이 목적이었다.

마셜플랜과 원조경제는 미국을 더 부강하게 만들었다. 대부분 미국 의 자본과 자산 그리고 미국인들을 고용해서 해외원조를 실행했기 때 문이다. 실업률은 제로에 가까웠고 미국의 기업은 천문학적인 이익을 거둬들였다. 이런 호시절에 어떻게 달러위기가 있을 수 있겠는가?

하지만 베트남전쟁이 발발하자 상황이 바뀌기 시작한다. 달러위기 의 시작이었다.

금본위제 폐기

베트남의 공산화를 막기 위해 벌인 전쟁은 돈 먹는 하마였다. 돈이 넘치던 미국도 재정이 바닥나기 시작한다. 어쩔 수 없이 당시 금본위제였던 브레튼우즈체제를 스스로 해체했다.

브레튼우즈체제(Bretton Woods system, BWS)는 국제적인 통화제도 협정에 따라 구축된 국제통화체제로 2차 세계대전 종전 직전인 1944년 미국 뉴햄프셔주 브레튼 우즈에서 열린 44개국이 참가한 연합국 통화금융회의에서 탄생되었다. 이후 미국 달러화를 기축통화로 하는 금환본위제도(금 1온스를 35달러로 고정시키고, 그 외에 다른 나라의 통화는 달러에 고정)가 실시되었다.

금본위제에서는 보유중인 금만큼만 달러를 찍을 수 있었다. 즉, 금 1온스를 35달러에 고정하는 것이 핵심인데 미국은 전쟁비용으로 천문학적인 돈을 쏟아부었다. 그러자 독일과 프랑스가 '어떻게 그렇게 많은 돈을 찍어 낼 수가 있는가?'라는 의심을 품는다. 이에 프랑스의 샤를 드골은 달러의 가치하락으로 인해 금본위제가 흔들리는 것을 우려해 프랑스가 미국에 맡겨 놓은 금을 반환하라고 요구했고, 뒤이어 독일과 벨기에까지 프랑스에 동참한다.

하지만 당시 미국 대통령이었던 닉슨은 달러의 금태환을 거부한다. 이것이 닉슨쇼크다. 미국은 더 이상 금과 연동해 달러를 찍지 않겠다고 선언했고, 이는 금본위제의 해체를 의미한다.

돈이란 많이 찍으면 찍을수록 가치가 떨어진다. 달러도 마찬가지다. 따라서 미국은 달러를 사우디아라비아의 왕가를 보전해주는 대가로 달러로만 석유대금을 결제하는 페트로달러시스템을 발족시킨다. 당시

이란의 팔레비 왕가가 이슬람 원리주의자들에 의해 왕정이 무너지고 국외로 쫓겨나면서 사우디도 미국의 군사력이 절실히 필요했기에 두 나라 간 딜이 일어날 수 있었다.

오일쇼크

달러의 위상을 흔드는 또 하나의 사건이 발생한다. 중동전쟁으로 인한 오일쇼크였다. 1973년 10월 제4차 중동전쟁 발발 이후 페르시아만의 6개 산유국들은 가격인상과 감산에 돌입, 배럴당 2.9달러였던 원유(두바이유) 고시가격이 4달러를 돌파한다. 1974년 1월에는 11.6달러까지 치솟으면서 2~3개월 만에 무려 4배나 폭등한다. 이 파동으로 1974년 주요 선진국들은 두 자릿수 물가상승과 마이너스 성장이 겹치는 전형적인 스태그플레이션을 겪어야 했다. 그리고 이 당시 학계를 흔들던 이론이 있었다. 바로 석유 고갈론이다.

미국은 자유민주주의, 자유시장경제를 지켜야 하는 경찰국가이다. 그런데 미국이 자국에서 나는 석유를 수출하다가 석유가 고갈되면 어떻게 되는가? 비행기와 항공모함, 전투기가 뜨려면 석유가 필요하다. 석유가 고갈되면 중동에서 석유를 받아 전투를 치러야 한다. 만약 대서양의 소련 잠수함이 석유수송선을 격침시킨다면 미국은 속수무책이된다.

그래서 미국은 석유금수조치를 내린다. 국가 안보상의 이유였다. 이

때부터 미국은 석유 때문에 중동에 목줄을 잡힌다.

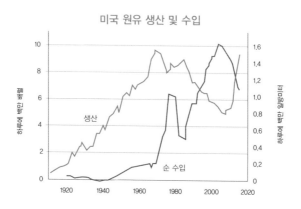

미국 원유 생산 및 수입

미국은 1980년대 중반부터 원유의 생산보다 수입이 많은 나라로 바뀌었다. 이는 무역적자의 원인으로 작용했고, 무역적자는 달러위기를 부른다.

세계화

1980년부터 시작된 세계화로 미국은 제조업 강국에서 서비스업 국가로 바뀌었다. 어떤 영향을 주었기에 산업의 방향까지 달라진 것인가?

미국에서 성공한 기업이 있다고 가정해 보자. 미국에서 성공한 기업은 수출도 쉽다. 그들의 기술과 관리능력은 해외경쟁에서 유리하게 작용한다. 수출이 시작되고 비중이 늘어나자, 수출보다 현지에서 자체 생산하는 편이 낫다는 결론에 이른다. 물류비를 대폭 절감할 수 있고,

저렴한 토지를 이용할 수 있다. 그뿐인가, 관세를 물지 않아도 되고, 현지의 인건비는 미국에 비해 현저히 낮다. 따라서 성공한 미국의 기업은 해외로 생산기지를 옮긴다. 그러자 미국에는 일자리를 잃은 노동자들만 남는다. 대표적으로 1980년대 자동차 메카였던 디트로이트가 러스트벨트(녹슨 공업지대)가 된 것이다.

미국의 부문별 GDP 현황

(단위: 억 달러)

구분	1947	1965	1985	2005	2015	2016
국내총생산(GDP)	2,499	7,437	43,467	130,937	180,366	185,691
민간부분	2,167 (86.52)	6,324 (85.04)	37,332 (85.86)	113,663 (86.81)	156,987 (87.04)	161,775 (87.12)
농업 어업 수렵	199 (7.97)	224 (3.02)	770 (1.77)	1,286 (0.98)	1,752 (0.97)	1,599 (0.86)
광업	58 (25.42)	112 (25.75)	1,069 (18.53)	2,266 (12.03)	3,278 (12.03)	2,646 (11.71)
제조업	635 (25.42)	1,915 (25.75)	8,053 (18.53)	17,042 (12.03)	21,703 (12.03)	21,752 (11.71)
서비스업	1,270 (50.81)	4,074 (54.77)	27,430 (63.10)	93,069 (71.08)	130,254 (72.22)	135,778 (73.12)
공공부문	337 (13.48)	1,113 (14.96)	6,146 (14.14)	17,274 (13.19)	23,380 (12.96)	23,916 (12.88)

주: ( )은 GDP에서 각 부문이 차지하는 비중임
자료: 미국 상무부 경제분석국(BEA)

2016년 기준, 미국의 제조업은 11.71%로 축소되었고, 반면 서비스업은 73.12%까지 늘어났다. 그런데 문제는 서비스업의 특성상 많은 사람을 고용하지 않는다는 데 있다. 이에 따라 1980년대부터 미국은 엄청난 실업률에 시달려야 했고, 제조업이 몰락하면서 대부분의 물건을 해외에서 수입하게 되었다.

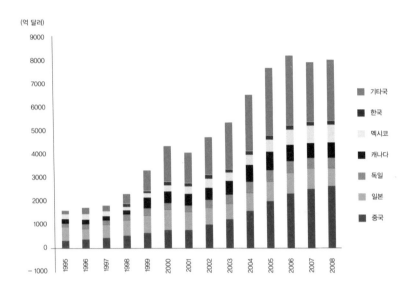

미국 무역적자의 국가별 구성

(억 달러)

범례
■ 기타국
■ 한국
멕시코
■ 캐나다
■ 독일
일본
■ 중국

자료: 한국무역협회

수출국이었던 미국은 대부분의 상품을 수입하는 나라가 되었다. 그런데 한 나라가 어떻게 수입만 할 수 있는가? 바로 달러가 강했기 때문에 가능한 일이었다. 자국의 통화가 강하면 강할수록 물건을 싸게 사는 효과가 발생한다. 달러가 강해진 이유도 살펴보자.

신흥국의 과잉저축

1990년대 중반까지 신흥국들은 국제금융시장에서 자본을 빌려오는 입장(경상수지 적자)이었다. 돈을 빌려 더 많이 투자하고, 더 많은 돈을 벌

수 있다는 생각 때문이었다. 한 예로 1997년 대우는 천문학적인 빚을 지고도 사업을 하고 있었다.

그러나 아시아 외환위기를 겪으면서 자본을 빌려주는 입장(경상수지 흑자)으로 전환된다. 이때부터 인식이 바뀌었는데 외환위기를 겪으면서 달러가 있어야 IMF를 다시 겪지 않는다는 경험치를 얻었고, 외환보유고를 쌓기 시작한다. 중국 3조 달러, 한국 3,500억 달러 등 아시아 국가들의 외환보유고는 비약적으로 증가한다.

신흥국 통화의 저평가

중국을 비롯해 신흥국들의 주요 수출 대상국은 바로 미국이다. 미국에 수출하려면 자국 돈의 가치가 낮아야 유리하다. 각국이 수출주도형으로 경제성장을 했기 때문에 유리한 위치를 확보하기 위해 인위적인 환율 저평가를 시도한다.

이 때문에 달러가치가 치솟는다. 그래서 미국이 자국을 상대로 대규모 무역흑자를 일으키는 국가에게 항상 하는 말이 '환율조작국 지정'이다. 환율조작국으로 지정하면 자국이 환율을 조작한 것만큼 미국이 상계관세를 때릴 수 있다.

신흥국의 이해와 미국의 이해가 맞아 떨어져 신흥국의 통화는 항상 약하고 미국의 달러화는 항상 강하게 되었는데, 미국과 신흥국에는 각자가 가진 문제가 있다.

①미국의 문제점

• 실업률 증가

신흥국으로부터 들어온 달러를 다시 신흥국에 투자를 함으로써 거대 재벌들은 천문학적인 돈을 번다. 그러나 정작 미국에서는 러스트벨트가 생기고 실업자가 증가한다.

• 달러 강세

달러 강세로 수출보다는 신흥국으로부터의 수입이 대폭 증가한다. 따라서 미국은 소비의 증가와 인플레이션이 생긴다.

• 상품수지 적자

강달러를 바탕으로 수입에 의존하게 되면서 상품수지 적자가 누적된다.

②신흥국의 문제점

• 신흥국 통화의 약세

신흥국은 달러를 의도적으로 미국에 저축함으로써 신흥국 통화의 약세를 불러오고 수입보다는 수출을 하게 된다. 따라서 막대한 달러 흑자임에도 불구하고 강제로 통화를 약하게 만들어 신흥국 국민들은 소비여력이 현저히 떨어진다. 그러니 신흥국은 소비의 감소와 함께 디플레이션이 생긴다.

• 신흥국 국민의 노예노동

신흥국은 통화 약세를 통해, 저렴한 노동력을 바탕으로 만들어지는 재화를 수출함으로써 경제를 발전시킨다. 그러나 신흥국 국민들의 희생이 불가피하다. 예를 들어 한국돈이 만약 달러당 1200원이 아니고 600원이라면, 파리오픈을 보러 비행기표를 끊을 때 40만 원만 있으면 된다. 그리고 유럽여행도 쉽게 다녀올 수 있다. 그러나 하염없이 환율이 올라서 달러당 2000원을 돌파했다면, 여행은 고사하고 입에 풀칠하기도 힘들어진다.

미국은 어떻게 달러가치를 지켜갈 것인가?

미국과의 무역전쟁은 한국, 일본, 유럽과 같은 대미 무역수지 흑자국에게 언제든지 일어날 수 있는 일이다. 미국이 대미 무역수지 흑자국에게 관세로 협박하는 일이 다반사기 때문이다. 그런 면에서 한국의 디플레이션은 이제 고착화 되어가고 있다고 할 수 있다. 의도적으로 달러 원 환율을 올리면서 소비 감소와 디플레이션이 불가피하기 때문이다. 유럽을 보더라도 금리를 마이너스로 낮춰서라도 미국 수출길을 열고자 하고, 일본도 마찬가지 스탠스다. 할 수만 있다면 엔화를 더 많이 낮추고자 한다.

결국 해법은 원화가치를 높여 내수를 살리는 것이다. 그러나 한국, 일본, 유럽 어느 누구도 자국통화 가치를 높여 내수를 살리려 하지 않는다. 그러니 디플레이션을 피할 길이 없다.

반대인 미국은 인플레이션과 소비의 증대가 일어난다. 그러니 미국의 기업은 성장하고, 이미 인건비가 올라서 자본이 떠나는 선진국들은 디플레이션이 생기고 실업률이 높아지고 소비가 감소한다.

이런 와중에 트럼프의 보호무역주의가 나오게 된 것이다. 세계의 모든 나라가 미국을 뜯어 먹으려 하고 있는데 미국이 관세를 때리지 않겠는가? 중국과 세계 한판 붙고 있고, 중국이 떨어지면 그 다음은 일본과 유럽 그리고 한국, 대만 등이 될 것이다.

심지어 트럼프는 미국이 수출을 하지 않는 편이 더 낫다고 말하고 있다. 미국 입장에서는 당연하다. '이제는 셰일가스가 나와서 그 어떤 것도 수입할 필요가 없는 나라가 되었고, 혼자서 성장할 수 있는데 왜 무역을 하는가?'라는 것이다. 더 이상 석유를 수입할 필요가 없으므로 쿠르드족 문제에서도 슬쩍 빠지면서 암묵적인 메시지를 던진다. '너희들끼리 잘 해봐. 미국이 미군 죽이고 돈 써가면서 너희들 도와줄 필요가 없어' 하고 말이다.

그리고 가장 큰 문제점은 무엇인가? 바로 미국이 안고 있는 고착화된 적자 문제다. 미국은 달러를 찍어서 신흥국에게 수입 대금을 지불하는데, 언제까지 이런 시스템이 가능할까?라는 의문이 생기는 것이다. 이러다가 만약 세계 각국이 달러가치에 의심을 품는다면 달러는 한 순간에 폭락할 수 있다.

현재 미국의 적자 규모는 2008년 글로벌 금융위기 직후 큰 폭으로

감소하여 2013년 2.2%까지 감소하였으나, 이후 다시 증가하여 2016
년 기준 경상수지 적자는 GDP의 2.6% 수준인 4,517억 달러를 기록
하고 있다. 게다가 미국은 재무성채권(미국채)을 팔아서 줘야 하는 이자
도 복리로 늘어나는 구조이고, 그 규모도 엄청나다.

만약 달러가치가 의심 받는다면 세계는 재앙에 빠진다. 왜냐하면 미
국의 소비자가 소비하는 물품을 달러로 결제할 수 없는 일이 벌어지
기 때문이다. 달러로 결제가 안 되면 미국의 소비는 곧바로 위축되고,
이런 엄청난 수요가 일시에 줄어들면 세계는 공황에 빠지게 된다. 아
마도 1929년에 버금가는 세계대공황일 것이다. 그러니 미국은 반드시
달러가치를 지켜야 한다.

과연 미국은 어떻게 달러가치를 지킬 것인가? 달러가치 훼손의 원
인은 적자 때문이다. 따라서 적자의 원인을 없애면 된다.

셰일가스

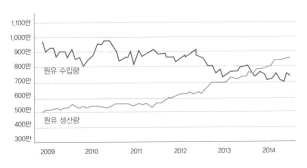

미국 원유 생산 및 수입량 추이(1월 기준)

미국은 셰일가스를 생산하면서 이미 2013년부터 원유생산량이 수입량을 넘어섰다. 따라서 미국은 조만간 세계에서 가장 많은 석유를 수출하는 나라가 될 것이다. 적자의 원인이 일시에 흑자를 내는 효자종목이 되었다. 이를 통해 경상수지가 상당 폭 개선될 것이다.

리쇼어링

리쇼어링(Reshoring 또는 온쇼어링onshoring, 인쇼어링inshoring, 백쇼어링 backshoring)은 해외에 진출한 제조기업을 다시 국내로 돌아오도록 하는 정책이다. 저렴한 인건비를 이유로 해외로 공장을 옮기는 오프쇼어링과는 반대되는 개념이다.

트럼프 대통령은 신흥국에 관세를 매기는 전략으로 공장들의 미국 유턴을 유도하고 있다. 덕분에 지금 미국은 유래 없는 일자리 호황을 누리고 있다. 관세 수입이 늘고, 일자리가 늘어난 만큼 소비가 진작되어 내수경기도 좋다. 이처럼 리쇼어링은 무역수지를 개선하는 효과를 발휘하고 있다.

지금 미국은 영광의 시대인 1950년대로 돌아가고자 한다. 무역흑자가 나는 미국을 꿈꾼다. 따라서 달러는 더욱 강해질 수밖에 없다. 투자 관점에서 달러에 투자하면 재산상의 이익을 볼 수 있다는 뜻도 된다.

세계적인 저출산 현상 속 성장에 유리한 나라는?

저출산은 국가에 심각한 문제로 대두된다. 중국도 저출산이 심화되고 있다.

中 출생률 작년 또 급감…2030년 총인구 감소

523만명 출생…예상보다 30%↓

10년후 노인인구 3억명 달할 듯

14억 인구의 중국이 저출산으로 급속히 성장 동력을 잃고 있다. 지난해 출생아 수가 1961년 이후 가장 낮은 수준을 보이는 등 과거 예상했던 것보다 빠르게 출산율이 떨어지면서 중국 경제의 주요 리스크로 떠올랐다.

_2019년 2월 10일자 한국경제

중국에 저출산 현상이 일어나는 이유는 산업화 때문이다. 농업이나 산업화 초기에는 자녀들의 학력이 낮아도 취직이 되었지만, 산업화가 진행되어 제조업이 더 고도화되면서 숙련된 그리고 교육을 많이 받은 고급 인력이 필요해졌다.

교육을 많이 받은 자녀의 취업은 자녀가 생산수단에서 사치재로 바뀌었음을 의미한다. 자녀교육에 들어가는 비용을 감당할 수 있는 고소득층에서는 출산율이 높아진다. 반면 저소득층은 출산율이 떨어지거나 저임금이나 미취업 상태라면 결혼과 출산 자체를 포기하는 현상이 생긴다.

저출산이 야기하는 문제점들을 살펴보면, 우선 저출산 시기에 태어난 자녀가 취업하는 시점이 되면 노동인력의 공급 부족 때문에 임금이 상승한다. 이는 생산성 향상으로 인한 자연스러운 임금 상승이 아닌 수요 대비 공급의 부족 때문에 생기는 현상이다. 때문에 생산의 4요소 (토지, 노동, 자본, 기술) 중 노동 가격의 상승으로 인한 생산성 저하로 이어진다.

더 큰 문제는 베이비붐 세대다. 전후 세대인 베이비붐 세대는 두터운 인구층을 형성하고 있다. 이들이 노령층으로 진입하면서 의료보험, 사회복지 분야에 비용부담이 가중된다. 게다가 노령층은 소비력이 약하다. 소비는 축소하고 의료비만 많이 쓰는 가운데, 사회적 비용은 증가하게 된다. 뿐만 아니라 저출산 여파로 소비성향이 높은 청년 인구가 줄어 사회의 활력과 국가의 GDP는 더 떨어진다.

저출산 고령화 현상은 한, 중, 일이 모두 가진 고민이다. 이 중 가장 큰 문제는 중국이다. 일본은 선진국이 된 이후 고령화가 되었고, 한국은 선진국이 되는 와중에 고령화가 되어가고 있지만, 중국은 후진국에서 고령화가 진행되고 있기 때문이다. 중국은 기본적인 연금 장치도 미비한 상황이다.

이에 반해 미국의 상황은 어떠한가?

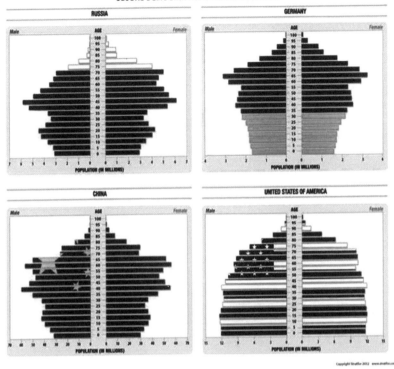

GLOBAL DEMOGRAPHIC CRUNCH: YEAR 2032

2032년의 인구 그래프를 보자. 중국, 러시아, 독일은 고령인구가 급
격히 늘어나는 항아리형인데 반해, 미국은 20대 인구가 많은 안정적
인 몽골텐트형이다. 미국 역시 2차 세계대전 이후 베이비부머가 태어
나면서 높은 인구증가율을 보였었다. X세대로 넘어가면서 인구가 감
소하는 듯했지만, 바로 다음인 Y세대가 급격히 늘어나고 있다.

미국에 10대와 20대의 인구가 많은 이유는 전세계에서 몰려드는 이
민자들 때문이다. 이민자는 두 부류로 나뉘는데, 한 부류는 고급인력,

다른 한 부류는 멕시코 국경을 통해서 넘어오는 불법체류자들이다.

민주당은 이민자들을 위의 두 부류로 나누어 받겠다는 입장이지만, 트럼프가 소속된 공화당은 고급인력만을 합법적인 이민 절차로 받겠다는 입장이다. 멕시코 국경에 장벽을 설치하겠다는 트럼프에 맞서 민주당은 셧다운을 하면서 절대 예산을 내주지 않고 있다.

민주당이 남미에서 넘어오는 불법체류자를 받자고 하는 데는 두 가지 이유가 있다고 생각된다.

첫째, 불법체류자를 허용하여 향후 선거권을 가지면 자신을 합법 체류자로 만들어준 민주당을 찍게 되기 때문이다.

둘째, 미국의 내수기업 때문이다. 다국적기업은 불법체류자가 늘어나면 보다 저렴한 임금으로 더 싸게 물건과 서비스를 제공할 수 있다. 최저임금과 보험 등을 보장하지 않아도 되므로 원가를 대폭 낮출 수 있다.

미국의 내수기업은 불법체류자가 더 많이 들어올수록 이익이다. 그러니 미국의 CNN, WP, NYP 등 메인스트림 언론은 트럼프가 장벽으로 사람을 차별한다고 공세를 펼친다(우리나라 언론의 경우 대부분 미국의 메인스트림 미디어의 주장을 그대로 복사 재생한다).

그러나 트럼프의 생각은 다르다. 불법체류자가 많이 들어올수록 자산이 많은 사람은 게이트(門) 안쪽에서 안전하게 생활하지만 대부분의 저소득층 주민은 치안에 불안을 느낀다. 게다가 불법체류자가 더 많이 들어오면 저임금 일자리가 위협을 받게 된다. 그러니 오히려 불법체류

내일의 부

자를 막는 것이 저임금 일자리를 지켜 자국의 블루칼라(저임금 노동자)를
보호하는 조치라고 생각한다.

　큰 그림으로 보자면 중국, 독일, 러시아, 한국, 일본 등은 시간이 갈
수록 저출산 고령화 때문에 경제활력이 떨어진다. 하지만 미국은 젊은
층의 광범위한 유입으로 활력이 솟아나게 된다. 따라서 인구로 보더라
도 미국이 다른 나라보다 성장에 훨씬 유리하다.

셰일가스를 통한 미국의 패권전략

셰일 혁명 美, 세계 최대 산유국 된다

미국이 내년에 러시아와 사우디아라비아를 제치고 세계 최대 산유국 자리를 차지할 것이라는 전망이 나왔다. 이란 제재 등으로 유가가 지속적으로 강세를 띠자 미국 에너지 기업들이 첨단 시추 기술을 앞세워 셰일오일 생산을 늘리고 있기 때문으로 분석된다.

_2018년 7월 12일자 한국경제

미국은 이제 사우디아라비아를 제치고 세계 최대의 산유국이 된다. 엄청나게 쏟아져 나오는 셰일가스 때문이다.

[특별기고] 셰일가스 혁명과 가스자동차의 새로운 기회

천연가스는 현재 60년 사용할 수 있는 190조m³의 매장량이 확인되어 있으며, 셰일가스가 채굴되기 시작하면서 200년은 사용할 수 있는 640조m³의 매장량이 파악되었고, 일부 전문가들은 500년 동안 사용할 수 있는 매장량까지도 있을 것으로 추정하고 있다.

_2016년 1월 4일자 가스신문

많게는 500년간 쓸 수 있는 양이라고 한다. 그러나 아직 발견되지 않는 셰일까지 따진다면 그 양은 예상을 훨씬 뛰어넘을 수도 있다.

美 서부텍사스서 1천조원 상당 셰일원유 매장량 발견

이번 발표는 퍼미언 분지 일대에 최대 750억 배럴의 셰일 원유가 매장돼 있을지 모른다는 석유회사 파이오니어 내추럴 리소시즈의 최고경영자(CEO) 스코트 셰필드의 주장에 힘을 실어주는 것이다.

750억 배럴은 세계 최대의 매장량을 자랑하는 사우디아라비아의 가와르

유전에 버금가는 규모다.

_2016년 11월 16일자 연합뉴스

퍼미안 분지에서 발견된 750억 배럴은 사우디아라비아의 최대 매장량이 묻혀있는 가와르 유전에 버금간다고 한다.

그러나 이는 새발의 피일 뿐이다. 퍼미안 분지는 텍사스에 있는 일부 유전에 불과하다. 미국 곳곳에는 이보다 훨씬 큰 셰일 유전지대가 퍼져 있다. 이로써 미국은 완전한 에너지 자립을 이루었고, 강력한 경제성장 동력을 얻게 되었다. 아울러 중동의 OPEC과 러시아 등의 석

유 위협으로부터 완전히 독립을 이루었다. 아마도 현존하는 국가 중 미국은 식량, 에너지, 기술, 인구, 소비 등을 온전히 자급자족할 수 있는 유일한 나라가 아닌가 한다.

美 4월 고용 26.3만명↑·실업률 3.6% '반세기만의 최저'…"최고의 순간은 아직"

미국 노동부는 4월 비농업 부문 신규 고용이 26만3000명 증가했다고 3일(현지시간) 밝혔다. 이는 시장 예상치인 19만명과 전달의 18만9000명 증가를 크게 웃도는 수준이다.

미국 실업률은 지난해 9월부터 11월까지 1969년 이후 약 49년 만에 최저수준인 3.7%를 기록했다가 신규 노동자의 노동시장 유입이 늘어나면서 같은 해 12월에는 3.9%로 올랐다. 올해 들어서는 1월 4%까지 올랐다가 2~3월에는 3.8%를 기록했다.

_2019년 5월 4일자 한국경제

미국은 셰일가스 때문에 경기가 초호황이다.

'고용 천국' 美, 이발사도 年2억 번다

셰일오일 붐이 일고 있는 미국 텍사스 서부에서는 이발사의 연 수입이 최대 18만달러(약 2억200만원)에 달한다는 보도가 나와 화제다.

고용 호조로 근로자들의 소비 여력이 확 늘었다. 이발 비용은 셰일오일

붐이 불었던 2014~2015년 25달러에서 최근엔 40달러로 올랐다. 근로자들이 애용하는 면도 서비스를 포함하면 최대 75달러(약 8만4000원)가 든다.

WSJ는 "비싼 가격에도 불구하고 줄을 서서 기다리는 이발소도 있다"며 "이발사들은 하루 20여 명의 머리를 손질하고 700~900달러를 번다"고 전했다.

근로자들이 몰리면서 주택 가격은 3년 새 30% 이상 상승했다. 대도시 인근 마을 학교들은 학생이 늘고 있지만 이를 가르칠 교사가 없어 골머리를 앓고 있다. 인근 호텔도 사업차 방문한 외부 손님으로 인해 하루 객실 이용료가 500달러를 넘어 때로는 뉴욕시와 비교되기도 한다고 WSJ가 전했다.

_2019년 3월 3일자 한국경제

실업률은 역대 최저치에 근접했고 고용의 질도 대폭 좋아졌다. 이발사의 수입이 2억 원이 넘는다. 따라서 집값이 상승하고 소비여력도 좋아지고 있다.

미국 실업률 추이

3.8%
2018.5

(자료: 미 노동부)

내일의 부

[특파원칼럼]미국 경제의 나홀로 호황, 영원할까?

미국 경제를 바라보는 시선이 180도 달라졌다. 몇 주 전만 해도 미 국채
장단기물의 수익률이 역전되는 현상이 나타나면서 'R(recession · 경기침체)의
공포'라는 말이 나돌 정도로 경기 침체 경고가 잇따랐던 것과는 정반대다.

_2019년 4월 23일자 아시아경제

그리고 미국은 나홀로 호황을 구가하고 있다. 유럽, 아시아, 중국 등
모두 경기가 안 좋은데 미국만 호황이다. 모두 다 셰일가스 때문이다.
이렇게 큰 셰일가스층이 발견되었으니 트럼프는 당연히 파리기후협약
을 탈퇴했다. 지구 온난화의 원인으로 지목된 탄소배출을 줄이자는 협
약을 트럼프가 지킬 리가 없다.

따라서 탄소배출과 관련된 분야는 향후 전망이 밝지 않다. 배터리,
전기차, 수소차 등과 같은 탄소 이후의 경제 말이다. 미국이 셰일가스
를 수출하면서 이 분야의 성장을 묵과할 리 없다. 자신의 상황을 최대
한 이용해 세계 에너지패권을 쥐고 흔들려고 할 것이다.

카타르, 내년 1월 1일부터 OPEC 탈퇴…"천연가스 생산 집중"

카타르는 OPEC 탈퇴 후 천연가스 생산에 집중하겠다는 방침이다. 알카
비 장관은 "카타르는 내년부터 천연가스 생산량을 연간 7770만톤에서 1억
1000만톤으로 늘릴 계획을 갖고 있다"고 밝혔다.

_2018년 12월 3일자 조선일보

미국의 의도를 알아차린 나라가 있다. 바로 카타르다. 카타르는 천연가스 생산국이다. 그런데 미국에 천연가스 매장량이 엄청나다는 사실을 알고는 OPEC에서 탈퇴한다. 왜냐하면 OPEC은 석유가격을 올리기 위해 감산을 할 것이기 때문이다. 또한 카타르는 미국이 동아시아의 제조업 국가와 천연가스 장기계약을 맺으면 자신들의 시장이 줄어들게 된다는 사실을 인지하였다.

미국 '원유수출' 허용…원유시장 '지각변동' 예고

지난달 30일 미국 정부가 자국산 원유의 수출을 허용하겠다고 밝힌 결정이 국제원유시장에 엄청난 영향을 미칠 것이라고 영국 가디언이 4일(현지시간) 평가했다.

가디언은 정부가 자국 내 셰일석유 생산자들에게 수출 길을 열어줌으로써 사우디아라비아를 포함한 OPEC(석유수출국기구) 회원국과 러시아 등 경쟁업체들에게 막대한 타격을 입힐 것이라고 분석했다.

_2015년 1월 5일자 노컷뉴스

미국은 넘쳐나는 셰일가스를 수출하기로 결정했다. 따라서 미국의 우방들은 셰일가스를 살 수밖에 없고 카타르의 시장 점유율은 줄어들 수밖에 없다. 따라서 카타르는 OPEC을 탈퇴하고 시장점유율을 늘리게 된다.

카타르, LNG선 60척 발주…"한국과 적극 협력하겠다"

카타르 정부가 28일 한 · 카타르 정상회담에서 액화천연가스(LNG)선을 대규모로 발주하겠다고 밝혀 국내 조선사들의 수주 가능성이 높아졌다. 국내 조선업계가 이를 계기로 턴어라운드할 수 있을지 주목된다.

_2019년 1월 28일자 매일경제

그리고 한국에 LNG선 60척을 발주하면서 한국에 러브콜을 보내고 있는 중이다. 덕분에 울산, 거제 등 조선소 등이 LNG선 호재를 누리고 있다.

미중무역전쟁이 한창인 상황에서 미국의 상황은 이렇다. 먼저 에너지는 작게는 물가의 역할을 한다. 에너지 가격이 올라가면 물가도 상승한다. 물가가 상승하면 Fed(미국중앙은행)은 금리를 올릴 것이다. 금리를 올리면 채권시장은 좋아지는데 주식시장은 망가진다. 트럼프는 미중무역전쟁 와중에 주식시장이 망가지면 지지율이 떨어질 가능성이 크다. 그래서 주식시장을 보호하기 위해 물가를 안정시켜야 하고 물가 안정을 위해서는 에너지 가격이 올라가면 안 된다. 그리고 반대로 에너지 가격이 떨어지면 물가가 오르지 않으므로 Fed에게 금리인하를 요구할 수 있다.

그동안 Fed는, '실업률이 떨어지면 소비심리가 높아져 물가가 뛴다'는 필립스 곡선의 선제 대응차원에서 금리를 올렸다. 그런데 2018년 10월 10일 이후 미국의 주식시장은 고점대비 20%나 빠지면서 폭락했다. 그래서 트럼프는 Fed가 물가가 오르지도 않았는데 금리를 올리는 바람에 주식시장이 망가졌으니, 금리를 1% 정도는 떨어뜨려야 한다고 언급했다. 트럼프 말대로 Fed가 금리를 떨어뜨리면 당연히 주가는 올라간다. 주가가 올라가면 미국인들의 주머니가 두둑해지니 트럼프로서는 재선의 지지기반을 다질 수 있다.

이런 이유 때문에 미국은 석유가격이 떨어지는 정책을 취하고 있다. 그러면 미국과 반대인 OPEC과 러시아는 당연히 석유가격이 올라야 할 것이다. 석유가격이 오르려면 OPEC은 감산을 해야 한다. 그래서 감산을 했더니 유가가 70달러까지 갔다가 미중무역전쟁이 격화되면서 다시 50달러대로 내려왔다. 만약 미중무역전쟁이 격화되지 않았다면 어떤 방향으로 흘러갔을까?

이러한 구도가 될 것이다. 미국은 증산을 통해 석유가격을 떨어뜨리려 하고 OPEC은 감산을 통해 석유가격을 올리려 할 것이다. 그러면 미국의 시장점유율이 높아진다. 증산을 했으니 말이다.

셰일가스에서는 두 가지가 나온다. 하나는 천연가스고 다른 하나는 초경질유(고급휘발유)다. 천연가스는 주로 수출을 하고, 고급휘발유는 미국에서 내수용으로 쓰거나 정제해서 제조업에 들어가는 플라스틱과 같은 상품을 만들어낸다. 따라서 앞으로 경유차는 입지가 좁아질 것이다. 미국에서 고급휘발유가 쏟아져 나오는데 경유차를 쓸 리가 없다.

뿐만 아니라 미국은 LA와 같은 사막기후에 위치한 도시는 환경기준이 까다롭다. 그런데 경유차는 이러한 환경기준을 맞추기 힘들다. 이

산화탄소는 휘발유에 비해 덜 나오지만 환경오염물질인 질소산화물이 많이 나오기 때문이다.

얼마 전 폭스바겐에서 디젤게이트가 터진 바 있다. 더 이상 독일과 같은 자동차 강국도 LA의 환경기준을 맞출 수 없다는 말이다. 그러니 경유차는 이제 퇴출이고 모든 차는 휘발유로 가게 될 것이다.

미국은 셰일가스를 LNG 형태로 수출하게 될 것이다. 천연가스는 크게 아래 세 가지로 나뉜다.

LNG(Liquefied natural gas, 액화천연가스)

LNG는 가스전(田)에서 채취한 천연가스를 정제하여 얻은 메탄을 냉각해 액화시킨 것이다. 주성분이 메탄이라는 점에서 LPG와 구별된다. 천연가스를 −162℃의 상태에서 약 600배로 압축하여 액화시킨 상태의 가스로, 정제 과정을 거쳐 순수 메탄의 성분이 매우 높고 수분의 함량이 없는 청정연료이다. LNG는 무색·투명한 액체로 LPG와 같이 공해물질이 거의 없고 열량이 높아 대단히 우수한 연료이며 주로 도시가스로 사용된다.

CNG(Compressed Natural Gas, 압축천연가스)

압축천연가스(CH4)는 가정 및 공장 등에서 사용하는 도시가스(LNG)를 자동차 연료로 사용하기 위하여 약 200기압으로 압축한 것이다. LNG의 경우 고가의 냉각과정이나 초저온 탱크(단열 장치)가 필요하지만 CNG의 경우 그런 장치가 필요 없어 비용을 절감할 수 있다. 반면 CNG는 부피가 LNG의 3배 정도 높고, 고압 연료탱크를 사용해야 하기 때문에 저장용기(연료탱크)가 파열하면 폭발할 위험이 있으나, CNG 자체는 자연발화온도가 높아 화재 위험에 대해선 안전하다

PNG(Pipeline Natural Gas, 파이프라인 천연 가스)

대형가스관을 통해 운송되는 천연가스를 말한다. PNG 방식은 배로 실어오는 액화

천연가스(LNG)나 압축천연가스(CNG) 방식보다 경제성이 훨씬 높다. PNG 방식은 단위(MMBtu ・ 천연가스 부피단위)당 수송원가가 0.31달러 드는 것으로 나타났다. LNG(0.94달러)와 CNG(0.6달러)보다 훨씬 적게 든다.

비용이 가장 적게 들어가는 방식은 PNG다. 천연가스 상태에서 압축하지 않고 파이프라인으로 쏘면 된다. 트럼프가 원하는 방식이 바로 PNG 방식이다. 그리고 러시아가 유럽으로 가스를 수출하는 방식도 바로 PNG 방식이다. 단가가 매우 저렴하기 때문에 앞으로 미국 전역에 PNG 방식의 발전소가 생길 것이다. 현재로써는 민주당과 환경단체가 환경오염을 이유로 반대하고 있다.

하지만 수출은 다르다. 수출은 LNG 방식이다. 가스는 표면적이 넓기 때문에 최대한 압축해서 액화시켜 수출해야 한다. 그런데 미국이 판세를 보니 대책 없이 LNG를 수출했다가는 세계 석유경제가 무너지게 생겼다. 공급과잉으로 석유가격이 폭락할 것이기 때문이다.

그래서 선제적으로 취한 조치가 있다. 이란 제재와 베네수엘라에서 과이도정권 지지다. 핵개발을 빌미로 이란의 석유수출을 봉쇄하고, 석유매장량 1위 국가인 베네수엘라에서 국회의장인 과이도가 현대통령 마두로에 대항해 자신도 대통령임을 선포하자 미국은 과이도를 지지하는 성명을 낸다. 이로써 베네수엘라는 가뜩이나 불안정했던 정치상황이 더욱 불안해졌고 석유수출은 꿈도 못 꾸는 상태가 된다.

미국은 이렇게 두 나라를 묶어 놓고 셰일가스 수출에 나선 것이다. 이렇게 해야 막대한 양의 셰일가스를 수출해도 가격이 떨어지지 않고 지지될 것이 아닌가?

그런데 앞서 언급한 대로 OPEC과 러시아가 감산을 통해 석유가격을 올리려 하고 있고, 미국은 국제 석유가격이 너무 올라가면 안 된다. 물가가 올라가고 금리가 오르기 때문이다. 그러니 미국은 셰일을 더 퍼내서 증산을 하고 OPEC과 러시아는 감산을 하는 현재 구도가 만들어진 것이다.

미국이 셰일가스 증산으로 노리는 것

미국이 셰일가스를 증산하면 세계 시장점유율이 올라간다. 특히 중국, 한국, 일본, 독일, 대만 등과 같은 제조업 국가들에서 그렇다. 이들은 차후 미국에 대항할 수 있는 국가들이다. 제조업 국가들은 제조업을 바탕으로 국부를 늘릴 수 있기 때문이다. 과거 일본이 그랬고 현재 중국이 그랬으며, 앞으로 독일이 그러지 말라는 법이 없다.

그러나 러시아처럼 석유 등 원자재로 부를 이루는 나라들은 석유가격 조정을 통해 얼마든지 나락으로 떨어뜨릴 수 있기 때문에 오히려 다루기가 쉽다. 따라서 미국은 독일이나 일본, 한국 등에 미국의 LNG 가스를 받으라고 압력을 행사한다. 러시아에 너무 의존하면 안 된다는 논리를 앞세워서 말이다.

미 제재 경고 불구 '노드스트림2' 가스관 공사 강행

육로를 거치지 않고 바다(발트 해)를 통해 독일로 직접 천연가스를 공급하는 '노드 스트림 2' 가스관 건설 프로젝트가 미국과 일부 서유럽국들의 반대에도 불구하고 독일 역내 건설에 착수했다고 파이낸셜타임스(FT)가 31일 보도했다.

서유럽에 대한 러시아의 가스 직접 공급 및 영향력 확대를 우려해온 미국이 프로젝트에 반대하면서 독일과의 관계가 소원해졌고 대러시아 정책을 둘러싸고 유럽국들 간 분열도 심화했다.

_2018년 8월 31일자 매일경제

미국은 러시아에서 독일로 가는 노드스트림2 가스관 공사를 좋아하지 않는다. 할 수 없이 독일도 미국의 반대에 못 이겨 미국의 LNG도 사주기로 했다.

메르켈, 트럼프 압력 굴복 미국산 LNG 수입 허용

러시아산 액화천연가스(LNG) 수입을 놓고 트럼프 미 행정부로부터 압력을 받아온 앙겔라 메르켈 독일 총리가 결국 미국산 LNG 수입에 문호를 개방했다.

메르켈 총리는 이에 미국산 LNG 수입에 편의를 제공하기 위해 독일 북부 함부르크 인근에 LNG 터미널을 건설하는데 5억 유로(약 6천500억 원)를 지원키로 했다고 월스트리트저널(WSJ)이 22일 보도했다.

_2018년 10월 23일자 매일경제

내일의 부

미국은 제조업 국가들에게 셰일가스 사용을 강요하여, ①수익을 거두고, ②잠재적인 차후 경쟁자의 목줄을 쥐는 이중효과를 노리고 있다.

　셰일가스는 한 번 수입계약을 맺으면 10년 정도는 유지된다. 셰일가스가 들어오면 그 형태 그대로 도시가스로 쓸 수 있으며, 그 밖의 형태 즉, 제조업 원자재인 플라스틱, 섬유소재 등으로 사용 가능하다.

　셰일가스 수입에는 대규모 정유시설이 뒷받침되어야 하는데, 정유시설은 각 나라별 유종에 따라 설비가 각각 다르다. 예를 들어 베네수엘라산 원유는 황이 많이 들어가 끈적끈적한 형태다. 이 유종에 맞춰 주로 텍사스에서 정유시설을 대거 지었는데 황을 없애는 탈황 설비를 갖춰야 한다. 즉, 석유 수입국은 석유 수출국의 유종의 형태에 따라 정유시설을 바꿔야 한다는 말이다.

　미국이 제조업 국가들을 상대로 시장점유율을 높이는 의도는 전쟁 대비에 있다. 중국과 미국은 현재 무역전쟁중이다. 어쩌면 전면전으로 갈 수도 있다. 그런데 만약 중국이 미국의 셰일가스를 쓰고 있다면 미국은 싸우지 않고 이길 수 있다. 원유 공급만 끊으면 되기 때문이다.

　비슷한 예로, 미국이 일본과 제2차 세계대전을 치르기 전 일본에 대한 원유 공급을 끊었었다. 당시 일본의 석유 비축량은 1년 치뿐이었다. 일본으로서는 1년 안에 전쟁을 끝내던지 아니면 석유가 있는 인도차이나 반도를 침공해야 했다. 결국 일본은 중일전쟁 와중에 인도차이나 반도를 침략했고, 종국에는 진주만을 폭격하면서 미국과 전면전까지 붙었던 것이다.

만약 중국이 미국에 원유수입을 의존하고 있다면 미국과 전면전을 벌일 수 있을까? 더구나 지금은 태평양전쟁이 일어났던 1941년이 아니다. 그때보다 원유 의존도는 더욱 커진 상황이다.

중국 석유비축량 연 30% 증가…2020년까지 8500만t으로 늘릴 계획
국내소비량 37일분으로 여전히 부족

_2017년 5월 4일자 글로벌이코노미

현재 중국의 석유비축량은 겨우 37일분이다. 즉, 미국의 항공모함이 중국으로 향하는 유조선을 37일 동안 막으면 중국은 모든 비행기, 항공모함 등이 무용지물이 된다는 얘기다. 반면 미국은 모든 군사무기에 무한대로 석유 공급을 받을 수 있다.

미국은 현재 셰일가스를 증산하여 제조업 국가들이 미국산을 쓰게 함으로써, 앞으로 있을지도 모르는 전쟁에 대비하고 있다. 이것이 셰일가스를 통한 미국의 패권전략이다.

내일의 부

RICHES OF TOMORROW

RICHES OF TOMORROW

참고서적 목록

- 『불황탈출-일본 경제에서 찾은 저성장의 돌파구』, 박상준 지음, 알키, 2019년 8월

- 『한국의 나쁜 부자들-부자들의 99%는 나쁘다』, 안재만 지음, 참돌, 2013년 7월

- 『부의 시선-슈퍼리치는 어디에 눈길이 가는가』, 박수호·나건웅·김기진 지음, 예미, 2019년 8월

- 『안티프래질-불확실성과 충격을 성장으로 이끄는 힘』, 나심 니콜라스 탈레브 지음, 안세민 옮김, 와이즈베리, 2013년 10월

- 『행운에 속지 마라-불확실한 시대에 살아남는 투자 생존법』, 나심 니콜라스 탈레브 지음, 이건 옮김, 신진오 감수, 중앙북스, 2016년 12월

- 『일본인 이야기 1-전쟁과 바다』, 김시덕 지음, 메디치미디어, 2019년 11월

- 『빅히트-새로운 기회의 파도』, 김한진·김일구·김동환 지음, 페이지2, 2019년 11월

- 『블랙 스완-위험 가득한 세상에서 안전하게 살아남기』, 최신 개정증보판, 나심 니콜라스 탈레브 지음, 차익종·김현구 옮김, 동녘사이언스, 2018년 4월

- 『스킨 인 더 게임』, 나심 니콜라스 탈레브 지음, 비즈니스북스, 2019년 4월

- 『초기업의 시대-그들은 어떻게 독점시장을 만드는가』, 천준범 지음, 페이지2, 2019년 11월

- 『생존의 조건-절망을 이기는 철학』, 이주희 지음, MID, 2017년 4월

- 『약자를 위한 현실주의-어떻게 살아남을 것인가』, 이주희 지음, MID, 2019년 4월

- 『강자의 조건-군림할 것인가 매혹할 것인가』, 이주희 지음, MID, 2014년 11월

- 『백년의 마라톤-마오쩌둥·덩샤오핑·시진핑의 세계 패권 대장정』, 마이클 필스버리 지음, 한정은 옮김, 영림카디널, 2016년 05월

- 『테크놀로지의 덫-자동화 시대의 자본, 노동, 권력』, 칼 베네딕트 프레이 지음, 조미현 옮김, 에코리브르, 2019년 9월

- 『제국의 미래-제국은 무엇으로 세계를 지배하는가?』, 에이미 추아 지음, 이순희 옮김, 비아북, 2008년 5월

- 『미국의 세기는 끝났는가』, 조지프 나이 지음, 이기동 옮김, 프리뷰, 2015년 5월

- 『앞으로 3년 경제전쟁의 미래-환율과 금리로 보는』, 오건영 지음, 지식노마드, 2019년 8월

- 『원칙 Principles』, 레이 달리오 지음, 고영태 옮김, 한빛비즈, 2018년 6월

- 『미국 속에서 본 금융위기』, 김규래 지음, 다산출판사, 2019년 8월

- 『세계 금융위기와 출구전략』, 손성원 지음, 매일경제신문사, 2009년 11월

- 『미래 경제-당신은 준비되었는가?』, 손성원 지음, 황숙혜 옮김, 알에이치코리아(RHK), 2014년 3월

- 『카오스의 날갯짓-복잡성 과학과 원형사관으로 본 한국』, 김용운 지음, 김영사, 1999년 10월

- 『역사의 역습』, 김용운 지음, 맥스미디어, 2018년 4월

- 『일본직설-일본의 오늘에서 한국의 내일을 읽다』, 유민호 지음, 정한책방, 2016년 4월

- 『일본직설 2-합리적 시각으로 일본을 분석하고 냉철한 통찰로 한국을 진단하다』, 유민호 지음, 정한책방, 2017년 2월

- 『소프트 파워』, 조지프 나이 지음, 홍수원 옮김, 세종연구원, 2004년 12월

- 『3년 후, 한국은 없다-총체적 난국에 빠진 대한민국 민낯 보고서』, 공병호 지음, 21세기북

스, 2016년 1월

- 『메트로폴리스 서울의 탄생-서울의 삶을 만들어낸 권력, 자본, 제도, 그리고 욕망들』, 임동근, 김종배 지음, 반비, 2015년 7월

- 『박종훈의 대담한 경제-대한민국 네티즌이 열광한 KBS 화제의 칼럼!』, 박종훈 지음, 21세기북스, 2015년 10월

- 『지상 최대의 경제 사기극, 세대전쟁』, 박종훈 지음, 21세기북스, 2013년 12월

- 『역전의 명수-난공불락의 1위를 뒤집은 창조적 추격자들의 비밀』, 박종훈 지음, 인플루엔셜, 2017년 11월

- 『2015년, 빚더미가 몰려온다-최악의 시나리오로 내달리는 한국경제, 어떻게 살아남을 것인가』, 박종훈 지음, 21세기북스, 2012년 11월

- 『2020 부의 지각변동-미래가 보내온 7가지 시그널!』, 박종훈 지음, 21세기북스, 2019년 7월

- 『출구 없는 사회-무한한 욕망의 세계사』, 다니엘 코엔 지음, 박나리 옮김, 글항아리, 2019년 3월

- 『설탕, 커피 그리고 폭력』, 케네스 포메란츠, 스티븐 토픽 지음, 박광식 옮김, 심산문화(심산), 2003년 7월

- 『리테일의 미래-기술은 어떻게 소비를 바꾸는가』, 황지영 지음, 인플루엔셜, 2019년 04월

- 『한번은 경제 공부-경제의 흐름과 쟁점이 보인다』, 로버트 하일브로너, 레스터 서로우 지음, 조윤수 옮김, 부키, 2018년 7월

- 『지식의 지배』, 개정판, 레스터 서로우 지음, 한기찬 옮김, 생각의나무, 2007년 9월

- 『신대륙주의-에너지와 21세기 유라시아 지정학』, 켄트 콜더 지음, 오인석·유인승 공역, 아산정책연구원, 2013년 06월

- 『대변동 위기, 선택, 변화』, 재레드 다이아몬드 지음, 강주헌 옮김, 김영사, 2019년 6월

- 『세계 경제의 99%는 트럼프에 달려 있다』, 곽수종 지음, 메이트북스, 2019년 4월

- 『새로운 제국 중국』, 로스 테릴 지음, 이춘근 옮김, 나남, 2005년 11월
- 『세계사를 움직이는 다섯 가지 힘』, 사이토 다카시 지음, 홍성민 옮김, 뜨인돌, 2009년 10월
- 『무역의 세계사』, 윌리엄 번스타인 지음, 박홍경 옮김, 라이팅하우스, 2019년 4월
- 『월세투자자는 바보투자자다–자식들에게만 전해주는 Gap투자 후폭풍』, 손대식 지음, 지식과감성, 2019년 3월
- 『시장의 탄생–왜 시장경제가 최적의 경제 시스템인가?』, 존 맥밀런 지음, 이진수 옮김, 민음사, 2007년 7월
- 『지리의 복수–지리는 세계 각국에 어떤 운명을 부여하는가?』, 로버트 D. 카플란 지음, 이순호 옮김, 미지북스, 2017년 11월
- 『생각의 지도–동양과 서양, 세상을 바라보는 서로 다른 시선』, 리처드 니스벳 지음, 최인철 옮김, 김영사, 2004년 4월
- 『파란하늘 빨간지구–기후변화와 인류세, 지구시스템에 관한 통합적 논의』, 조천호 지음, 동아시아, 2019년 3월
- 『세계는 평평하다–21세기 세계 흐름에 대한 통찰』, 증보판, 토머스 L. 프리드먼 지음, 김상철 외 옮김, 창해(새우와 고래), 2006년 11월
- 『코드 그린–뜨겁고 평평하고 붐비는 세계』, 토머스 L. 프리드만 지음, 이영민 외 옮김, 왕윤종 감수, 21세기북스, 2008년 12월
- 『궁극의 군대–미군은 어떻게 세계 최강의 군대가 되었나』, 토머스 G. 맨켄 지음, 김수빈 옮김, 미지북스, 2018년 06월
- 『대포, 범선, 제국–1400~1700년, 유럽은 어떻게 세계의 바다를 지배하게 되었는가?』, 카를로 M. 치폴라 지음, 최파일 옮김, 미지북스, 2010년 09월
- 『스페인 은의 세계사–1500~1800년, 아메리카의 은은 역사를 어떻게 바꾸었는가?』, 카를로 마리아 치폴라 지음, 장문석 옮김, 미지북스, 2015년 7월

- 『시계와 문명−1300~1700년, 유럽의 시계는 역사를 어떻게 바꾸었는가』, 카를로 마리아 치폴라 지음, 최파일 옮김, 미지북스, 2013년 08월

- 『제로 투 원』, 피터 틸·블레이크 매스터스 지음, 이지연 옮김, 한국경제신문사, 2014년 11월

- 『미래의 속도』, 리처드 돕스·제임스 매니카·조나단 워첼 지음, 고영태 옮김, 맥킨지 한국사무소 감수, 청림출판, 2016년 11월

- 『위험한 정치경제학』, 박훈탁 지음, 더난출판사, 2012년 8월

- 『광기, 패닉, 붕괴 금융위기의 역사』, 찰스 P. 킨들버거·로버트 Z. 알리버 지음, 김홍식 옮김, 굿모닝북스, 2006년 11월

- 『거래의 기술−트럼프는 어떻게 원하는 것을 얻는가』, 도널드 트럼프 지음, 이재호 옮김, 살림출판사, 2016년 5월

- 『앞으로 5년 한국의 미래 시나리오』, 최윤식·최현식 지음, 지식노마드, 2019년 2월

- 『이성적 낙관주의자』, 매트 리들리 지음, 조현욱 옮김, 이인식 해제, 김영사, 2010년 8월

- 『거대한 코끼리, 중국의 진실』, 임명묵 지음, 에이지21, 2018년 8월

- 『헨리 키신저의 회복된 세계』, 헨리 앨프리드 키신저 지음, 박용민 옮김, 북앤피플, 2014년 1월

- 『거대한 전환』, 칼 폴라니 지음, 홍기빈 옮김, 길, 2009년 6월

- 『인구가 줄어들면 경제가 망할까』, 요시카와 히로시 지음, 최용우 옮김, 세종서적, 2017년 12월

- 『도시는 왜 불평등한가』, 리처드 플로리다 지음, 안종희 옮김, 매일경제신문사, 2018년 6월

- 『셰일 혁명과 미국 없는 세계』, 피터 자이한 지음, 홍지수 옮김, 김앤김북스, 2019년 1월

- 『글로벌 위기 이후』, 홍성국 지음, 이콘, 2008년 12월

- 『세계 경제의 그림자, 미국』, 홍성국 지음, 해냄, 2005년 12월

- 『수축사회−성장 신화를 버려야 미래가 보인다』, 홍성국 지음, 메디치미디어, 2018년 12월

- 『세계가 일본된다−일본의 창으로 본 세계의 미래』, 홍성국 지음, 메디치미디어, 2014년 10월

- 『인재 vs 인재—급변하는 미래를 돌파하는 4가지 역량』, 홍성국 지음, 메디치미디어, 2017년 7월

- 『빛의 만리장성』, 디니 맥마흔 지음, 유강은 옮김, 미지북스, 2018년 9월

- 『반도체 전쟁—4차 산업혁명 시대 중국의 역습』, 남윤선 외 지음, 한국경제신문, 2017년 5월

- 『넥스트 디케이드—역사상 가장 중요한 10년이 시작되었다』, 조지 프리드먼 지음, 김홍래 옮김, 손민중 감수, 쌤앤파커스, 2011년 7월

- 『경제 트렌드 2019』, 김동환·김일구·김한진 지음, 포레스트북스, 2018년 12월

- 『얼마나 있어야 충분한가』, 로버트 스키델스키·에드워드 스키델스키 지음, 김병화 옮김, 박종현 감수, 부키, 2013년 6월

- 『100년 후』, 조지 프리드먼 지음, 손민중 옮김, 이수혁 감수, 김영사, 2010년 1월

- 『강대국의 흥망』, 폴 케네디 지음, 이왈수 등역, 한국경제신문사(한경비피), 1997년 6월

- 『국가는 왜 실패하는가』, 대런 애쓰모글루·제임스 A. 로빈슨 지음, 최완규 옮김, 장경덕 감수, 시공사, 2012년 9월

- 『루트비히 폰 미제스 입문』, 에이먼 버틀러 지음, 황수연 옮김, 프리덤리버티프레스, 2013년 8월

- 『경제인의 종말』, 피터 드러커 지음, 이재규 옮김, 한국경제신문사(한경비피), 2008년 5월

- 『중국경제 추락에 대비하라』, 김기수 지음, 살림출판사, 2012년 8월

- 『사다리 걷어차기』, 장하준 지음, 형성백 옮김, 부키, 2004년 5월

- 『중국 도대체 왜 이러나』, 김기수 지음, 살림출판사, 2010년 12월

- 『노예의 길—사회주의 계획경제의 진실』, 프리드리히 A. 하이에크 지음, 김이석 옮김, 자유기업원, 2018년 4월

- 『제도의 힘』, 김승욱 지음, 프리이코노미스쿨, 2015년 12월

- 『개인이라 불리는 기적』, 박성현 지음, 심볼리쿠스, 2017년 8월

- 『미국이 없는 세계를 상상할 수 있는가』, 디네시 더수자 지음, 최윤희 옮김, 21세기북스, 2016년 11월

- 『제시 리버모어의 회상』, 에드윈 르페브르 지음, 박정태 옮김, 굿모닝북스, 2010년 7월

- 『이슬람과 테러리즘 그 뿌리를 찾아서』, 마크 A. 가브리엘 지음, 이찬미 옮김, 글마당, 2018년 11월

- 『제국의 품격—작은 섬나라 영국은 어떻게 세계를 지배했는가』, 박지향 지음, 21세기북스, 2018년 9월

- 『21세기를 위한 21가지 제언』, 유발 하라리 지음, 전병근 옮김, 김영사, 2018년 9월

- 『벤저민 그레이엄의 현명한 투자자』, 벤저민 그레이엄 지음, 김수진 옮김, 제이슨 츠바이크 논평, 국일증권경제연구소, 2016년 11월

- 『워런 버핏 바이블』, 워런 버핏·리처드 코너스 지음, 이건 옮김, 신진오 감수, 에프엔미디어, 2017년 12월

- 『모든 주식을 소유하라』, 존 보글 지음, 이은주 옮김, 비즈니스맵, 2019년 4월

- 『21세기 지정학과 미국의 패권전략』, 조지 프리드먼 지음, K전략연구소 옮김, 김앤김북스, 2018년 3월

- 『개입주의 경제적 분석』, 루트비히 폰 미제스 지음, 해남, 1999년 9월

- 『위기는 다시 온다』, 조윤제 지음, 한울아카데미, 2016년 5월

- 『트럼프를 당선시킨 PC의 정체』, 홍지수 지음, 북앤피플, 2017년 10월

- 『경제는 지리—지리로 포착한 세계경제 40장면』, 미야지 슈사쿠 지음, 오세웅 옮김, 7분의언덕, 2018년 7월

- 『21세기 미국의 패권과 지정학』, 피터 자이한 지음, 홍지수·정훈 옮김, 김앤김북스, 2018년 7월

- 『글로벌 경제 매트릭스 : 유럽 편—유럽 재정위기의 미래 흔들리는 한국경제』, 임형록 지음, 새빛에듀넷, 2013년 7월

- 『웅크린 호랑이―중국은 어떻게 세계를 지배하려 하는가』, 피터 나바로 지음, 이은경 옮김, RSG(레디셋고), 2017년 9월

- 『중국이 세상을 지배하는 그날』, 피터 나바로·그렉 오트리 지음, 서정아 옮김, 지식갤러리, 2012년 3월

- 『슈퍼파워 중국』, 피터 나바로 지음, 권오열 옮김, 한상춘 감수, 살림Biz, 2008년 9월

- 『부자의 시간―부자는 어떻게 탄생하는가?』, 최윤식 지음, 지식노마드, 2017년 12월

- 『차이나메리카―세계 경제를 두고 싸우는 두 형제』, 헨델 존스 지음, 홍윤주 옮김, 지식프레임, 2010년 11월

- 『앞으로 5년 미중전쟁 시나리오』, 최윤식 지음, 지식노마드, 2018년 6월

- 『모두 거짓말을 한다―구글 트렌트로 밝혀낸 충격적인 인간의 욕망』, 세스 스티븐스 다비도위츠 지음, 이영래 옮김, 더퀘스트, 2018년 6월

- 『세계 경제의 황금기는 다시 오지 않는다』, 마크 레빈슨 지음, 조미현 옮김, 에코리브르, 2018년 5월

- 『틈새 경제―소비자의 틈새시간을 파고드는 모바일 전략』, 이선 터시 지음, 문세원 옮김, kmac, 2018년 5월

- 『돈이란 무엇인가』, 앙드레 코스톨라니 지음, 서순승 옮김, 이레미디어, 2016년 5월

- 『위대한 기업에 투자하라』, 필립 피셔 지음, 박정태 옮김, 굿모닝북스, 2005년 6월

- 『오래된 집 무너지는 거리』, 노자와 치에 지음, 이연희 옮김, 흐름출판, 2018년 4월

- 『강대국 국제정치의 비극―미중 패권경쟁의 시대』, 존 J. 미어셰이머 지음, 이춘근 옮김, 김앤김북스, 2017년 5월

- 『직업의 지리학』, 엔리코 모레티 지음, 송철복 옮김, 김영사, 2014년 7월

- 『일본근세의 쇄국과 개국』, 야마구치 게이지 지음, 김현영 옮김, 혜안, 2001년 11월

- 『신이 된 시장』, 하비 콕스 지음, 유강은 옮김, 문예출판사, 2018년 3월

- 『부채의 늪과 악마의 유혹 사이에서—통화, 신용, 그리고 글로벌 금융』, 아데어 터너 지음, 우리금융경영연구소 옮김, 해남, 2017년 12월

- 『세속의 철학자들』, 로버트 하일브로너 지음, 장상환 옮김, 이마고, 2008년 10월

- 『성격 급한 부자들』, 다구치 도모타카 지음, 김윤수 옮김, 포레스트북스, 2018년 2월

- 『불행 피하기 기술』, 롤프 도벨리 지음, 엘 보초 그림, 유영미 옮김, 인플루엔셜, 2018년 1월

- 『자본주의 어디서 와서 어디로 가는가』, 로버트 하일브로너·윌리엄 밀버그 지음, 홍기빈 옮김, 미지북스, 2016년 9월

- 『미래 사회를 위한 준비』, Ingmar Persson, Julian Savulescu 지음, 추병완 옮김, 하우, 2015년 3월

- 『그럼에도 일본은 전쟁을 선택했다—청일전쟁부터 태평양전쟁까지』, 가토 요코 지음, 윤현명 외 옮김, 서해문집, 2018년 1월

- 『부동산 왜 버는 사람만 벌까』, 심교언 지음, 매일경제신문사, 2017년 10월

- 『황금의 샘 세트(전 2권)—석유가 탄생시킨 부와 권력 그리고 분쟁의 세계사』, 대니얼 예긴 지음, 김태유·허은녕 옮김, 라의눈, 2017년 8월

- 『돈, 뜨겁게 사랑하고 차갑게 다루어라』, 앙드레 코스톨라니 지음, 김재경 옮김, 미래의창, 2015년 9월

- 『피터 린치의 투자 이야기』, 피터 린치·존 로스차일드 지음, 고영태 옮김, 흐름출판, 2011년 5월

- 『패권의 비밀』, 김태유·김대륜 지음, 서울대학교출판문화원, 2017년 9월

- 『미국은 동아시아를 어떻게 지배했나—일본의 사례, 1945-2012년』, 마고사키 우케루 지음, 양기호 옮김, 문정인 해제, 메디치미디어, 2013년 4월

- 『한중일 석유전쟁』, 박병구 지음, 한스미디어, 2008년 9월

- 『자원전쟁』, 알렉산더 융·에리히 폴라트 지음, 영림카디널, 2015년 12월

- 『회계는 필요 없다—재무보고서에 가려진 기업의 진짜 가치를 찾는 법』, 바루크 레브·펭 구 지음, 신지현 옮김, 한스미디어, 2017년 8월

- 『호모 데우스—미래의 역사』, 유발 하라리 지음, 김명주 옮김, 김영사, 2017년 5월

- 『사피엔스—유인원에서 사이보그까지, 인간 역사의 대담하고 위대한 질문』, 유발 하라리 지음, 조현욱 옮김, 이태수 감수, 김영사, 2015년 11월

- 『누가 내 치즈를 옮겼을까?』, 스펜서 존슨 지음, 이영진 옮김, 진명출판사, 2015년 5월

- 『부자 나라는 어떻게 부자가 되었고 가난한 나라는 왜 여전히 가난한가』, 에릭 라이너트 지음, 김병화 옮김, 부키, 2012년 1월

- 『아리스토텔레스 경제를 말하다』, 홍기빈 지음, 책세상, 2001년 8월

- 『아시아의 대부들』, 조 스터드웰 지음, 송승하 옮김, 살림Biz, 2009년 9월

- 『주식에 장기 투자하라—와튼스쿨 제러미 시겔 교수의 위대한 투자철학』, 제5판, 제러미 시겔 지음, 이건 옮김, 신진오 감수, 이레미디어, 2015년 6월

- 『전설로 떠나는 월가의 영웅(2017 최신개정판)』, 피터 린치·존 로스차일드 지음, 이건 옮김, 국일증권경제연구소, 2017년 4월

- 『살림/살이 경제학을 위하여』, 홍기빈 지음, 지식의날개(방송대출판문화원), 2012년 3월

- 『주식시장을 이기는 작은책』, 조엘 그린블라트 지음, 안진환 옮김, 알키, 2011년 6월

- 『왜 사람들은 명품을 살까?』, 김현주 지음, 윤병철 그림, 자음과모음, 2012년 12월

- 『누가 미래의 자동차를 지배할 것인가』, 페르디난트 두덴회퍼 지음, 김세나 옮김, 미래의창, 2017년 3월

- 『로봇의 부상』, 마틴 포드 지음, 이창희 옮김, 세종서적, 2016년 3월

- 『국가의 추격, 추월, 추락』, 이근 외 지음, 서울대학교출판문화원, 2013년 8월

내일의 부_통합본

1판 1쇄 인쇄 2021년 12월 10일
1판 1쇄 발행 2021년 12월 20일

지은이 조던 김장섭
펴낸이 박현
기획총괄 윤장래
펴낸곳 트러스트북스

등록번호 제2014-000225호
등록일자 2013년 12월 3일

주소 서울시 마포구 성미산로1길 5 백옥빌딩 202호
전화 (02) 322-3409
팩스 (02) 6933-6505
이메일 trustbooks@naver.com

값 28,000원
ISBN 979-11-87993-98-8 03320

믿고 보는 책, 트러스트북스는 독자 여러분의 의견을 소중히 여기며,
출판에 뜻이 있는 분들의 원고를 기다리고 있습니다.